세법 고급이론 강의노트

원용대

Business & Management Books
비앤엠북스

차 례

국세기본법

국세기본법

세무사 원용대

1

오리엔테이션

회계학적 부분 (세무회계)

법학적 부분 (세법학 1부)

재정 정책 부분 (세법학 2부)

- 세법학 1부에서는 Unbalance 한 부분에서 출제
- 세무회계에서는 Balance 한 부분에서 출제

2

국세기본법 개관 - 국세와 지방세

- 국세
  - 절차법 → 국기법, 국징법, 조처법, 국조법
  - 실체법
    - 직접세 → 법인세, 소득세, 상증세
    - 간접세 → 부가가치세, 개소세
    - (직접세·간접세) ← 조세특례제한법 → 조세정책적목적 과세 X → 열거주의, 엄격해석
- 지방세

3

속인주의 VS 속지주의

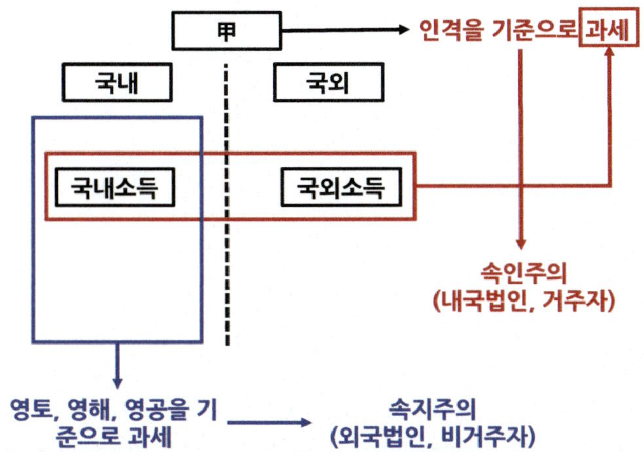

4

국세기본법 총칙(1-1) - 서류의 송달(우편신고)

우편신고
- 원칙 : 도달주의
- 과표신고(수정신고 포함), 경정청구 : 발신주의

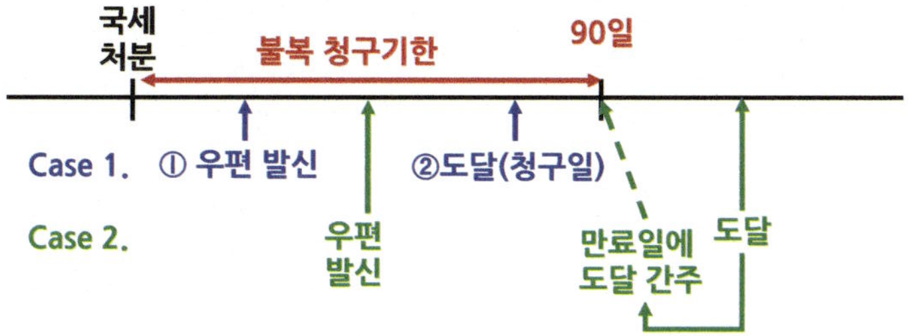

국세기본법 총칙(1-2) 의제(간주)와 추정

- 의제(간주) ⟶ 일정 법조문을 적용하거나 과세하기 위해서는 법적요건 충족
  - 과세태양 ① 납세의무자 ② 과세대상 ③ 과세표준 ④ 세율
  - 미충족한 경우 적용 X
  - But, 경제적행위의 결과가 과세요건을 충족한 경우와 동일하다면
    ↓
    요건을 충족한 것으로 본다 ⟶ 자동적용
- 추정 ⟶ 상속 · 증여의 경우 개인간 은밀한, 비밀스러운 경우가 多 과세관청이 세원을 포착하기 어려움
  ↓
  입증책임을 과세관청 → 납세의무자 전환

  If) 납세자 입증O → 과세제외, 입증X → 과세

국세기본법 총칙(1-3) - 입증책임의 귀속

입증책임 → 이익을 구하는자가 입증책임을 짐

		과세관청 입증	납세자 입증
	수입금액	↑	↓
-	필요경비	↓	↑
=	소득금액		
-	소득공제	↓	↑
=	과세표준		
×	세 율		
=	산출세액		
-	공제 · 감면	↓	↑

● 과세관청 입증
● 납세자 입증

국세기본법 총칙(1-4) - 입증책임의 전환

입증책임의 전환 => 과세관청의 입증책임을 납세자에게 전환

Ex) 과세안전대

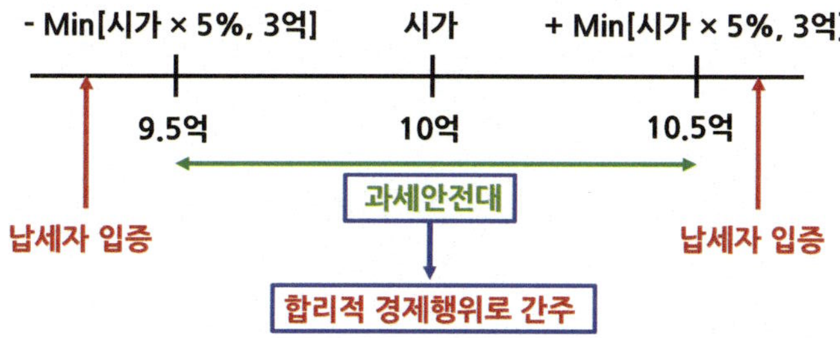

국세기본법 총칙(1-5) - 국세채권의 회수

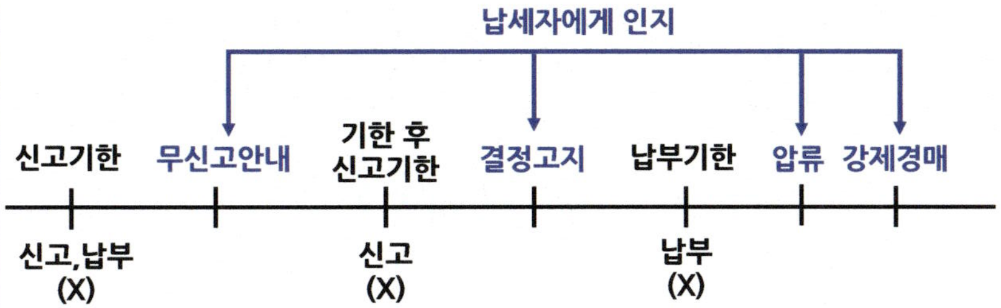

9

국세기본법 총칙(1-6) - 서류송달시기

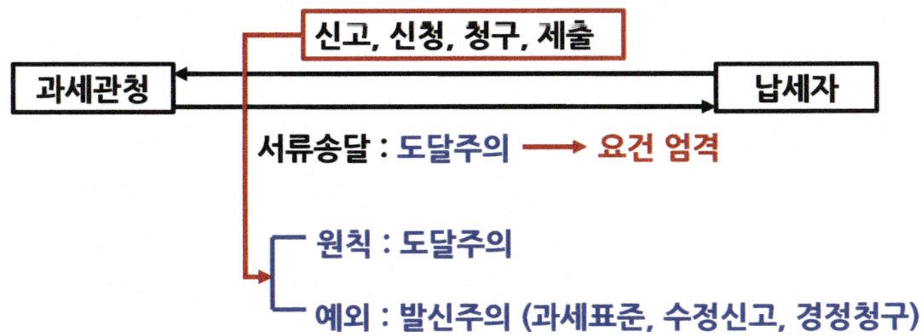

신고 : 행위 자체로 효력발생, 추가 절차 없음 (과세표준 신고)

신청 : 행정청의 승인, 허가, 인가, 등록 등을 요함

청구 : 확정된 내용에 대해 변경을 요구 (경정청구, 불복청구)

10

국세기본법 총칙(1-7) - 서류 송달의 효력발생

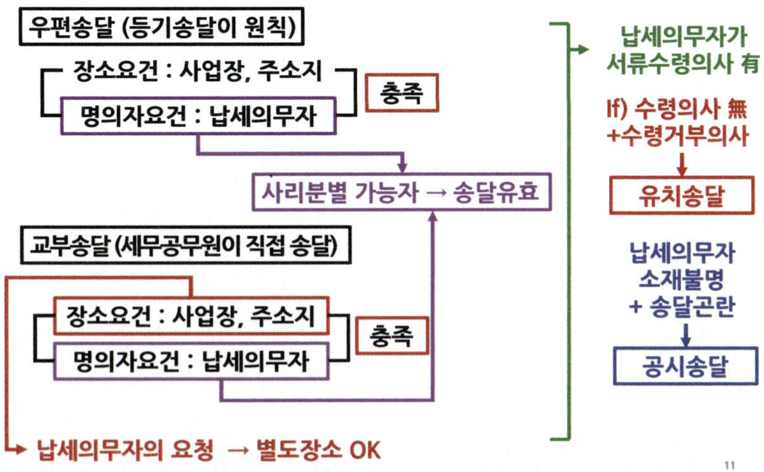

11

국세기본법 총칙(1-8) - 서류 송달의 효력발생(Case)

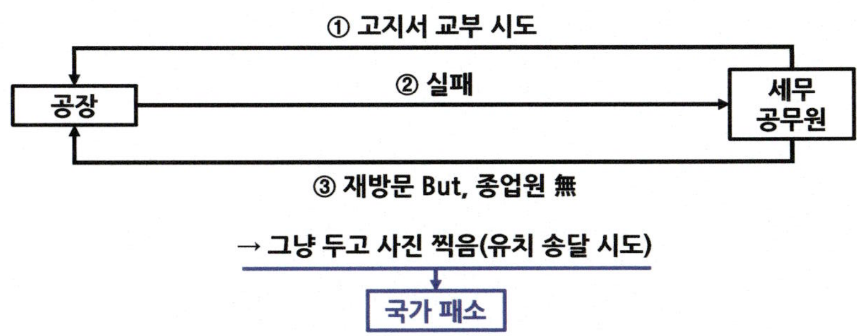

12

국세기본법 총칙(2-1) - 인격의 취득

인격의 취득
- 자연인 → 출생신고(강제)
- 법인 → 설립등기(선택) → 사업자등록 → 신고납부(영리법인)
  - 상행위(의무등기)
  - 비영리 → 설립등기 X, 사업자등록 X
  - 수익사업 영위하는 경우 의무등기

13

국세기본법 총칙(2-2) - 인격(법인의 구분)

비영리법인
- 사단법인 : 일정 목적하에 집합한 사람의 단체
- 재단법인 : 일정 목적을 위하여 제공된 재산에 대하여 법인격을 부여 하는 것

① 공익요건 X
② 고유목적을 위한 필요 범위 내에서 영리행위 가능 → 고유목적사업준비금

14

국세기본법 총칙(2-3) - 인격(비법인 사단, 재단)

- 법인 아닌 사단
  - 실질적 사단 But, 설립등기X, 사원총회, 이사 · 감사 존재
  - 재산권의 귀속 : 사단의 사원이 집합체로서 물건을 소유하는 경우 총유로 한다.
- 법인 아닌 재단
  - 실질적 재단 But, 설립등기X
  - 재산권의 귀속 : 사익신탁의제
    - 설립자 - 위탁자
    - 대표자 - 수탁자
    - 장래 탄생할 재단법인 - 수익자

15

국세기본법 총칙(2-4) - 인격(민법상 공동소유 개념)

구분	취득시	처분시	예시
공유	지분 청구 O	지분 양도 O	
합유	지분 청구 O	지분 양도 O (구성원 전원 동의 요함)	합자회사
총유	지분 청구 X	지분 양도 X	종교단체, 종중

16

국세기본법 총칙(2-5) - 인격(인격의 성립)

- 인격
  - 자연인
    - 다수설 : 모태로 부터 완전분리설, 형법의 경우 진통설
    - 소수설 : 수태설 (상속권)
  - 법인 → 선택 → 설립등기 → 공시성 확보

17

국세기본법 총칙(2-6) - 인격(인격의 구분 및 납세의무)

과세형평 과세행정 편의

- 등기
  - 영리법인, 비영리법인 → 법인격有
- 미등기
  - 의제
    - ① 인허가, 등록+사단, 재단 (인허가, 등록 → 등기행위로 간주)
    - ② 공익목적 출연재산 有 재단
    - 이익분배 X → 법인격有
  - 신청, 승인 + 일정요건 충족 (→ 횡령방지)
    - 일정요건: ① 규정 ② 대표자 or 관리인 ③ 독립적 재산, 수익 소유 ④ 분배 X

- 대표자(관리인 선임) + 수익분배비율X → 1거주자 → 소득세 납세의무
- 이외 → 공동사업 → 구성원별로 소득 합산

18

조세이론(1-1) - 조세법률주의

조세법률주의

- 입법상 원칙
  - 과세요건 법정주의
    - 위임입법 문제 - 예측가능성 기준
    - 예규통첩 문제 - 관습법으로서 구속력 X
  - 과세요건 명확주의
    - 불확정개념 문제 - 경험개념만 채택
    - 차용개념 문제 - 타 법에서와 동일한 의미로 해석
    - 소급과세 금지원칙
      - 진정소급 - 납세자에게 유리한 소급과세만 허용
      - 부진정소급 - 인정
- 집행상 원칙
  - 합법성의 원칙 - 임의 조정 문제
  - 적법절차 보장의 원칙
  - 과잉금지 원칙

19

조세이론(1-2) - 과세요건 법정주의

과세요건 법정주의

- 위임입법 문제 - 개별위임만 인정
  - → 법률을 보았을 때 시행령의 내용을 대강 파악할 수 있는 정도
- 예규통첩 문제
  - 순기능 → 실무상 혼란 방지
  - 역기능 → ① 법의 지배원리 후퇴 ② 과세요건 법정주의 저해

20

조세이론(1-3) - 과세요건 법정주의

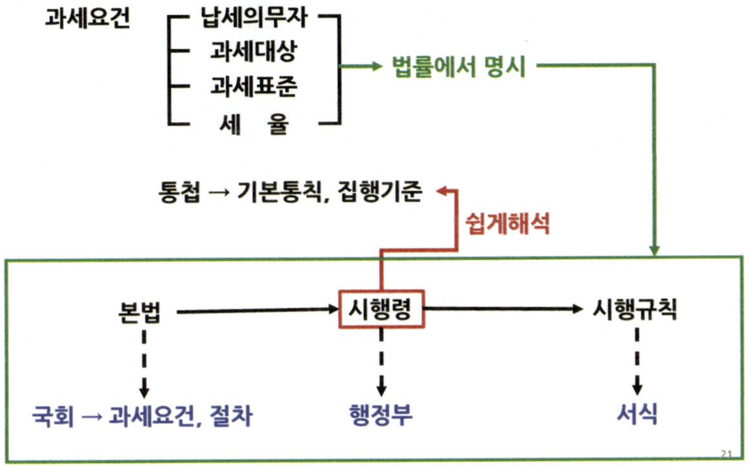

21

조세이론(1-4) - 기본통칙(예규)과 질의회신

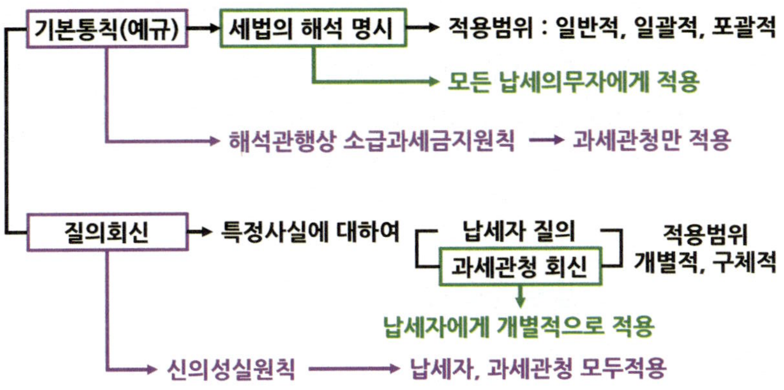

22

조세이론(1-5) -과세요건 명확주의

과세요건 명확주의

- 불확정 개념 문제 - 가치개념 VS 경험개념 =>경험개념만 수용

  법의 취지나 목적에 비추어 논리적으로 해석을 하면
  내용을 명확히 알 수 있는 개념

- 차용개념 문제 - 별도 규정이 없는 한 다른 법에서와 동일한 의미로 사용

23

조세이론(1-6) - 소급과세 금지원칙

소급과세 금지원칙

- 진정소급 - 납세자에게 유리한 소급과세만 인정
- 부진정소급 - 기간과세 세목, 소급과세 인정

24

조세이론(1-7) - 소급과세금지원칙(진정소급)

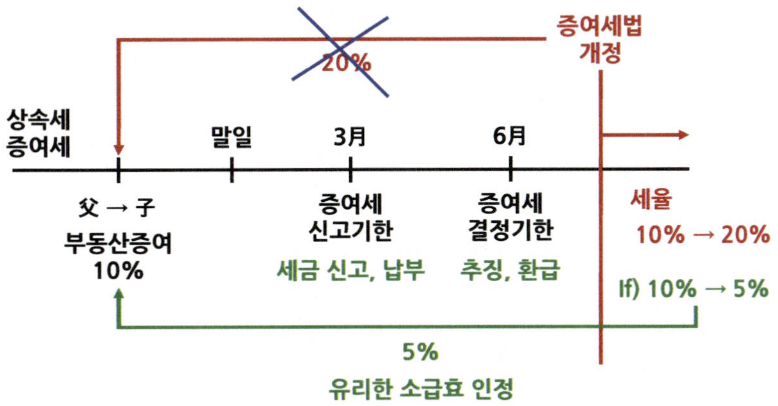

조세이론(1-8) - 소급과세금지원칙(부진정소급)

기간과세 세목(법, 소, 부)

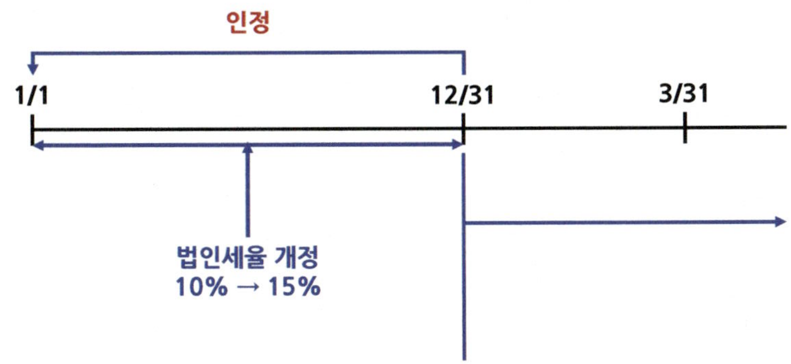

조세이론(1-9) - 합법성 원칙

합법성 원칙

- 엄격해석 원칙 - (원칙) 문리해석 , (보충적용) 논리적 해석
- 구속재량주의 - 법의 취지가 일의적으로 확정

→ 과세관청의 재량은 법의 취지 범위내에서 해석, 판단, 적용

조세이론(1-10) -조세평등주의

조세평등주의

- 실질과세 원칙
  - ↓ 구체화
- 부당행위 계산의 부인

공평의 원칙

- 수평적 공평 → 동일소득 → 동일과세
  - 예외 → 소득세법상 인적공제
- 수직적 공평 → 상이한 소득 → 상이한 과세

조세이론(1-11) - 실질과세원칙(경제적실질론)

〈경제적실질론〉 ——→ 법형식 vs 경제적 실질

Ex) 모자바꿔쓰기, 차명사업자등록

〈신고 유형에 따른 부가가치세 과세표준 차이〉

매출 20억원
- 일반 => 20억원 × 10% = 2억원
- 간이 => 20억원 × 10% × 10% = 2천만원

29

조세이론(1-12) - 실질과세원칙(법적실질론)

〈법적실질론〉 ——→ 법형식 vs 법실질

Ex) 증여 vs 양도

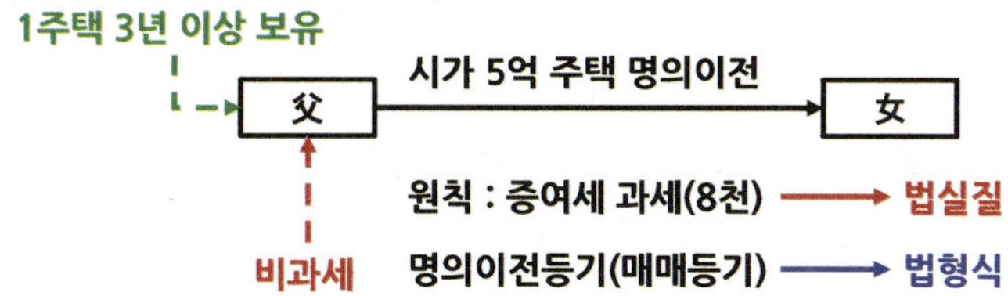

30

조세이론(1-13) - 실질과세원칙과 부당행위계산 부인

부당행위계산 부인 → ① 특수관계자간 거래 ② 일방이 타방에게 이익분여 ③ 해당거래에 대한 경제적합리성 無 → 이중과세 적용

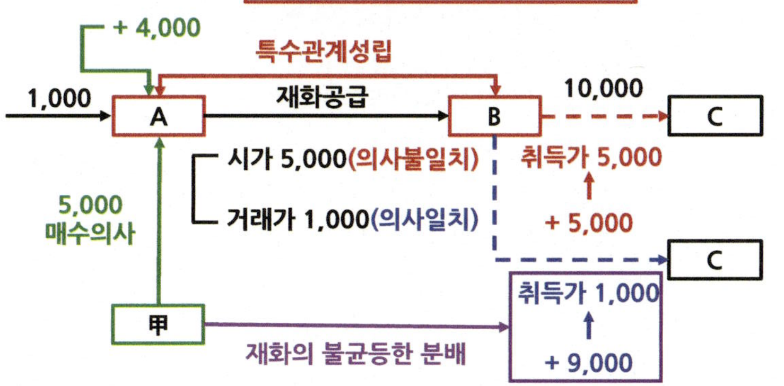

31

조세이론(1-14) - 특수관계인의 범위

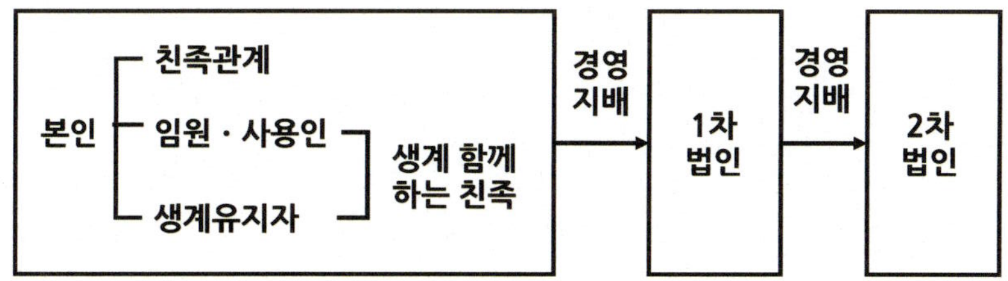

경영지배
- 영리
  - 30% 이상 출자
  - 법인의 경영에 사실상 영향력
- 비영리
  - 30% 이상 출연 + 1인이 설립자
  - 이사의 과반수

32

조세이론(2-1) - 과세 경감조치

행위 등의 존재와 부존재 차이
- 탈세 : 형사처벌 대상, 부정행위, 형사처벌 + 추징, 장기제척기간, 중가산세 적용
  - → Ex) 가공매입, 매출누락, 허위계약
- 조세회피 : 법형식 이용 But, 조세부담 감소결과, 형사처벌대상X(∵ 부정행위 X)

현행 세법상 구분이 모호
- → Ex) 부계부, 우회거래
- 절세 : 세법에 부합, 세부담 감소

33

조세이론(2-2) - 가공거래와 위장거래

〈가공거래〉 → 거래실질無, but 적격증빙 발행

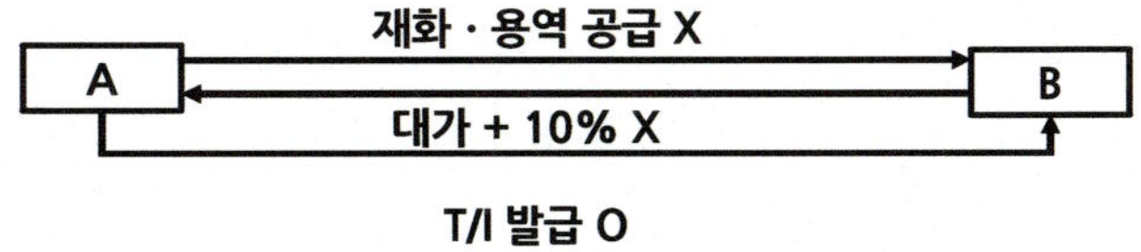

〈위장거래〉 → 거래실질有, but 적격증빙 수령주체 잘못

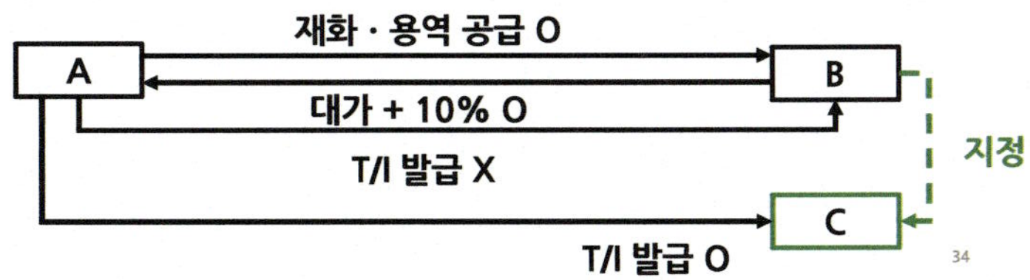

34

조세이론(2-3) - 과세 경감조치

	조세회피	절세	조세포탈
위법성	사법O, 세법X	사법O, 세법O	사법X, 세법X
처분	본세 + 가산세	X	① 본세 + 가산세 ② 조세범 처벌법

35

조세이론(3-1) - 국세기본법에 규정된 내용

- 국세 부과의 원칙
  - 실질과세 원칙
  - 신의성실 원칙 - 적용범위, 요건
  - 근거과세 원칙 - 실지조사 결정, 추계조사 결정
  - 조세감면 사후관리
- 세법 적용의 원칙
  - 세법 해석 기준
  - 소급과세 금지원칙 - 입법상, 해석관행상
  - 세무공무원 재량 한계
  - 기업회계 존중

36

국세 부과의 원칙(3-2) - 조세회피방지를위한 실질과세원칙

<우회양도>

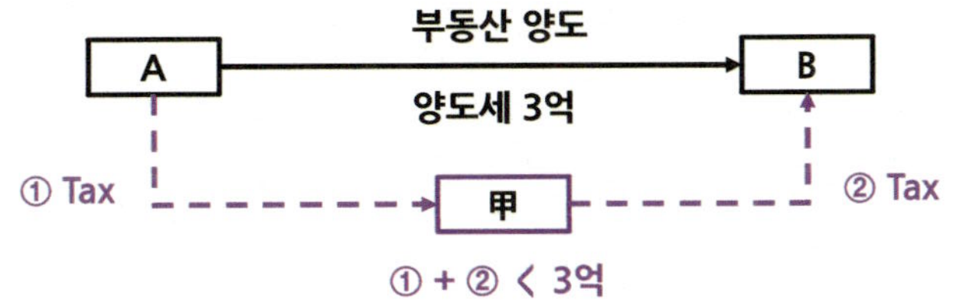

<교차증여>

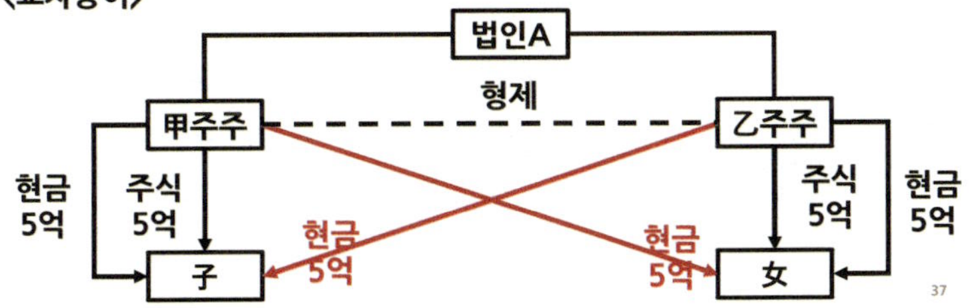

37

조세이론(3-3) - 신의성실의 원칙

- 적용 범위
  - 주관적 범위 : 납세자 + 과세관청 (채권채무 관계설)
  - 객관적 범위
    - 납세자 - 세법상 모든 의무
    - 과세관청 - 공적인 견해표명
- 적용 요건
  - 과세관청
    - 과세관청 : 공적인 견해표명
    - 납세자 : 귀책사유無 + 행위有
    - → 납세자 이익침해
  - 납세자 - 배신행위 → 모순행태 → 과세관청 신뢰보호 필요

38

조세이론(3-4) - 신의성실 원칙의 적용범위

신의성실 원칙 → 과세관청과 납세자 모두에게 적용

1) 실질과세 원칙

2) 신의성실의 원칙

3) 근거과세 원칙

4) 조세감면 사후관리

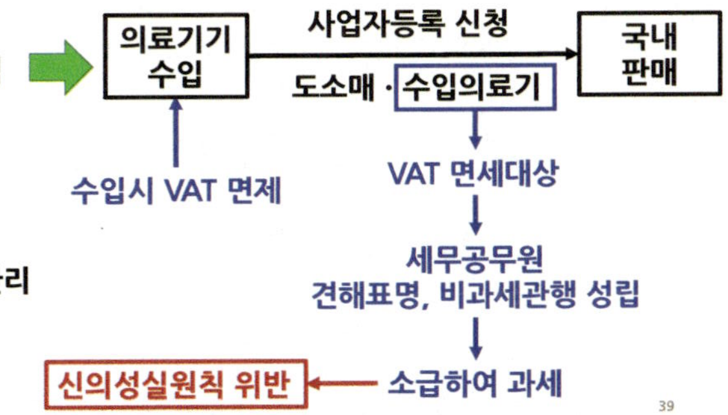

39

조세이론(3-5) - 근거과세원칙

<법인, 소득, 부가가치세 과세방식>

- 원칙) 장부 · 객관적 증빙에 근거하여 신고 · 납부 · 과세
- 예외) 추계신고과세
  - 법인세, 소득세 → 경비율 → 수입금액 × (1- 경비율)
  - VAT → 간이과세자 → 추계계산방식 → 과세표준 × 업종별 부가율 × 10%

40

조세이론(3-6) - 근거과세원칙

납세자

장부

조사결정 → 추징 5억 + 가산세

소득 10억원 → 실제 신고소득 5억원

매출 30억원
-) 경비 20억원 → 中 5억원 가공경비
소득 10억원

→ 매출과 매입을 과세관청의 객관적, 합리적 방법으로 추정 · 결정

41

조세이론(3-7)- 근거과세(사례)

- 부동산임대업
  - 실질 : A의 소득
  - 명의자 : B 과세 → 불복 → 패소 (∵ 신의칙 위반)
- 식당 세무조사 : 현금매출누락 자인서, 세무사 입회
  - → 공갈 · 협박에 의해 서명

판결 : 근거과세위반 But, 신의칙 위반으로 과세관청 Win!

42

조세이론(4-1) - 세법 적용의 원칙

- 1) 세법 해석기준
- 2) 소급과세 금지원칙
- 3) 세무 공무원 재량 한계
- 4) 기업회계 존중

43

조세이론(4-2) - 소급과세 금지원칙

- 입법상 소급과세 금지원칙
- 해석 · 관행상 소급과세 금지원칙
  - ① 과세관청 비과세의사 有
  - ② 불특정 납세자가 신뢰
  - ③ 해당 해석 · 관행에 의한 행위나 계산

44

조세이론(4-3) - 소급과세금지원칙의 효과

VAT, 법인, 소득

소급적용 → 진정소급 : 위헌
(∵ 헌법상 소급입법 금지)

과세기간 개시일

납세의무 성립 전

과세기간 종료일 (납세의무 성립일)

세법 개정
Ex) 세율인상,
신세법 개정

부진정 소급 : 합헌, 국기법 규정에 부합
But, 그 내용은 극히 제한적으로 해석해야 함.
→ 국가 재정이 크게 위험할 때
☞ 인정 안됨

45

조세이론(4-4) - 소급과세금지원칙의 효과

〈토지 · 건물 일괄공급〉

19.1.1 ← 추징 ← 19.10月

① VAT 개정 ② 예규 → 2019.1.1 이후 양도분
→ 건물신축목적 취득 ② 적용

토지 · 건물 일괄공급

① 종전규정
- Ⅰ. 구분기장가액 → 구분의 합리성 有
- Ⅱ. 매매사례가 → 감정가 → 기준시가 → BV

② 개정규정 → 구분기장가액 vs 안분비율 30% ↑

46

조세이론(4-5)- 해석 · 관행상 소급과세 금지원칙

기본 통칙 : 세법의 해석을 명시 → 적용 범위 : 일반적, 획일적, 포괄적
→ 해석 관행상 소급과세 금지원칙
→ All 납세자에게 적용

질의회신 : 특정 사실관계에 대하여
- 납세자가 질의
- 과세관청이 회신

→ 개별적 · 구체적 → 해당 납세자에게만 적용

신의성실의 원칙
예규의 불안정성을 해소하고자 국기법에 국세예규심사위원회 설치 → 공개성 확보
➡ 심도 깊은 심리 후 회신

47

조세이론(4-6) - 해석 · 관행상 소급과세 금지원칙(사례)

개정 전 기타소득에 규정 (일시우발적인 경우)

연예인
- CF 전속계약금 → 40억원
- TV 출연료 → 5억원

실질) 사업소득

원칙) 수입금액 45억원
필요경비 0원
소득금액 45억원
↓
산출세액 20억원

기타소득전환) 수입금액 45억원
필요경비 24억원
소득금액 21억원 → 전속의 의미 (배타성, 일회성)
산출세액 10억원

불복
- ① 해석 관행상 소급과세 금지원칙 위배
- ② 신의성실의 원칙 위반

→ 패소 : 기타소득 적용원칙

But, 일부연예인은 승소

조세법률관계 변동(1) - 국가 vs 납세자

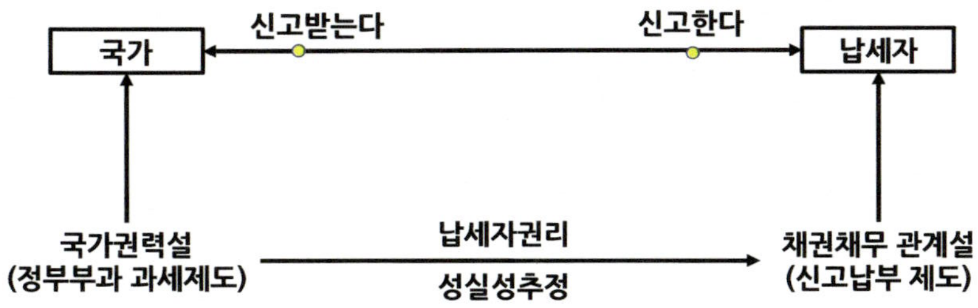

49

조세법률관계 변동(2) - 조세권력설, 조세채권채무설

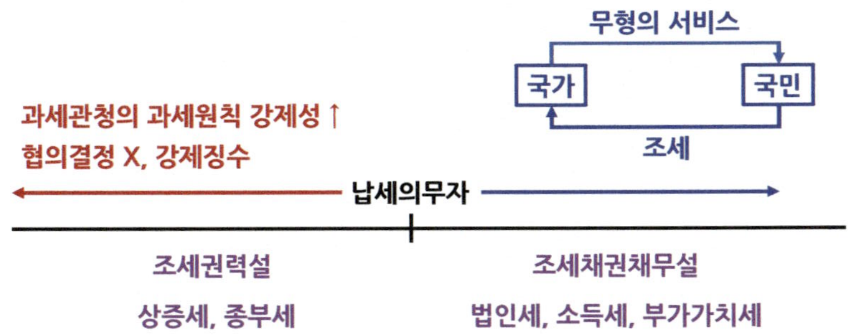

50

조세법률관계 변동(3) - 세금의 일생 ex)VAT

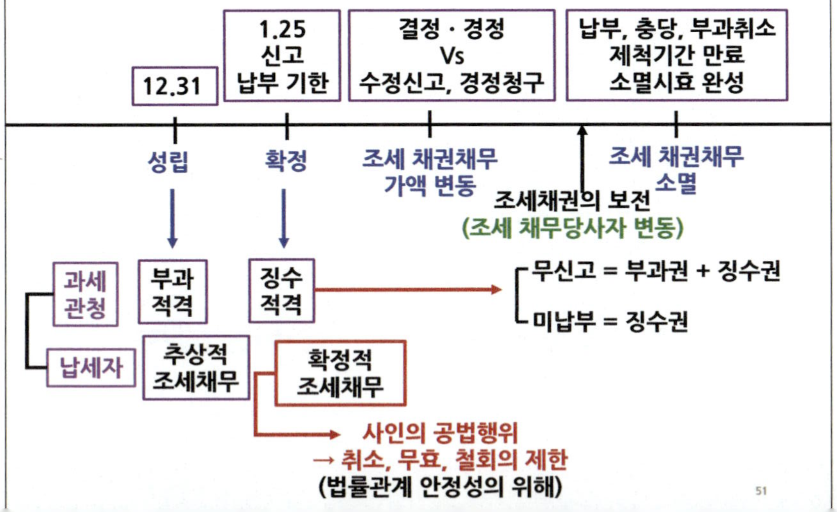

51

조세법률관계 변동(4) - 성립, 확정, 소멸

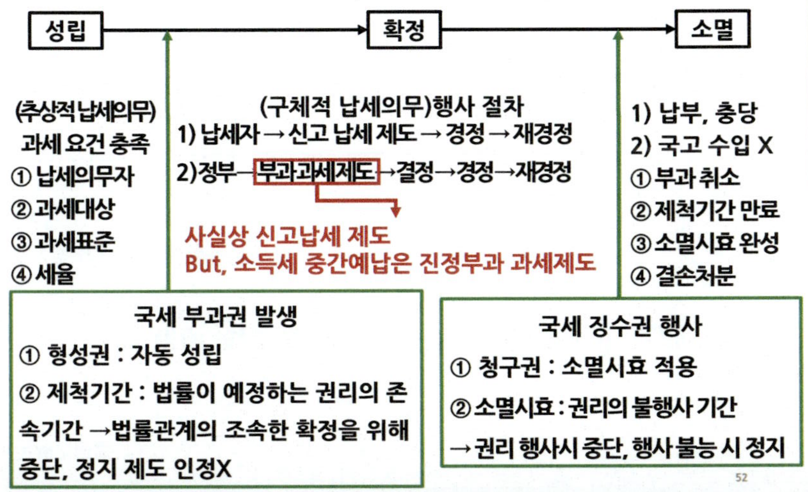

52

조세법률관계 변동(5) - 예외적 성립시기

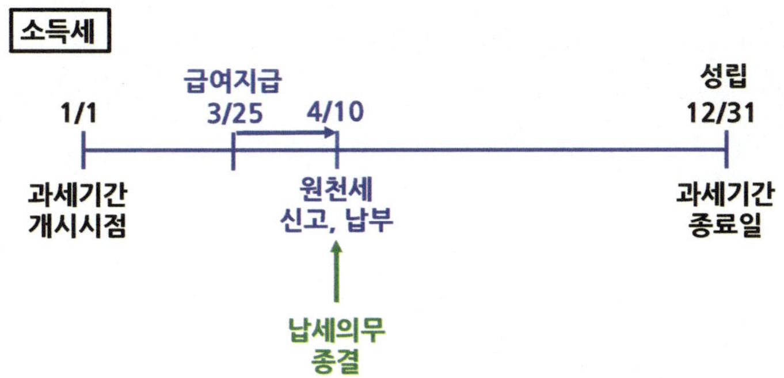

53

조세법률관계 변동(6-1) - 납세의무의 확정

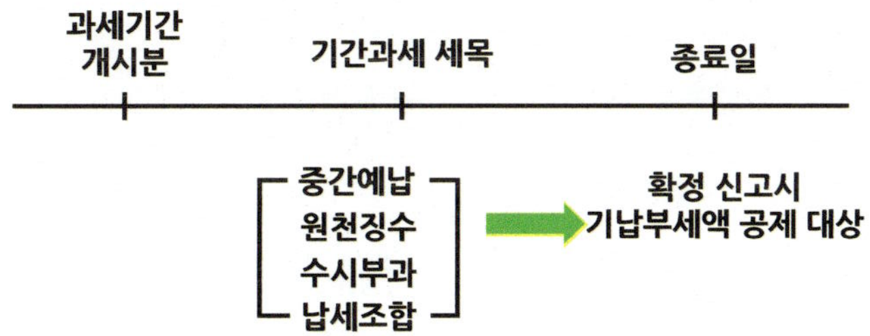

54

조세법률관계 변동(6-2) - 확정된 납세의무의 변경

사유	제도	기한	효과	자격자
① 과표 및 세액 과소신고	수정신고 제도	제척기간 만료 시 까지	정규 신고와 동일 가산세 감면 효과	·정규 신고한 자 ·기한 후 과표 신고한자
② 과표 및 세액 과다신고	경정청구 제도	당초 신고 기한으로부터 5년 내	인정O → 종료 인정X → 거부처분 (행정쟁송대상)	·정규 신고한 자 ·기한 후 과표 신고한 자 ·종부세 부과 · 고지받은 자 ·후발적 사유는 무신고자도 가능

후발적 사유: ① 사유발생 안 날로부터 3개월 이내
② 제척기간 적용X

55

조세법률관계 변동(6-3) - 수정신고와 경정청구

구분	수정신고	경정청구
의의	① 자기보정의 기회 부여 ② 과세관청 행정력 절감	① 조세법률 당사자간 법적 지위의 균형 유지 ② 납세자 권리보호
요건		
1) 대상자	과표신고, 기한후 신고한 자	과표신고, 기한후신고한 자, 종부세 부과 · 고지 받은 자 + 후발적 사유
2) 사유	과소신고, 과다환급, 불완전 세무조정(압축 등)	과다신고, 과소환급
3) 신고기한	결정 · 경정 전 (제척기간 이내)	신고기한 + 5년 후발적사유 : 안날 + 3月 결정 · 경정 과표 : 90일 → 법정신고기한 5년 내
4) 효력	확정력, 협력의무 이행 효과 가산세 감면	

56

조세법률관계 변동(6-4) - 수정신고와 경정청구

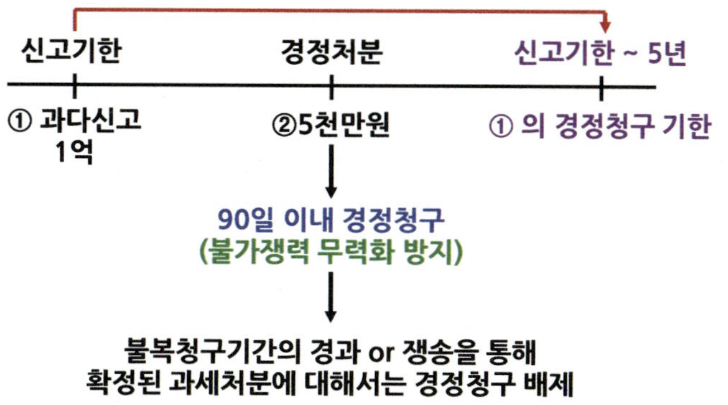

57

조세법률관계 변동(6-5) - 확정된 납세의무의 변경

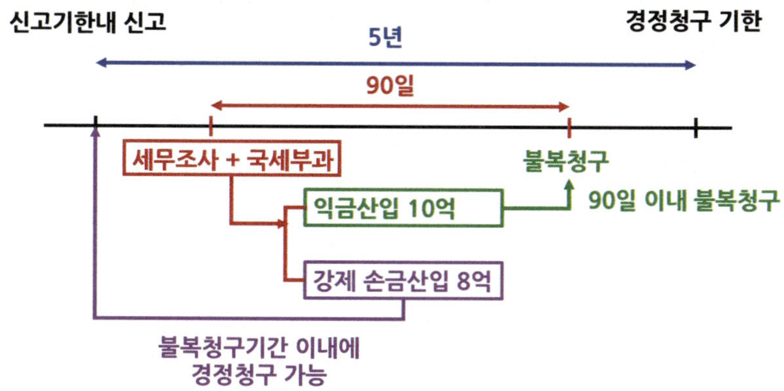

58

조세법률관계변동(6-6) - 경정청구기한

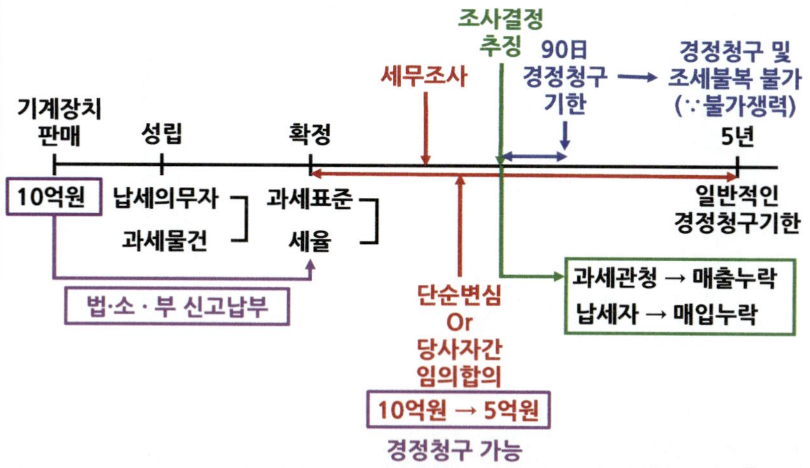

59

조세법률관계변동(6-7) - 후발적사유

계약해제
- 법정해제 ⟶ 사기, 강박, 무능력자
- 해제권행사 ⟶ 채무불이행, 정기행위
- 계약특약

60

조세법률관계변동(6-8) - 후발적사유

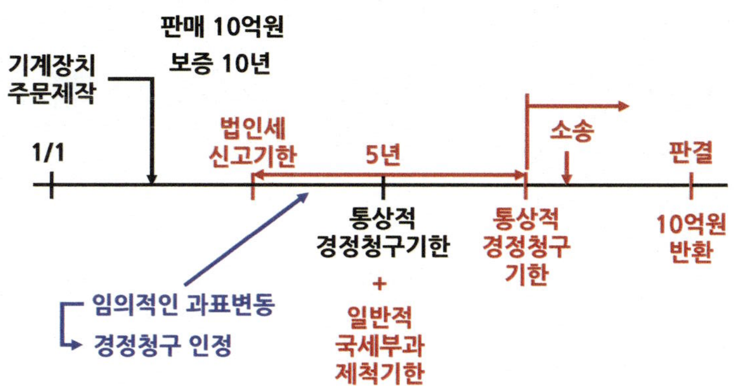

61

조세법률관계 변동(6-9) - 후발적사유(특약)

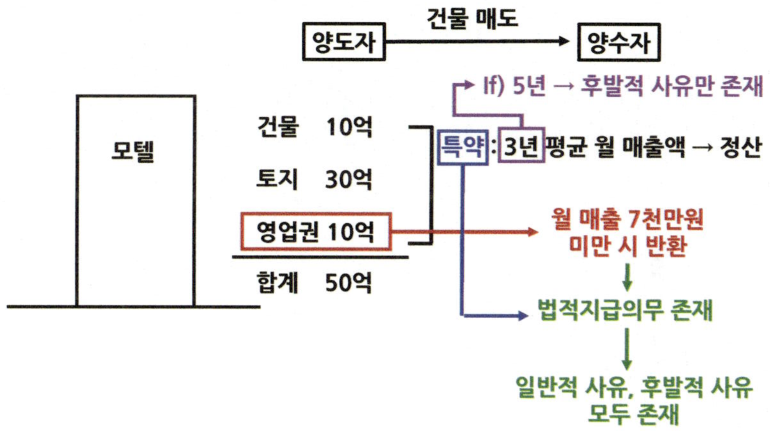

62

조세법률관계 변동(6-10) - 후발적 경정청구 사유 (해제권 행사)

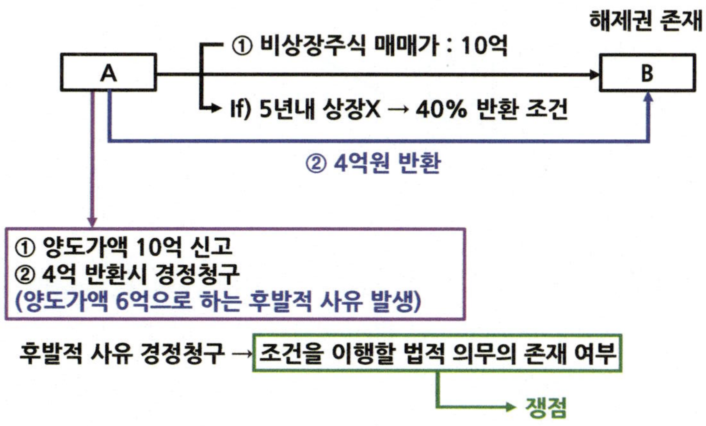

63

조세법률관계 변동(6-11) - 후발적 경정청구 사유 (미지급 배당)

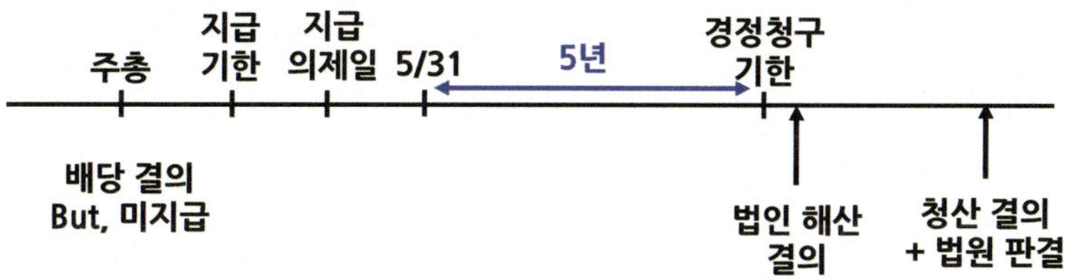

64

조세법률관계변동(6-12) - 후발적 경정청구 사유(연대보증)

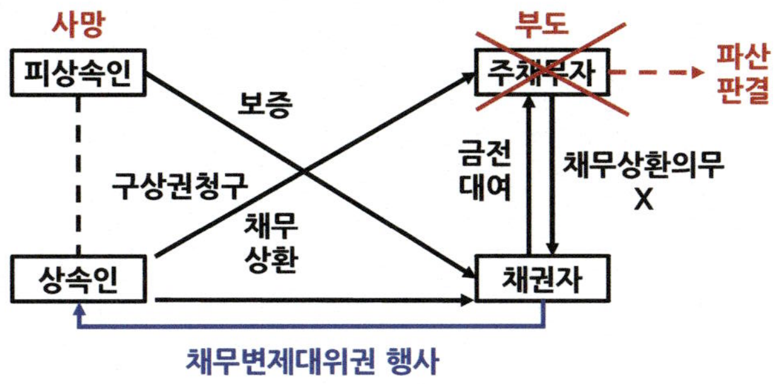

65

조세법률관계 변동(6-13) - 후발적 경정청구 사유 판례(연대보증)

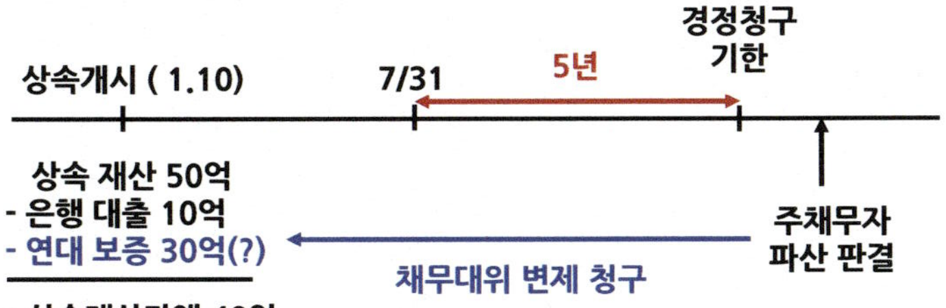

상속 재산 50억
- 은행 대출 10억
- 연대 보증 30억(?)

= 상속재산가액 40억

66

조세법률관계 변동(7-1) - 당초처분과 경정처분과의 관계

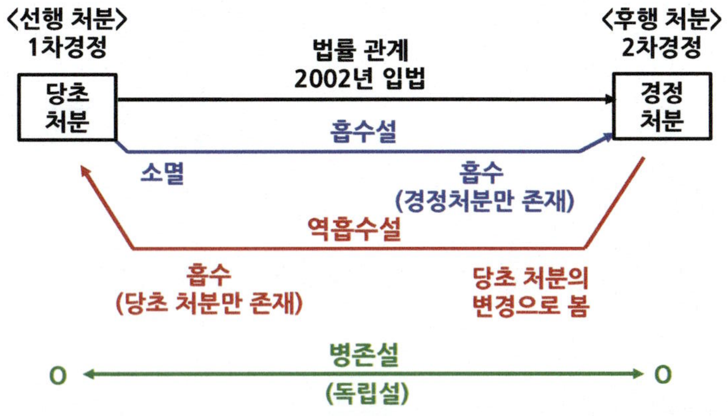

67

조세법률관계 변동(7-2) - 당초처분과 경정처분과의 관계

종전
- 증액 : 흡수설
- 감액 : 역흡수설

⇨

- 세액 : 2002년 입법 : 병존설
- 과표 :국기법 규정 無
  - 증액 : 흡수설
  - 감액 : 역흡수설

국기법 § 22의 3 (경정 등의 효력) => 세액만 규정 => 과표규정 無

68

조세법률관계 변동(7-3) - 당초처분과 경정처분과의 관계 사례(1)

1차경정 —(90일 경과)→ 2차경정

1차경정	2차경정
법인세 세무조사 2022년 귀속 과표 15억 세액 4억	법인세 세무조사 (2022년 귀속) ① 매출누락 10억 → 과표 25억, 고지세액 3억 ② 시효완성 대손금 18억 → 당초신고의 과다신고

Case1. ①은 인정, ②는 손금산입 → 경정청구 (90일 이내)

Case2. ① 중 10억 → 6억 주장, ②는 손금산입 → 불복청구

If) 청구인 주장 모두 인정 → 고지세액 & 당초세액 all 환급

But,
- ① 과세표준 25억 전체가 심리 대상
- ② 청구대상 세액은 3억에 한함

(대손금 18억 중 8억은 계산상 소멸)

If) 18억이 유보라면 10억 손금 산입, 8억은 유보로 잔존

69

조세법률관계 변동(7-4) - 당초처분과 경정처분과의 관계 사례(2)

〈의류소매상〉
- 매출 13억
- 매입 10억
- 기타 1억
- 사업소득 2억

→ 1차 적발: 매입액 中 3억 가공, 추징 [VAT, 소득세] 2억 추징

→ 2차 적발: 추가 4억 가공 (최종 과표 9억), 추징 [VAT, 소득세] 2.5억 추징

불복청구 : 주장 → 매입 허위 기장률 70%
∵ 소득금액 추계 경정
↓
소득률 20% 적용시 소득금액 2.6억
But, 세액은 2.5억 대상으로 심리

70

조세법률관계변동(8-1) - 가산세

무신고, 신고불성실 ⟵ 신고의무, 납부의무 ⟶ 납부지연

- 국기법상 가산세 → 납세의무자들이 지켜야할 기본적인 의무불이행시
  - ↓ 행정과태료, 연체이자
- 개별세법상 가산세 → 각 개별세법을 효율적으로 운용하기 위하여 납세자들에게 부여한 납세협력의무 해태 → 행정상 제재
  - 법인세 → 장부작성, 주주명부, 주식이동내역, 계산서
  - 소득세 → 공동사업자 관련, 계산서
  - VAT → T/I 작성, T/I 합계표 제출
  - \+ 사업자등록

71

조세법률관계변동(8-2) - 사기 · 부정행위

사기 · 부정행위 ⟶ 납세자가 세무공무원이 과세하지 못하도록 과세관련 자료를 은닉 · 소각 · 조작 · 파기하는 행위

불이익
- ① 중가산세 => 행위 + 목적 (사기 · 부정행위 제재목적)
- ② 장기제척기간 => 행위 + 인식(과세관청의 과세권보호)
- ③ 조세범처벌법 => 적극적 소득은닉행위 + 인식

→ 국세청 내부적으로 과태료 부과 후 종결 → 통고처분
VS
검찰고발처분 → 형사처벌

↑ 국세청 조사 4국 고발심의위원회

72

조세법률관계변동(8-3) - 가산세 적용배제

상속재산 30억원

상속인	Case1.	Case2.
母	30억원	5억원
子	0원	25억원
상속공제	30억원	10억원
과세표준	0원	20억원
Tax	0원	6억원

73

조세법률관계변동(8-4) - 가산세 부과제외

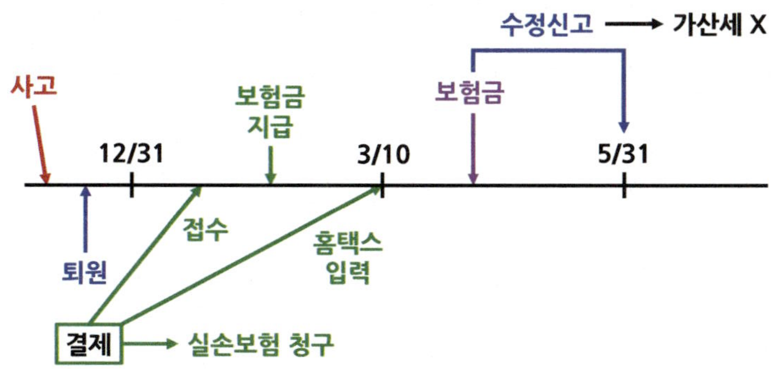

74

조세법률관계변동(9) - 원천징수세액간 충당과 환급

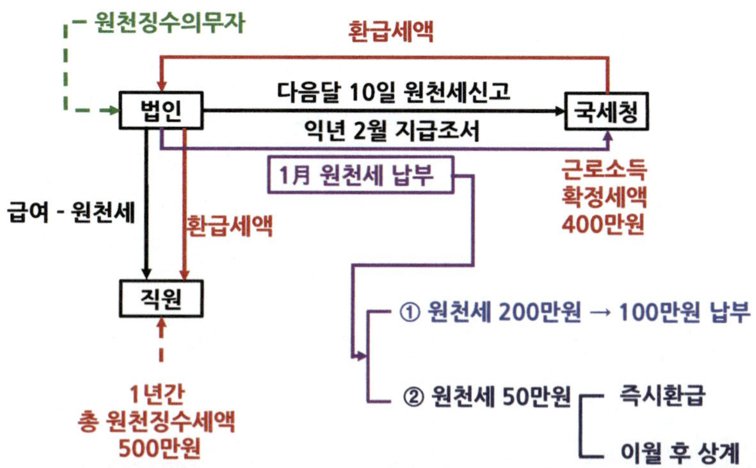

75

조세법률관계 변동(10-1) - 납세의무 소멸

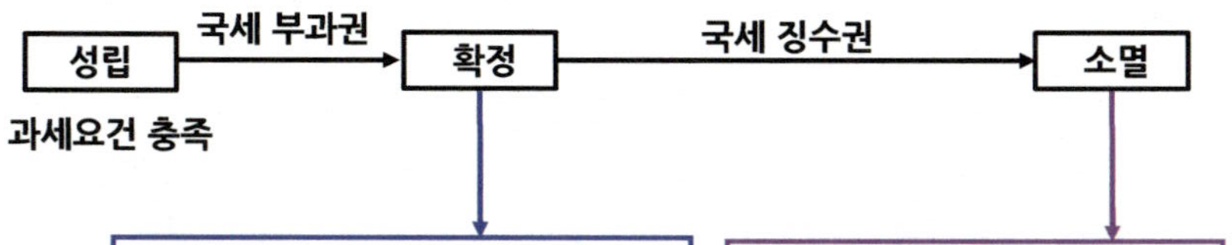

절차
1) 납세자 - 신고납세
2) 과세관청 - 부과과세
원칙 : 가산세 부과 X
But, 현행 세법은 가산세 존재
3) 무신고자 - 과세관청 결정시 확정
4) 무신고시 - 과세관청 결정시 확정

1) 국고 수입 충족 O - 납부, 충당
2) 국고 수입 충족 X
① 부과취소, 부과철회 (추후 다시 징수)
② 제척기간 만료
③ 시효 완성 : 결손처분 X

76

조세법률관계 변동(10-2) -시효제도 취지

성립 —— 법률관계 / 권리, 의무 ——→ 확정

- 권리자 입장 - 권리 위에 잠자는 권리자는 보호할 가치가 없음
- 납세의무자 입장 - 장기간 경과 후 의무 부존재 입증책임 면제
  - ↓ 연장 주장 → 모든 입증 자료의 전산화

77

조세법률관계 변동(10-3) -시효 제도

시효 제도

- 제척기간: 국세를 부과할 수 있는 권리의 존속기간 (중단, 정지 적용 불가)
  - → 제척기간 경과 시 추상적인 조세채권채무 소멸
  - 형성권 적용 → 국세 부과권에 적용 (기산일 - 국세를 부과할 수 있는 때) → 원천징수 : 납부기한 다음날 부터
- 소멸시효: 확정된 국세의 납세의무 이행을 청구할 수 있는 권리
  - → 소멸시효 완성 시 구체적인 조세채권채무 소멸
  - 청구권 적용 → 국세 징수권에 적용(기산일 - 국세를 징수할 수 있는 때)

권리의 행사 기간 중

- 권리 미행사 - 완성
- 권리 행사 - 중단 → 처음부터 다시
- 권리 행사불능 - 정지 → 얼음 ~ 땡!

78

조세법률관계변동(10-4) 부정행위에 따른 소득처분 사외유출 소득세

〈사기부정행위 환급〉

VAT 과세 → 법인 → 매출누락 100억

- ① 법인세 + VAT본세 + 가산세 → 35억
  - 20억 / 10억 / 5억
- ② 소득금액변동통지 → 상여, 배당 소득세 → 46억
  - 제척기간 → 10년

79

조세법률관계변동(10-5) - 부동산 미등기전매

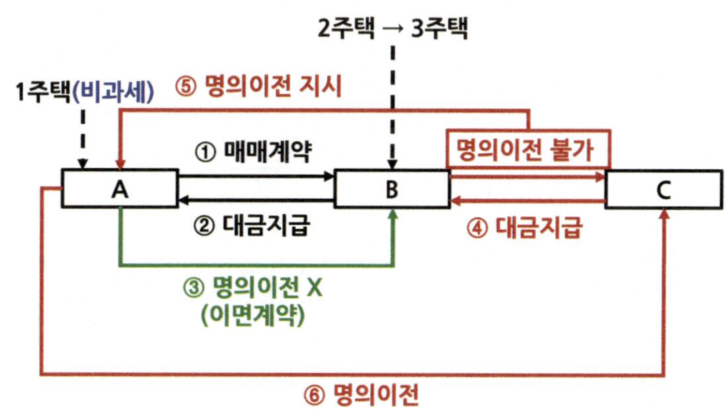

80

조세법률관계변동(10-6) - 부담부증여

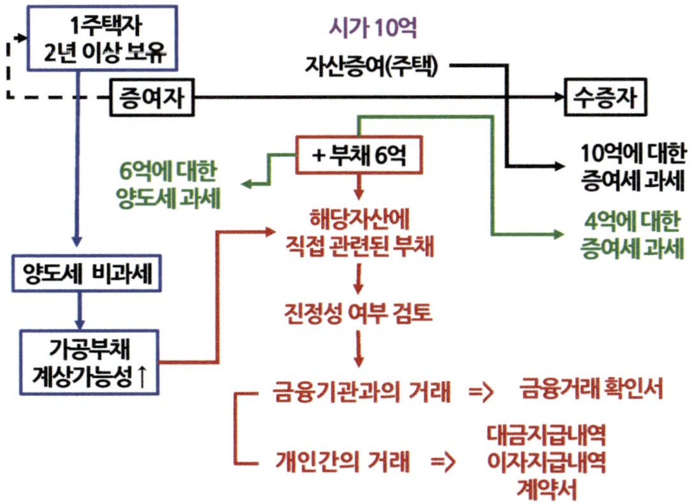

81

조세법률관계변동(10-7) - 생애제척기간 특례

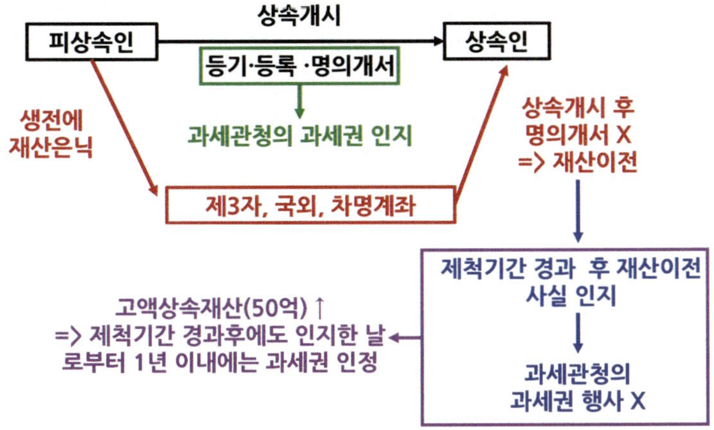

82

조세법률관계변동(10-8) - 국세부과제척기간 특례

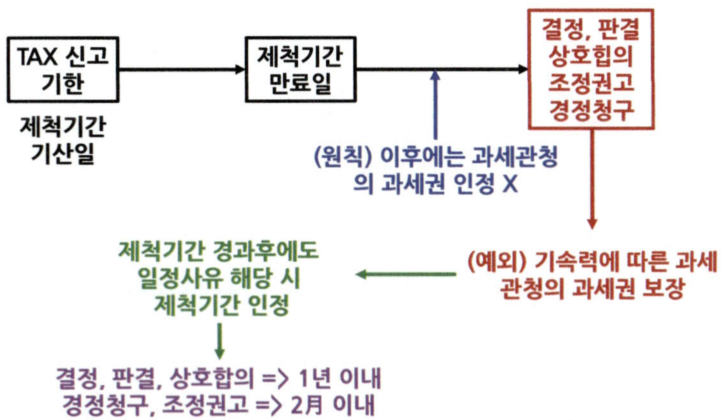

83

조세법률관계변동(10-9) - 소멸시효의 완성

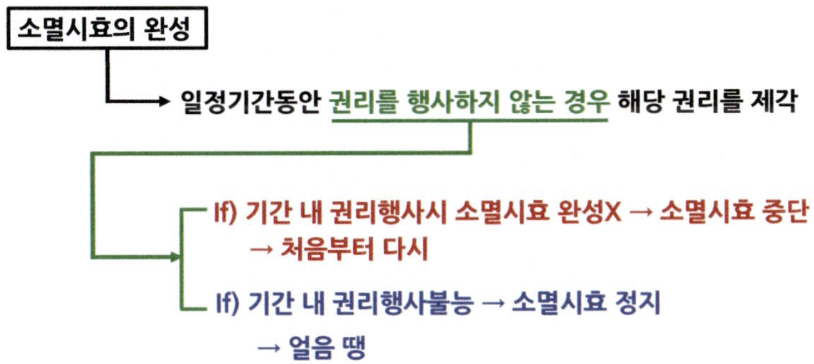

84

조세법률관계변동(10-10) - 소멸시효 중단과 정지

- 소멸시효 완성 → 법에서 정한 기한내에 징수권행사X
  - ↓ 조세채권의 회수권리 박탈
- 소멸시효 중단 → 법에서 정한 기한내에 징수권행사 OK
  - ↓ 처음부터 다시
- 소멸시효 정지 → 법에서 정한 기한내에 징수권행사 의사 有
  - ↓ 행사불능
  - ↓ 얼음~ 땡

85

조세채권의 보전(1-1) - 연대납세의무

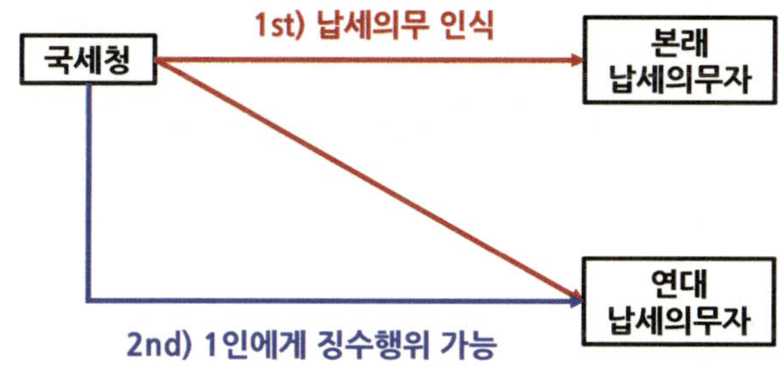

86

조세채권의 보전(1-2) - 연대납세의무

국기법상 규정

- 공유물, 공동사업
- 법인의 분할 · 합병
- 신회사 설립

개별세법상 규정

- 예외) 소득세법상 공동사업 합산과세
- 확장) 법인세, 소득세, 상증세
  - 법인세
    - 해산 시 원천징수세액
    - 연결소득 법인세
  - 소득세 : 증여 후 양도행위 부인
  - 상증세
    - 공동상속 연대납세의무
    - 조건부 연대납세의무

87

조세채권의 보전(1-3) - 연대납세의무

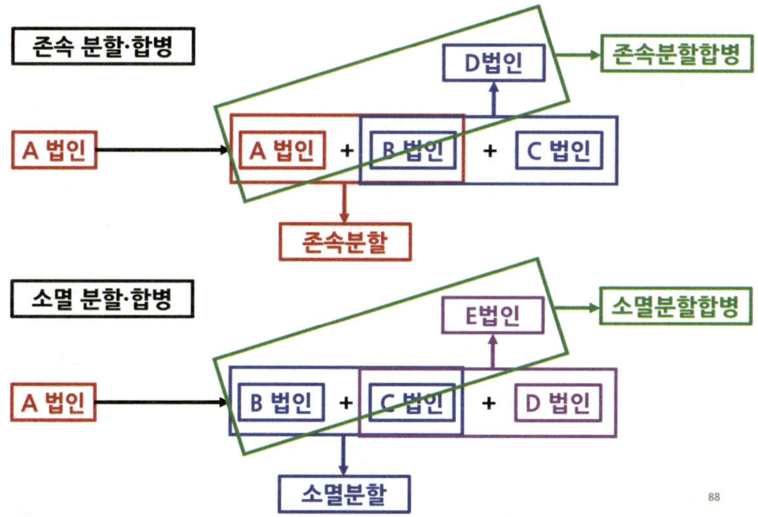

88

조세채권의 보전(1-4) - 연대납세의무

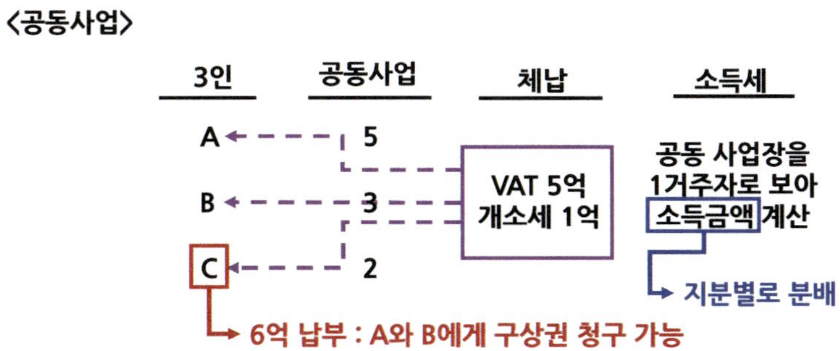

89

조세채권의 보전(1-5) - 법인의 활동

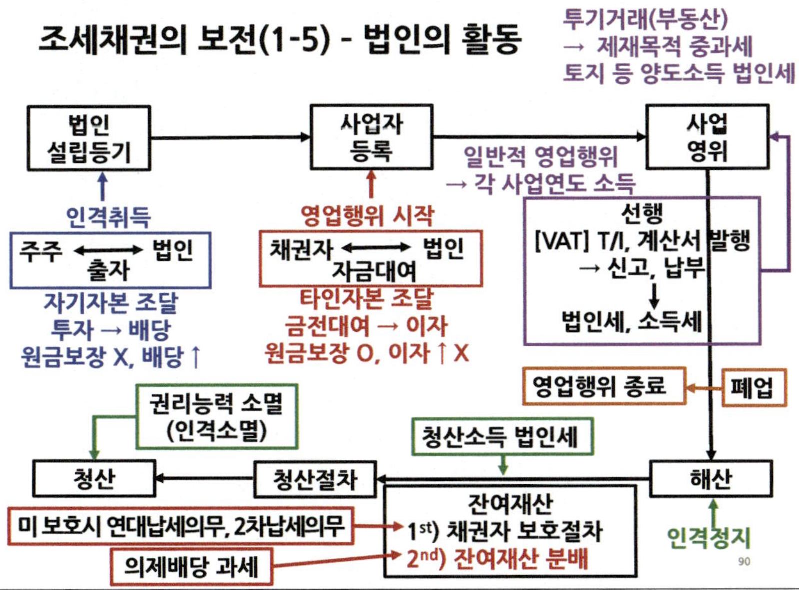

90

조세채권의 보전 (1-6) - 상속인이 2인 이상 경우

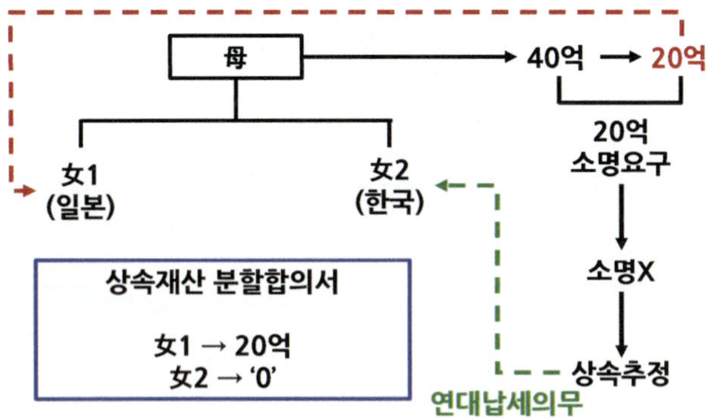

91

조세채권의 보전(1-7) - 연대납세의무 효력

효력
- 확정효력 (상대적효력)
  - ➡ 1인에 대한 행위는 해당 연대납세의무자에게만 미침
- 이행청구효력 (절대적효력)
  - ➡ 1인에 대한 행위가 연대납세의무자 전원에게 미침

신고납세 대상 세목
- 신고O, 납부X → 이행청구
- 신고X, 납부X → 확정 → 이행청구

(∵ 확정의 효력과 이행청구 효력이 동시에 발생)

92

조세채권의 보전(2-1) - 납세의무 승계

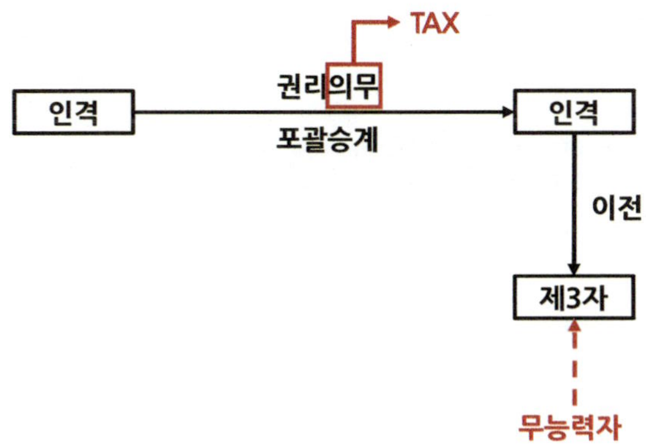

93

조세채권의 보전(2-2) - 납세의무 승계

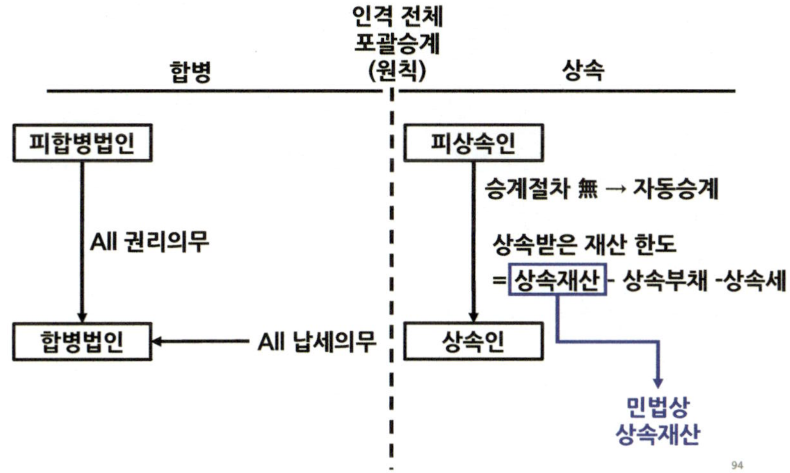

94

조세채권의 보전(2-3) - 상속재산가액

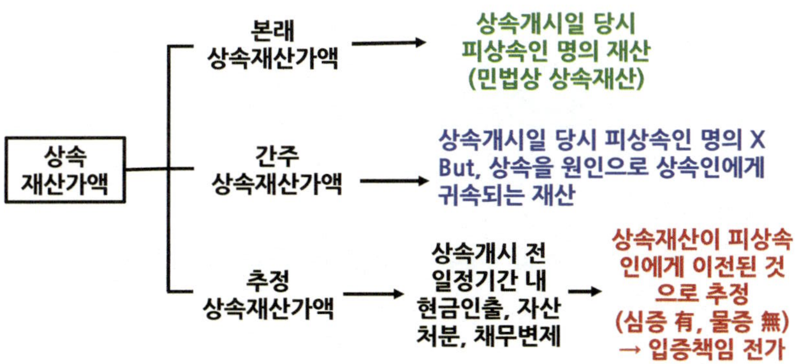

95

조세채권의 보전(2-4) - 상속포기

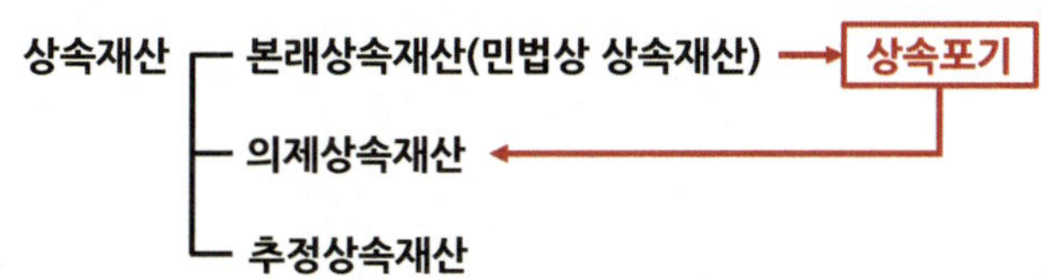

96

조세채권의 보전(2-5) - 상속포기

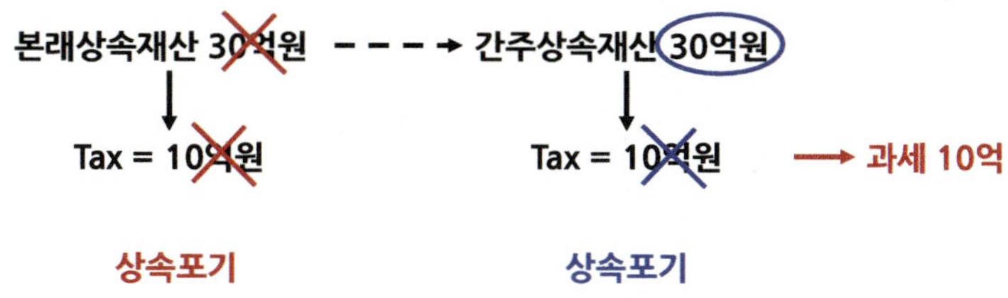

97

조세채권의 보전(2-6) - 종신보험

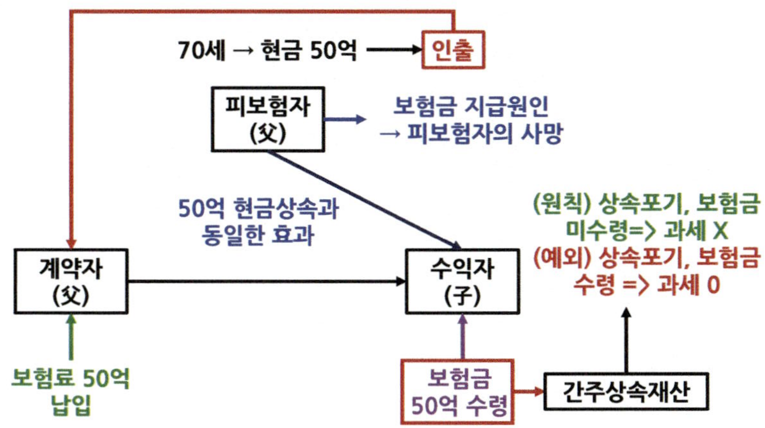

98

조세채권의 보전(3-1) - 제2차 납세의무

- 부종성 → 본래납세의무자의 납세의무에 제2차 납세의무자의 납세의무 연동
- 보충성 → 주된 납세의무자의 미납세액에 대하여 2차납세의무자의 납세의무 존재

99

조세채권의 보전(3-2) - 출자자의 제2차납세의무

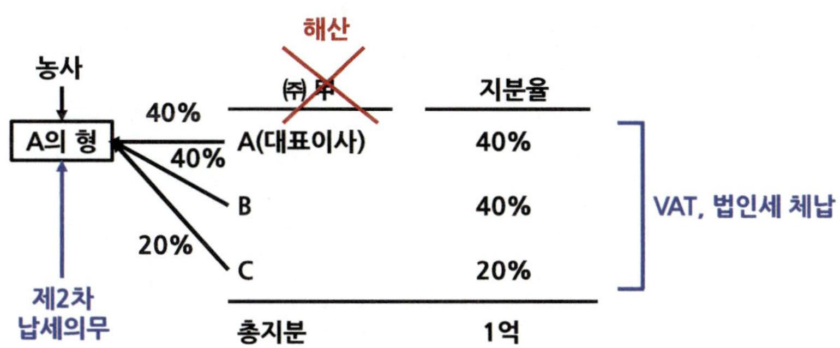

100

조세채권의 보전(3-3)
제2차 납세의무 비교 (출자자 vs 법인)

구분	출자자 등	법인
요건	본래 : 비상장 법인 제2차 : 납세의무 성립일 현재 무한책임사원 + 과점주주	본래 : 납부기한 만료일 현재 무한책임사원 + 과점주주 제2차 : 모든 법인 환금성 결여
한도	① 무한책임 사원 : 한도 X ① 과점주주 : 출자비율	순자산가액 × 출자비율

101

조세채권의 보전(3-4) - 사업양수인의 제2차납세의무

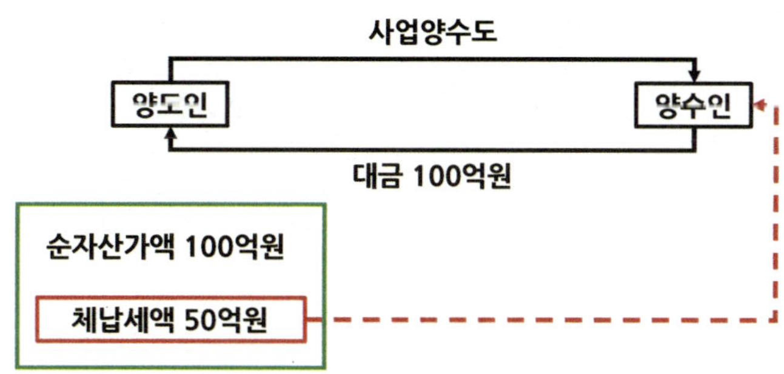

102

조세채권의 보전(3-5) - 제2차 납세의무

(본래 납세자) 주된 납세자	(제2차 납세의무자) 특징:부종성,보충성	특별한관계	부담 한도
1) 해산 법인	All 납세의무자 →	청산인등	청산인 → 분배한 만큼 잔여재산 받은 자 → 받은 만큼
2) 비상장 법인	납세의무 성립일 현재 →	출자자 등	무한책임사원→ 연대 무한책임 과점주주→ (지분만큼)
3) 법인 출자자 (무한, 과점)	납부기간 종료일 현재 →	All 법인	
4) 사업 양도인	사업 관련 국세 →	① 조세 회피 목적 사업양수자 ② 양도인과 특관자	양수가액 지급액

103

조세채권의 보전(4) - 양도담보권자 물적납세의무

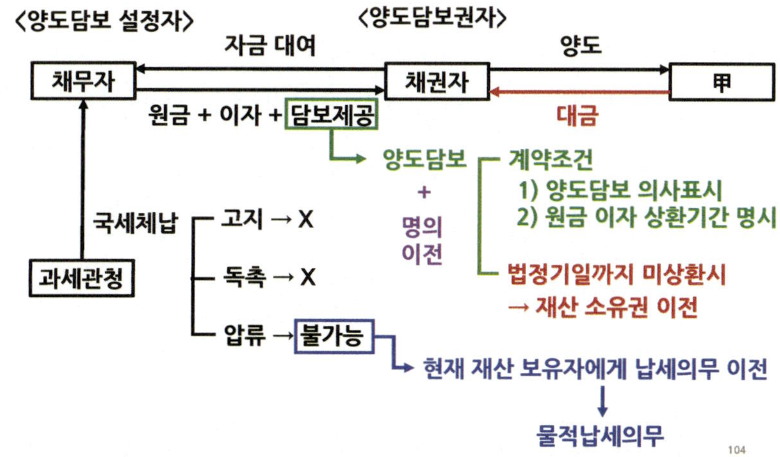

104

조세채권의 보전 (5) - 조세채권의 보전 방법

Ⅰ. 납세의무의 확장 (조세채무자 변동)

- 연대납세의무
  - 공유물, 공동사업
  - 법인의 분할, 합병
  - 신회사 설립
- 납세의무 승계
  - 법인의 합병
  - 상속
- 제2차 납세의무 → 청산인, 출자자, 법인, 사업양수인
- 양도담보권자의 물적납세의무

Ⅱ. 납세의무의 확장 외 (조세채무자 변동 X)

- 국세우선의 원칙
- 납세담보(국징법)

105

조세채권의 보전(6-1) -물권과 채권

- 채권 => 채권자가 채무자에게 일정한 행위를 요구할 수 있는 권리
  - → 상대성 : 특정인에게만 주장 가능
- 물권 => 특정의 물건을 직접적으로 지배할 수 있는 배타적 권리
  - → 채무자의 행위 필요 X
  - → 절대성 : 모든 사람에게 주장 가능

동일물 위에 두 개의 소유권은 존재할 수 없다.

권리 주장 방법
- 부동산 : 등기
- 동산 : 점유

← 공시의 방법

106

조세채권의 보전(6-2) -물권과 채권 사례

<부동산 매매>

① 계약시 : 계약금 수수 — 채권 채무관계 성립 → ② 잔금 청산시 : 등기이전 — 물권 성립 → 하나의 물권만 존재 가능

- 양도인
  - 채권 => 중도금, 잔금 수령 권리
  - 채무 => 잔금청산 후 명의이전 의무
- 양수인
  - 채권 => 잔금청산 후 명의이전 받을 권리
  - 채무 => 중도금, 잔금 지급 의무

→ 다수의 채권 채무관계 존재 가능

107

조세채권의 보전(6-3) - 물권 vs 물권(권리 상호간 효력)

< 물권 상호간 효력>

동일 물권 사이에는 먼저 성립한 물권이 뒤에 성립한 물권에 우선

2021.1	2022.6
A 소유권 등기	B 소유권 등기 : 인정X
A 저당권 등기	B 저당권 등기 : A의 후순위
A 저당권 경매(2023.1)	B 지상권 : 소멸
B 지상권 존재	A 저당권 경매(2023.1)

108

조세채권의 보전(6-4) - 법정기일

법정기일
- 신고, 납부 → 신고일
- 결정 · 경정 · 부과고지 → 납부고지서 발송일

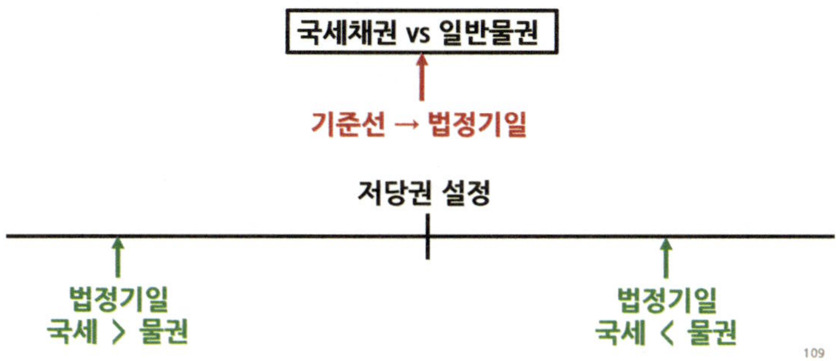

109

조세채권의 보전(6-5) -물권 vs 채권(권리 상호간 효력)

< 물권과 채권간 효력>

시간 전후에 관계없이 언제나 물권이 우선

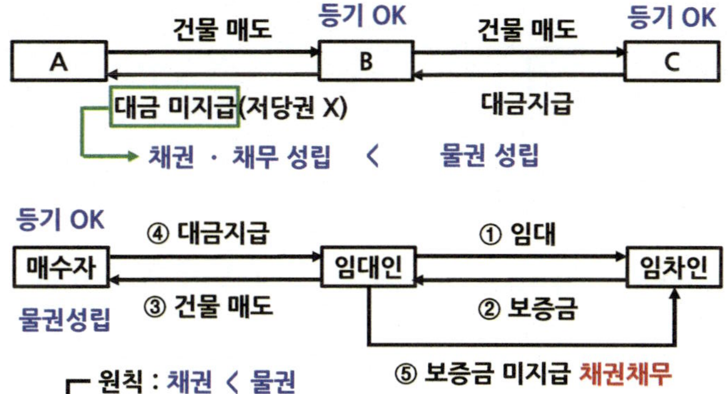

- 원칙 : 채권 < 물권
- 예외 : 확정일자 주택 임대차 보호법

110

조세채권의 보전(6-6) - 채권 vs 채권(권리 상호간 효력)

< 채권 상호간 효력>

채권자 평등원칙 : 채권은 공시성 · 배타성 X → 채권 성립 시기에 따라 우열을 인정한다면 선의의 채권자에게 불측의 손해 발생 우려

111

조세채권의 보전(6-7) - 물권과 채권의 우선순위

- 물권 → 절대성(공시성) →
  - 채권의 담보목적 → 전세권, 저당권 등
  - 소유권 이동목적 → 명의이전등기
- 채권 → 상대성

효력
- 물권 vs 물권 => 먼저 발생한 물권이 우선
- 물권 vs 채권 => 언제나 물권이 우선(물권과 동일한 효력 → 확정일자)
- 채권 vs 채권 => 채권자평등주의

112

조세채권의 보전(6-8) - 국세우선의 원칙

채권자	채권액	경우: 모두 채권	경우: B가 물권	경우: B가 국세
A	2억	1억	$2억 \times \frac{2}{7}$	
B	3억	1.5억	3억	?
C	1억	0.5억	$2억 \times \frac{1}{7}$	
D	4억	2억	$2억 \times \frac{4}{7}$	

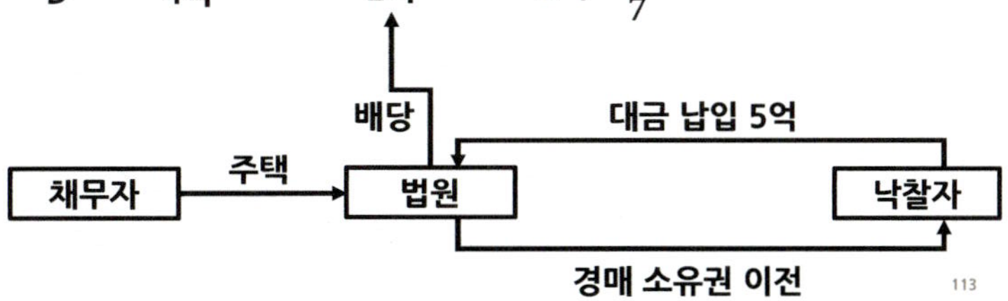

113

조세채권의 보전(6-9) - 국세우선의 원칙

〈조세의 특징〉

1) 공익성
2) 공시성
3) 무대가성

1), 2) → 국세징수의 우선권(국기법)
3) → 강제성 (국징법)

→ 당위성 인정 But, 국세우선권 지나치게 강조 시

국가 경제 교란
- 사법 질서 교란
- 오히려 공익 저해 (근로자, 영세 서민)

강제 징수비 이후 최우선 → ① 주택,상가 임차보증금 ② 최우선 임금채권

114

조세채권의 보전(6-10) - 피담보 채권

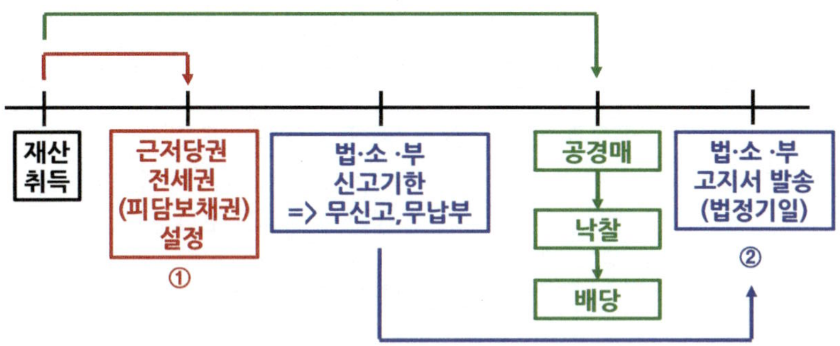

① (피담보채권) > ② (법·소·부)

115

조세채권의 보전(6-11) - 전세권등이 설정된 재산의 매각

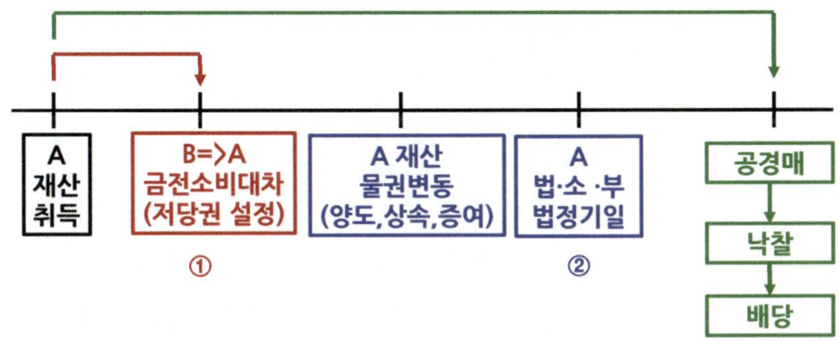

① (피담보채권) > ② (법·소·부)

116

조세채권의 보전(6-12) - 일반 임금채권

〈 원칙 〉
국세 〈 일반 임금채권

〈 예외 〉

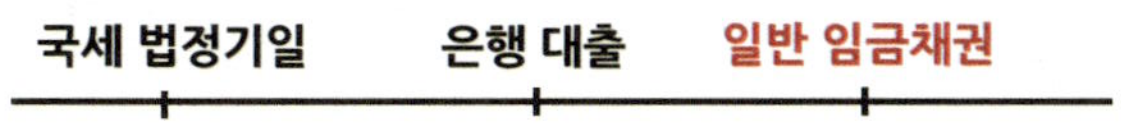

117

조세채권의 보전(6-13) - 당해세

〈 당해세〉

국세의 공시성을 완전히 인정

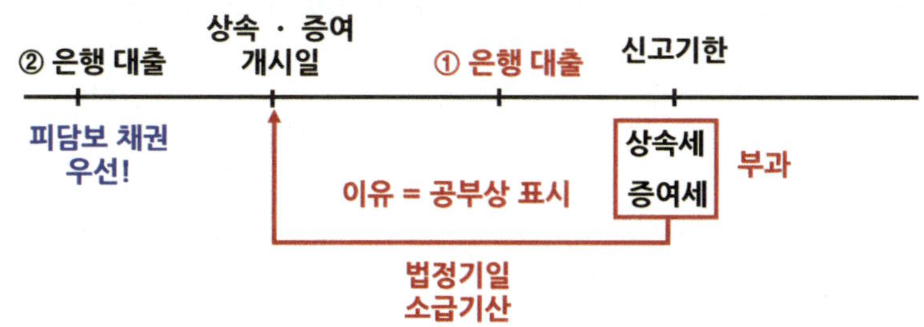

118

조세채권의 보전(6-14) - 당해세 원칙

〈 원칙 〉

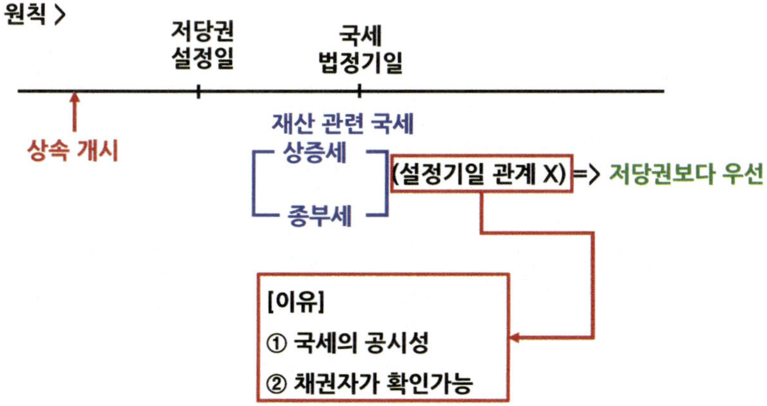

119

조세채권의 보전(6-15) - 당해세 예외

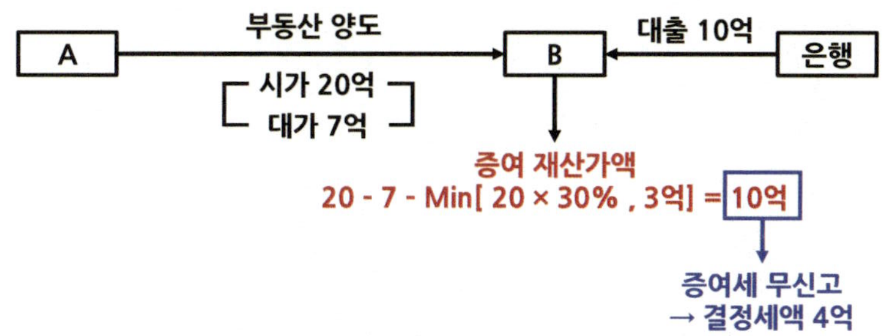

채권 순위 : 대출 〉 증여세 (∵ 대출 시점에서 공시성X)

120

조세채권의 보전(6-16) - 당해세 사례 (서울 중앙지법 2012 가합 14036. 2012.10.18(국패))

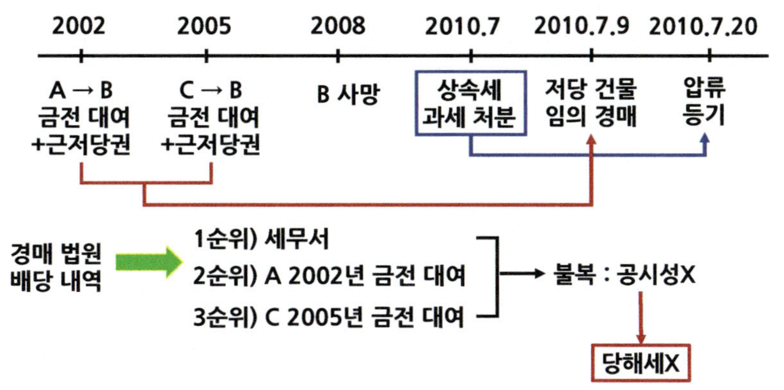

121

조세채권의 보전(6-17) - 가등기

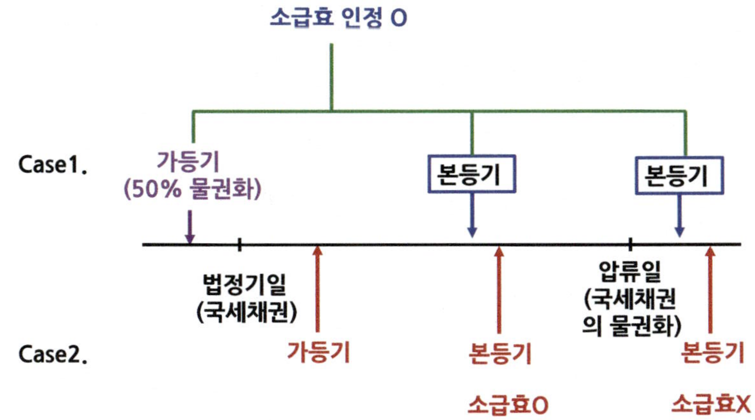

122

조세채권의 보전(6-18) - 가등기에 기한 본등기의 효력1

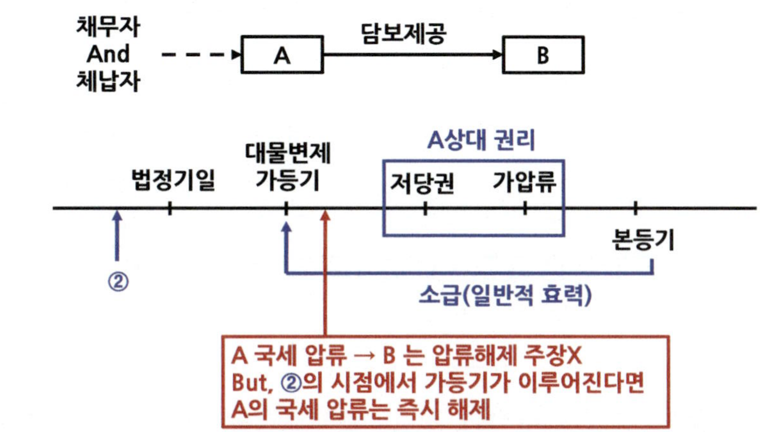

123

조세채권의 보전(6-19) - 가등기(매매예약)에 기한 본등기의 효력2

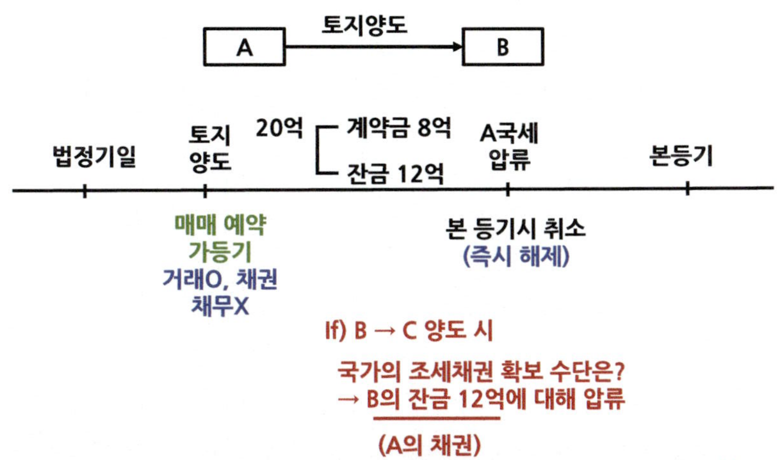

124

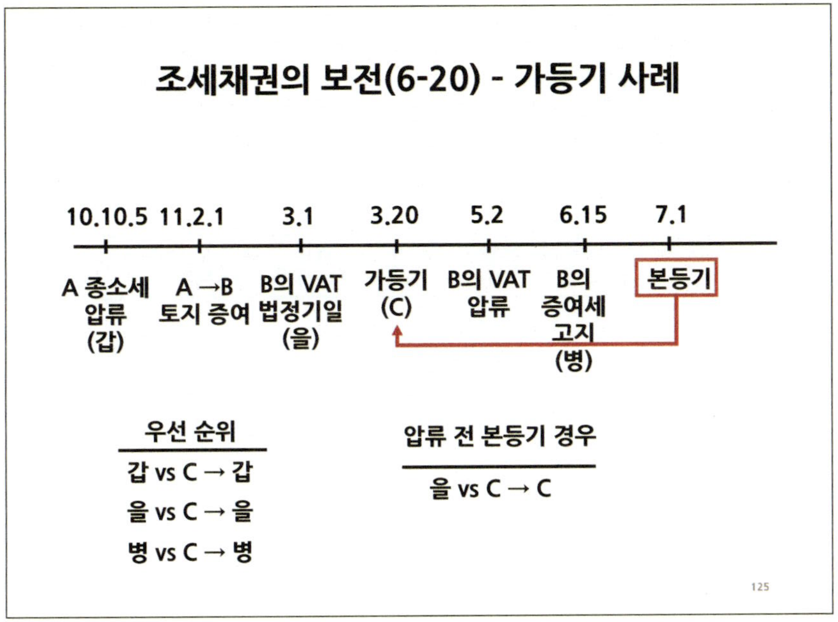
조세채권의 보전(6-20) - 가등기 사례
10.10.5
11.2.1
3.1
3.20
5.2
6.15
7.1
A 종소세 압류 (갑)
A → B 토지 증여
B의 VAT 법정기일 (을)
가등기 (C)
B의 VAT 압류
B의 증여세 고지 (병)
본등기
우선 순위
갑 vs C → 갑
을 vs C → 을
병 vs C → 병
압류 전 본등기 경우
을 vs C → C
125

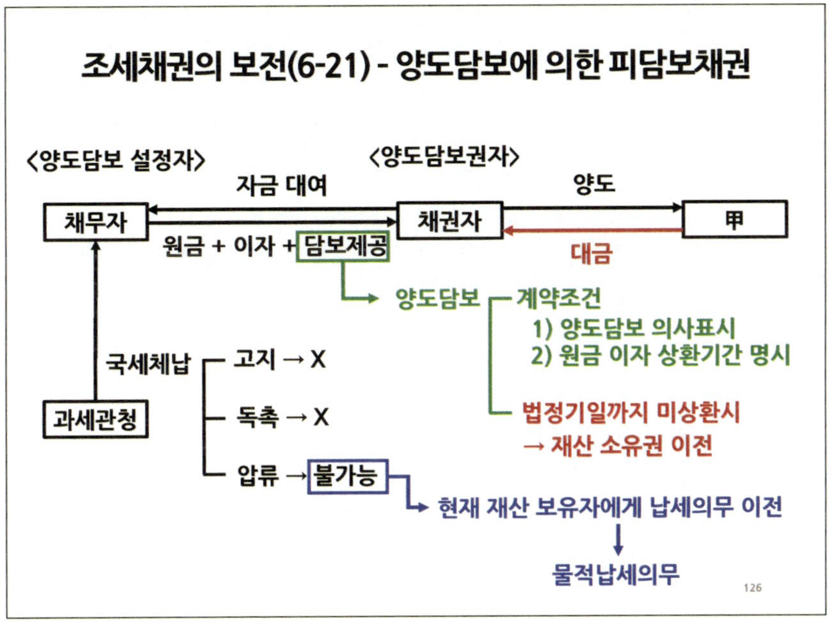
조세채권의 보전(6-21) - 양도담보에 의한 피담보채권
<양도담보 설정자>
<양도담보권자>
자금 대여
양도
채무자
채권자
甲
원금 + 이자 + 담보제공
대금
양도담보
계약조건
1) 양도담보 의사표시
2) 원금 이자 상환기간 명시
국세체납
고지 → X
독촉 → X
압류 → 불가능
과세관청
법정기일까지 미상환시
→ 재산 소유권 이전
현재 재산 보유자에게 납세의무 이전
물적납세의무
126

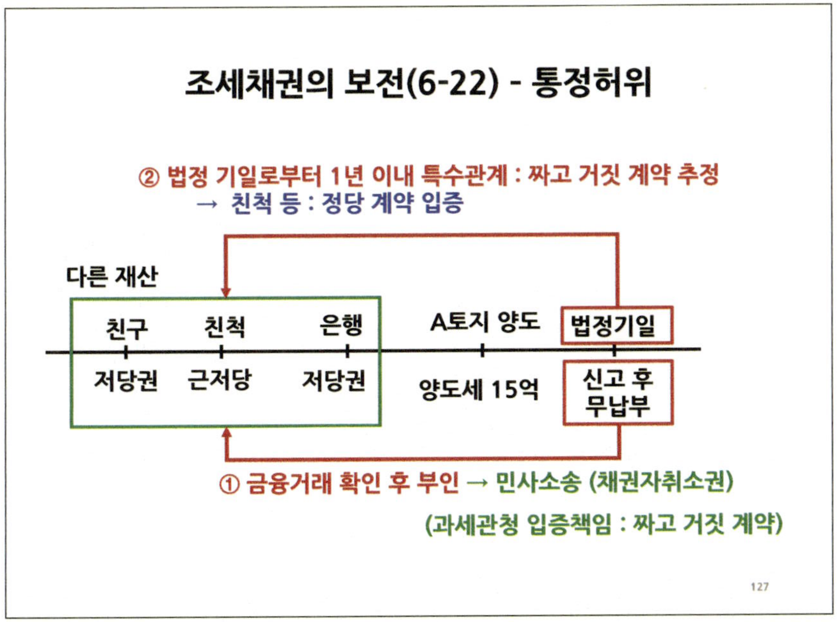
조세채권의 보전(6-22) - 통정허위
② 법정 기일로부터 1년 이내 특수관계 : 짜고 거짓 계약 추정
→ 친척 등 : 정당 계약 입증
다른 재산
친구
친척
은행
A토지 양도
법정기일
저당권
근저당
저당권
양도세 15억
신고 후 무납부
① 금융거래 확인 후 부인 → 민사소송 (채권자취소권)
(과세관청 입증책임 : 짜고 거짓 계약)
127

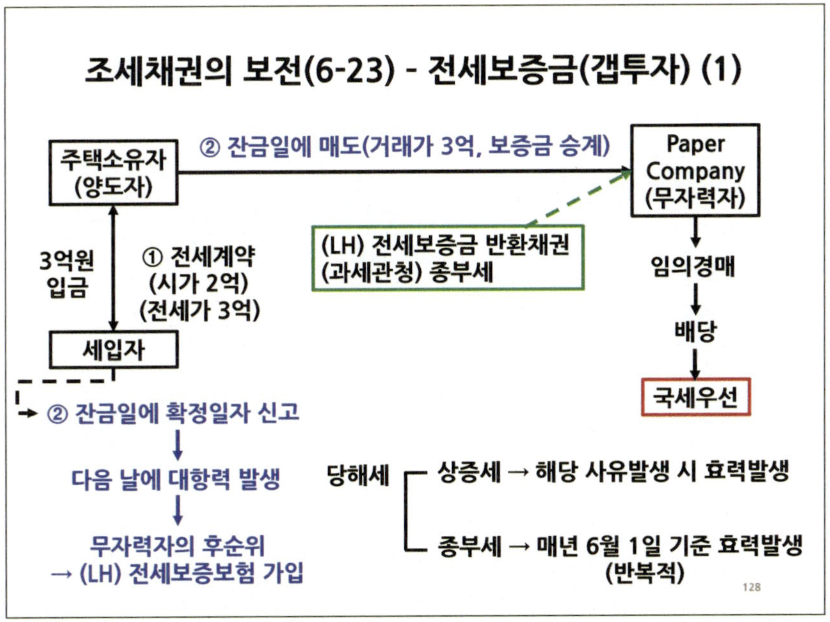
조세채권의 보전(6-23) - 전세보증금(갭투자) (1)
주택소유자 (양도자)
② 잔금일에 매도(거래가 3억, 보증금 승계)
Paper Company (무자력자)
3억원 입금
① 전세계약 (시가 2억) (전세가 3억)
(LH) 전세보증금 반환채권
(과세관청) 종부세
임의경매
배당
국세우선
세입자
② 잔금일에 확정일자 신고
다음 날에 대항력 발생
무자력자의 후순위
→ (LH) 전세보증보험 가입
당해세
상증세 → 해당 사유발생 시 효력발생
종부세 → 매년 6월 1일 기준 효력발생 (반복적)
128

조세채권의 보전(6-24) - 전세보증금(갭투자) (2)

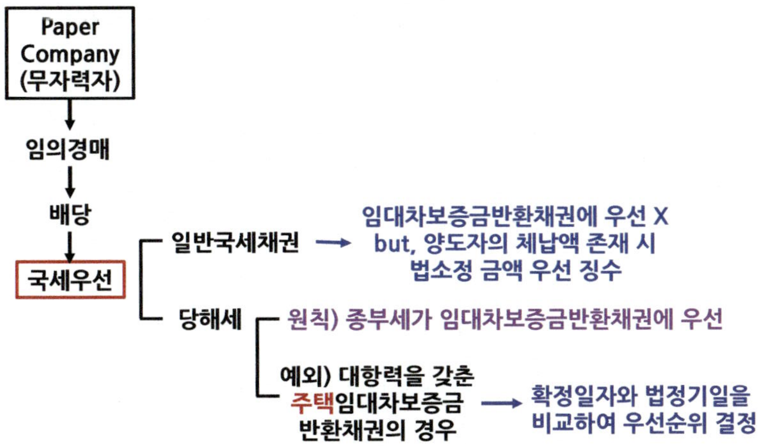

129

조세채권의 보전(6-25) - 전세권등이 설정된 재산의 국세우선

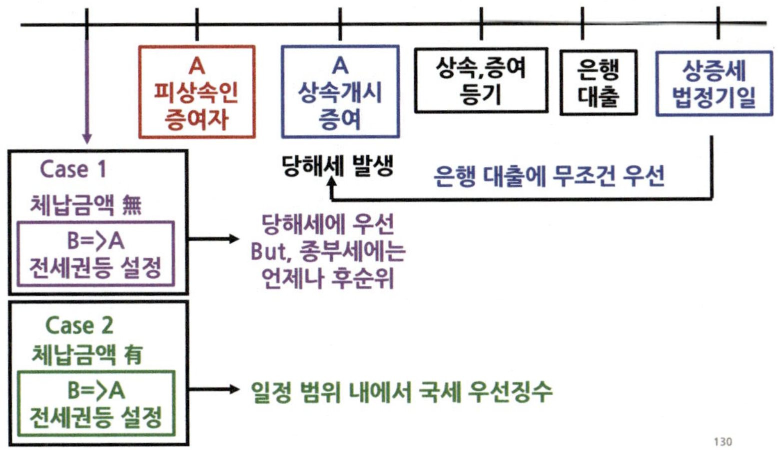

130

조세채권의 보전(6-26) - 전세보증금

법소정금액

해당 재산에 설정된 저당권, 임차보증금 등 채권 中
설정일이 가장 빠른 것보다 법정기일이 빠른 직전소유자의 체납액

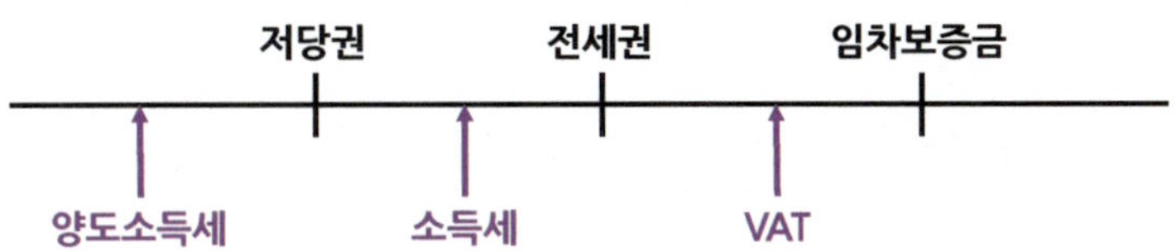

131

조세채권의 보전(6-27) - 임대인변경시 국세우선순위

원칙) ⟶ 국세우선원칙은 직전소유자 권리설정에는 적용 X

예외)
- ① 직전소유자에게도 각 권리보다 앞선 국세체납이 존재하는 경우 직전 소유자의 국세체납액을 한도로 국세우선원칙 적용하여 법정기일이 권리설정일보다 빠른 체납국세만 우선징수
- ② 소유자 변경 이후 발생한 종부세

취지 ⟶ 제3자에게 저당부동산 양도 시 종전소유자에게 저당권에 우선하는 조세체납이 없다면 제3자(양수인)의 조세체납이 저당권에 우선하지 않는다.

132

조세채권의 보전(6-28) - 임대인변경시 국세우선순위

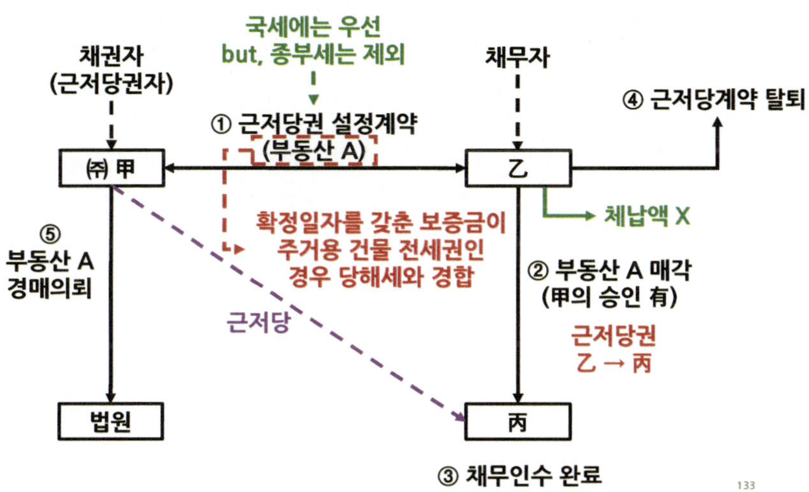

133

조세채권의 보전(6-29) - 임대인변경시 국세우선순위 사례

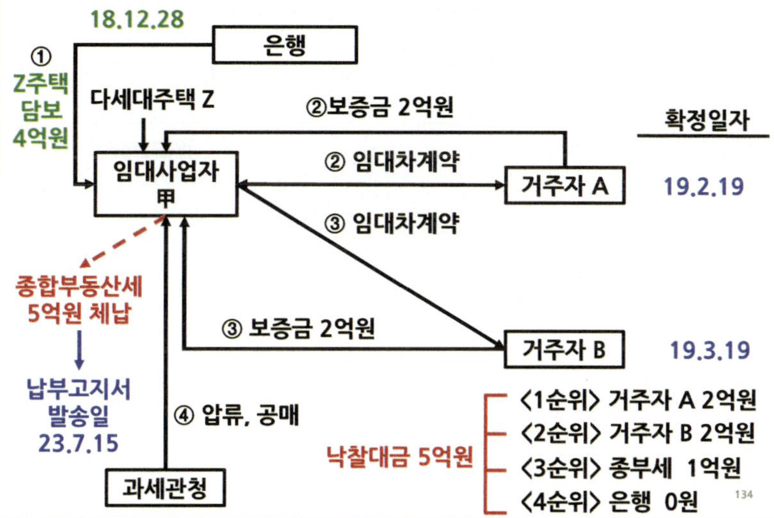

134

조세채권의 보전(6-30) - 임대인변경시 국세우선순위 정리

- 일반적 국세
  - 원칙) 임대차보증금 반환채권에 우선 X
  - 예외) 양도자에게 국세체납액이 존재 → 법정금액 우선징수
- 당해세
  - 원칙) 임대차보증금 반환채권에 우선 O
  - 예외) 전세권등이 설정된 재산이 이전된 경우
    - 종부세) 임대차보증금 반환채권에 무조건 우선
    - 주택임대차보증금이 대항력을 갖춘 경우
      → 법정기일과 확정일자를 비교하여 우선권 결정

135

납세자권리 (1) - 세무조사 관할

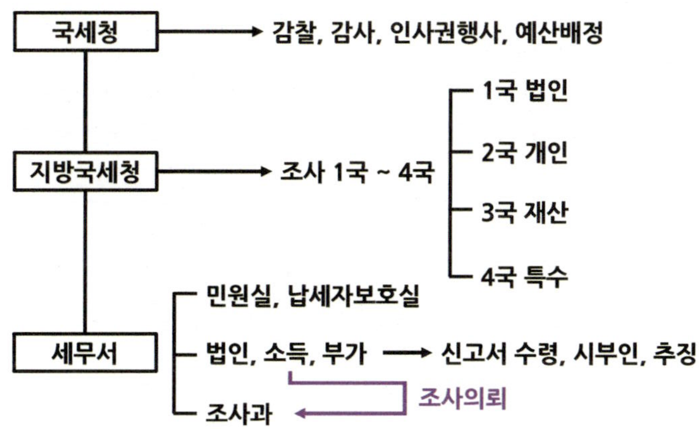

136

납세자 권리(2) - 납세자 성실성추정과 수시선정 조사사유

Ⅰ. 납세자 성실성 추정

(원칙) 납세자가 성실하며 제출된 신고서 등이 진실된 것으로 추정함

(예외) 수시선정조사사유 → 납세자 성실성 추정 배제

① 납세 협력의무 미이행

② 무자료 거래, 위장 · 가공 거래

③ 탈세제보

④ 신고 내용에 탈루 · 오류 혐의

137

납세자 권리(3) - 세무조사권 남용 금지

Ⅱ. 세무조사권 남용 금지

(원칙) ① 필요한 최소한의 범위 + 세무조사 고유의 목적

② 중복조사 금지 → 같은 세목, 같은 과세기간

(예외) 중복조사 가능사유 => 조세탈루혐의 명백한 자료가 있는 경우 등 10가지

138

납세자 권리(4) - 통합조사의 원칙

Ⅲ. 통합조사의 원칙

(원칙) 납세자 사업과 관련하여 신고 · 납부 의무有 세목 통합 조사

(예외) 1) 특정세목만 조사 => 조세채권 확보를 위한 긴급조사 등 3가지

2) 부분조사

- 동일기간 동일세목 2회 초과실시 OK
  - → ① 경정청구, 국세환급금 충당 및 환급 확인
  - ② 재조사결정에 따라 사실관계 확인 필요
- 동일기간 동일세목 2회 초과실시 X
  - → 거래상대방 등에 대한 조사 등 4가지

139

납세자 권리(5-1) - 과세전적부심사

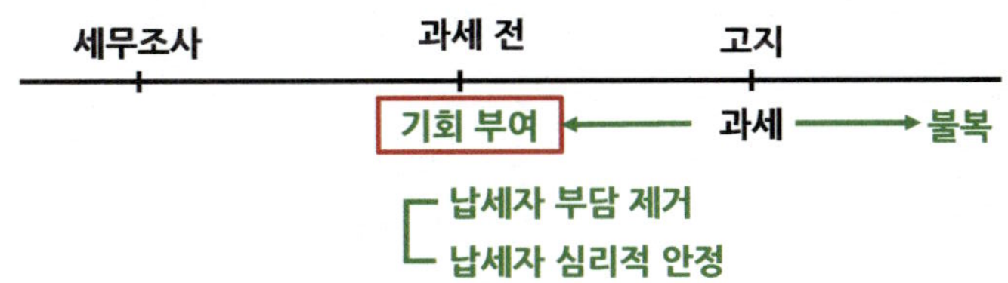

140

납세자 권리(5-2) - 과세전적부심사

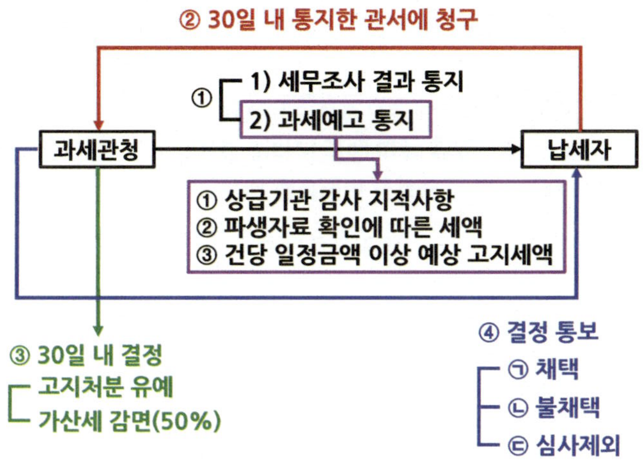

141

납세자권리 (6) - 권리구제절차

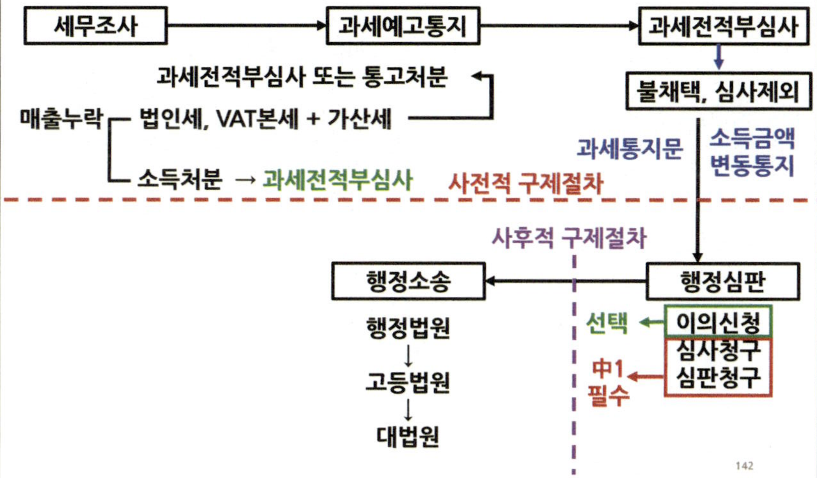

142

심사와 심판(1) - 조세쟁송 절차

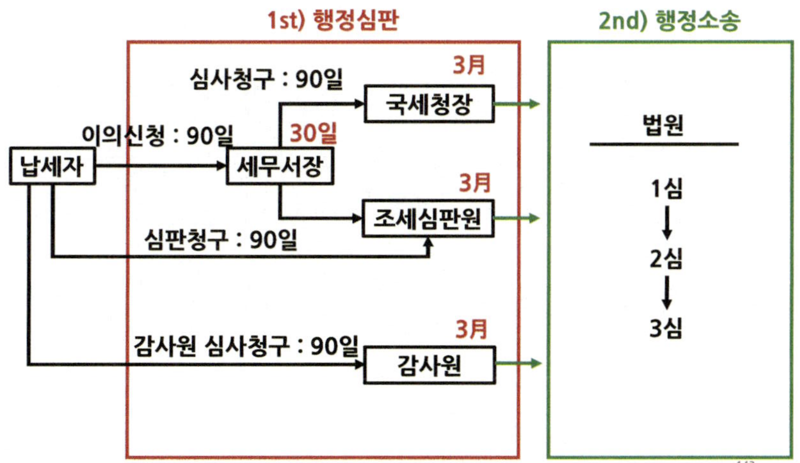

143

심사와 심판(2) - 행정심판 전치주의

〈 행정심판 전치주의〉

- 국세 기본법에 두는 이유
  - 국세 처분의 전문성 · 기술성
  - 국세 처분의 대량 · 반복성
- 취지 : 법원 부담 경감
  - 사건의 최소화
  - 사법 심리전 쟁점부각
  - 납세자에게 유리(∵불가변력)

144

심사와 심판(3) - 불복청구에 대한 심리

요건심리 → (충족시) → 본안심리

- 청구대상 처분 존재
- 청구자 적격성
- 청구기간 준수

↓ 미충족시

각하

본안심리
- 기각
- 인용 → 재조사 결정 (인용의 변형된 결정)

145

심사와 심판(4-1) - 재조사 결정

과세관청 → 세무조사 (x1~x3) 매출누락 30억 → 약국 A → 불복 → 심판원 → (재조사 결정) → 과세관청

- VAT 3억
- 종소세 10억

*재조사 내역 → 매출누락 20억(10억취소) → 이자소득 과세 10억

감액경정

	VAT	종소세
01	5천	+ 2억
02	3천	+ 1.5억
03	2천	+ 1억
	1억	4.5억

증액경정

	종소세
01	2.1억
02	1.7억
03	1억
	4.8억

4.5억 → 4.8억

146

심사와 심판(4-2) - 재조사 결정

고등법원 판결

① 재조사 결정은 처분청의 결정에서 지적된 사항에 관해서는 처분의 재조사 결과를 기다려 그에 따른 후속처분의 내용을 심판청구등에 대한 결정의 일부분으로 삼겠다는 의사가 내포된 변형결정에 해당한다.

→ 심판청구 처분과 후속처분을 비교하여 불이익 여부를 판단

② 종소세 부과처분은 연도별 과세

→ 불이익변경금지 여부도 연도별 판단

∴ 후속처분은 불이익 변경 금지원칙에 위배

147

심사와 심판(5) - 결정의 효력

- 1) 불가변력(내용적 확정력)
- 2) 불가쟁력(형식적 확정력)
- 3) 기속력

148

심사와 심판(6) - 결정의 효력

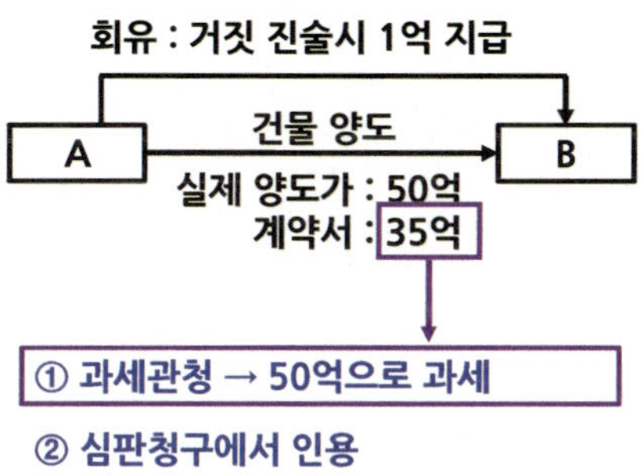

① 세무조사시, 양도가 50억으로 진술

② 번복 : 불복청구시 50억 진술은 세무공무원의 회유 때문

③ 1억 미수령 → 매매가 50억 입증 주장

→ 35억으로 다시 과세
But, 불가변력으로 과세X

A, b → 공문서 위조, 업무방해 = 징역 4년

149

심사와 심판(7) - 내용 심리상 특징

< 내용심리 원칙>

- 총액주의 : 주장하지 않은 것도 필요한 경우 심리 가능
- 쟁점주의 : 주장한 것만 심리 (불고불리)

< 국기법상 불복청구>

- (원칙) 행정 심판법 적용 배제
- (예외) 행정 심판법 규정 준용 → 준사법심 제도

150

심사와 심판(8) - 불고불리 · 불이익변경 금지

불고불리

결정을 할 때 청구한 처분 외의 처분에 대해서는 그 처분의 전부 또는 일부를 취소 또는 변경하거나 새로운 처분의 결정을 하지 못한다.

불이익변경 금지

결정을 할 때 청구를 한 처분보다 청구인에게 불리한 결정을 하지 못한다.

151

심사와 심판(9) - 불이익변경 금지 vs 재조사 결정

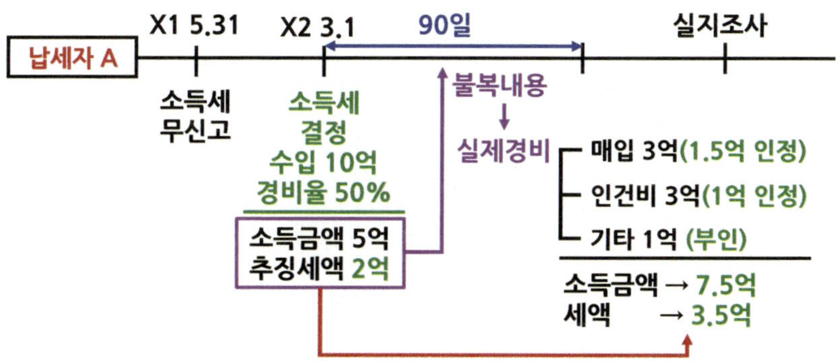

실지조사 후 증액 결정 → 1.5억 증액 (불이익변경 X)

152

법인세법

법인세법

세무사 원용대

153

법인세법 총칙(1) - 간접세와 직접세

- 간접세 → 경제적 이익을 얻기 위해 투입하는 재화 · 용역에 과세
- 직접세 → 경제주체들이 획득한 경제적 이익에 직접 과세
  - → 소득
  - 법인에게 과세 → 법인세
  - 개인에게 과세 → 소득세

154

법인세법 총칙 (2-1) 포괄주의 vs 열거주의

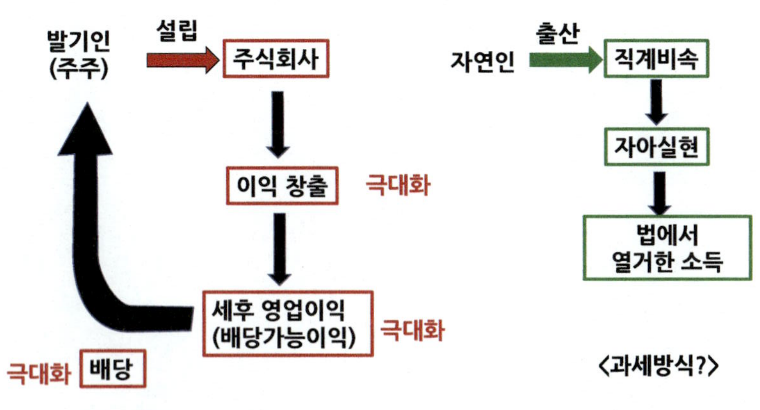

<과세방식?>

<과세방식?>

155

법인세법 총칙(2-2) - 포괄주의과세(순자산 증가설)

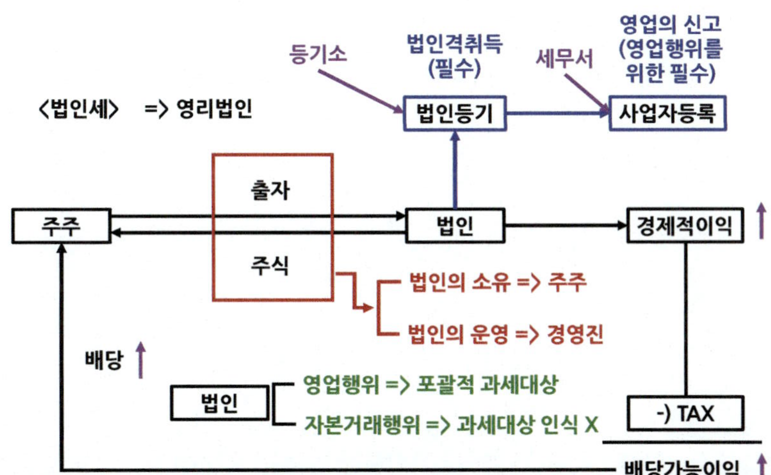

156

법인세법 총칙(2-3) - 포괄주의과세(순자산 증가설)

- 익금 → 순자산↑ (-)
  - ① 자본거래 → 상법상 자본충실화 원칙
  - ② 조세정책적 목적 열거 → 조특법상 익불
- -) 손금 → 순자산↓ (-)
  - ① 자본거래
  - ② 조세정책적 목적 열거
  - 사업 관련성 有 (+) [통상성 / 수익관련성] 中 1가지 충족
    - 통상성 → ① 업종 내 관례 ② 반사회적행위 X
  - → 지출에 대한 경제적 합리성 검토

157

법인세법 총칙(2-4) -열거주의과세(제한적과세)

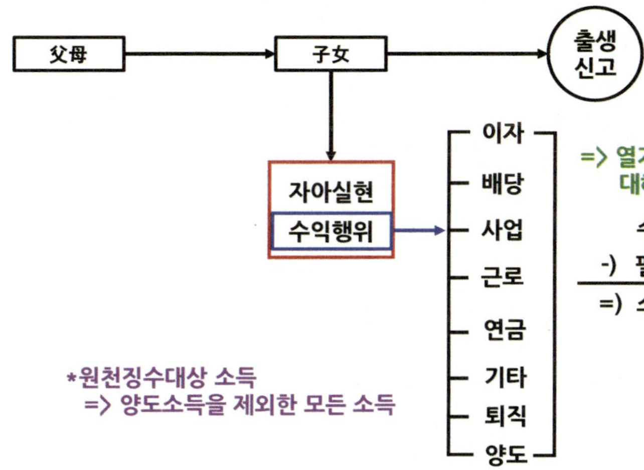

=> 열거된 부분에 대해서 과세

수입금액
-) 필요경비
=) 소득금액

*원천징수대상 소득
=> 양도소득을 제외한 모든 소득

158

법인세법 총칙(2-5) -열거주의과세(제한적과세)

<원천징수대상 소득>

1st) 원천징수 => 지급소득의 종류, 총 지급액, 총 원천세 => 다음달 10日

↓

2nd) 지급명세서 제출(익년 2月) => 총지급액 → 개인별 지급액 확정 (소득금액 확정)

↓

3rd) 신고 · 납부(3月 10日/ 5月 31日) → 소득금액 => 산출세액

159

법인세법 총칙 (2-6) 포괄주의 vs 열거주의

구분	세법 입법방법	세법 내용	현행
순자산증가설	포괄주의 과세방법 (Negative System)	All 과세 But, XX는 제외 (손不, 익不)	법인세
소득원천설	열거주의 과세방법 (Positive System)	OO 만 과세 과세대상 명시, 열거	소득세

한계 [입법 미비 / 입법 시 미예상] 과세누락 多

160

법인세법 총칙 (2-7) - 속인주의 VS 속지주의

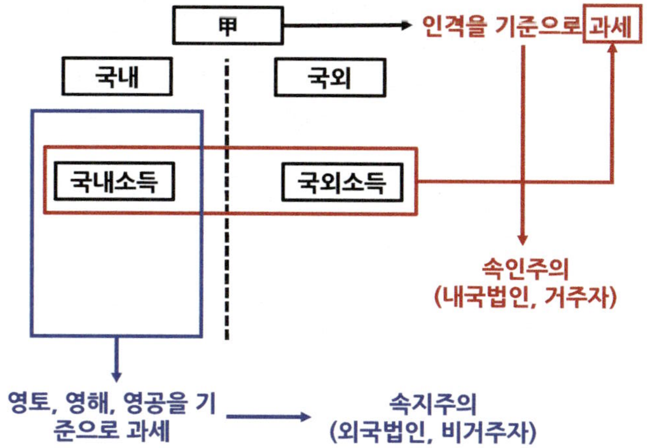

161

법인세총칙(3) - 법인의 활동

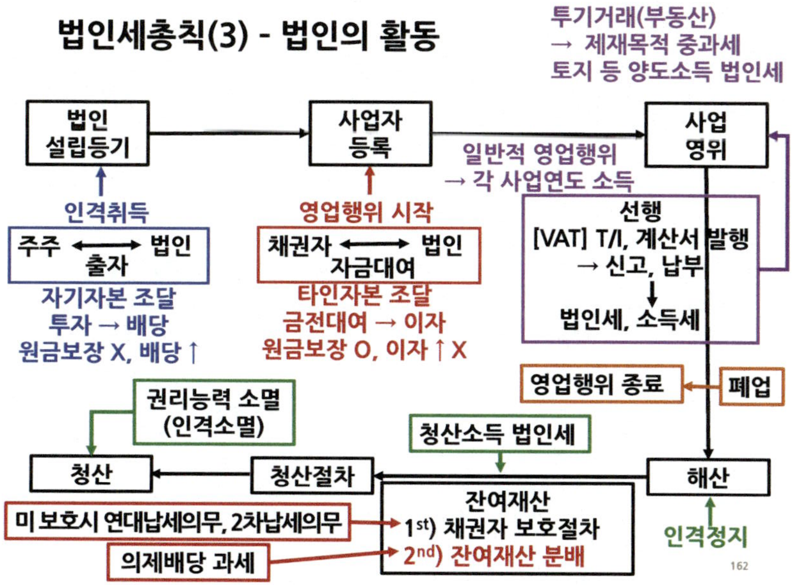

162

법인세법 총칙(4-1) - 납세의무자

< 영리법인과 비영리법인>

[영리법인 / 비영리법인] 구분기준 : 구성원에게 수익분배 여부

→ 해산 시 분배X, 잔여재산 → 다른 비영리법인 or 종교단체에 귀속

< 내국법인과 외국법인>

[내국법인 / 외국법인] 구분기준 : 설립 근거법 주의

163

법인세법 총칙(4-2) - 비영리법인

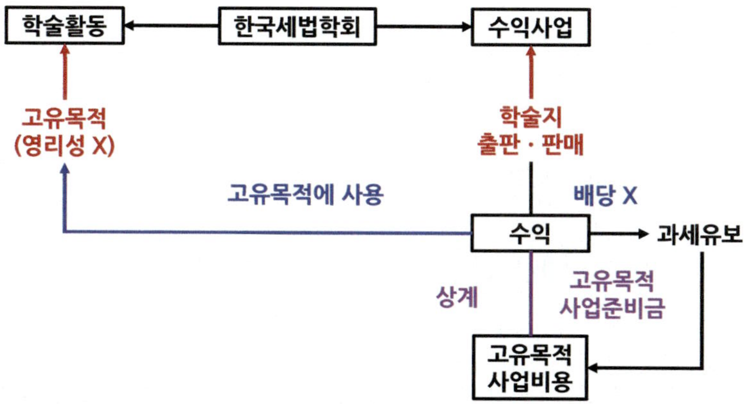

164

법인세법 총칙(4-3) - 비영리법인

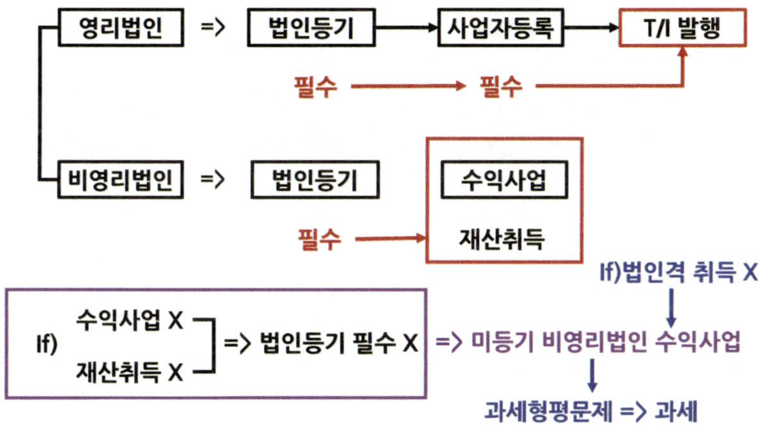

165

법인세법 총칙(4-4) - 비영리법인

법인격 취득 X

↓

=> 미등기 비영리법인 수익사업

↓

과세형평문제 => 과세

- 거주자 과세 => 소득세
- 법인 과세 => 법인세

166

법인세법 총칙(4-5) - 상속

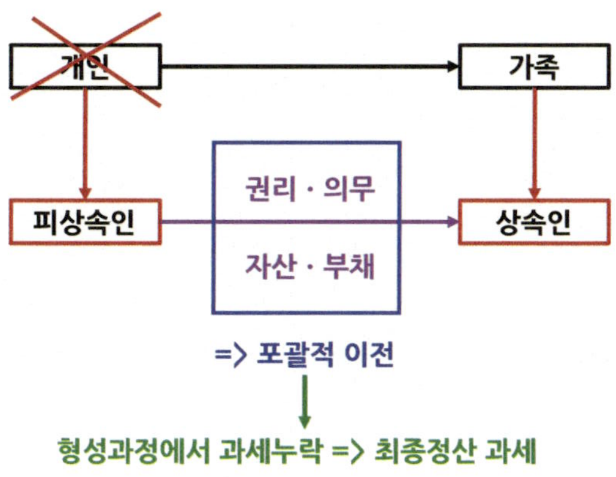

167

법인세법 총칙(5) - 토지 등 양도소득 법인세

토지 등 양도소득에 대한 법인세 => 법인을 통한 투기행위 방지

법인세율	소득세율
9 ~ 24%	6 ~ 45%
(+) @	중과세: 2주택 60%, 3주택↑ 70%

3주택 中 1주택 처분 양도차익 1억
- 법인 => 2,400만원
- ~~개인~~ => 7,000만원

168

법인세법 총칙(6-1) - 신탁소득 납세의무자

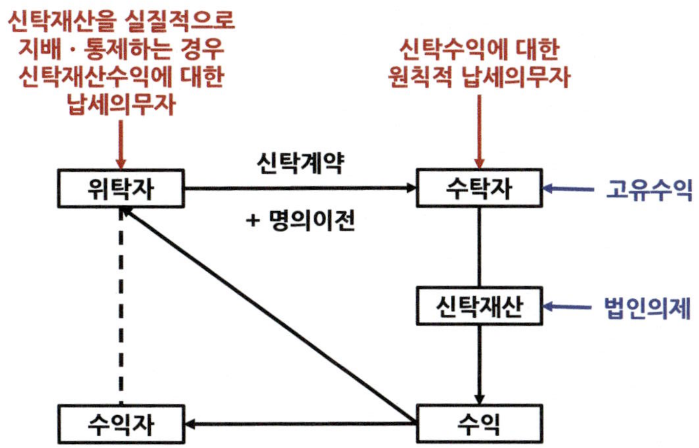

169

법인세법 총칙(6-2) - 신탁소득 납세의무자

〈 수익자에게 신탁재산 소득이 귀속되는 경우〉

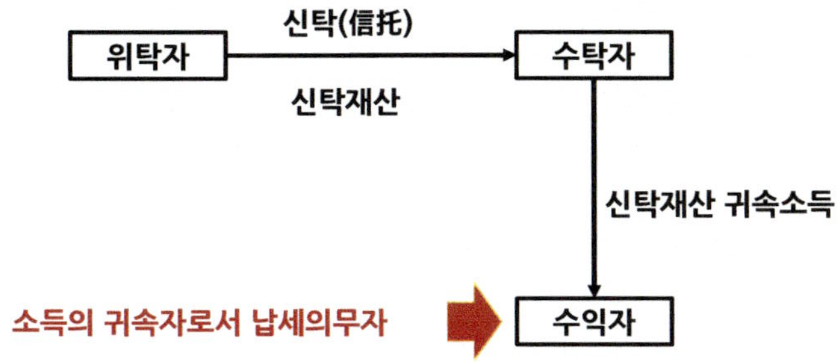

170

법인세법 총칙(6-3) - 신탁소득 납세의무자

〈 위탁자가 신탁재산을 실질적으로 지배 · 통제하지 않는 경우〉

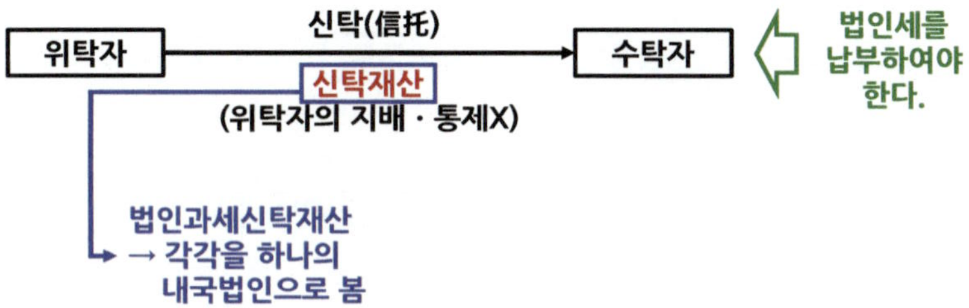

171

법인세법 총칙(6-4) - 신탁소득 납세의무자

〈 위탁자가 신탁재산을 실질적으로 통제하는 경우〉

↓

요건을 갖춘 경우 위탁자가 법인세 납세의무자

172

법인세법 총칙(7-1) - 법인 원천소득에 대한 이중과세 조정

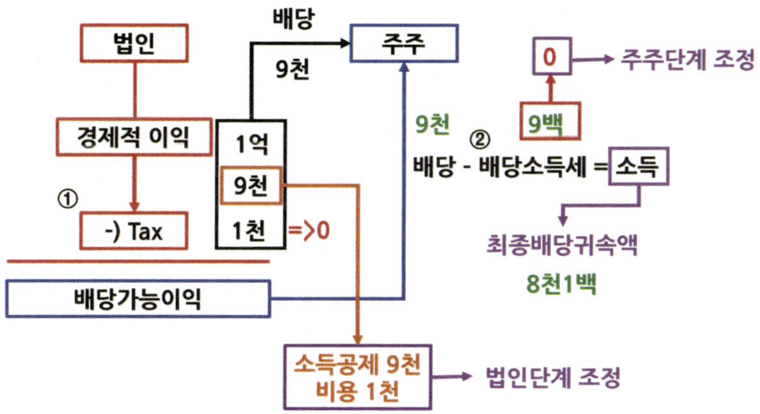

173

법인세법 총칙(7-2) - 법인 원천소득에 대한 이중과세 조정

- 법인단계조정
  - ① 유동화전문회사 소득공제 → 90% ↑ 배당 (유동화전문회사 → Paper co)
  - ② 동업기업과세특례
  - ③ 신탁재산에 대한 소득공제
- 주주단계조정
  - 법인주주 → 수입배당금 익不 → 수입배당금의 일정비율을 자동으로 손금산입
  - 개인주주 → gross-up → 배당세액공제

1st) 소득금액 = 9천 + 1천 = 1억
2nd) 산출세액 = 1억원 × 10% = 1천
-) 기납부세액 = 1천

산출세액 = '0'

174

법인세법 총칙(7-3) - 법인 원천소득에 대한 이중과세 조정

- 법인단계조정
  - ① 유동화전문회사 소득공제 → 90% ↑ 배당
  - ② 동업기업과세특례
  - ③ 신탁재산에 대한 소득공제
- 주주단계조정
  - 법인주주 → 수입배당금 익不 → 국내배당만 인정 (원칙)
  - 개인주주 → gross-up → 배당세액공제

* 외국 배당금수입=> 이중과세조정

개정 전) 과세 => 외국납부세액공제

개정 후) 과세 =>
- 외국자회사 => 수입배당금 익不
- 이외 => 외국납부세액공제

175

각 사업연도 소득(1-1) - 세무조정

법인 과세소득 = 익금 총액 - 손금 총액

불일치 → ≠ ≠

기업회계상 이익= 수익 총액 - 비용 총액

세법 목적	GAAP 목적
재정 수요 충족 재정 정책 목적	이해 관계자에게 유용한 정보 전달

176

각 사업연도 소득 (1-2) - 세무조정 절차

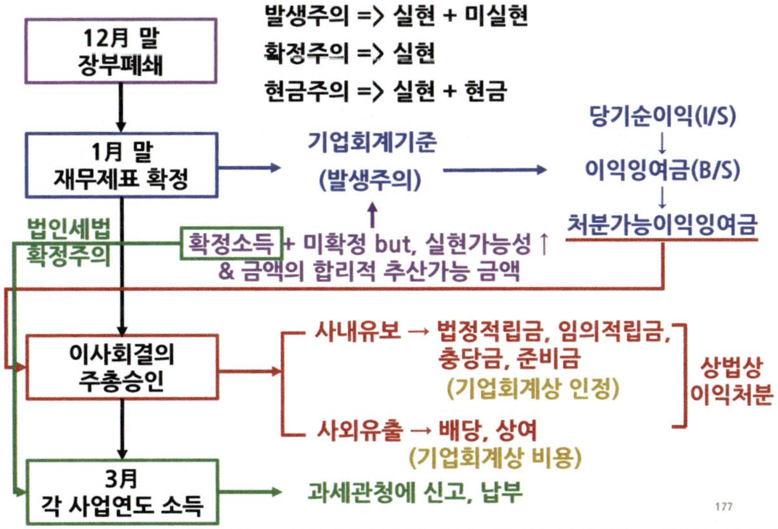

177

각 사업연도 소득 (1-3) - 세무조정

<세무조정> => 기업결산 시 산정하는 당기순이익과 세금신고 시 산정하는 각 사업연도 소득간 차이를 조정하는 제도

178

각 사업연도 소득(1-4) - 세무조정 사항

I/S상 당기순이익
+ 익금산입, 손금불산입
- 손금산입, 익금불산입
차가감 소득금액
+ 기부금 한도초과
각사업연도 소득금액
- 이월 결손금
- 비과세 소득
- 소득공제
= 과세표준

(익금산입, 손금불산입 / 손금산입, 익금불산입) → 세무조정

- 1) 결산조정 사항(계상주의 손금)
  - 손금산입 여부는 전적으로 기업 내부의 의사결정
  - 방법 : 신고 시 의사표시(결산분개)
  - 기한 : 신고기한까지
- 2) 신고조정사항(강제조정사항)
  - 강제조정 사항
  - 선택조정 사항 : 과거 결산조정 사항 → 기업회계와 마찰제거
    - 잉여금 처분 요건O
      - 조특법상 준비금
      - 법법상 고목사준(외감대상)
    - 잉여금 처분 요건X
      - 일시상각 충당금
      - 압축기장 충당금

179

각 사업연도 소득 (1-5) - 세무조정

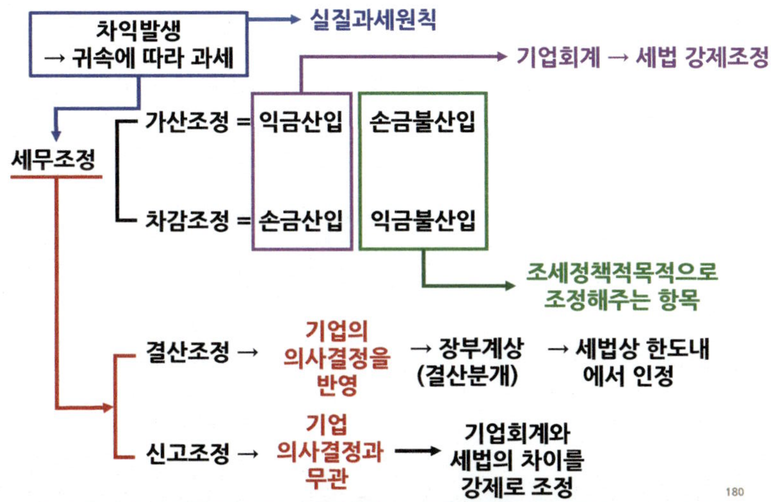

180

각 사업연도 소득 (1-6) - 세무조정(신고조정)

	기업회계	VS	세법	
가산조정				
수익	5천	+ 5천	1억	<익금산입>
비용	1억	+ 5천	5천	<손금불산입>
차감조정				
수익	1억	- 5천	5천	<익금불산입>
비용	5천	- 5천	1억	<손금산입>

181

각 사업연도 소득 (2-1) - 소득처분 개요

12月 장부마감

1月 재무제표 작성 => 당기순이익(I/S), 처분가능잉여금 => 주총 보고목적

회사의 잉여금을 장부상 자산차감계정으로 계상

상법상 이익처분

- 사내유보 => 법정적립금, 임의적립금, 충당금, 준비금
- 사외유출 => 상여, 배당

2月 이사회 결의 => 주총승인

세무조정

3月 각사업연도 소득

- 가산조정
- 차감조정

=> 차익 귀속에 대한 소득처분

182

각 사업연도 소득 (2-2) - 상법상 이익처분

기업회계 : 회사의 잉여금을 장부상 자산차감계정으로 계상

VS

세법 : 세법에서 인정한 적립금, 충당금만 회사의 회계처리 인정

↓

세법상 한도 이내

Ex) 하자보수충당금

- 회계 => 인정 O　　충당금 계상　　순자산 ↑
- 　　　　　　　　　　↓　　　　　손금불산입
- Tax => 인정 X　　　'0'　　　　변동 X

183

각 사업연도 소득 (2-3) - 소득처분

이익처분

- 사내유보 → 법정적립금, 임의적립금, 충당금, 준비금
- (자산차감, 부채증가 => 순자산 ↓) => 세법상 열거된 충당금, 준비금만 인정(한도 이내)
- 사외유출 → 배당, 상여

(기업회계상 비용) => Tax 비용 X ← 이익처분

세무조정

- 가산조정
- 차감조정

=>차액

- 사외유출 확실
  - 배당, 상여, 기타 → 원천징수 → 지급조서제출 → 소득생성
  - 기타사외유출 → 원천징수 X
- 이외=> 유보
- 자본계정변동 => 기타

184

각 사업연도 소득 (2-4) - 사내유보

<유보> => 세무조정 차액이 외부로 유출되지 않고 회사 내부에 남아있는 것

=> 일시적 차이 ——→ 차후 반대조정을 통해서 일시적 차이가 해소

Cf) 사외유출 => 영구적 차이

기업회계상 자산 · 부채 평가액

VS => 일시적 발생

세법상상 자산 · 부채 평가액

185

각 사업연도 소득(2-5) - 사내유보

- 유보
  - 세무상 자산 증가
  - 세무상 부채 감소
  - → 세무상 순자산 증가 → 언젠가는 손금산입 (△유보)
- △유보
  - 세무상 자산 감소
  - 세무상 부채 증가
  - → 세무상 순자산 감소 → 언젠가는 익금산입 (유보)

언젠가는 → 자산 : 상각or처분시 , 부채 : 소멸 시

186

각 사업연도 소득(2-6) - 사외유출 구분 기준

<사외유출 구분 기준 >

- 법인 외부 사외유출이 분명 → 사외유출
- 그 외 : 사내유보

개인 귀속에 따라
- 배당 : 주주
- 상여 : 임원, 사용인
- 기타사외유출 : 개인 사업소득, 법인소득, 증여세 과세
- 기타소득 : 그 외

<무조건 기타사외유출>

기부금, 기업업무추진비 한도초과, 업무용승용차 임차료 및 처분 등 10가지

187

각 사업연도 소득 (3-1) - 부당사외유출

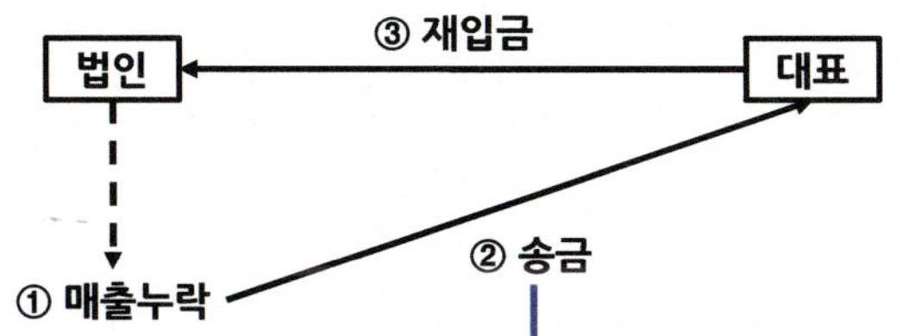

→ 사외유출
- 원칙) 상여
- 예외) 걸리기 전까지 재입금 + 수정신고 + 본세, 가산세
  ① ② ③ ④

모두 갖춘 경우 → 유보

188

각 사업연도 소득 (3-2) - 부당사외유출

법인 => 비용 O

=> 손금불산입 (가산조정) 차액

Tax => 비용 X

귀속분명(대표) => 사적경비 / 귀속불분명 => 상여 (소득세과세)

	세무조정에 대한 과세		(회사대납) 상여처분에 대한 소득세
귀속분명	<손금불산입> 상여	→	<손금불산입> 상여
귀속불분명	<손금불산입> 상여	→	<손금불산입> 기/유

189

각 사업연도 소득(3-3) - 부당 사외유출 Case.1

< 가공 매입 Case >

(차) 원재료(가공 매입) 10억 (대) 현금 10억

세무조정 : <익금산입> 가공매입 10억 (유보)

10억 회수 → 인정

If) 회수X, 가수금으로 처리시

(차) 가수금 10억 (대) 전기오류수정이익 (수익)10억

→ 인정X (∵ 회수요건 충족X)

∴ 유보가 아닌 사외유출로 처리

190

각 사업연도 소득(3-4) - 부당 사외유출 Case.2

< 업무무관 가지급금 Case >

법인 —21기 자금 대여 :10억→ 대표

22기 회수 후 회계처리

(차) 현금 10억 (대) 전기오류수정이익(수익) 10억

경정이 있을 것을 미리 알고 수정신고한 경우

21기 <익금산입> 부당사외유출 10억 (상여)
22기 <손금산입> 전기오류수정이익 10억 (기타)

경정이 있을 것을 모르고 수정신고한 경우

업무무관자산 세무처리
→ 지급이자 손不, 인정이자 익入, 인정상여

191

각 사업연도 소득(3-5) - 추계결정 시 소득처분 특례

장부작성 → (I/S) 당기순이익 → (±) 세무조정 (X) → (T) 각·소득

차액 => 성격에 따라 유보, 사외유출, 기타

추계조사 · 결정 시 → 결손신고=> 인정X

차액 → (원칙) 대표자 상여 / (천재지변) (외국법인) 기타사외유출

192

각 사업연도 소득 (3-6) - 매출누락 소득처분

법인		상황 1	상황 2	상황 3
현금매출	100억	누락 100억 상여	누락 100억 상여	누락 50억 상여
매출원가	50억	장부계상	누락	누락 (대표부담)

(상황 2 매출원가 누락 ← 법인장부에 계상 과세대상 소득금액 → 50억)

193

각 사업연도 소득 (4-1) - 위임계약과 근로계약

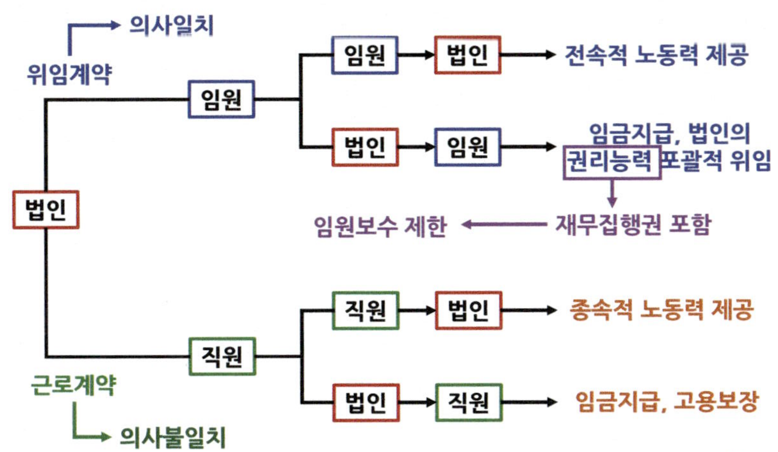

194

각 사업연도 소득 (4-2) - 임원보수제한과 횡령

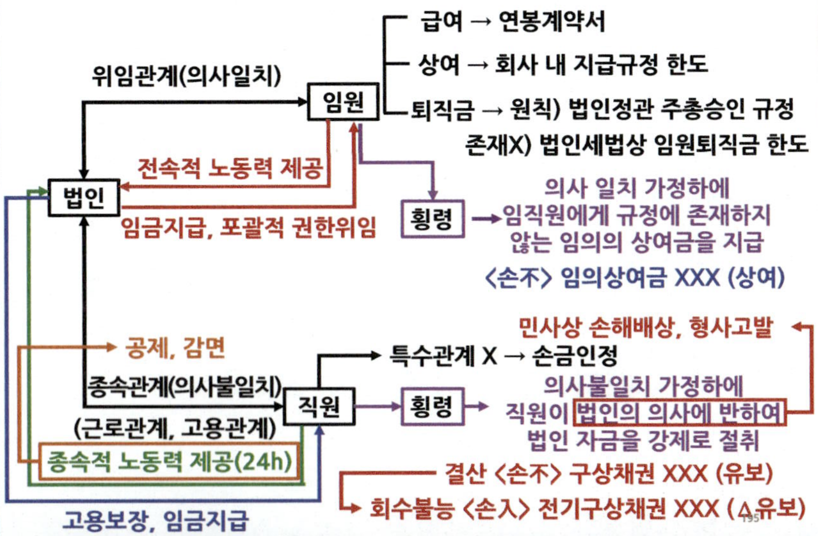

195

각 사업연도 소득(4-3) - 임직원 횡령과 위법소득

횡령금 => 원천징수의무 O

- 대표이사 : 회수전제X → 곧바로 사외유출(상여)
- 종업원 : 회수 위한 제반절차O → 회수X → 대손처리

위법소득 => 원천징수의무 X

- 소득세 · 추징의 중복적용 여부
  - ① 환원조치 없는한 공여시점에서 소득실현
  - ② 추징은 범죄행위에 대한 부가적 형벌
  - → 판례변경으로 중복적용 불가
- 수입시기 → 지급받은 날 (확정판결일은 사법적 죄목 결정되는 날일 뿐)

196

각 사업연도 소득 (5) - 소득세 대납액

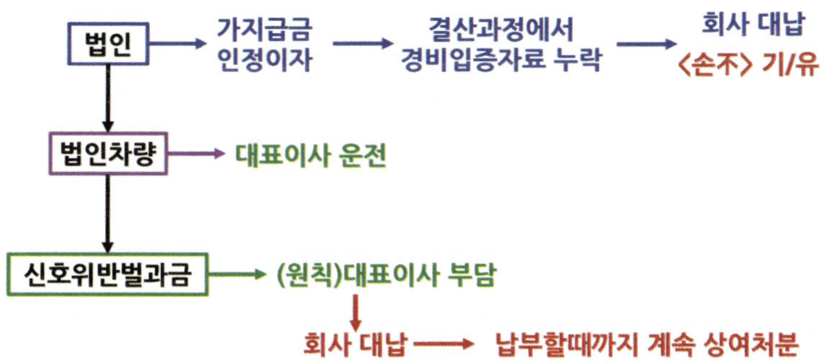

197

각 사업연도 소득 (6) - 소득처분에 대한 사후관리

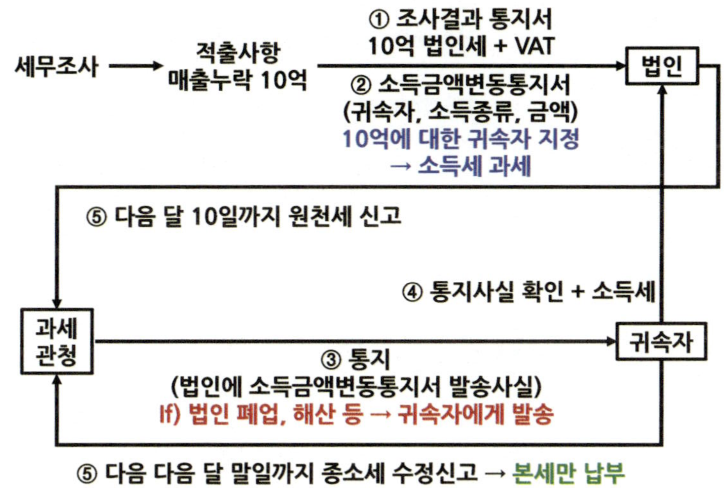

198

익금 (1-1) - 자기주식의 세무처리

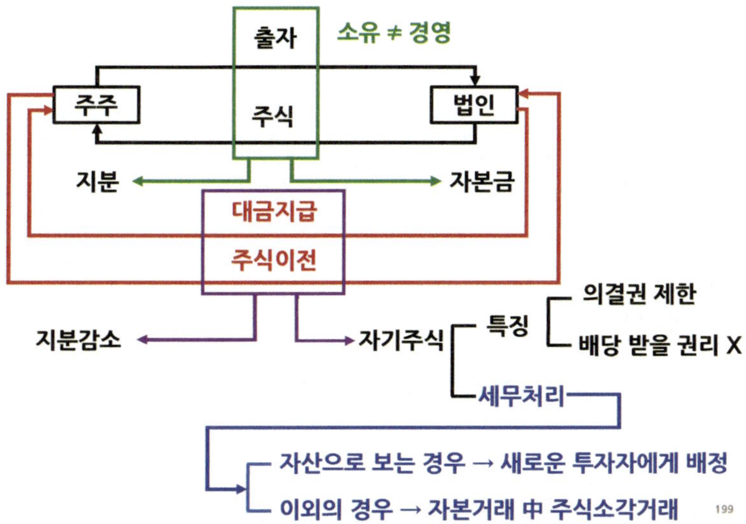

199

익금 (1-2) - 주식거래 시 세무처리

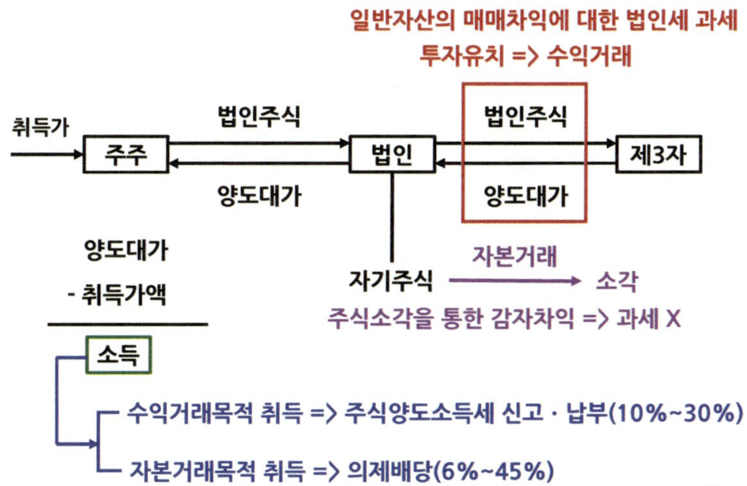

200

익금 (1-3) - 주식거래 시 세무처리

주주 —주식이전 (1억)→ 법인

법인
- ① 자산거래 → 투자유치금액(3억) → 자산양도차익 법인세
- ② 자본거래 → 주식소각 → 주식소각이익 (자본잉여금) → 과세 X

주주
- ① 자산거래 → 주식양도소득세(10%, 20%, 25%, 30%)
- ② 자본거래 → 의제배당(6%~45%)

201

익금 (2) - 자본적지출액

건물주 ←임대차 계약→ 임차인

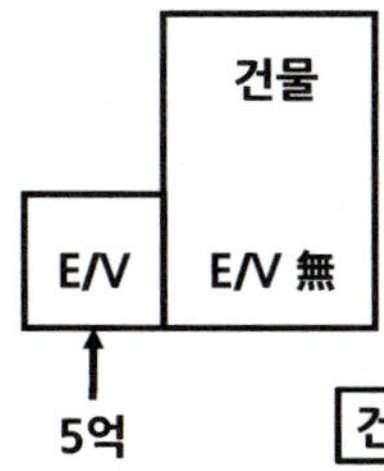

① 임차인이 E/V 설치 => 건물주 명의

② 임차료 연 1억 => 연 2천

③ 임대차기간 1년 => 10년

건물주 ←→ 임차인

선수임대료 5억 10년 선급임대료 5억

연 임대수익 => 2천 (+) 매년 5천 (+) 2천 => 연 임차비용

연 7천 연 7천

202

익금 (3) - 자산의 평가차손익

기업회계 => 인정 O

Tax => 인정 X => 역사적원가주의(원칙)

If) 인정 O => 소득 조절을 통한 법인세 회피

예외) 법에서 열거 => 차손익 인식

203

익금 (4) - 이월결손금 보전

자본계정

- 자본금 → 발행주식총수 × 액면가
- ② 자본잉여금 → 주식발행초과금, 감자차익
- 자본조정 → 주식할인발행차금, 감자차손
- ① 이익잉여금 → 전기까지 누적된 잉여금 + 당기 처분후 전입된 잉여금

If) 당기순손실 발생시 차감 순서

204

익금 (5) - 임대보증금에 대한 간주익금

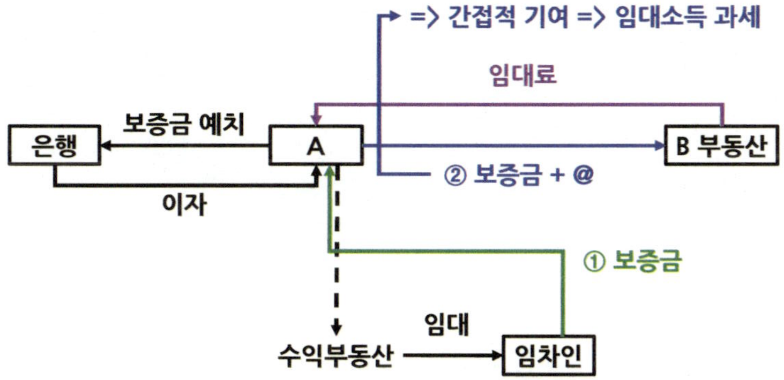

임대소득 과세 = (보증금적수 - 건설비적수) × 이자율 × 1/365 - 금융소득

정상적으로 금융기관에 예치할 경우 발생할 소득

→ 부동산임대업을 주업으로 하는 법인 + 차입금이 자기자본 2배 초과

205

익금 (6-1) - 특정유가증권 저가매입

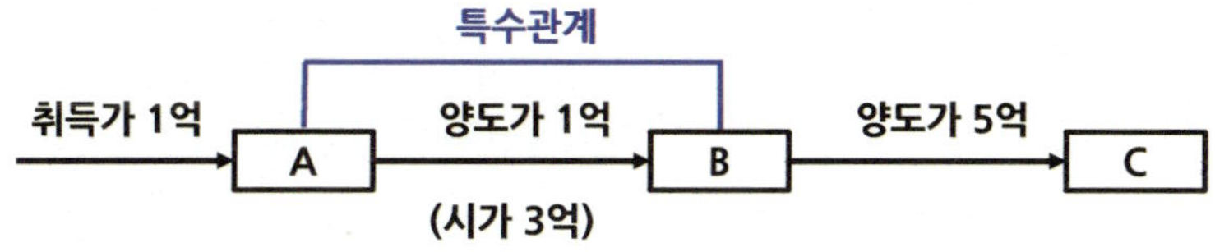

양도가 1억	3억	양도가 5억	5억
-) 취득가 1억	1억	-) 취득가 1억	3억
소득 '0'	2억	소득 4억	2억

206

익금 (6-2) - 특정유가증권 저가매입

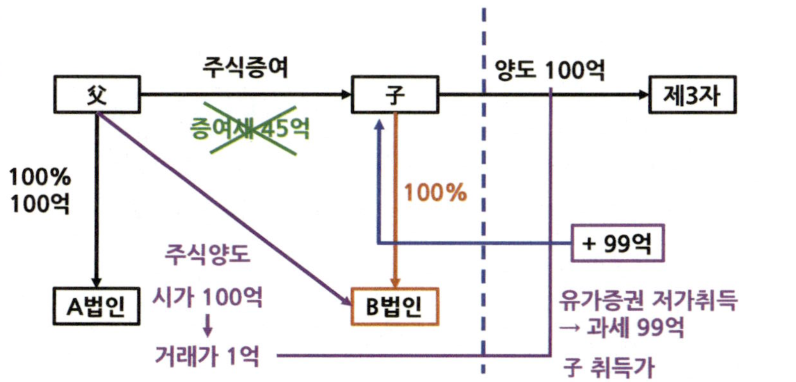

If) 채권 매매차익 : 과세대상 소득X

단, 환매조건 매매계약인 경우 이자소득 과세

207

익금 (7-1) - 주식의 포괄적 교환 · 이전(지주회사)

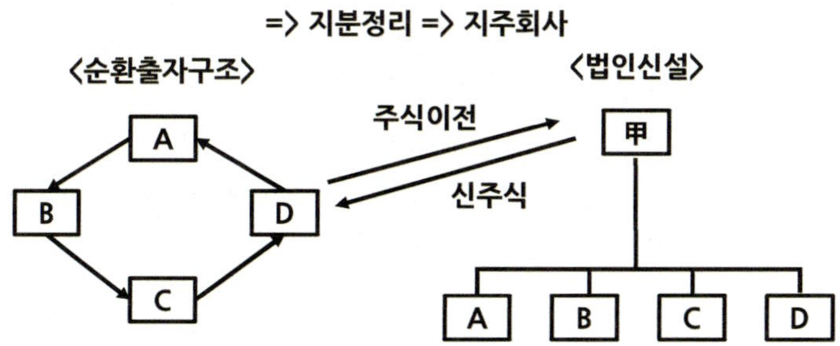

지주회사 설립
- ① 신규법인 설립 => 지주회사 => 주식의 포괄적 이전
- ② 기존 자회사 中 선택 => 지주회사 => 주식의 포괄적 교환

208

익금 (7-2) - 주식의 포괄적 교환 · 이전(지주회사)

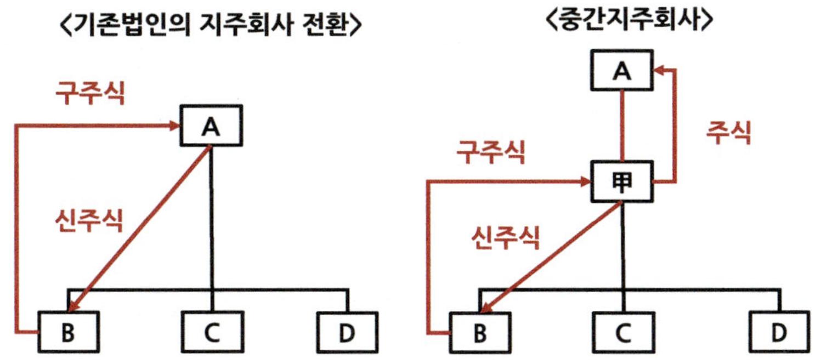

209

익금(8-1) - 채무의 출자전환 1

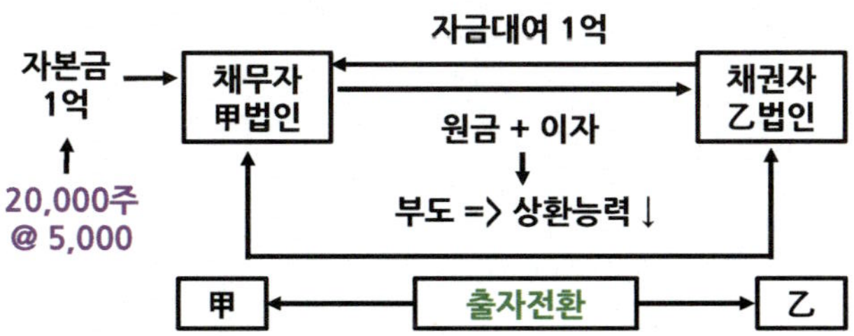

자본금 5천만원 증자
(10,000주, @5,000)

(원칙) 주주에게 균등배분

(출자전환) 채권자에게 배분

채권(1억) => 주식(5천)으로 전환

↓

5천 손실=> 차후 甲법인 정상화 되면 주가상승차익으로 손실 보전

210

익금(8-2) - 채무의 출자전환 2

Case 1

발행가	@10,000
시 가	@7,000
액면가	@5,000

→ 주·발·초(익 · 불)
=> 10,000주X(@7,000-@5,000) = 20,000,000

→ 채무면제익(익 · 산)
=> 10,000주X(@10,000-@7,000) = 30,000,000

Case 2

발행가	@10,000
액면가	@5,000
시 가	@3,000

→ 주·할·차(손 · 불)
=> 10,000주X(@5,000-@3,000) = 20,000,000

→ 채무면제익(익 · 산)
=> 10,000주X(@10,000-@5,000) = 50,000,000

211

익금(9-1) - 익금불산입(이중과세조정)

법인과세소득의 이중과세조정 => 내국법인 · 거주자간 이중과세 조정

- 법인단계조정 => 배당금 => 소득공제
- 주주단계조정
  - 법인주주 => 배당금액 中 일정금액 익不(불완전조정)
  - 개인주주 => gross-up => 배당세액공제(완전조정 지향)

법인세를 소득에 가산 ——→ 법인세 기납부공제

212

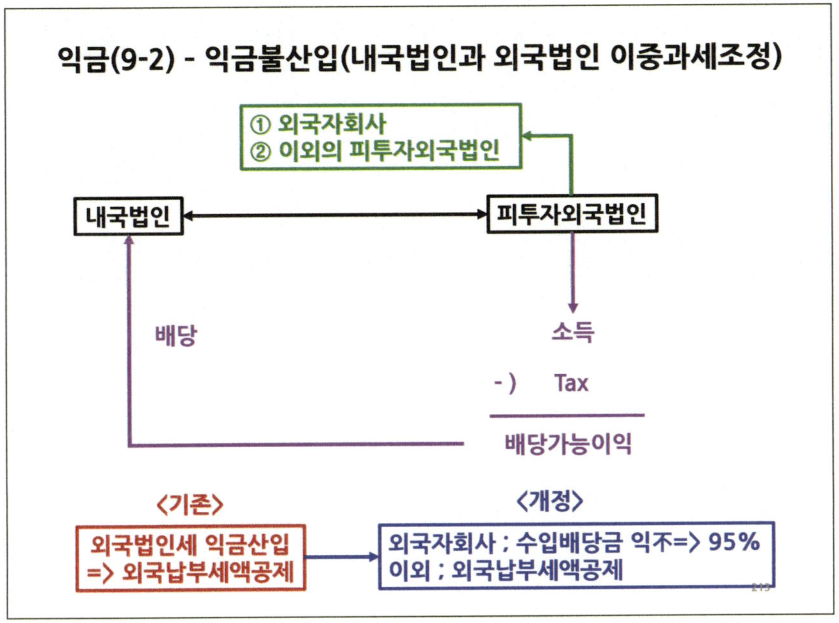
익금(9-2) - 익금불산입(내국법인과 외국법인 이중과세조정)
① 외국자회사
② 이외의 피투자외국법인
내국법인
피투자외국법인
배당
소득
-) Tax
배당가능이익
<기존>
외국법인세 익금산입
=> 외국납부세액공제
<개정>
외국자회사 ; 수입배당금 익不=> 95%
이외 ; 외국납부세액공제

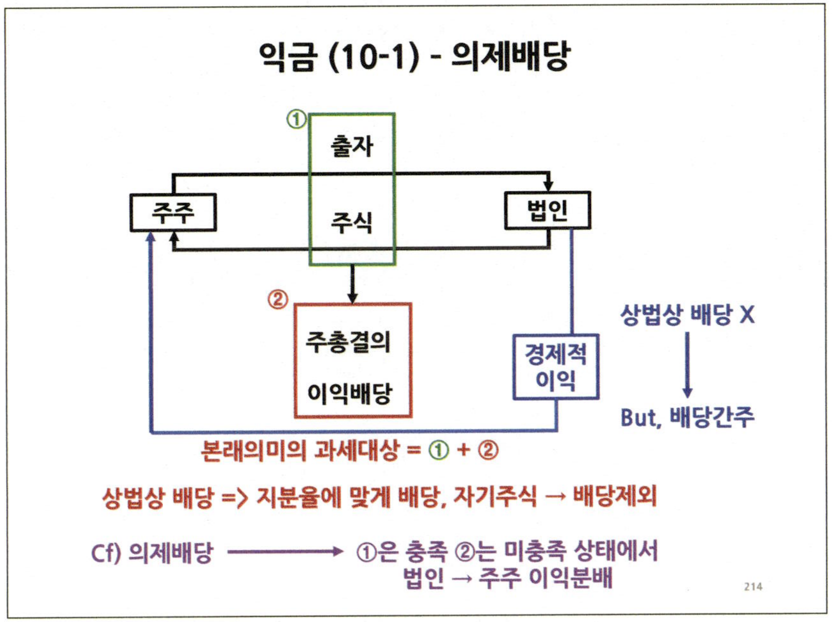
익금 (10-1) - 의제배당
①
출자
주주
주식
법인
②
주총결의
이익배당
경제적
이익
상법상 배당 X
But, 배당간주
본래의미의 과세대상 = ① + ②
상법상 배당 => 지분율에 맞게 배당, 자기주식 → 배당제외
Cf) 의제배당
①은 충족 ②는 미충족 상태에서
법인 → 주주 이익분배
214

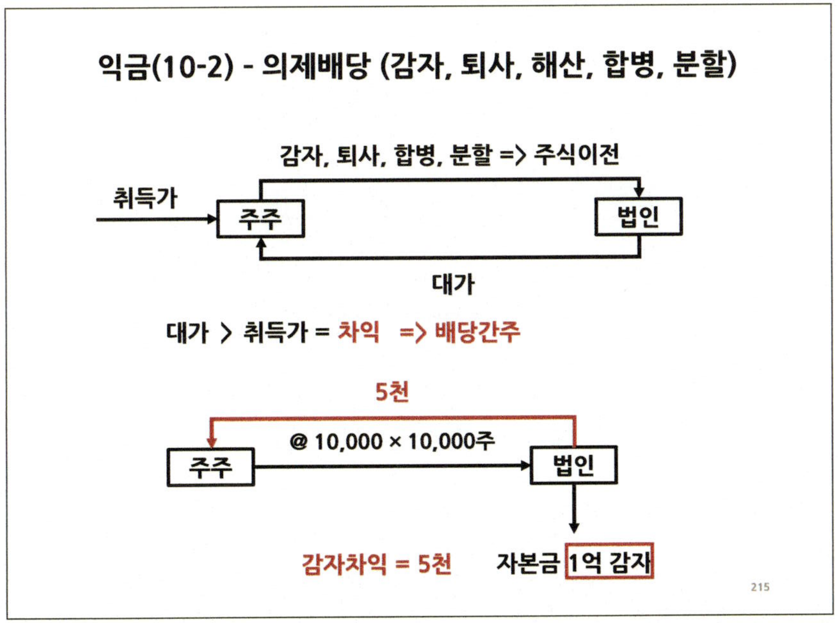
익금(10-2) - 의제배당 (감자, 퇴사, 해산, 합병, 분할)
감자, 퇴사, 합병, 분할 => 주식이전
취득가
주주
법인
대가
대가 > 취득가 = 차익 => 배당간주
5천
@ 10,000 × 10,000주
주주
법인
감자차익 = 5천
자본금 1억 감자
215

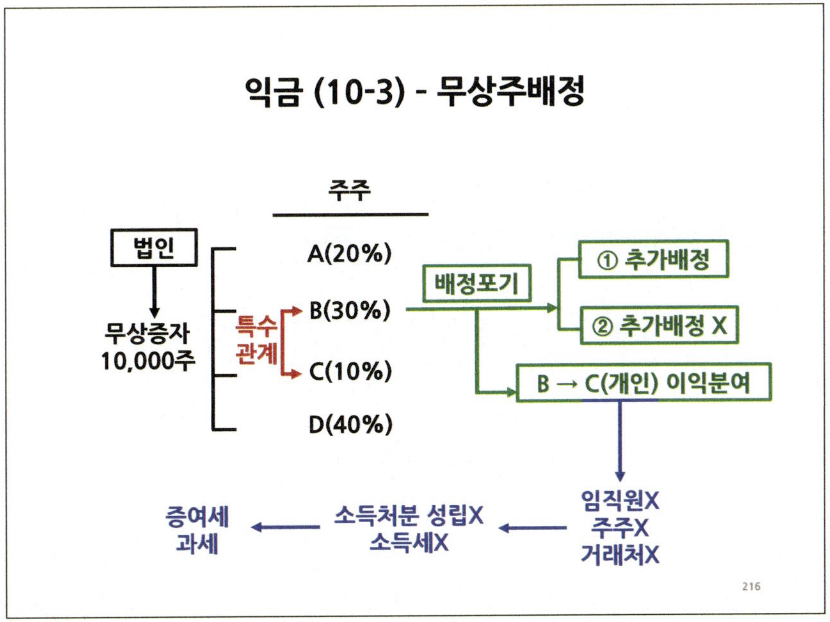
익금 (10-3) - 무상주배정
주주
법인
무상증자
10,000주
A(20%)
B(30%)
C(10%)
D(40%)
특수
관계
배정포기
① 추가배정
② 추가배정 X
B → C(개인) 이익분여
임직원X
주주X
거래처X
소득처분 성립X
소득세X
증여세
과세
216

익금 (10-4) - 단기소각주식특례

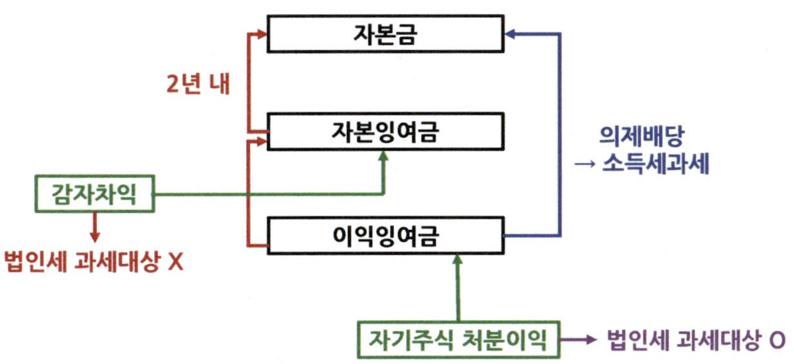

217

익금 (10-5) - 의제배당 과세재원

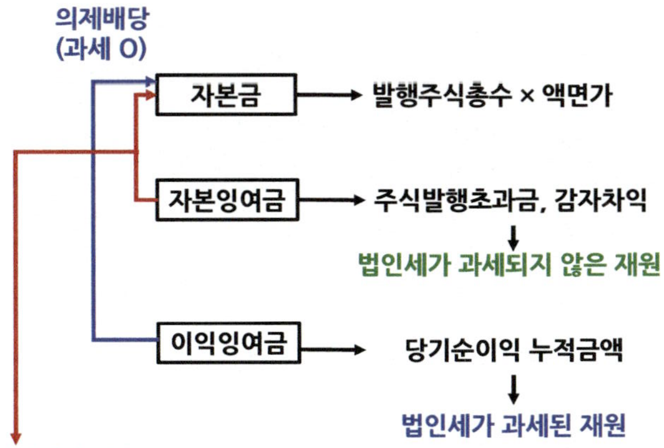

원칙) 의제배당 적용 X

예외) 수익거래와 관련된 자본잉여금, 조세회피목적 조성 자본잉여금 → 의제배당

단기소각주식특례

218

익금 (10-6) - 의제배당 과세재원

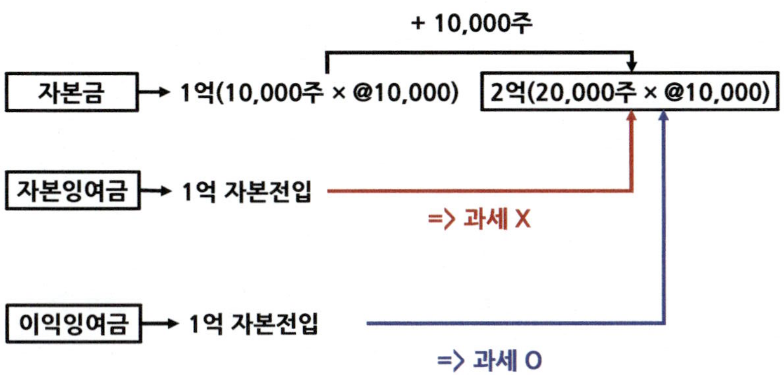

219

익금 (10-7) - 의제배당 (재평가적립금)

구분	수입배당금 해당 여부	수입배당금 익금불산입
토지 재평가적립금 (1% 세율 적용 분)	자본전입 시 의제배당 O	적용 O
건물 재평가적립금 (3% 세율 적용 분)	자본전입 시 의제배당 X	해당 없음
	감액배당 시 수입배당금 O	적용 X

→ 「자산재평가법」을 위반한 감액배당

220

익금 (10-8) - 의제배당(무상주 배정포기)

보유주식

주주 → 법인

주식↓ 대가 자기주식 ① 의결권 제한 ② 배당수익권 x

법인 => 10,000주 × @10,000 => 자본금 1억

자본잉여금 → 자본금

=> 증자 2배 (무상주)
=> 10,000주 × 10,000

주주 A	40%	4,000주	1,000주
주주 B	40%	4,000주	1,000주
법인	20%	~~2,000주~~	

221

손금 (1) - 개요

손금 =>
- 순자산 감소 (-)
  - 자본거래
  - 조세정책적목적 열거된 것
- 사업관련성 有 (+)
  - 통상성
  - 수익대응성
  - 中 1 충족

익금 - 손금 = 소득 => 회계상 잉여금

222

손금 (2) - 개요

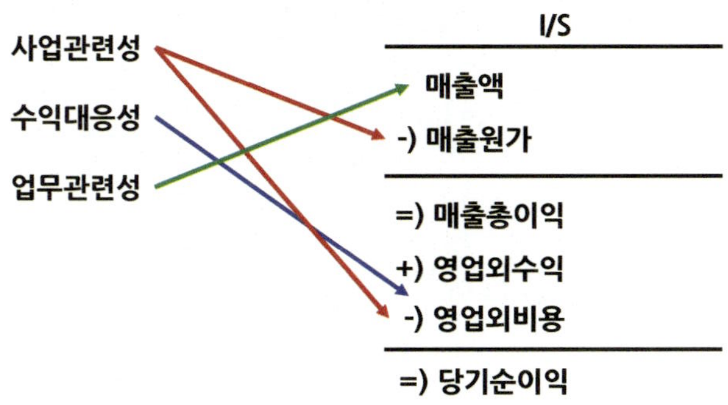

223

손금 (3-1) - 인건비(해외파견 인건비)

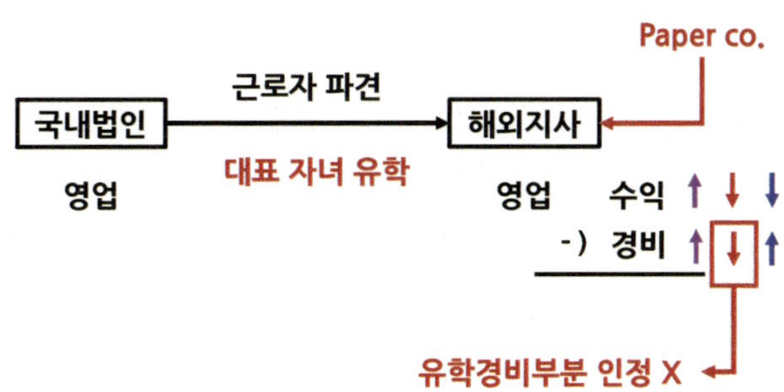

224

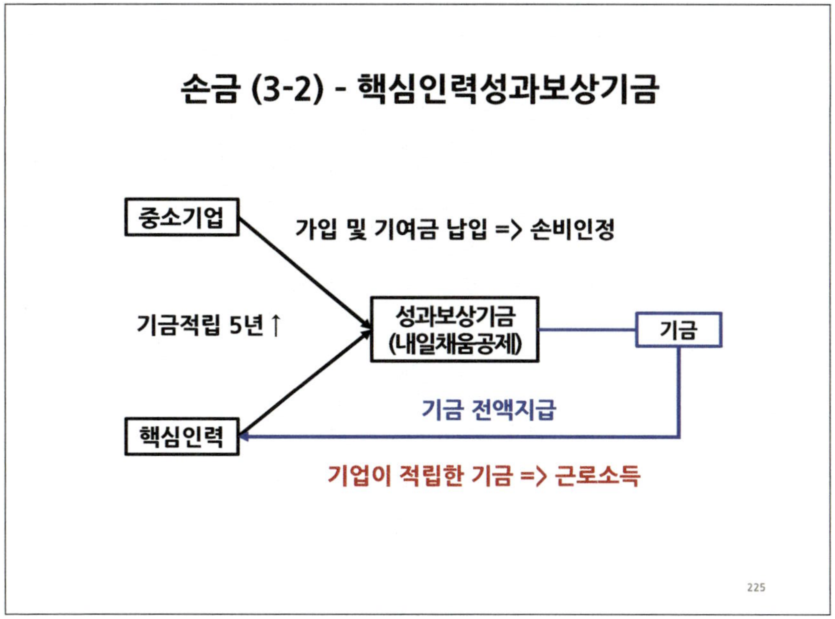
손금 (3-2) - 핵심인력성과보상기금
중소기업
가입 및 기여금 납입 => 손비인정
기금적립 5년↑
성과보상기금 (내일채움공제)
기금
핵심인력
기금 전액지급
기업이 적립한 기금 => 근로소득
225

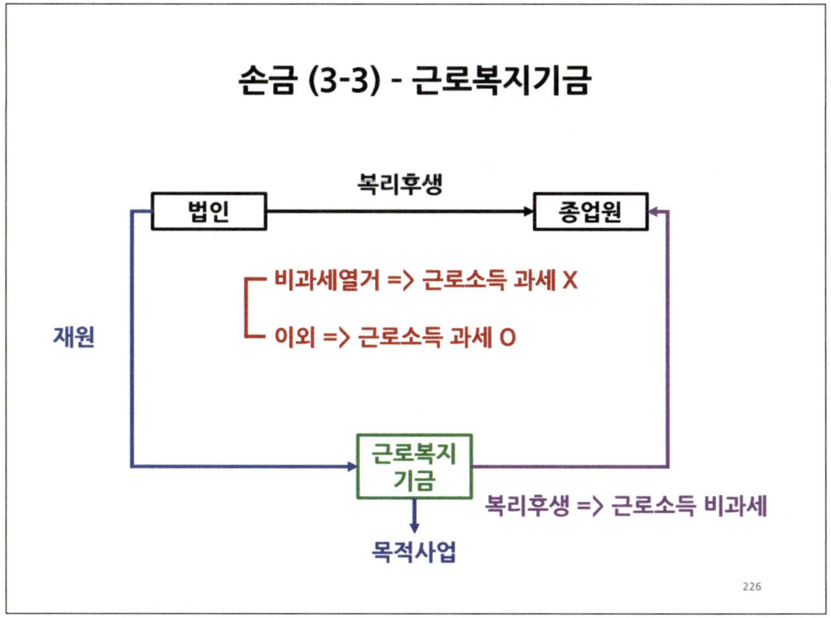
손금 (3-3) - 근로복지기금
복리후생
법인
종업원
비과세열거 => 근로소득 과세 X
이외 => 근로소득 과세 O
재원
근로복지 기금
복리후생 => 근로소득 비과세
목적사업
226

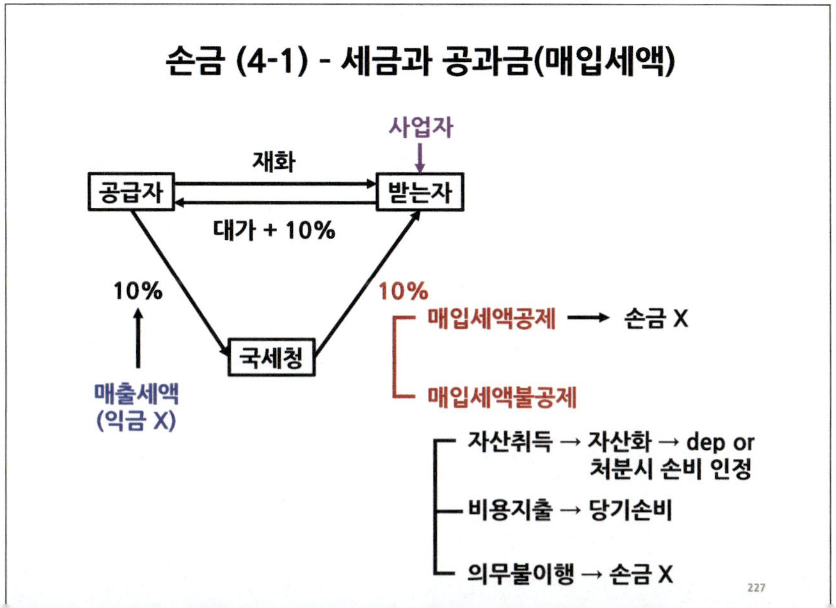
손금 (4-1) - 세금과 공과금(매입세액)
사업자
재화
공급자
받는자
대가 + 10%
10%
10%
국세청
매출세액 (익금 X)
매입세액공제 ⟶ 손금 X
매입세액불공제
자산취득 → 자산화 → dep or 처분시 손비 인정
비용지출 → 당기손비
의무불이행 → 손금 X
227

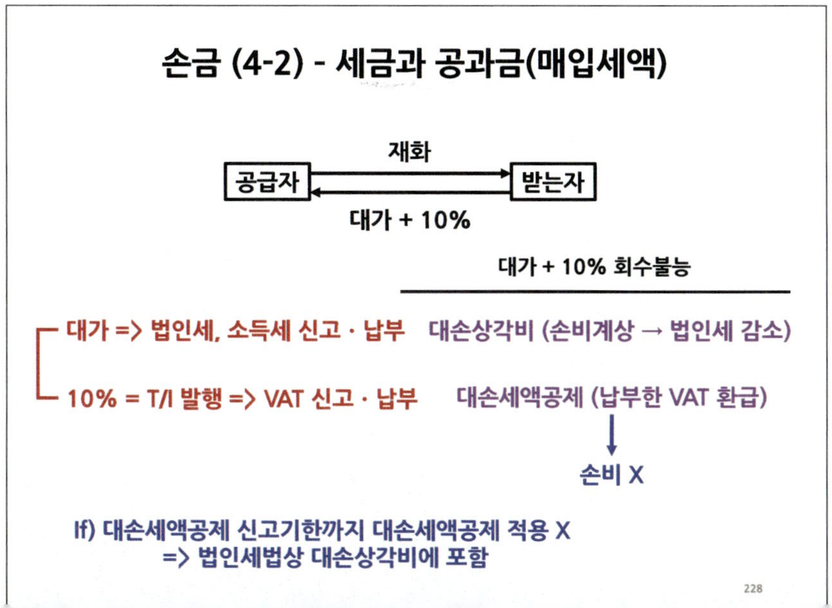
손금 (4-2) - 세금과 공과금(매입세액)
재화
공급자
받는자
대가 + 10%
대가 + 10% 회수불능
대가 => 법인세, 소득세 신고 · 납부
10% = T/I 발행 => VAT 신고 · 납부
대손상각비 (손비계상 → 법인세 감소)
대손세액공제 (납부한 VAT 환급)
손비 X
If) 대손세액공제 신고기한까지 대손세액공제 적용 X
=> 법인세법상 대손상각비에 포함
228

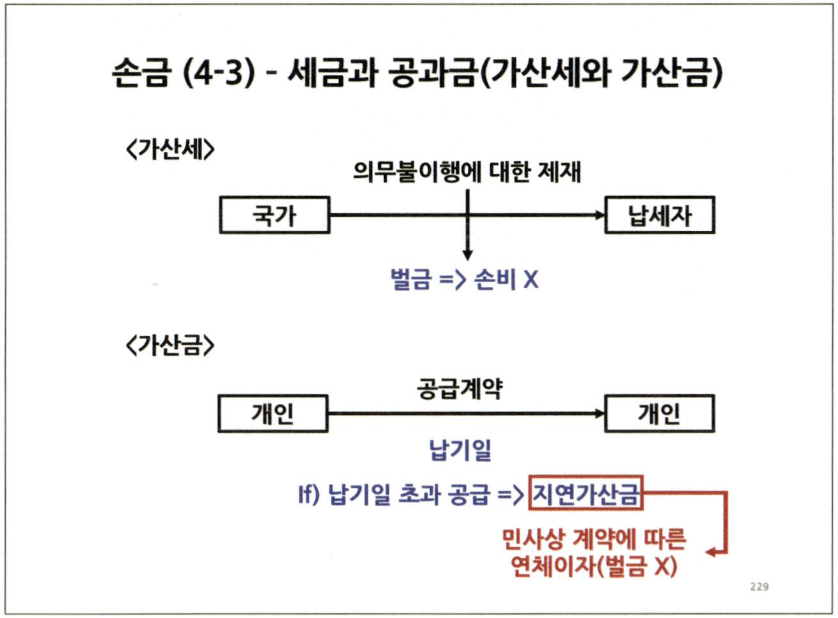
손금 (4-3) - 세금과 공과금(가산세와 가산금)
<가산세>
의무불이행에 대한 제재
국가
납세자
벌금 => 손비 X
<가산금>
공급계약
개인
개인
납기일
If) 납기일 초과 공급 => 지연가산금
민사상 계약에 따른
연체이자(벌금 X)
229

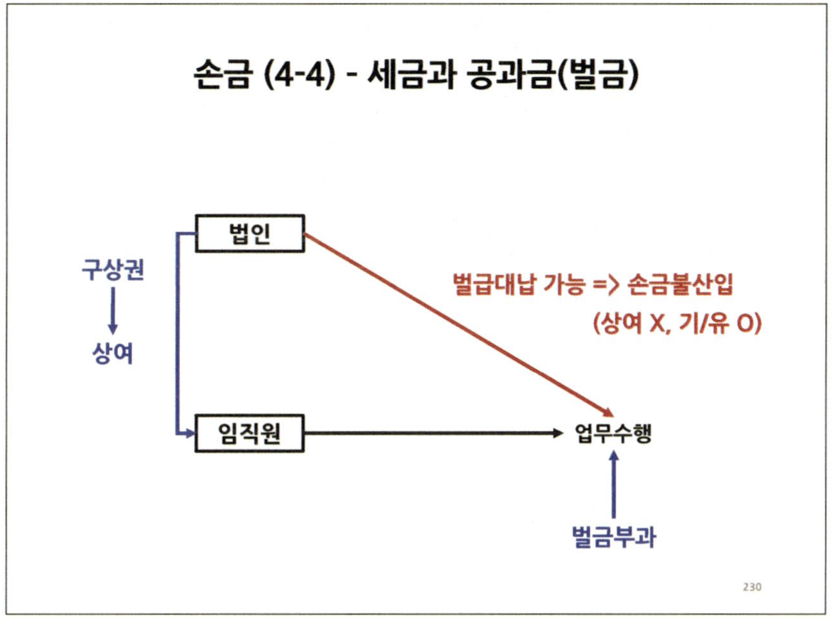
손금 (4-4) - 세금과 공과금(벌금)
구상권
상여
법인
임직원
벌금대납 가능 => 손금불산입
(상여 X, 기/유 O)
업무수행
벌금부과
230

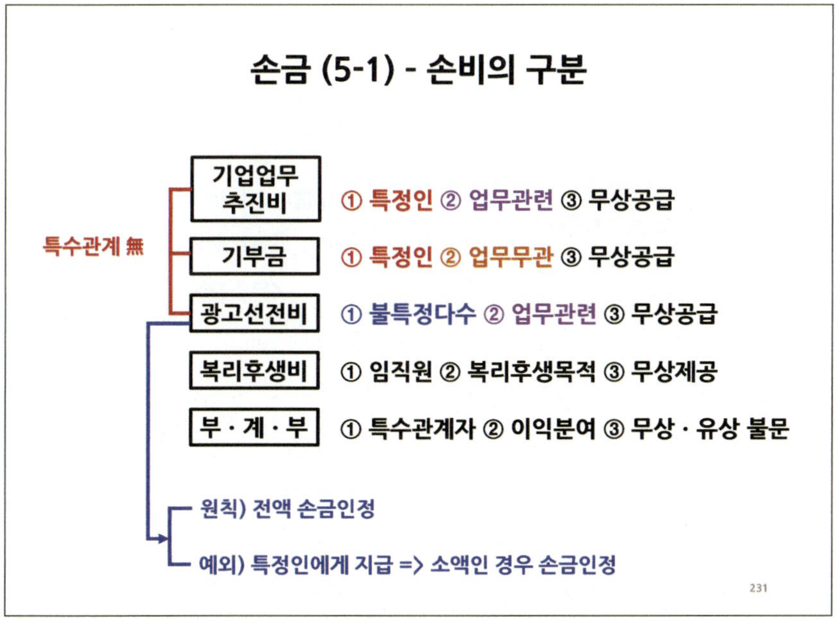
손금 (5-1) - 손비의 구분
특수관계 無
기업업무
추진비
① 특정인 ② 업무관련 ③ 무상공급
기부금
① 특정인 ② 업무무관 ③ 무상공급
광고선전비
① 불특정다수 ② 업무관련 ③ 무상공급
복리후생비
① 임직원 ② 복리후생목적 ③ 무상제공
부 · 계 · 부
① 특수관계자 ② 이익분여 ③ 무상 · 유상 불문
원칙) 전액 손금인정
예외) 특정인에게 지급 => 소액인 경우 손금인정
231

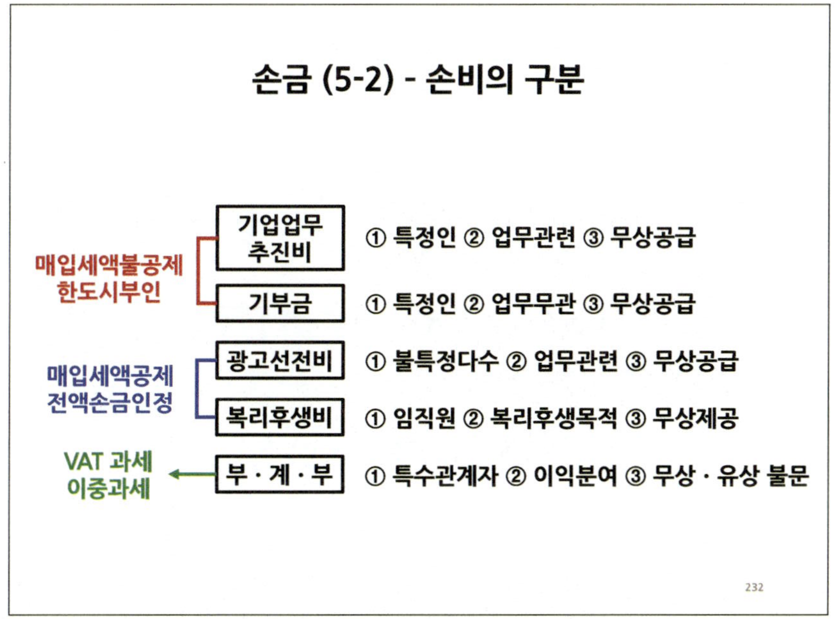
손금 (5-2) - 손비의 구분
매입세액불공제
한도시부인
기업업무
추진비
① 특정인 ② 업무관련 ③ 무상공급
기부금
① 특정인 ② 업무무관 ③ 무상공급
매입세액공제
전액손금인정
광고선전비
① 불특정다수 ② 업무관련 ③ 무상공급
복리후생비
① 임직원 ② 복리후생목적 ③ 무상제공
VAT 과세
이중과세
부 · 계 · 부
① 특수관계자 ② 이익분여 ③ 무상 · 유상 불문
232

손금 (5-3) - 기부금

· 특정인
· 사업무관
· 무상제공

〈기부금〉

① 특례기부금 50%
② 우리사주조합기부금 30%
③ 일반기부금 10%(20%)

=> 국가의 공동선(공익)적 측면에서 국가가 해야 하는 사업을 민간영역에서 진행 => 지원(손금 일부 인정)

③ 비일반기부금(비지정기부금) → 직부인

기부금단체 => 국가가 기부금단체의 집행내역을 감시 가능 => 공제율 ↑

233

손금 (5-4) - 손비의 구분

기부금 ① 특정인 ② 업무무관 ③ ~~무상공급~~

유상공급 => 의제기부금

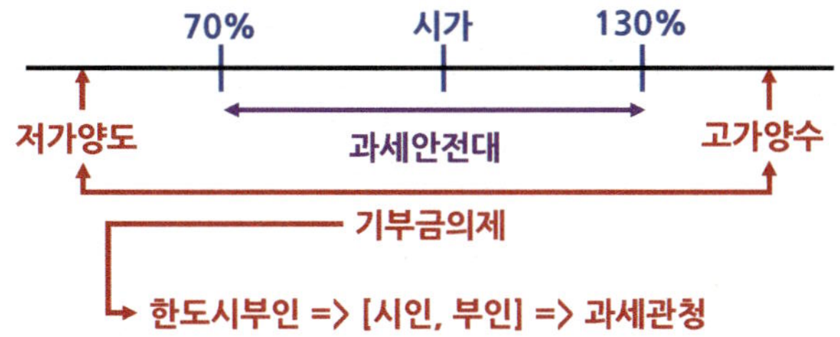

회계상 기부금 5천=> + 2천 기부금 부인
세무상 한도액 3천 => 기부금 시인 인정

234

손금(5-5) - 의제기부금 (정상가액)

정상가액 기준 ⟶ 시가의 ± 30% 범위 내 금액

고가 : 시가 + 시가 × 30% ↑
저가 : 시가 - 시가 × 30% ↓

235

손금 (5-6) - 채권 회수불능

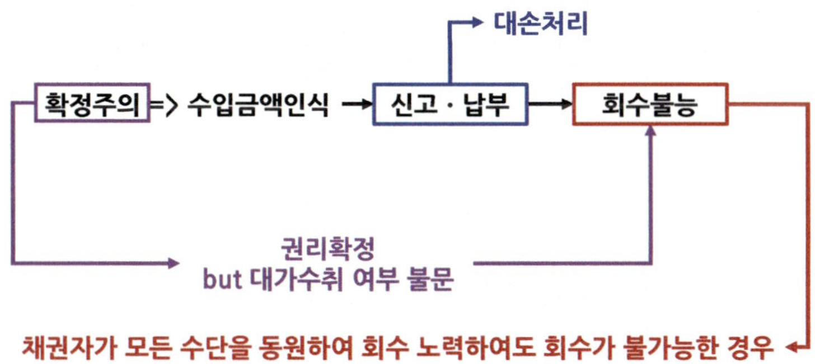

236

손금 (5-7) - 채권 회수불능 vs 회수포기

채권의 회수불능 → 법인의 회수의사 有 → 노력을 했음에도 회수가능성 0% → 대손상각비

VS

채권의 회수포기 → 법인의 회수의사 無 → 채권회수를 포기함으로써 상대방에게 장래에 발생할 거래에 대한 이익을 기대 → 기업업무추진비 or 기부금

237

손금(5-8) - 기부금의 귀속시기

증여자 → 수증자

증여 약정	이행 2억	이행 2억	이행 2억	이행 2억	증여계약 취소 or 해지

10년간 매년 말일 2억씩 기부

증여계약 취소 or 해지
- 1) 서면계약
  - ① 증여자의 재산상태 악화
  - ② 수증자의 배신행위
  - ③ 합의해제 가능
- 2) 구두계약 : 언제든지 해지가능(∵입증불가)

238

손금 (6-1) - 기업업무추진비

적격증빙 수취의무 有 → 재화매입 → 공급자 → (재화, 무상공급) → 받는자 → 대가 + 10%

자가제조 => 적격증빙 X

- 광고선전비, 견본품 => 매입세액공제, 손비처리
- 이외의 경우 => 사업상증여 => VAT과세 => 현물로 접대한 기업업무추진비 (VAT 포함)

239

손금 (6-2) - 채권 · 채무 조정

채권자 → (채권 1억) → 채무자 → 야반도주

채권 7천 조정 → 3천 회수 X

=> 대손상각비

240

손금 (7-1) - 인건비

11.1 오전) 이사회 결의 → 오후) 주총승인

① 대표상여금 ② 임원퇴직금 규정 변경

12.1 오전) 대표퇴임식 → 오후) 신임대표 취임식 (子)

12.14 퇴임대표 급여, 상여 퇴직금 지급

익년 1.10 원천세 신고

3년 후 세무조사 → 과세

- 법인세 : 본세 + 가산세 = 약 30억
- 퇴직 → 근로 전환과세 : 약 35억

임원 보수지급 시 고려사항
① 객관성
② 공정성
③ 일관성

* 임원퇴직금 지급규정

직전 1년간 총급여 × 1/10 × 근속연수 × 3배 → 8배

* 대표 상여금 → 6억 → 통상성 X

* 임원퇴직금 → 통상적 퇴직금

- 변경 전 = 1억 × 1/10 × 20년 × 3 = 6억
- 변경 후 = (1억+6억) × 1/10 × 20년 × 8 = 112억

106억

〈손不〉 106억 + 6억 (상여) → 퇴직 → 근로

241

손금(7-2) - 인건비(위임계약과 근로계약)

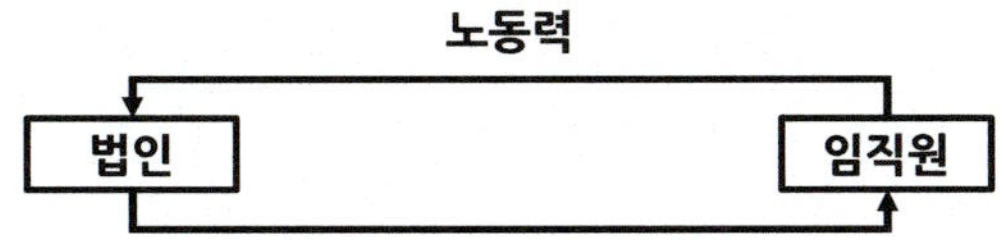

인건비 => 임금 + 상여 + 퇴직금

- 원칙) 손금산입
- 예외) 조세정책적목적 => 손금불산입

242

손금(7-3) - 인건비(위임계약과 근로계약)

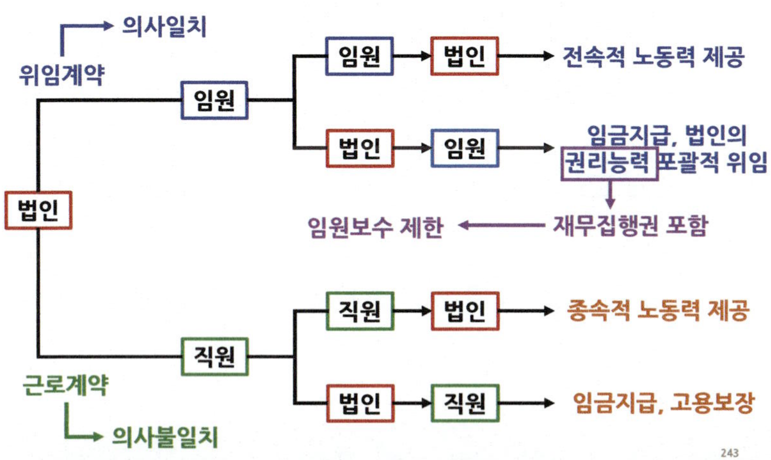

243

손금(7-4) - 인건비(손비인정범위)

인건비
- 임원 => 법인내부 지급약정 · 규정에 근거한 지급분만 손비인정
  => 초과지급분 손비 X
- 직원 => 지급약정 금액 초과지급 손비인정
  => 특수관계 X => 전액인정

244

손금(7-5) - 인건비(상여금)

- ① 급여에 포함된 상여금
  => 연봉계약서 지급약정 => 전액 손비인정
- ② 회사 내규에 따라 지급하는 포상금 성격의 상여금
  => 객관적 지급근거 명확 => 전액 손비인정 => 한도초과액 손비인정 X
- ③ 이익처분에 따라 지급하는 상여금
  => 배당과 유사 => 손비인정 X
- ④ 소득처분에 따라 지급하는 상여금
  => 통상적인 인건비에 해당 X => 손비인정 X

245

손금(7-6) - 인건비(퇴직금)

*퇴직금 => 현실적인 퇴직을 원인으로 집행하는 인건비
현실적인 퇴직 X => 지급 => 법인 → 임직원 자금대여

- 임원 =>원칙)
  - 회사내부 지급규정 有 => 규정 내 금액 손비인정
  - 회사내부 지급규정 無 => 세법상 한도 내 금액 손비인정
  - 초과지급분 => 손비인정 X
- 직원 =>
  - 원칙) 전액 손비인정
  - 예외) 특수관계 & 정상지급분 초과 => 손비인정 X

246

손금(7-7) - 인건비(퇴직금 한도초과액)

<직원퇴직금 한도초과 지급액>

	법인	직원
직원 ┌ 한도 내 금액 => 퇴직소득	손금산입	세부담 ↓
└ 한도 초과 금액 => 근로소득	손금산입	세부담 ↑

247

손금 (7-8) - 임원퇴직금한도

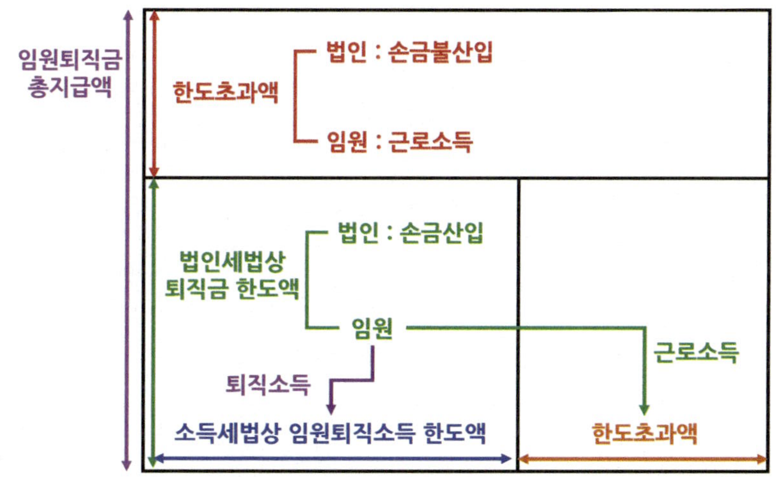

248

손금(7-9) - 복리후생비(파견근로자)

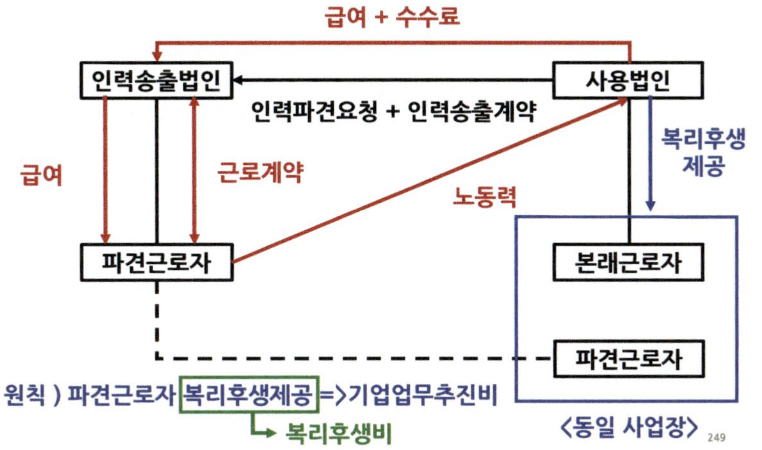

249

손금(7-10) - 공동경비 손금불산입

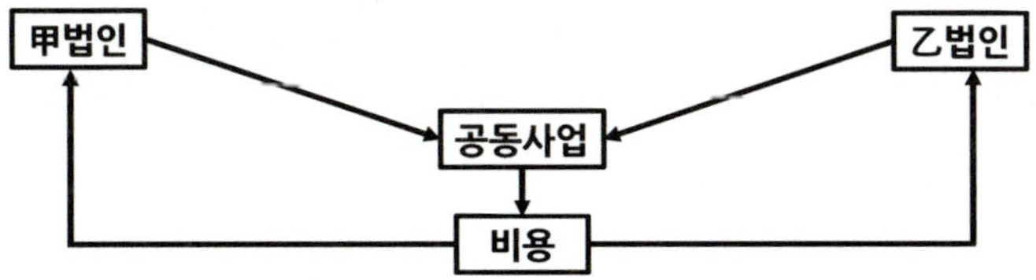

<case 1> 출자공동사업 => 약정된 출자비율로 안분 → 이익분여 가능성↓

<case 2> 비출자공동사업
- 특수관계 有 => 객관적 비율로 안분 (자산가액, 매출액) → 이익분여 방지
  - 이익분여 가능성↑
- 특수관계 無
  - 원칙) 약정된 출자비율로 안분
  - 예외) 미약정 => 객관적비율로 안분

250

손금 (8-1) - 업무무관자산

손금 =>
- 순자산 감소 (-)
  - 자본거래
  - 조세정책적목적 열거된 것
- 사업관련성 有
  - 통상성
  - 수익대응성

  中 1 충족

통상성 =>
- 동종업계 사회통념 고려
- 반회사적 지출이 아닐 것

251

손금 (8-2) - 업무무관자산

- 토지 + 건물 => 리모델링기간 => 2년
- 토지 => 건물신축기간 => 5년

부동산취득 ←유예기간→ 2년, 5년

취득목적
- 사업용 => 업무용 판매장, 제조장 (유예기간 내 사업용으로 사용) — 업무사용 시작
- 판매용 => 저가매입, 고가판매 => 판매기간 5년(유예기간)

252

손금 (9-1) - 업무용승용차 관련 비용

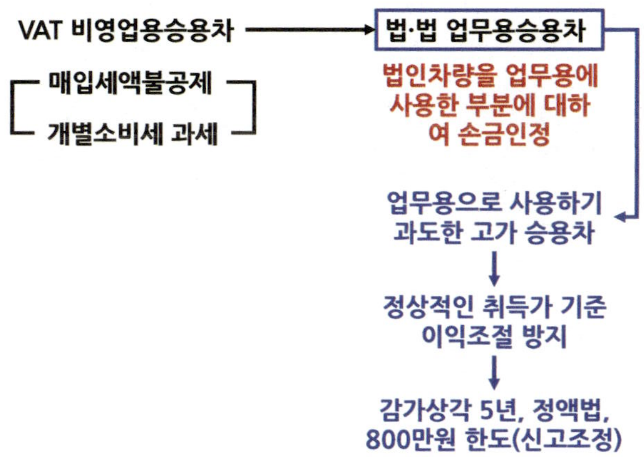

253

손금 (9-2) - 업무용승용차 관련 비용

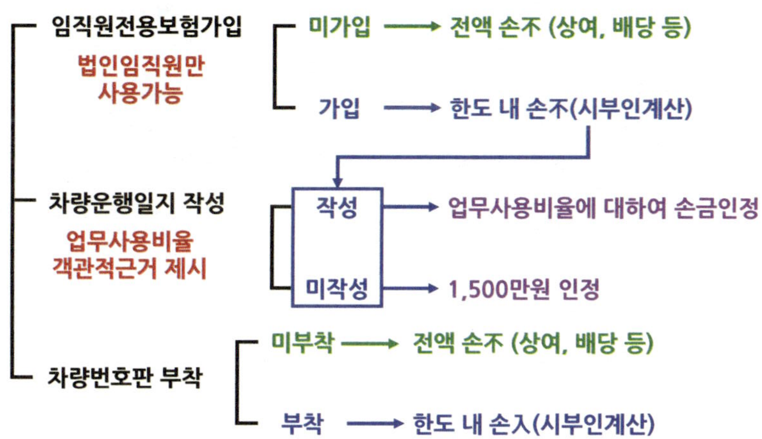

254

손금 (10-1) - 지급이자의 손금성

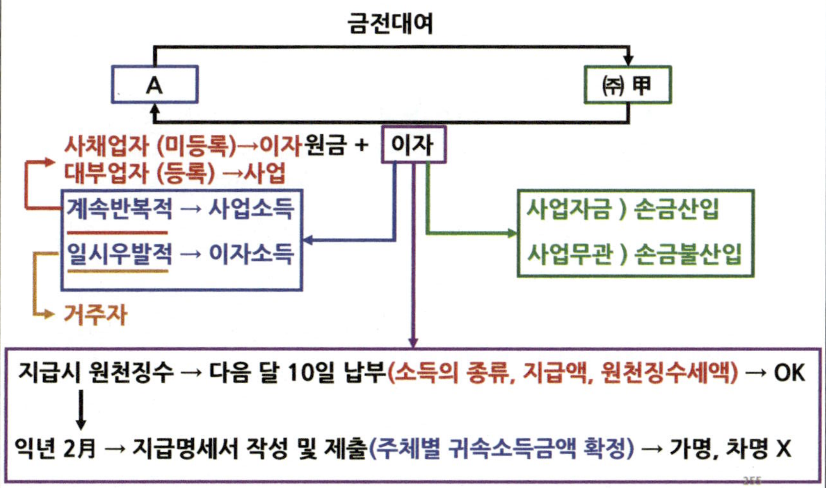

255

손금 (10-2) - 지급이자(채권자불분명사채이자)

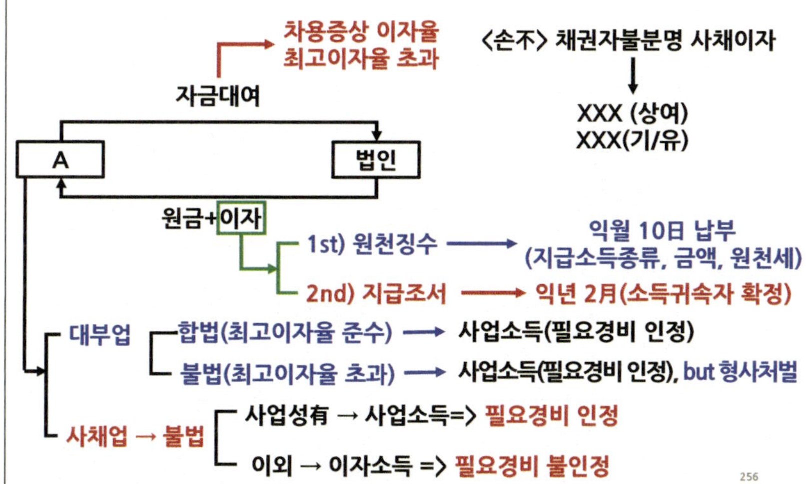

256

손금 (10-3) - 지급이자(지급받은자가 불분명한 경우)

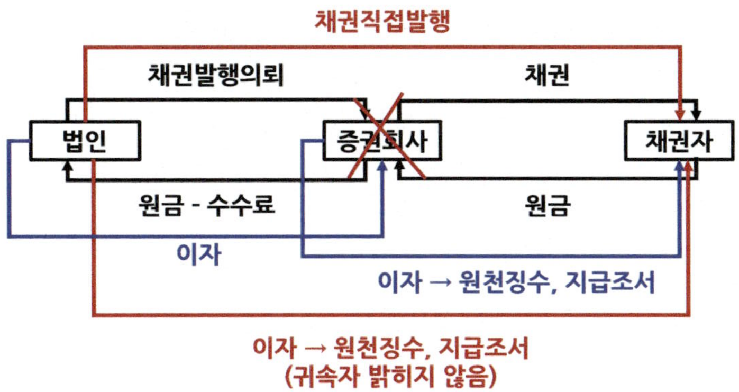

257

손금 (10-4) - 지급이자 자본화

- K-IFRS → 강제자본화
- 일반기업회계기준 → 선택 → 비용
- 세법
  - 특정차입금 → 강제 → 자산
  - 일반차입금 → 선택

〈익X〉 건설자금이자 1억원 (유보)

258

손금(10-5)-업무무관자산과 업무무관 가지급금

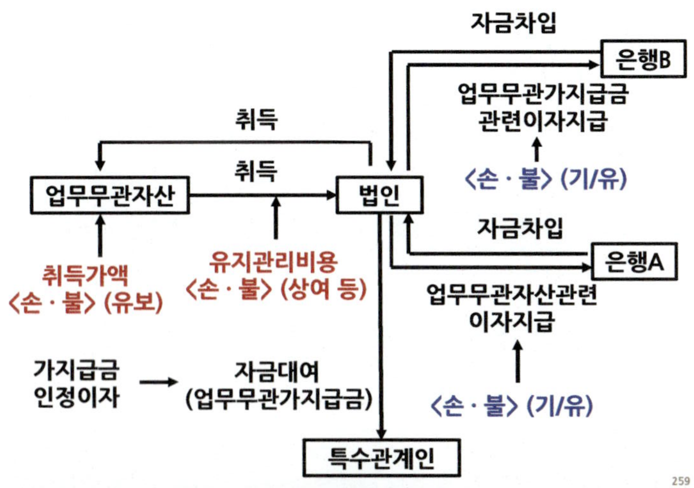

259

손금(10-6) - 업무무관 가지급금

업무무관 가지급금
- 인정이자 계산 : (부계부) 규정에 의하여 All자산 계산 대상
- 지급이자 부인 : 업무무관인 경우에 한하여 지급

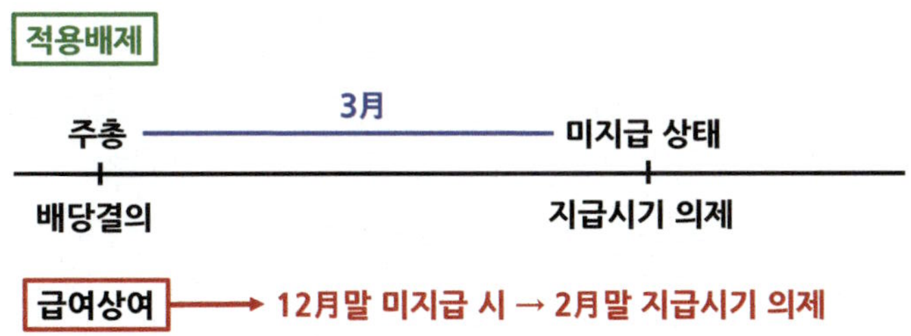

260

손금 (10-7) - 지급이자(원천세 대납)

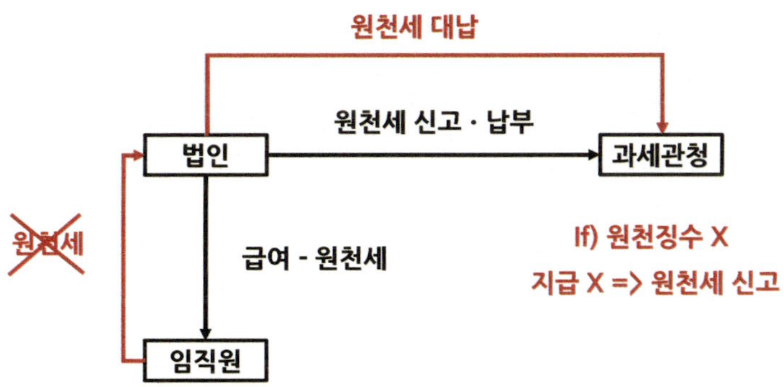

261

충당금과 준비금 (1) - 개요

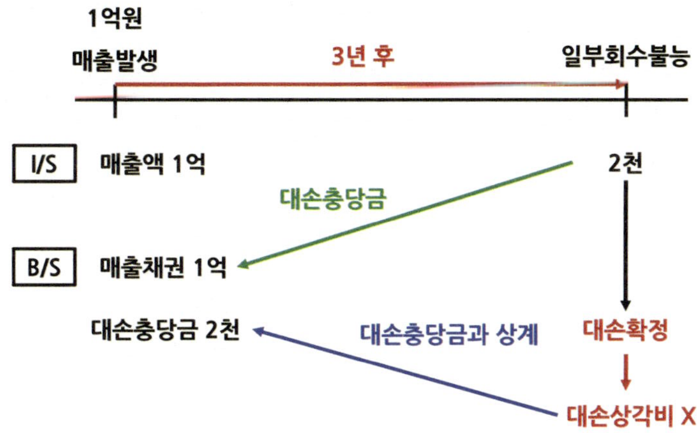

262

충당금과 준비금 (2) - 고유목적사업준비금

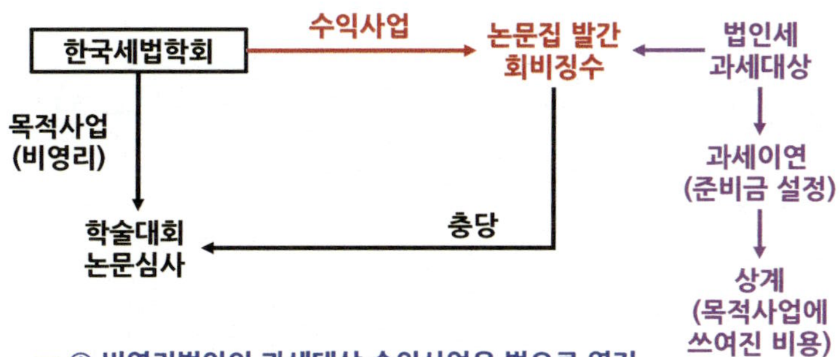

① 비영리법인의 과세대상 수익사업은 법으로 열거

② 과세대상 소득 中 요건충족 => 고유목적사업지출금과 상계

263

충당금과 준비금(3) - 수익사업 중 이자소득

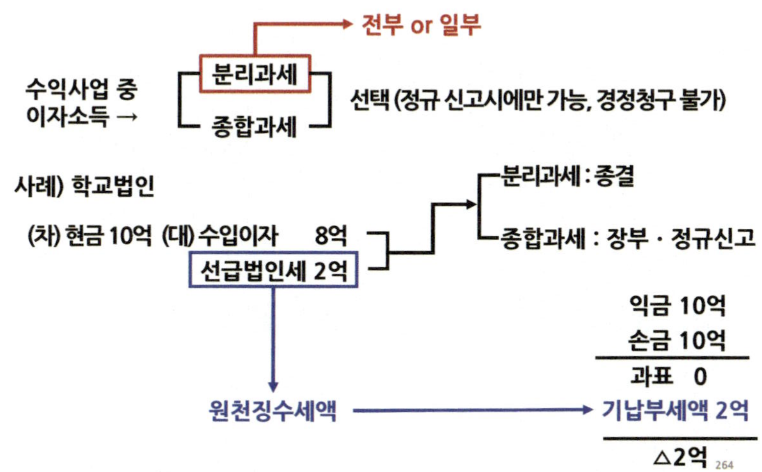

264

충당금과 준비금 (4-1) - 대손

채권 회수불능 → 대손금 (대손사유)
- 신고조정사항 → 판결이나 법률, 외부의 강제적인 권한에 의하여 채권의 회수권리가 강제로 박탈 → 강제 제각
- 결산조정사항 → 채권의 회수불능을 기업이 판단하여 객관적 증거 입증 → 세법 한도내에서 기업의 의사결정 인정 → 결산시 분개에 반영

채권 회수포기
- 기업업무추진비, 기부금
- 부당행위계산 부인

265

충당금과 준비금 (4-2) - 대손(구상채권)

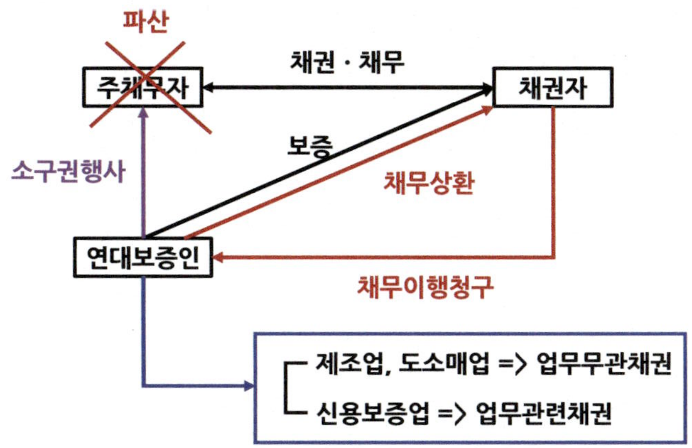

266

충당금과 준비금 (4-3) - 대손사유

신고조정사유 => 기업의 의사와 무관하게 법률에 의하여 기업의 채권회수 권한이 강제로 소멸되는 조정

- 원칙) 기업이 결산 시 대손인식
- 결산 시 미계상) 강제로 채권잔액 제각

결산조정사유 => 세법이 기업의 의사를 존중하여 기업이 계상한 대손상각비를 세법상 한도 내에서 인식

- 원칙) 회사가 결산조정을 통하여 대손인식 => 세법상 한도내 인정
- 결산시 미계상) 대손상각비 X

267

충당금과 준비금 (4-4) - 소멸시효

시효 => 권리가 존속하는 기간

시효기간 내 권리 미행사 => 국가는 더 이상 권리보호 X

채권시효기간의 완성 => 법에서 정한 기한내 법인이 채권에 대한 회수권한 행사 X => 행사가능하나 행사 X

If) 회수의사 X => 보호 X => 법인의 의사와 무관하게 채권잔액 '0'

268

충당금과 준비금 (4-5) - 대손(어음)

대금결제 X =>부도발생 (대손기산)
- 소멸시효 완성 => 신고조정에 의한 대손사유
- 부도~6月경과 => 결산조정에 의한 대손사유

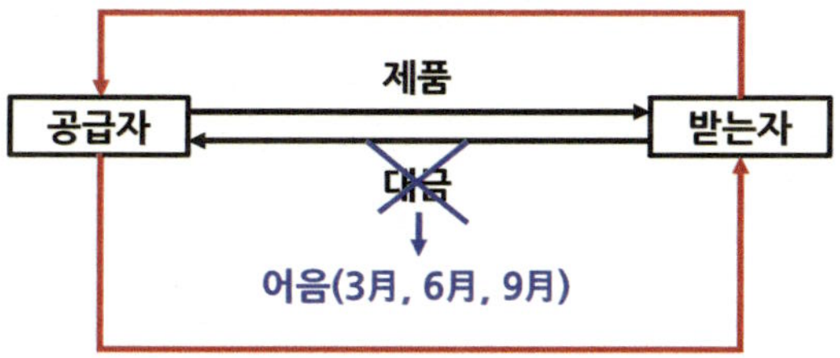

기간경과후 어음제시(대금청구)

충당금과 준비금(4-6)- 채무자 재산에 대한 경매 취소 압류채권

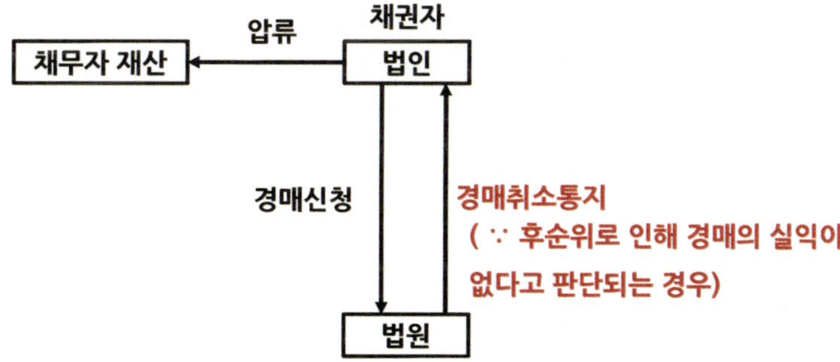

충당금과 준비금 (5-1) - 비현실퇴직자에게 지급하는 퇴직금

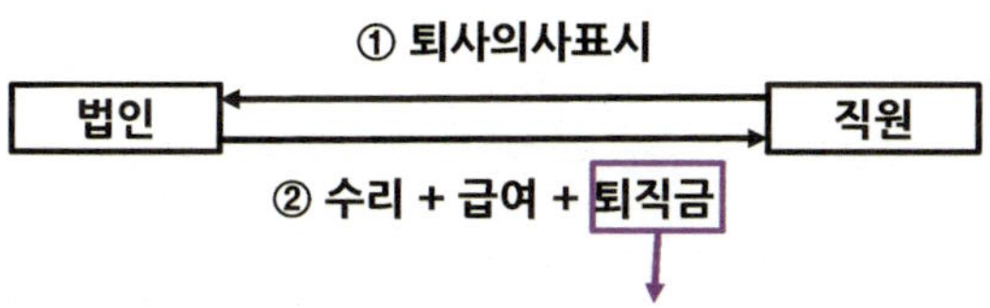

직원의 퇴사를 이유로 지급하는 금액

If) 퇴사 X => 퇴직금 지급 => 인정 X

↓

세무상처리 => 법인 → 직원 자금대여

If) 회사가 자금대여액 비용처리

회사 => 비용
세법 => 비용 X
비용 ↓

〈손入〉 업무무관 가지급금 (△유보) ← 〈손不〉 업무무관 가지급금 (유보)

충당금과 준비금 (5-2) - 비현실퇴직자에게 지급하는 퇴직금

퇴직급여충당금 =>
최초 : 자산의 차감 ↑
상계 : 자산의 차감 ↓
부인 : 자산의 차감 ↑

〈손不〉 업무무관 가지급금 (유보) —실제지급→ 〈손入〉 업무무관 가지급금 (△유보)

〈손入〉 퇴충 (△유보) —실제지급→ 〈손不〉 퇴충 (유보)

손익의 귀속시기 (1) - 개요

1) 원칙 : 권리 · 의무 확정주의 ⟶ GAAP상 실현주의, 발생주의의 모호한 개념보다 법률적 판단이 가능한 기준

(권리 · 의무 → 익금 · 손금)

2) 구체적 거래 형태별 손익귀속시기 별도로 규정 → 발생빈도 많은 거래

3) 2)에 없는 거래 : 1)을 적용

4) 1)~3) 적용 불가 ⟶ GAAP 적용가능 ⟶ 세법에 특별한 규정X ⟶ 계속 적용하던 GAAP 적용 가능

273

손익의 귀속시기 (2) - 위탁판매

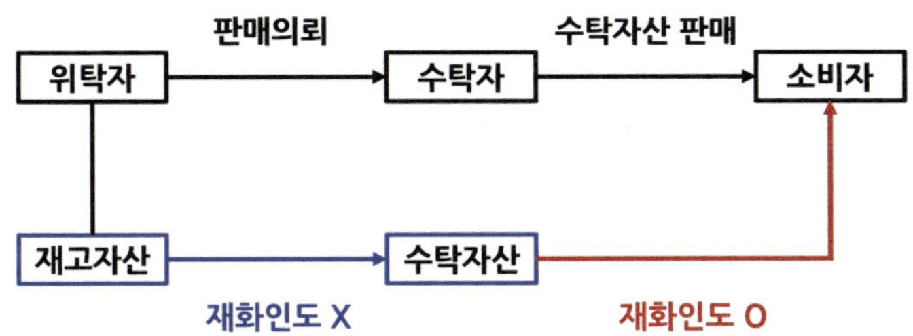

274

손익의 귀속시기(3) - 장기할부판매

- 장기 => 계약일 ~ 잔금지급일 기간 1년 ↑
- 할부 => 대가를 2회 이상 분할하여 지급

275

손익의 귀속시기(4-1) - 수입이자

=> 발생주의 => 기업회계 인정

수입이자 => 결산확정 시 경과한 기간에 대응하는 이자는 계상한 사업연도에 익금으로 한다.

=> 원천징수액은 제외

원천징수
- 대상 => 국내에서 대가를 지급하는 자(원칙)
- 제외 => 법에서 열거한 일정 사업자, 단체

원천징수대상 소득의 경우 세법에서 인정 X => 세무조정

〈익불〉 미수이자 (△유보)

276

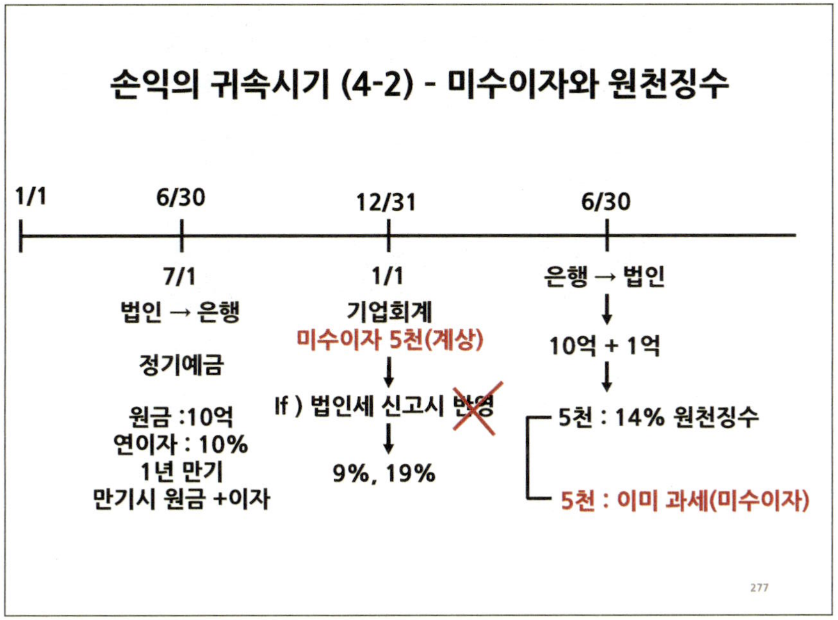
손익의 귀속시기 (4-2) - 미수이자와 원천징수
1/1
6/30
12/31
6/30
7/1
법인 → 은행
정기예금
원금 :10억
연이자 : 10%
1년 만기
만기시 원금 +이자
1/1
기업회계
미수이자 5천(계상)
If) 법인세 신고시 반영
9%, 19%
은행 → 법인
10억 + 1억
5천 : 14% 원천징수
5천 : 이미 과세(미수이자)
277

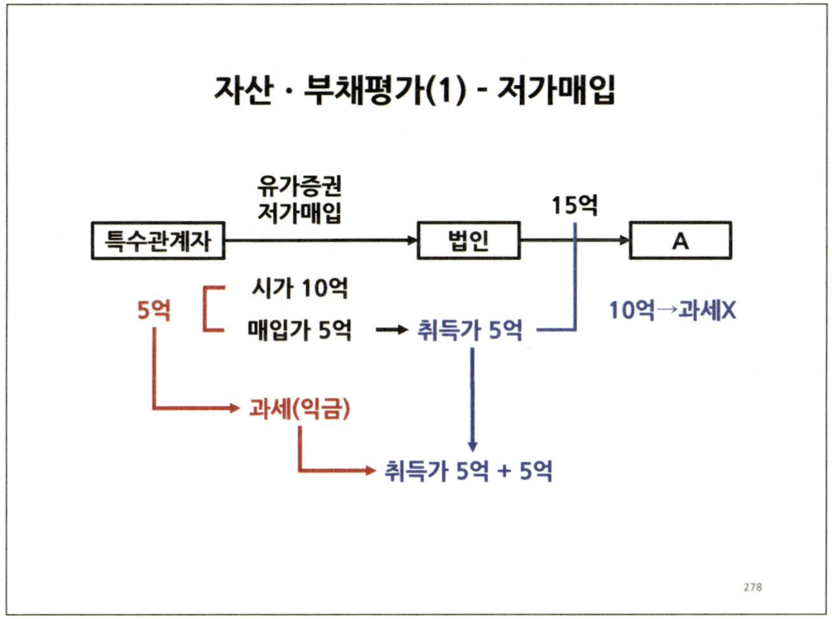
자산 · 부채평가(1) - 저가매입
유가증권
저가매입
특수관계자
법인
15억
A
시가 10억
매입가 5억
5억
취득가 5억
10억→과세X
과세(익금)
취득가 5억 + 5억
278

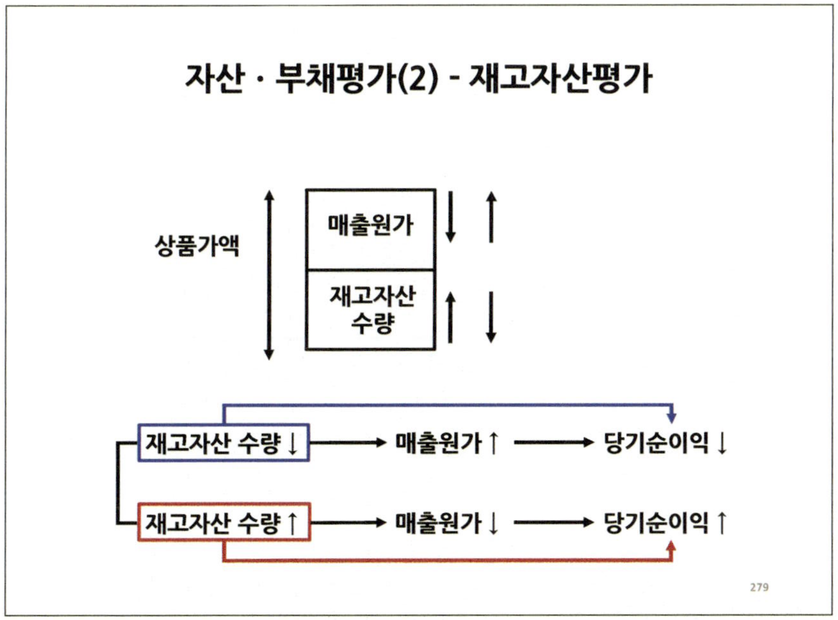
자산 · 부채평가(2) - 재고자산평가
상품가액
매출원가
재고자산
수량
재고자산 수량 ↓
매출원가 ↑
당기순이익 ↓
재고자산 수량 ↑
매출원가 ↓
당기순이익 ↑
279

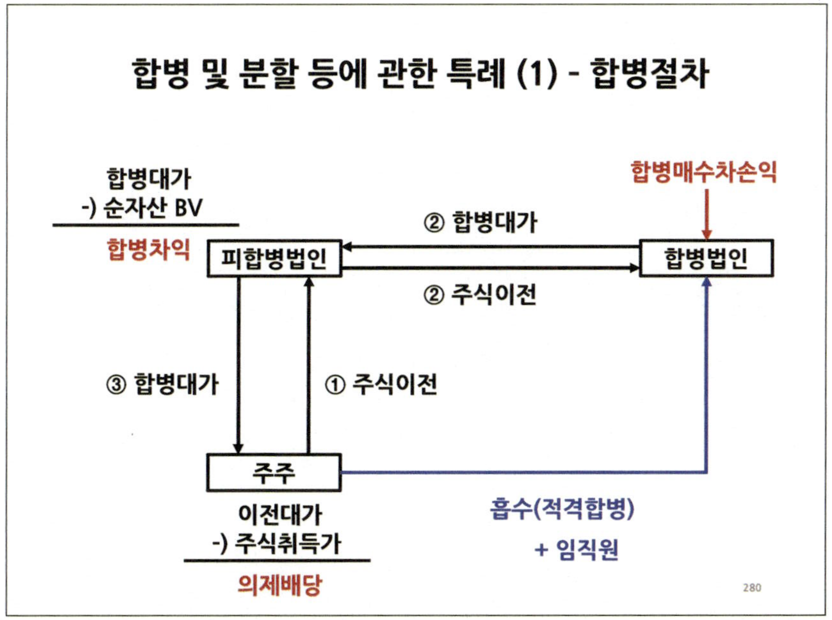
합병 및 분할 등에 관한 특례 (1) - 합병절차
합병대가
-) 순자산 BV
합병차익
합병매수차손익
② 합병대가
피합병법인
합병법인
② 주식이전
③ 합병대가
① 주식이전
주주
이전대가
-) 주식취득가
의제배당
흡수(적격합병)
+ 임직원
280

합병 및 분할 등에 관한 특례(2-1) - 적격합병(인격합일설)

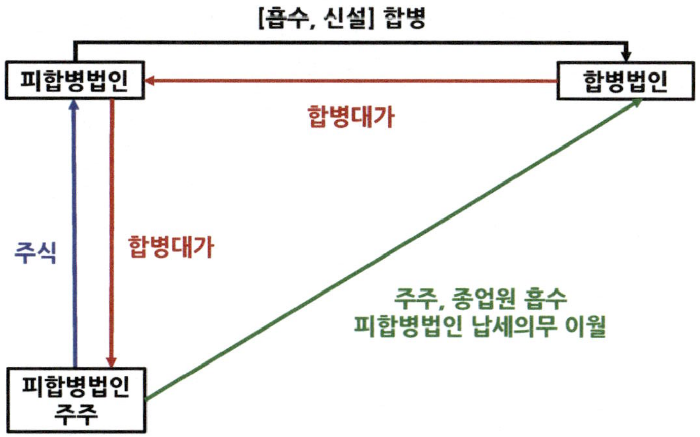

281

합병 및 분할 등에 관한 특례 (2-2) - 비적격합병 (현물출자설)

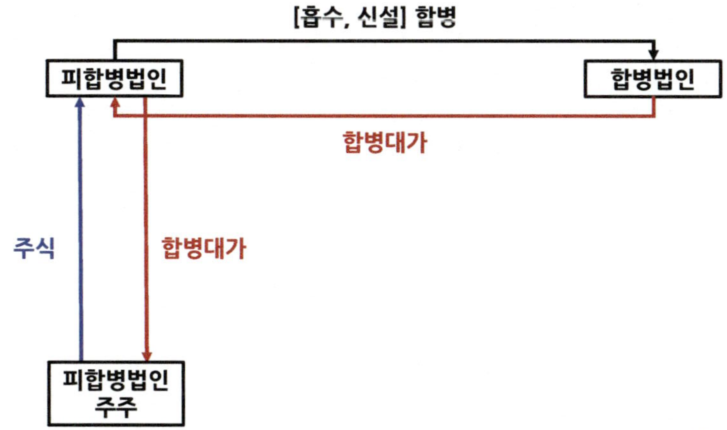

282

합병 및 분할 (3-1) - 비적격합병 세무처리(피합병법인 및 주주)

피합병법인과 주주

Ⅰ. 피합병법인

1) 양도차익 : 익금산입(합병대가 - T.순자산가액)

2) 청산소득 과세제외

Ⅱ. 주주

의제배당 과세

283

합병 및 분할 (3-2) - 적격합병 세무처리(피합병법인 및 주주)

피합병법인과 주주

Ⅰ. 피합병법인

(합병대가 - T.순자산가액) = 양도차익 → 합병법인으로 이월과세

Ⅱ. 주주

의제배당 과세이연

284

합병 및 분할(4-1) - 합병대가 및 포합주식

양도가액 (합병대가)
- 합병교부주식 + 교부금
- 합병포합주식가액 → 합병포합주식
- 대납 법인세

285

합병 및 분할 (4-2) - 합병포합주식

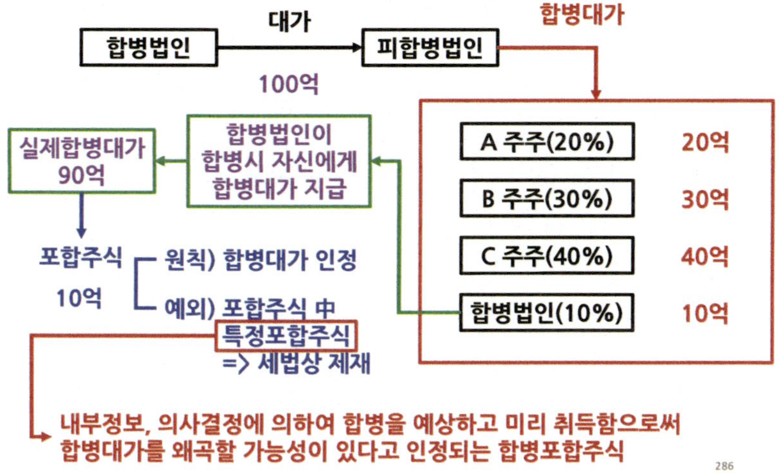

286

합병 및 분할(4-3) - 합병포합주식

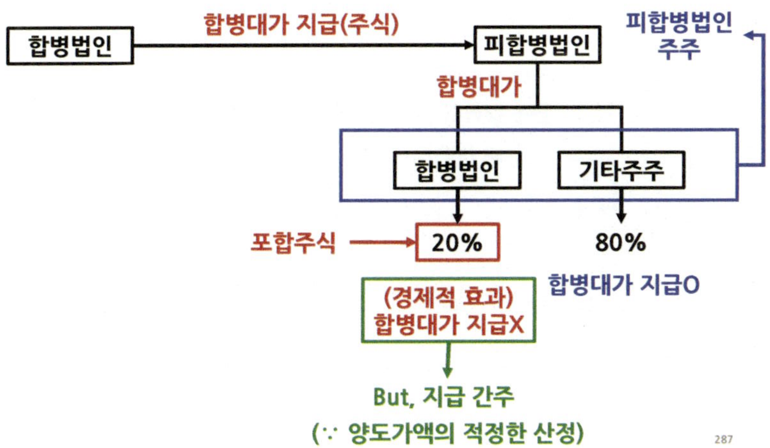

287

합병 및 분할(4-4) - 지분의 연속성 및 포합주식

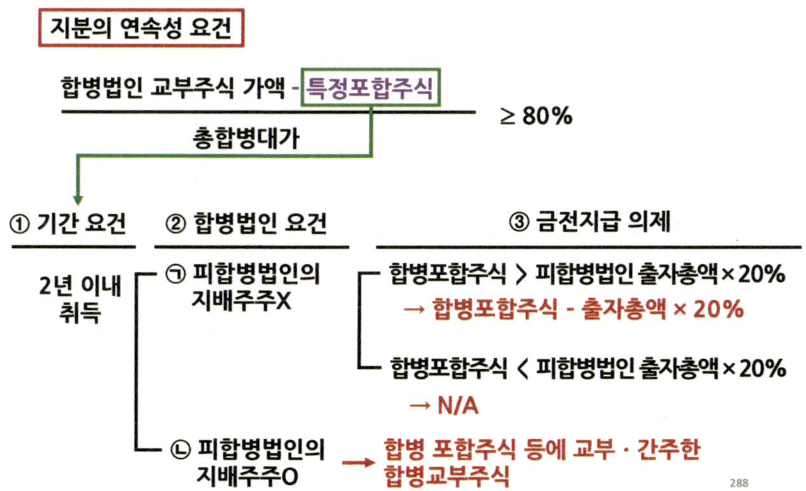

288

합병 및 분할 (5-1) - 비적격합병 세무처리(합병법인)

합병법인

적격합병 : 자산조정계정 =>이월과세

1) 합병매수차손익 : 시가로 매수, 합병대가 vs 시가

① 합병대가 < 시가 : 합병매수차익 (5년간 균등 익금산입)

② 합병대가 > 시가 : 합병매수차손 (5년간 균등 손금산입)

→ 영업권 성격인 경우에만 인정

2) 이월결손금 및 세무조정 사항의 승계

① 피합병법인 이월결손금 승계 불가

② 피합병법인 세무조정 사항 승계 불가(원칙) → 퇴충, 대충은 승계 가능

3) 최종 사업연도 소득금액 계산

① 유보 → 손금, ② △유보 → 익금

289

합병 및 분할 (5-2) - 비적격합병 세무처리(합병법인)

합병법인

합병대가 = 130억 → 실제 합병법인이 지급한 합병대가

피합병법인 순자산시가 = 100억 → 합병법인이 정상적으로 지급하여야 할 합병대가

30억 → 합병매수차손

- 원칙) 당기손비
- 예외) 자산(영업권, 기술)의 대가성 입증
  - => 자산처리 후 Dep
  - => 계상 결산분개

290

합병 및 분할 (5-3) - 적격합병 세무처리

합병법인

1) 자산조정계정 (자산 vs 부채)

BV로 매수 자산조정계정을 세법상 인정 → [익금, 손금] 으로 처리

2) 이월결손금 및 세무조정 사항의 승계

① 피합병법인의 이월결손금 승계 가능 다만, 승계 받은 사업에서 발생한 소득금액 범위 내 공제 가능

② 피합병법인의 모든 세무조정사항 승계

3) 자산처분손실 제한

승계 받은 사업에서 발생한 소득금액 범위 내에서 공제 가능

291

합병 및 분할 (6-1) - 완전분할, 분완전분할

〈불완전분할〉

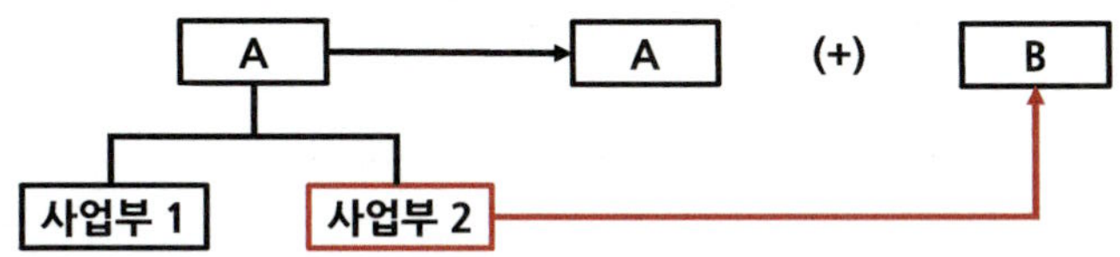

〈완전분할〉

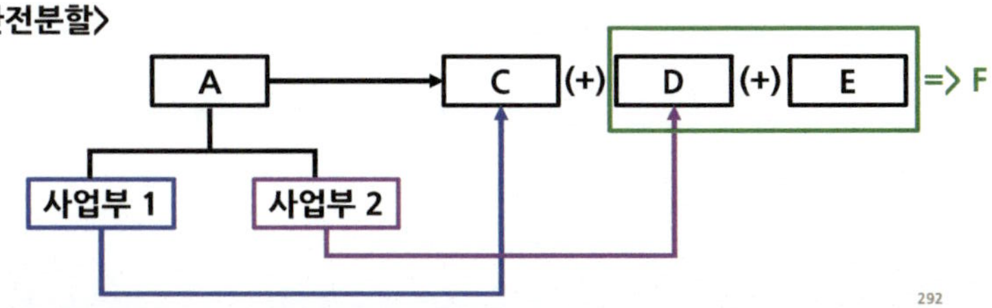

292

합병 및 분할 (6-2) - 인적분할과 물적분할

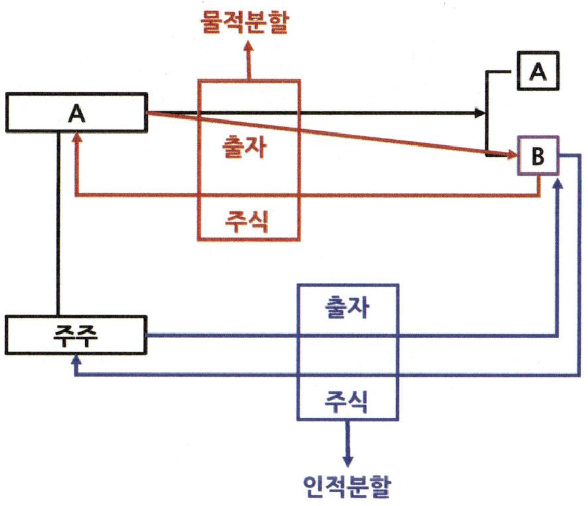

293

합병 및 분할 (7) - 현물출자

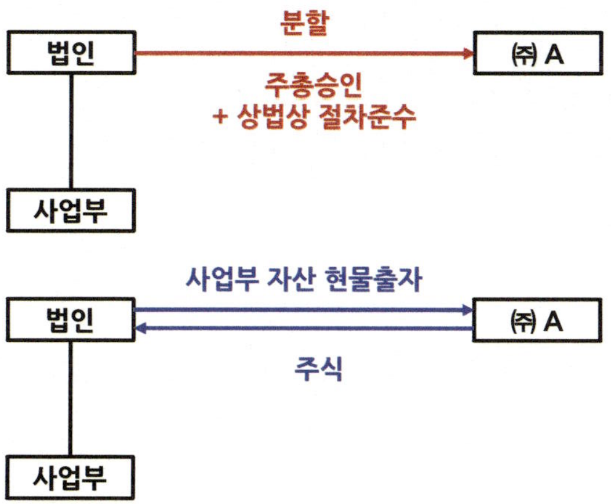

294

부당행위계산 부인 (1-1) - 개관

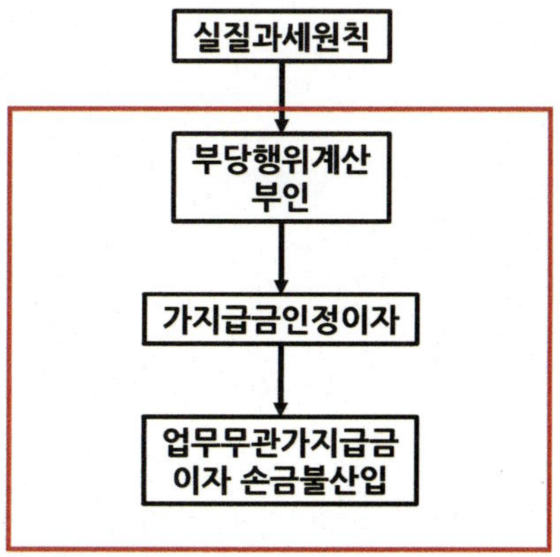

295

부당행위 계산 부인(1-2) - 자산의 이전

- 무상이전 =>
  - 생전이전 => 증여세 => 수증자에게 증여세 과세
  - 사후이전 => 상속세 => 상속인에게 상속세 과세
- 유상이전 => 양도차익에 대하여 양도자에게 양도세 과세

296

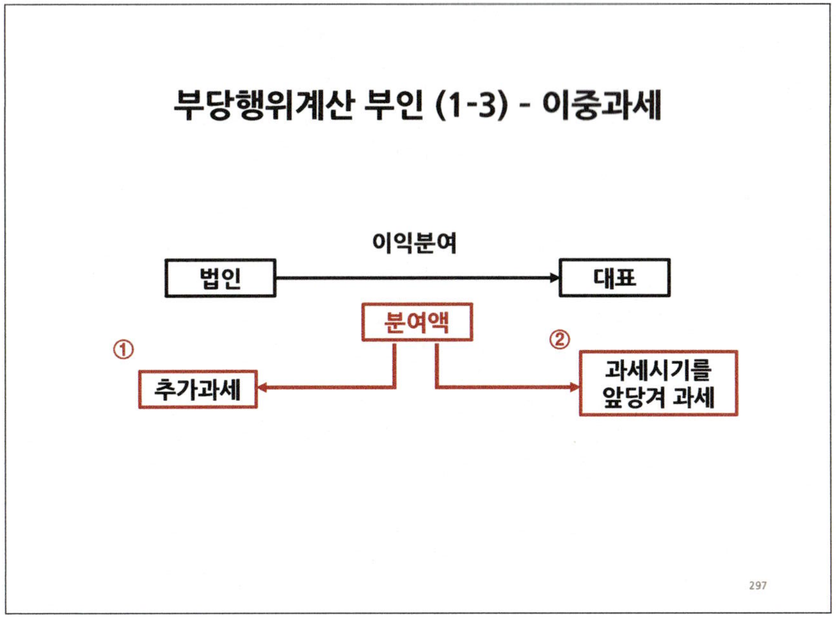
부당행위계산 부인 (1-3) - 이중과세
이익분여
법인
대표
분여액
①
추가과세
②
과세시기를 앞당겨 과세
297

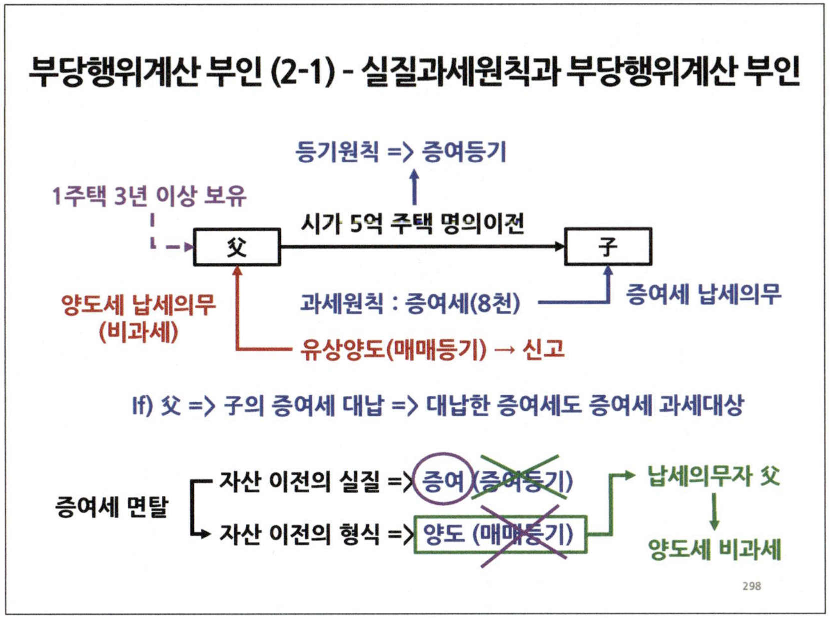
부당행위계산 부인 (2-1) - 실질과세원칙과 부당행위계산 부인
등기원칙 => 증여등기
1주택 3년 이상 보유
시가 5억 주택 명의이전
父
子
양도세 납세의무 (비과세)
과세원칙 : 증여세(8천)
증여세 납세의무
유상양도(매매등기) → 신고
If) 父 => 子의 증여세 대납 => 대납한 증여세도 증여세 과세대상
증여세 면탈
자산 이전의 실질 => 증여 (증여등기)
자산 이전의 형식 => 양도 (매매등기)
납세의무자 父
양도세 비과세
298

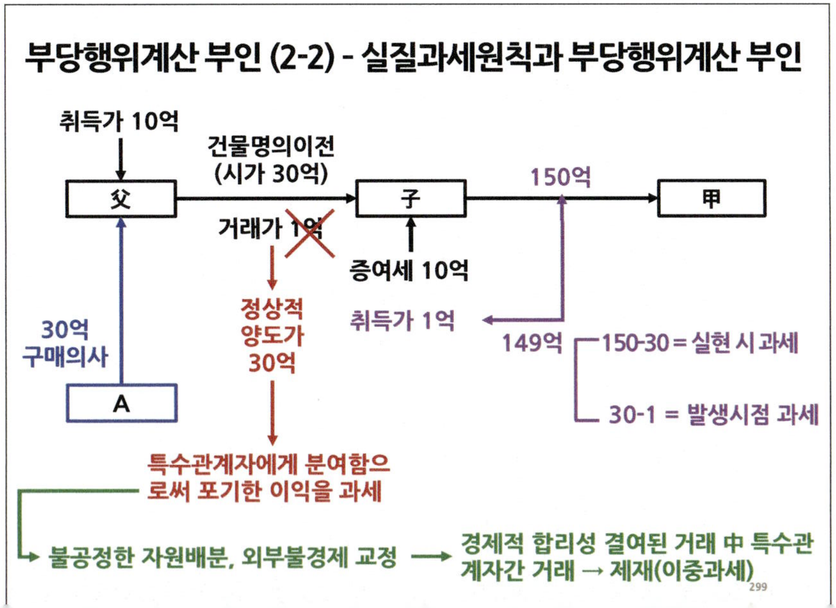
부당행위계산 부인 (2-2) - 실질과세원칙과 부당행위계산 부인
취득가 10억
건물명의이전 (시가 30억)
父
子
甲
150억
거래가 1억
증여세 10억
30억 구매의사
A
정상적 양도가 30억
취득가 1억
149억
150-30 = 실현 시 과세
30-1 = 발생시점 과세
특수관계자에게 분여함으로써 포기한 이익을 과세
불공정한 자원배분, 외부불경제 교정
경제적 합리성 결여된 거래 中 특수관계자간 거래 → 제재(이중과세)
299

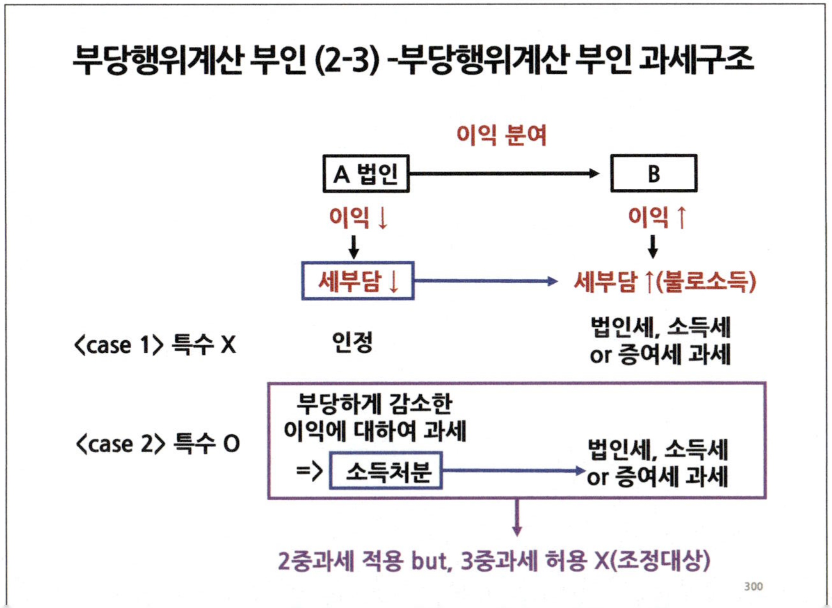
부당행위계산 부인 (2-3) -부당행위계산 부인 과세구조
이익 분여
A 법인
B
이익 ↓
이익 ↑
세부담 ↓
세부담 ↑(불로소득)
<case 1> 특수 X
인정
법인세, 소득세 or 증여세 과세
<case 2> 특수 O
부당하게 감소한 이익에 대하여 과세
=> 소득처분
법인세, 소득세 or 증여세 과세
2중과세 적용 but, 3중과세 허용 X(조정대상)
300

부당행위 계산 부인(3-1) - 적용요건(대법원 판례 확립)

1)특수관계자와의 거래일 것

2)일방이 타방에게 이익 분여 + 분여자의 조세부담 감소

3)거래 형태의 합리성 결여(이상성)

4)사법상 유효한 거래일 것 → if) 무효인 거래 → 사기 · 기타 부정한 행위 → 조세범 처벌 대상

5)조세회피목적 유무와 무관

→ 이중과세 사법상 거래효력 유지

301

부당행위계산 부인 (3-2) - 이익의 분여

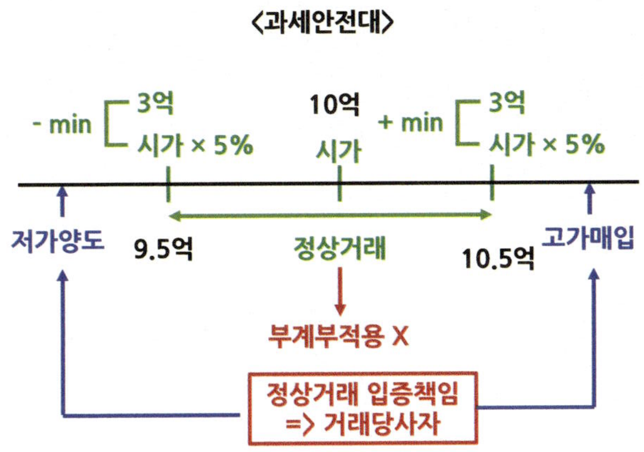

302

부당행위계산 부인(3-3) - 입증책임

I/S	과세관청	납세의무자
매출액	↑	↓
-) 매출원가	↓	↑
=) 매출총이익		
+) 영업외수익	↑	↓
-) 영업외비용	↓	↑
=) 당기순이익		

303

부당행위계산 부인(3-4) - 입증책임

부계부 입증책임
- 원칙) 과세관청에게 입증책임 有
- 예외) 입증책임의 전가
  - 과세행정 실무상 비공개상태의 거래를 포착하여 과세하는 것이 불가능
  - 과세안전대를 통하여 입증책임을 납세자에게 전가

304

부당행위계산 부인 (3-5) - 판정시기

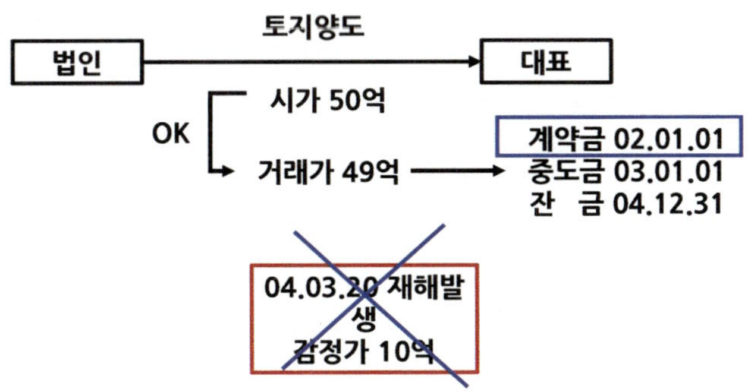

305

부당행위 계산 부인(3-6) - 경제적 합리성

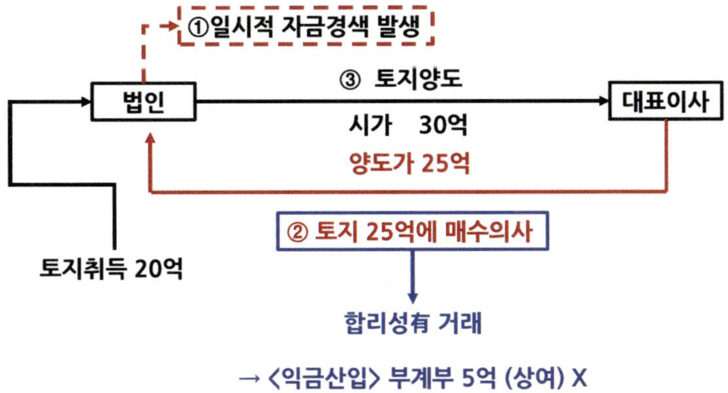

306

부당행위계산 부인 (4) - 세무조정

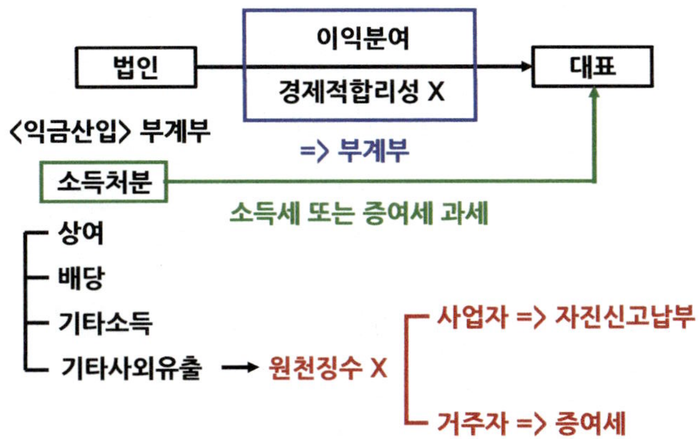

307

부당행위계산 부인 (5) - 시가의 범위

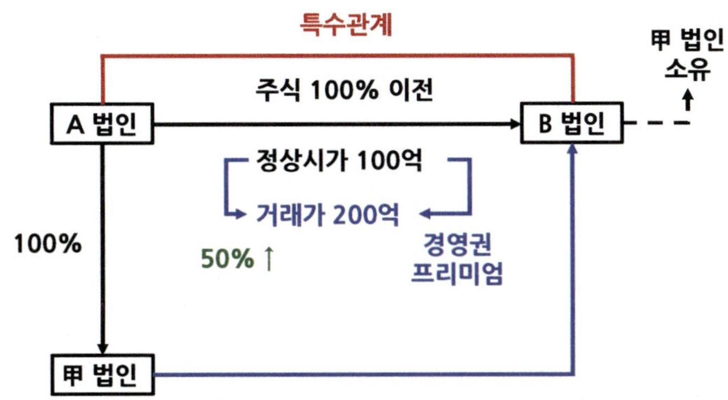

308

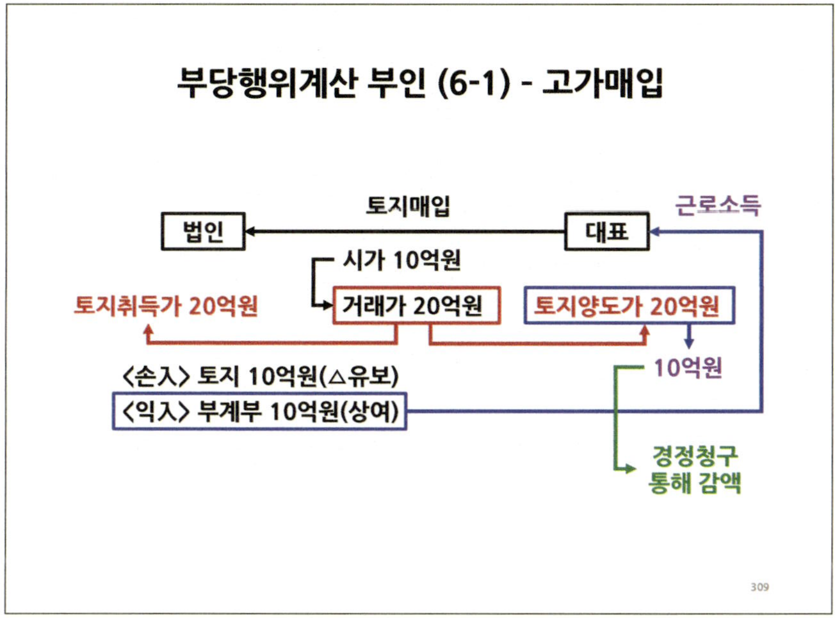
부당행위계산 부인 (6-1) - 고가매입
토지매입
법인
대표
근로소득
시가 10억원
거래가 20억원
토지취득가 20억원
토지양도가 20억원
10억원
〈손入〉 토지 10억원(△유보)
〈익入〉 부계부 10억원(상여)
경정청구
통해 감액
309

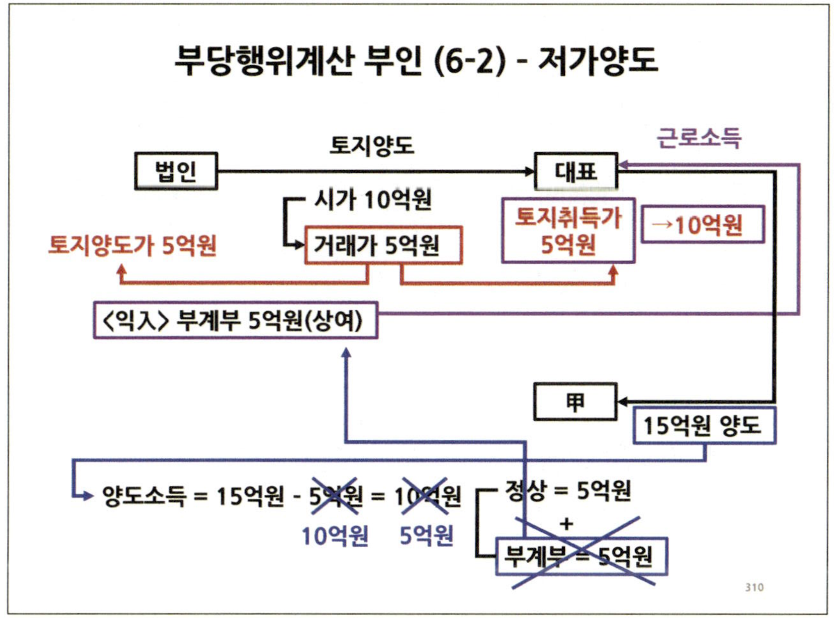
부당행위계산 부인 (6-2) - 저가양도
토지양도
법인
대표
근로소득
시가 10억원
거래가 5억원
토지양도가 5억원
토지취득가
5억원
→10억원
〈익入〉 부계부 5억원(상여)
甲
15억원 양도
양도소득 = 15억원 - 5억원 = 10억원
10억원 5억원
정상 = 5억원
+
부계부 = 5억원
310

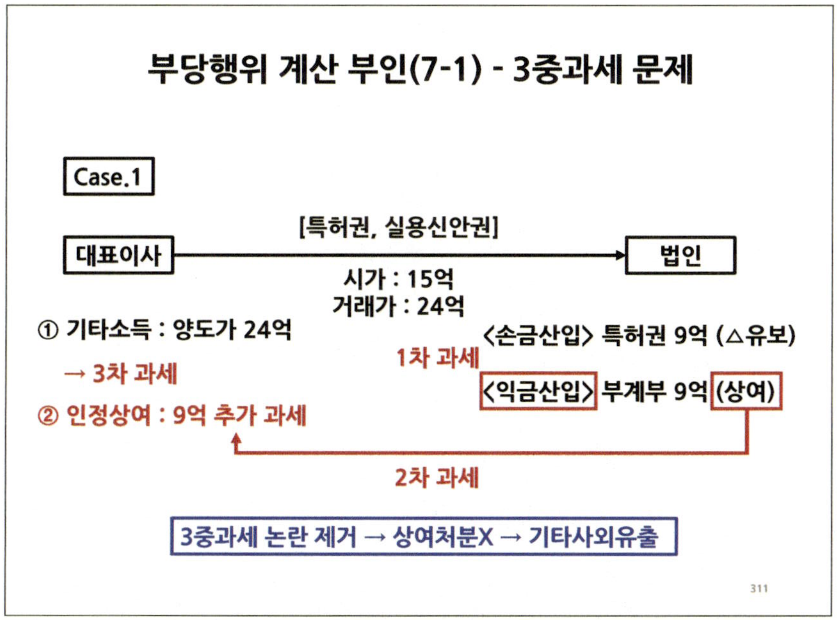
부당행위 계산 부인(7-1) - 3중과세 문제
Case.1
[특허권, 실용신안권]
대표이사
법인
시가 : 15억
거래가 : 24억
① 기타소득 : 양도가 24억
→ 3차 과세
② 인정상여 : 9억 추가 과세
1차 과세
〈손금산입〉 특허권 9억 (△유보)
〈익금산입〉 부계부 9억 (상여)
2차 과세
3중과세 논란 제거 → 상여처분X → 기타사외유출
311

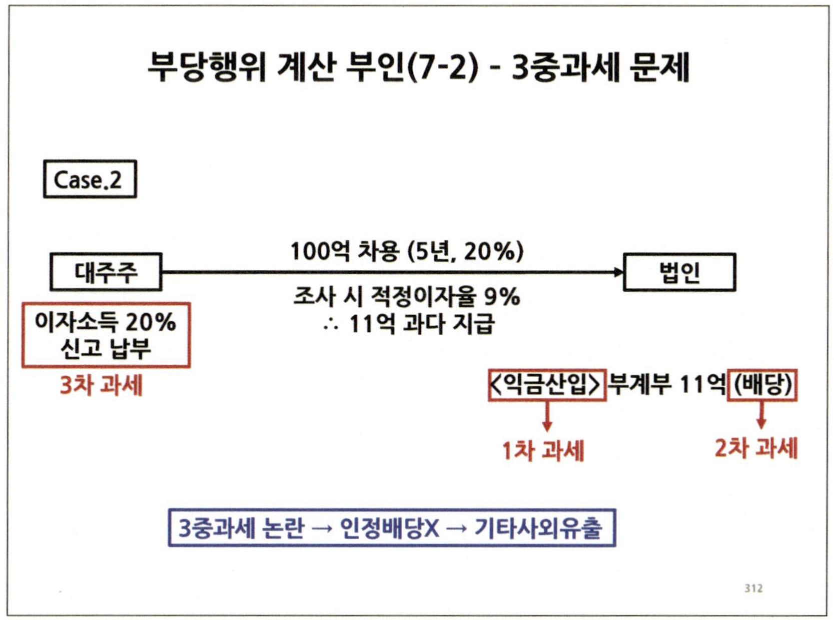
부당행위 계산 부인(7-2) - 3중과세 문제
Case.2
100억 차용 (5년, 20%)
대주주
법인
조사 시 적정이자율 9%
∴ 11억 과다 지급
이자소득 20%
신고 납부
3차 과세
〈익금산입〉 부계부 11억 (배당)
1차 과세
2차 과세
3중과세 논란 → 인정배당X → 기타사외유출
312

부당행위 계산 부인(8) - 손금 및 채무면제

A ← 채무 면제 — B

특수관계有

- 사업 관련: 소득세(채무면제익) ← → 부계부(총수입금액산입)
- 사업 무관: 증여세 (채무면제) 납부능력X → 면제ok ← → N/A (연대납세의무有)

특수관계無

- 사업 관련: 상동 ← → 업무관련 - 기업업무추진비 시부인 / 업무무관 - 기부금 시부인 (비지정 손不)
- 사업 무관: 상동 ← → N/A (연대납세의무有)

313

부당행위 계산 부인(9-1) - 가지급금 인정이자

가지급금
- 특수관계자에 대한 자금 대여금액
- 특수관계자에 대한 채권 지연회수

→ 가지급금에 해당

314

부당행위계산 부인 (9-2) - 대여금과 가지급금

<대여금>

채권 A — 자금대여 (금전소비대차 계약서) → B 채무

상환시기 → 원금 + 이자 ← 지급액 지급시기

↑ 사업용도 → 손금인정

- A =>
  - 사업관련 => 사업소득(매출액)
  - 사업무관 => 이자소득
- B =>
  - 사업관련 => 손금
  - 사업무관 => 손금불산입

315

부당행위계산 부인 (9-3) - 대여금과 가지급금

① ②
<가지급금인정이자>

(100억, 10%)

법인 → 대표 (자금인출) → 원칙) 횡령 ↓ 대여금

- 원금상환시기 → 특수관계소멸시까지
- 이자
  - 지급금액 => 가중평균차입이자율, 당좌대출이자율
  - 지급시기 => 일수(적수)

- 실제수령이자 => '0'
- 정상이자 => 10억 => 이자로 인정 => 과세 → 가지급금인정이자

<익금산입> 인정이자 10억 (상여)

316

부당행위계산 부인 (9-4) - 가지급금 인정이자

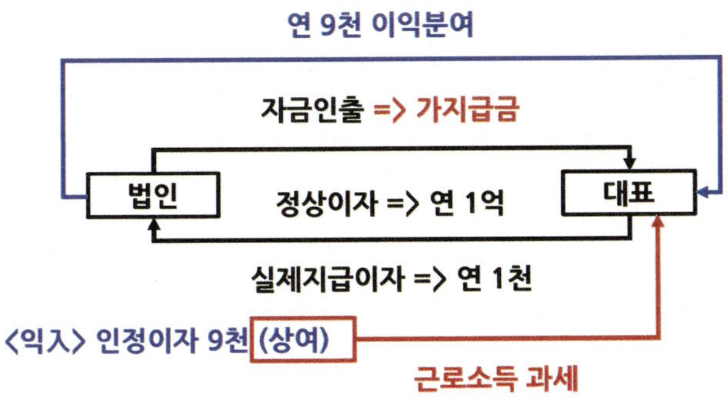

317

부당행위계산 부인 (9-5) - 지급이자손금불산입과의 관계

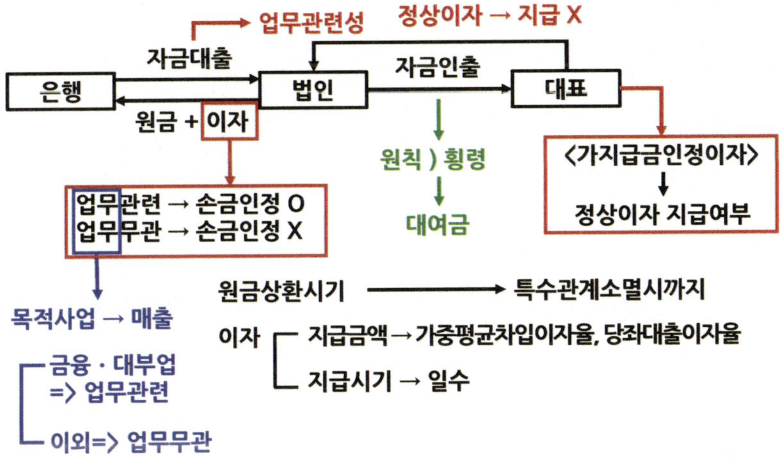

318

부당행위계산 부인 (9-6) - 지급이자손금불산입과의 관계

<업무관련성 여부> => 수입금액관련

① 법인의 등기부상 목적사업

② 사업자등록상 업종 · 업태관련

③ 특별법에 따라 설립된 법인 => 법령에 명시된 목적사업

319

부당행위계산 부인 (9-7) - 지급이자손금불산입과의 관계

법인의 자금대출단계 → 대표의 자금인출단계

법인의 자금대출단계	대표의 자금인출단계
법인이 대부업 영위 ↓ 업무관련 O ↓ 지급이자 => 손금 O	적정이자수령 O => 인정이자 X 적정이자수령 X => 인정이자 O
법인이 제조업 영위 ↓ 업무관련 X ↓ 지급이자 => 손금 X	적정이자수령 O => 인정이자 X 적정이자수령 X => 인정이자 O

320

부당행위계산 부인 (9-8) - 가수금

자금인출 => 가지급금

법인 → 대표

대표 → 법인

자금투입 => 가수금

→ 상계 후 잔액만 표시 But, 상환기일, 이자율 별도 명시 => 상계 X

가지급금
- 법인 => 회수하여야 할 채권
- 대표 => 상환하여야 할 채무

가수금
- 법인 => 상환하여야 할 채무
- 대표 => 회수하여야 할 채권

321

손금(9-9) - 가지급금 3중과세 위헌여부

- ① 가지급금 지급이자 부인
- ② 가지급금 인정이자 익금
- ③ 귀속자의 소득세 과세

→ 3중과세 여부 위헌 vs 합헌
- ① 가지급금 : 규제 목적
- ② 지급이자 부인 : 차입금의 존재
- ③ 가지급금 : 부당행위계산부인 규정

∴ 가지급금은 기업활동에 필수적 요소가 아니고 선택적 문제이므로
→ 합헌!

322

부당행위계산 부인 (9-10) - 미수이자의 처리

법인 → 대표 : 자금인출

원칙) 정상이자 → 인정이자 계산 X

미수이자 → 1년이내 회수 X → 상여처분

미수이자 ↓ 법인세 신고 납부

323

부당행위계산 부인 (9-11) - 법인계상 미수이자

- 사전약정 有
  - 원칙) 대여금으로 처리(법인세만 과세 소득처분 X)
  - 특수관계자) 회수기간 1년
    => 회수기간 내 미회수 => 부계부 적용
- 사전약정 無 => 부계부 적용

324

부당행위계산 부인 (9-12) - 특수관계 소멸 시 가지급금

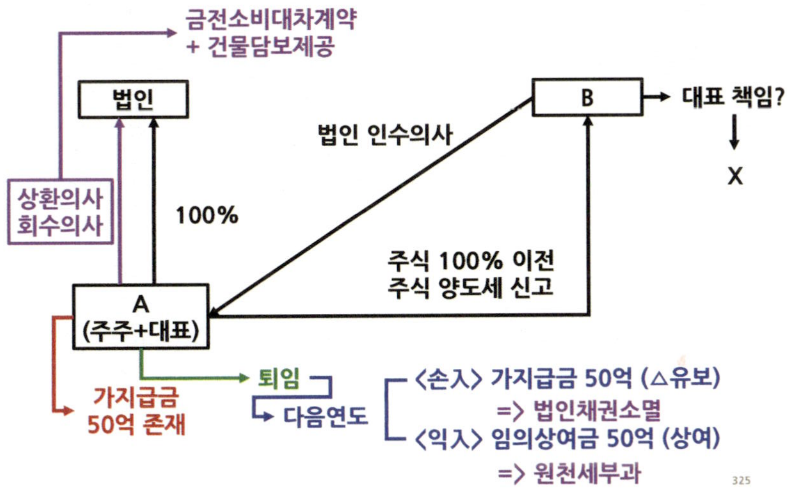

325

부당행위계산 부인 (9-13) - 특수관계 소멸 시 가지급금

A 가지급금 50억

*법기통 - 특수관계 소멸 시 회수 불분명 → 익入(상여)

↓ 세무조사

㈜甲 소득금액변동통지
- 익入 부계부 50억 (상여) A 귀속
- 손入 가지급금 50억 (△유보)

불복 → (주장)

① ㈜甲 입장에서는 특관 소멸 되었더라도 회수 예정 채권임

② 법령 규정에 의한 과세라면 인정하나 기본통칙에 의한 과세는 인정X

→ 대법원 승소 → 09년 말 법법 시행령에서 익금 산입

326

부당행위계산 부인 (9-14) - 자기주식과 가지급금

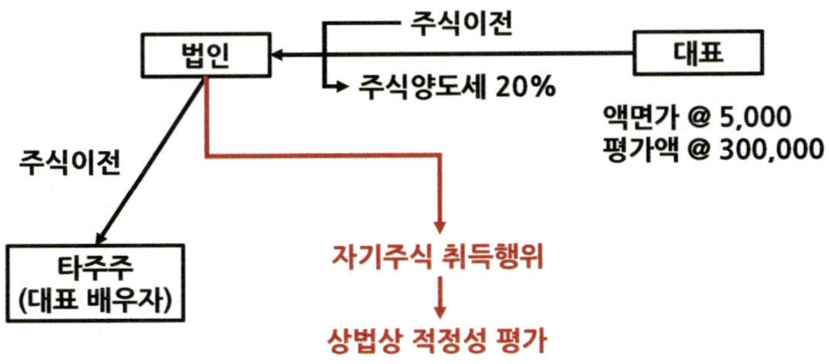

327

부당행위계산 부인 (10-1) - 자본거래

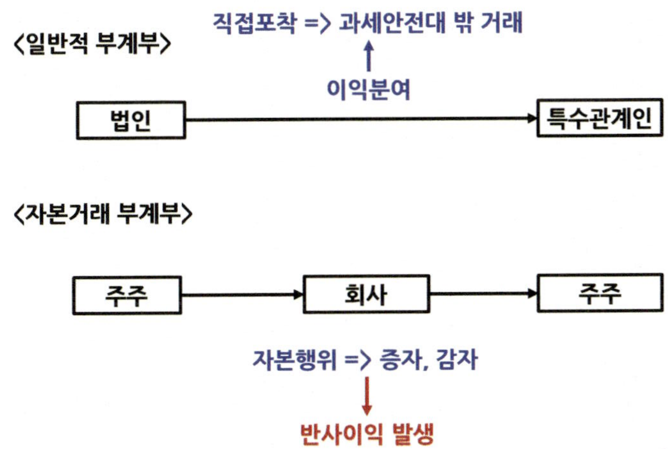

328

부당행위계산 부인 (10-2) - 자본거래

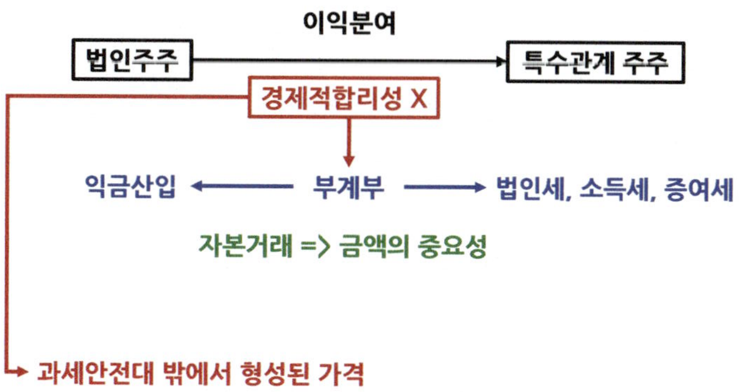

329

부당행위 계산 부인(10-3) - 불공정자본거래(불공정합병)

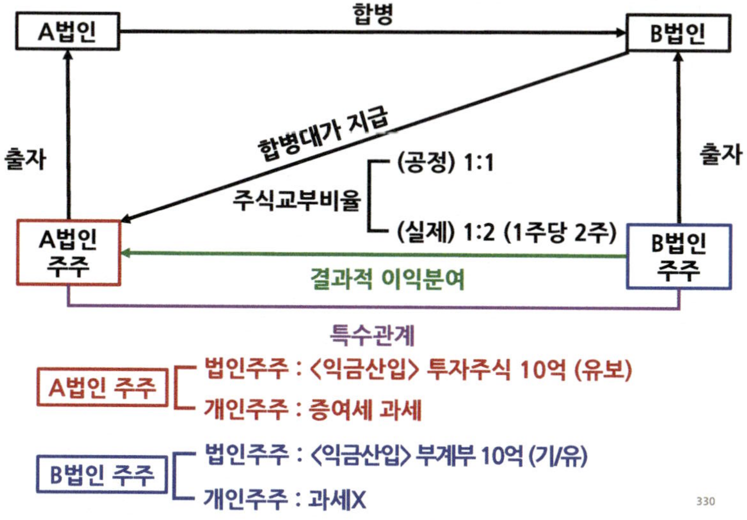

330

부당행위계산 부인 (10-4) - 불공정자본거래(증자)

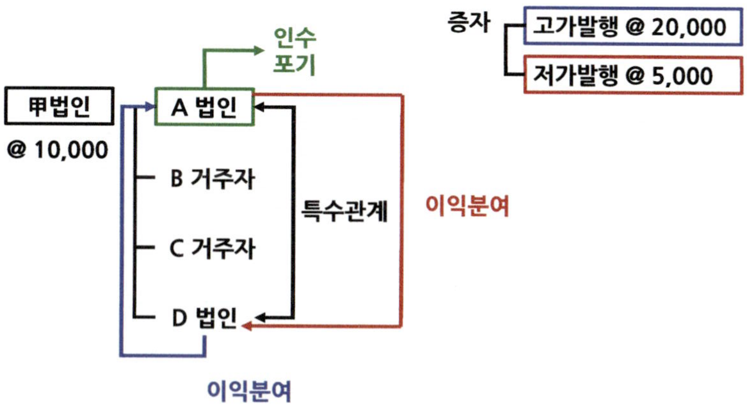

331

부당행위계산 부인 (10-5) - 불공정자본거래(증자)

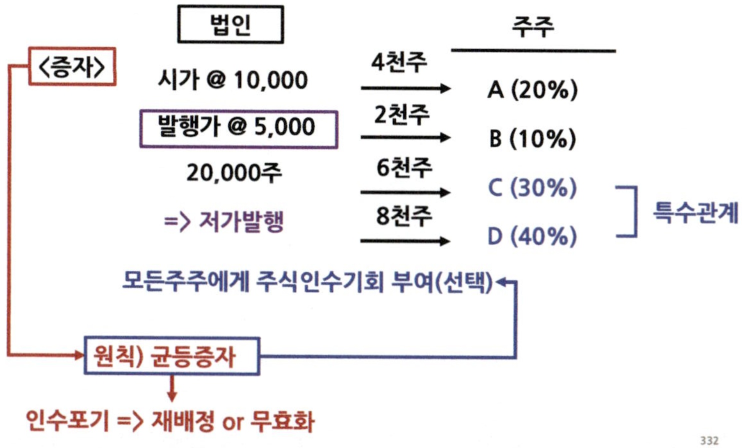

332

부당행위계산 부인 (10-6) - 불공정자본거래(증자)

주주

- 4천주 → A (20%)
- 2천주 → B (10%)
- 6천주 → C (30%) → 인수포기
- 8천주 → D (40%)

=> 특수관계

인수포기

① 재배정 O
- A = 6,000 주 × 2/7
- B = 6,000 주 × 1/7
- D = 6,000 주 × 4/7 (부계부)

② 재배정 X
- C = 지분율 ↓
- A, B, D = 지분율 ↑

(부계부)

333

부당행위계산 부인 (10-7) - 불공정자본거래(증자)

법인

시가 @ 5,000

발행가 @ 10,000

20,000주

=> 고가발행

주주

- 4천주 → A (20%)
- 2천주 → B (10%)
- 6천주 → C (30%)
- 8천주 → D (40%)

C, D] 특수관계

334

부당행위계산 부인 (10-8) - 불공정자본거래(증자)

주주

- 4천주 → A (20%) → 인수포기
- 2천주 → B (10%) → 인수포기
- 6천주 → C (30%) → 주식인수 => 반사이익 분여
- 8천주 → D (40%) → 인수포기

=> 특수관계

335

부당행위계산 부인 (10-9) - 불공정자본거래(감자)

법인

5,000주 감자

액면가 @ 10,000
인수가 @ 5,000

액면가 @ 5,000
인수가 @ 10,000

주주	
A (20%)	2,000주
B (10%)	1,000주
C (30%)	3,000주
D (40%)	4,000주

특수 [C, D

336

과세표준 및 세액 계산(1-1) - 과세표준

각 사업연도 소득금액
-) 이월결손금
-) 비과세소득
-) 소득공제
=) 과 세 표 준
×) 세 율
=) 산 출 세 액

(비과세소득·소득공제) → 과세표준 계산시 공제 비과세 이월X

Cf) 개인 비과세 소득 → 총수입금액에서 공제 (항상적용)

337

과세표준 및 세액 계산(1-2) - 과세표준

각 사업연도 소득금액 => 포괄주의 => 비과세소득 가산
-) 이월결손금 => (원칙) 80%, (중소기업, 회생계획 中) 100%
-) 비과세소득
-) 소득공제 => (원칙) 과세대상 (예외) 조세정책적목적 요건 충족 시 과세 X
=) 과 세 표 준
×) 세 율
=) 산 출 세 액
-) 세액공제 · 감면

338

과세표준 및 세액계산(2-1) - 이중과세 조정

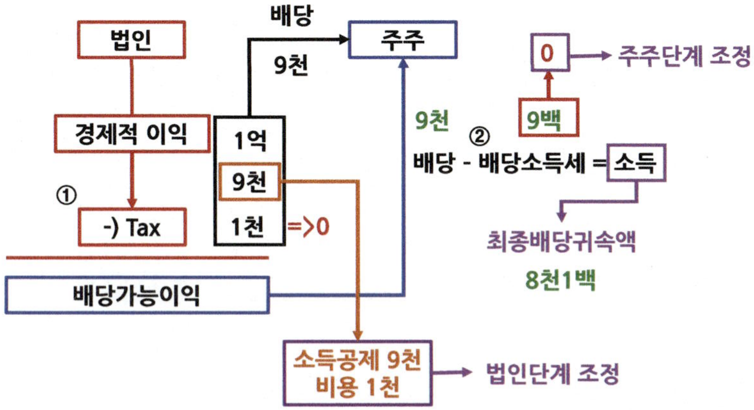

339

과세표준 및 세액계산(2-2) - 법인 원천소득에 대한 이중과세 조정

- 법인단계조정 => 법인 => 세부담 X => 배당 시 주주에게 법인세, 소득세 과세
- 주주단계조정 => 법인 => 세부담 O => 배당 시 주주가 부담하는 Tax 中 법인단계에서 납부한 Tax를 기납부세액으로 보아 공제

- 법인주주 =>
  - 국내법인 => 수입배당금 익금불산입
  - 외국법인 =>
    - 원칙) 외국납부세액공제(국내 개인주주 동일)
    - 외국자회사 등) 수입배당금 익금불산입
- 개인주주 => Gross - up 후 세액공제 적용

340

과세표준 및 세액계산 (3-1) - 외국납부세액공제

법인세 => 속인주의 => 국내외 모든 소득 과세

↓

국제적 이중과세

→ 조정 → 기납부세액공제

↓

실제 외국에서 납부한 법인세는 국내에서 과세권 有

↓

이중과세 조정을 위하여 세액공제 적용

341

과세표준 및 세액계산 (3-2) - 외국납부세액공제

과세표준 및 세액계산 (3-3) - 외국납부세액공제

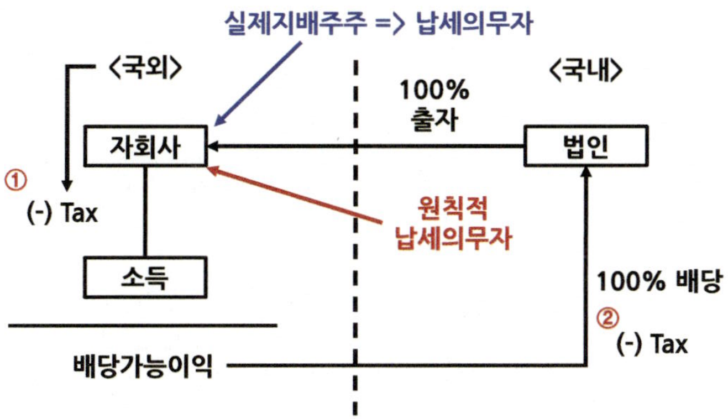

343

과세표준 및 세액계산 (3-4) - 외국납부세액공제

국내법인
- 원칙) 국내 개인주주와 동일한 방식으로 이중과세 조정
  => Gross - up => 배당세액공제
- 외국자회사 등) 수입배당금 익금불산입 적용
  But, 익금불산입 배제대상은 간접외국납부세액공제 적용

344

과세표준 및 세액 계산(4) - 탈세와 분식

탈세 => 정상적인 세부담 보다 부담세액↓
(매출누락, 가공경비)

적출 => 본세, 가산세 + 조세범처벌법

사기 · 부정한 행위

분식 => 정상적인 세부담보다 부담세액↑
(가공자산, 가공채권)

적출 => 감사인징계 + 금감원 재무제표 수정지시
(가공자산, 가공채권↓)

기납부세액 환급

- 일반적 환급 => 환급기한 내 즉시 환급
- 사실과 다른 회계처리로 인한 환급 => 5년↑ 분할환급

345

신고, 납부(1-1) - 조세부담 평준화

- 중간예납
- 원천징수
- 수시부과

→ 과세관청 → 탈세방지, 재정수입 평준화

→ 납세자 → 조세부담의 평준화

346

신고, 납부(1-2) - 조세부담 평준화

사전 신고납부 => 중간예납

1/1 — 6/30 — 8/31 — 12/31 — 3/31

익금 - 손금 = 소득

법인세 신고 · 납부

일시적 세부담↑

총납부세액
(-) 중간예납세액
(=) 납부세액

- 납세의무자 => 탈세유혹↑ => 세부담 분산
- 과세관청 => 징세비용↑

347

신고, 납부(2-1) - 원천징수

<이자> => 금전사용 대가로 받는 수수료

- 사업목적 => 사업소득(매출액)
- 일시우발적 => 이자소득

거래 — 대금정산기한 — 연장기한 — 상환기한

이자 발생

1억 → 1.1억 — 원금상환

대금 미정산 → 금전소비대차

=> 연장기한에 정산하고 다시 금전대여 간주

348

신고, 납부(2-2) - 원천징수

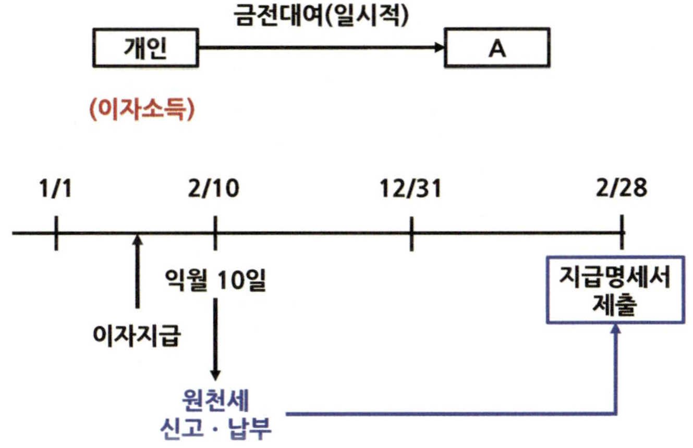

349

신고 · 납부(2-3) - 원천징수

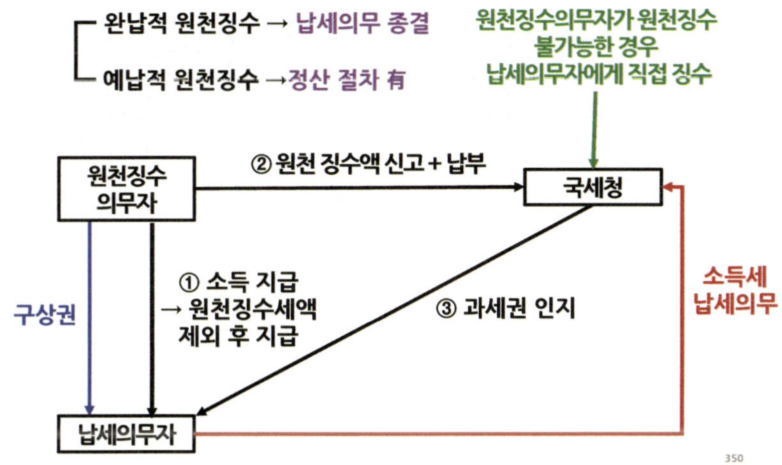

350

신고, 납부(2-4) - 원천징수(핀테크)

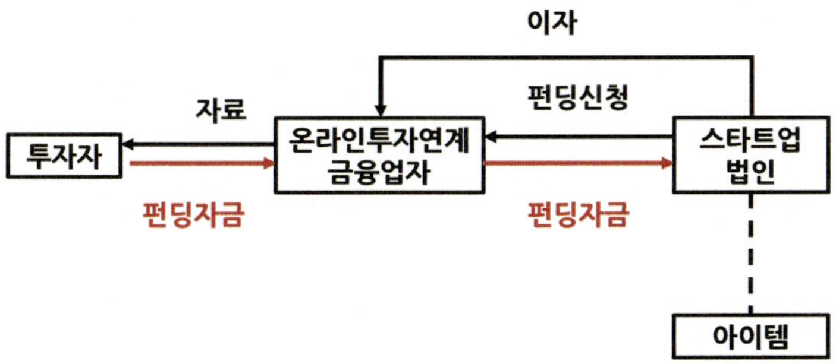

351

신고 · 납부(2-5) - 채권매각

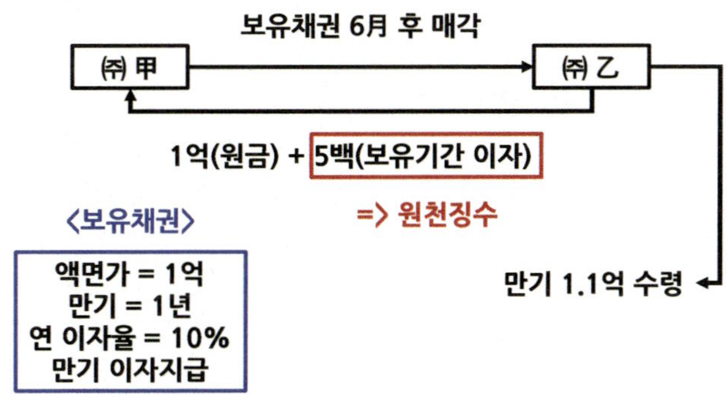

352

신고 · 납부(2-6) - 선이자지급방식 채권의 중도매각

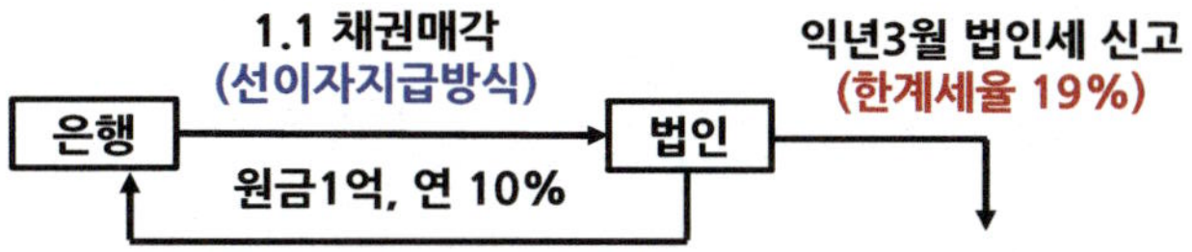

매각시 140만 원천징수　이자소득에 대한 법인세 => 190만원

기납부세액 (원천세) => 140만원

추가부담 50만원

If) 6月 보유 후 채권매각 => 이자소득에 대한 법인세 => 95만원

기납부세액 (원천세) => 140만원

~~45만원 환급~~

기납부세액 원천세 70만원 추징 => 추가부담 25만원 ← 45만원 환급

353

신고, 납부(3) - 성실신고

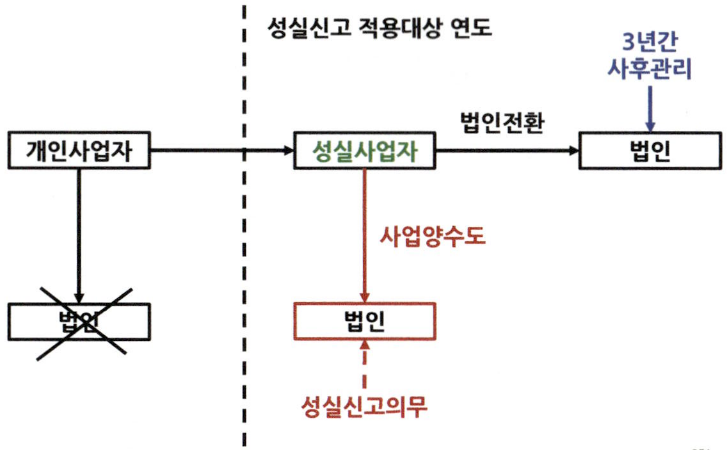

354

신고, 납부(4-1) - 결정 · 경정

결정 => 무신고시

경정 => 과소, 누락신고시

원칙) 실지조사결정 => 해당법인의 장부, 객관적 근거에 의하여 결정 · 경정

예외) 추계조사결정 ← 불분명한 경우

355

신고 · 납부(4-2) - 추계 소득금액의 계산

* 경비율 => 법인의 수입금액을 기준으로 일정비율을 증빙 없이도 경비로 인정

계산방식 => 수입금액 - 수입금액 × 경비율 => 소득금액

- 단순경비율 => (개인만 적용)
  - 법인의 장부나 자료가 전무
  - 세무능력 無 영세 개인사업자
- 기준경비율 => (개인, 법인 적용)
  - 주요경비에 대한 증빙은 존재하나 일반경비에 대한 증빙이 존재 X

356

신고 · 납부(4-3) - 추계소득금액의 계산

수입금액 1억
주요경비 3천

경비율

		여성의류 도매업
경비율	단순경비율	90%
	=> 1억 - 1억 × 90% = 1천(소득)	
	기준경비율	30%
	=> 1억 - 1억 × 30% - 3천 = 4천(소득)	

357

신고 · 납부 (5-1) - 가산세

무신고, 신고불성실 ⟵ 신고의무, 납부의무 ⟶ 납부지연

- 국기법상 가산세 → 납세의무자들이 지켜야할 기본적인 의무불이행시
  - ↓ 행정과태료, 연체이자
- 개별세법상 가산세 → 각 개별세법을 효율적으로 운용하기 위하여 납세자들에게 부여한 납세협력의무 해태 → 행정상 제재
  - 법인세 → 장부작성, 주주명부, 주식이동내역, 계산서
  - 소득세 → 공동사업자 관련, 계산서
  - VAT → T/I 작성, T/I 합계표 제출
  - + 사업자등록

358

신고 · 납부 (5-2) - 지출증빙

① 적격증빙 => T/I, 계산서, 카드전표, 현금영수증

=> 거래의 상호대사가 가능한 증빙 => 공급자, 받는자 명시

② ① 이외 증빙 => 간이영수증

=> 상호대사기능 X => 공급자 정보만 명시

359

신고 · 납부 (5-3) - 가산세(주주명부)

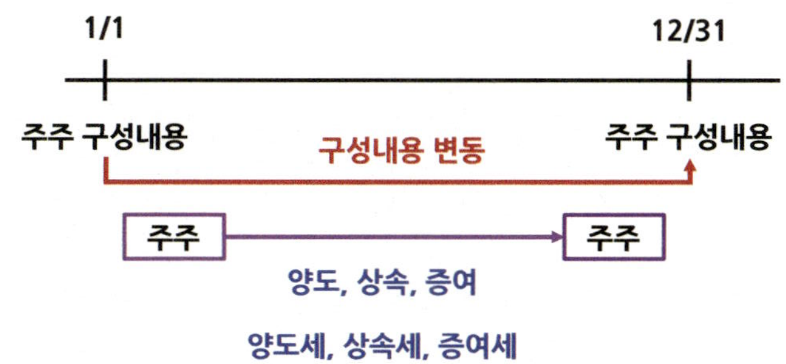

360

신고 · 납부 (5-4) - 가산세(기부금영수증)

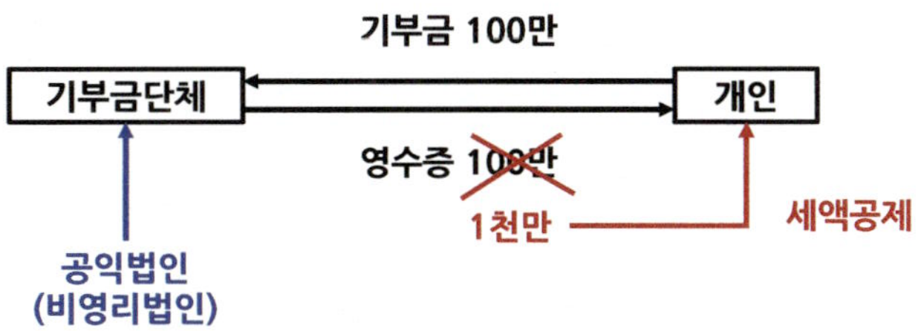

기부금 => 납세의무 X => 관할관청 => 세무확인

361

법인과세신탁재산의 법인세 과세특례(1-1) - 개요

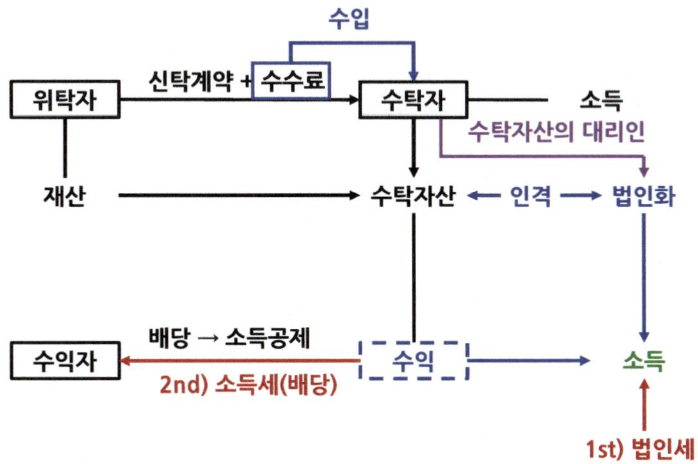

362

법인과세신탁재산의 법인세 과세특례(1-2) - 개요

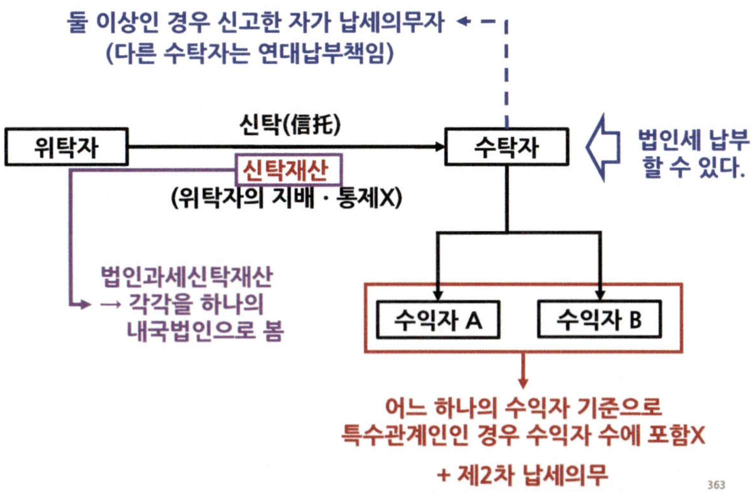

363

법인과세신탁재산의 법인세 과세특례(2) - 설립 및 해산

1) 법인과세신탁재산

법인세법 총칙(3-3) - 신탁 소득 납세 의무자(2) 에 따른 신탁재산

2) 법인과세신탁재산 설립

신탁 설정일에 설립 간주

3) 법인과세신탁재산 해산

신탁 종료일에 해산 간주 → 불분명한 경우 부가가치세법상 폐업일

364

법인과세신탁재산의 법인세 과세특례(3) - 소득공제

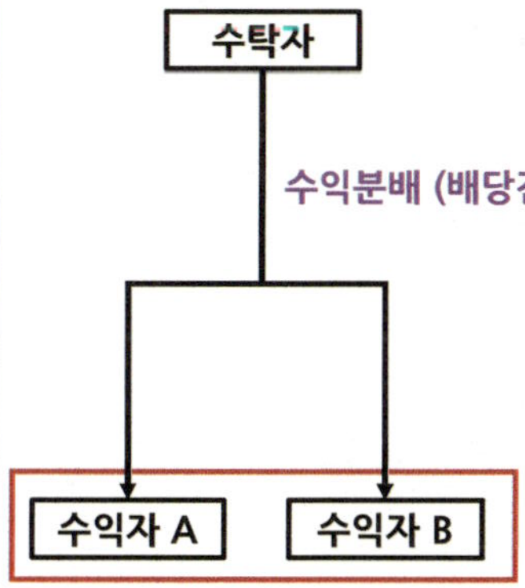

수익분배 (배당간주) ⟶

법인단계 이중과세 조정

잉여금 처분대상 소득금액
- 소득공제(비과세 대상 아닌 경우 적용)

= 과세표준

주주단계 이중과세 조정 배제

- 법인 수익자 : 수입배당금 익不 적용 배제
- 개인 수익자 : G-up 적용 배제

연결납세제도(1-1) - 개요

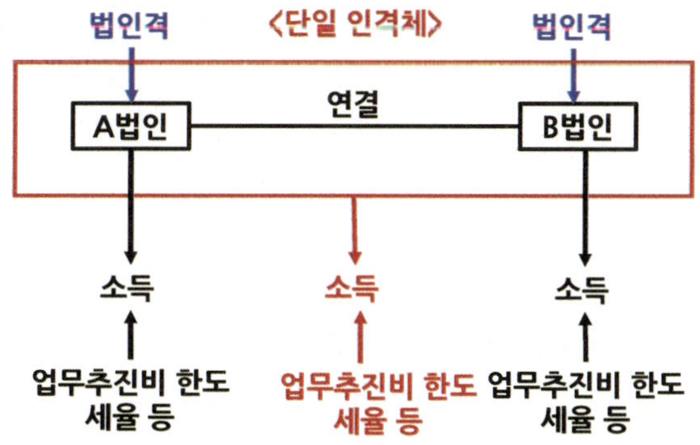

연결납세제도(1-2) - 연결지배

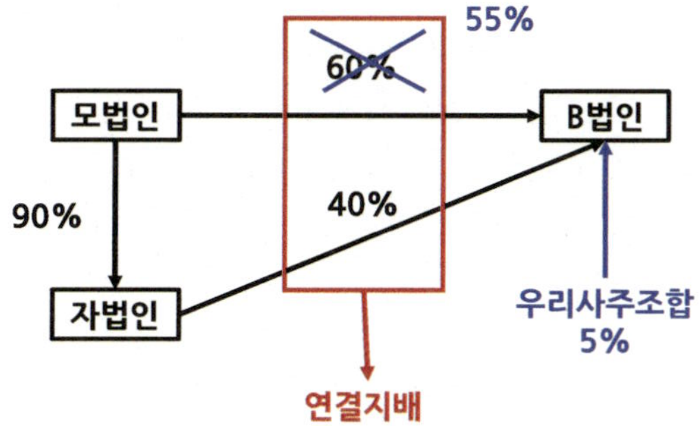

연결납세제도(2-1)

Ⅰ. 의의

경제적 실질에 따라 모회사와 자회사를 하나의 과세 단위로 보아 소득을 통산 · 신고 · 납부

Ⅱ. 효과

① 조세 중립성 보장 → 경영 환경에 탄력적 대응
② 경제적 실질에 맞게 과세 → 세부담 수평적 형평성 제고

Ⅲ. 적용 대상

[연결가능모법인, 연결가능자법인] ← 관할 지방국세청장 승인

Ⅳ. 연결사업연도 및 납세지

① 사업연도 : 개별 법인 사업연도(연결 사업연도와 일치) → 1년 이내
② 납세지 : 연결 모법인의 납세지

Ⅴ. 적용 신청 · 승인

① 신청 : 최초 연결사업연도 개시일부터 10일 이내
② 승인 : 최초 연결사업연도 개시일부터 2月 이내

연결납세제도(2-2)

VI. 연결납세 방식의 취소 및 포기

- 취소
  - 사유: ① 연결사업연도 불일치 ② 불완전 자회사에 대한 연결납세 방식 적용 ③ 완전 자법인에 대한 연결납세 미적용 ④ 추계 결정 · 경정 ⑤ 수시부과 사유 ⑥ 다른 내국법인의 연결 모법인 연결 지배
  - 효과: ① 해당 사업연도 + 이후 4개 사업연도간 연결납세 적용 불가
    ② 연결 이월결손금 및 연결 중간예납세액 승계
    ③ 사업연도 의제
- 포기
  - 신고 - 미적용 사업연도 개시 3月 전까지
  - 효과
    - ① 해당 사업연도 + 4개 사업연도간 연결납세 적용 배제
    - ② 연결 이월결손금 승계 ③ 사업연도 의제

369

연결납세제도(2-3)

VII. 연결 자법인 추가 및 배제

- 추가 - 연결 모법인이 내국법인을 연결 지배하게 된 경우 → 1月이내 신고
- 배제 - ① 불완전 자법인 ② 해산한 연결자법인

370

기업 미환류소득에 대한 법인세
(투자 · 상생협력 촉진을 위한 과세특례)

미환류 소득 × 세율 → 과세
자산투자
임금증가액 (= 근로자에게 유입)
상생기금 출연 (=중소기업으로 유입)
유보 인정

기업소득 × 기준율

전체 기업소득

각사소
+ 가산 항목
- 차감 항목
= 기업소득

371

토지 등 양도소득에 대한 법인세

부동산 처분시 양도차익 1억

- → 투기적 성격 => + @
- 법인 => 9% ~ 24%
- ~~개인~~ => 6% ~ 45%

역선택 방지

중과세율 => 40%, 50%, 60%, 70%

* 토지등 양도소득 = 양도가액 - 취득가액 - ~~양도비용~~

투기행위에 대한 제재목적

372

비영리법인 과세특례(1) - 개요

법인격 취득 X

↓

비영리법인 수익사업
- 거주자 과세 => 소득세
- 법인 과세 => 법인세

↓

과세형평문제 => 과세

=>(원칙) 장부작성(수수료) => 세무조정(수수료)
=> 법인세 신고납부

=>(예외) 과세대상 수입금액↓or 일시우발적 성격
=>기장의무 X => 특례규정에 따라 법인세 신고 · 납부

고유목적사업 운영목적 획득소득 => 과세이연

373

비영리법인 과세특례(2) - 고유목적사업준비금

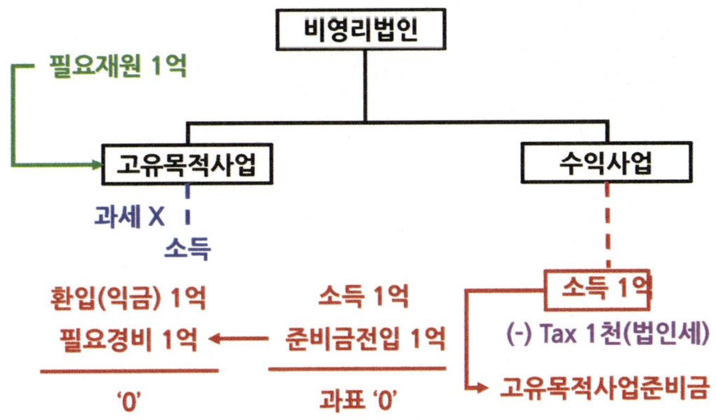

374

비영리법인 과세특례(3) - 신고 및 과세특례

- 과세대상 수입금액↓=> 이자소득에 대한 과표신고특례 (원천징수)
- 일시우발적성격 소득 => 기장의무 X => 자산양도소득에 대한 과세특례 (양도소득세 계산방식)

375

외국법인(1) - 유가증권 양도소득 신고 납부 특례 (2회 이상 양도한 경우)

조세 조약상 외국법인 유가증권 양도소득
- (원칙) 거주지국 과세원칙 (해당 나라에서 과세, 국적주의)
- (예외)원천지국 과세원칙 (재산 소재 국가에서 과세)

↓

- OECD 조세조약 모델
- UN 조세조약 모델

① 법인 재산이 부동산으로 구성되어 있는 경우
② 피투자 회사의 이윤에 대하여 일정비율 이상 참가권을 가지는 주식
③ 조세조약에서 별도로 규정한 경우

예시) 한 · 독 조세조약 →
지분율 25% 이상인 과점주주가 동일 과세연도 중 총 발행주식의 5% 이상을 양도하는 경우 원천지국에서 과세할 수 있다.

376

외국법인(2) - 유가증권 양도소득 구분

- Ⅰ.주식 · 출자지분
  - 상장
    - 장내거래 - (원칙) 비과세, (예외) 5년, 25% 요건 충족시 유가증권 양도소득 과세
    - 장외거래 - 유가증권 양도소득 과세
  - 비상장 — 유가증권 양도소득 과세
- Ⅱ. 부동산 과다보유 법인 주식
  - 상장 - 유가증권 양도소득 과세
  - 비상장 - 부동산 양도소득 과세
- Ⅲ. 위 외의 유가증권
  - 국내사업장이 있는 경우 - 유가증권 양도소득 과세
  - 국내사업장이 없는 경우 - 양수자가 거주자, 내국법인, 국내사업장인 경우 유가증권 양도소득 과세

377

소득세법

소득세법

세무사 원용대

378

소득세법 총칙(1) - 소득구분

개인 → 자아실현 + 수익행위 →

- 이자
- 배당
- 사업
- 근로
- 연금
- 기타

합산 → 익년 5月 합산신고 (종합합산과세대상 소득)

계속반복적, 경상적 소득단위↓

- 퇴직
- 양도

일시우발적, 비경상적 소득단위↑

분류과세대상 소득

*원천징수대상 소득 => 양도소득을 제외한 모든 소득

379

소득세법 총칙(2-1) - 거주자의 소득구분(소득의 성격)

종합과세(소득발생의 연속성) → 계속반복적, 경상적, 소득단위↓

- ① 이자 · 배당소득 : 불로소득으로서 상대적 중과세 (필요경비 인정X)
- ② 사업소득 : 수익 · 비용대응 (사업관련성 파악 객관적 과세)
- ③ 근로소득 : 과세형평 상대적 경과세 (근로소득공제)
- ④ 연금소득 : 노후 대비를 위한 상대적 경과세(연금소득공제)
- ⑤ 기타소득 : 열거소득 외의 소득에 대한 과세보완

분류과세(장기간 소득형성) → 일시우발적, 비경상적, 소득단위↑

- ① 퇴직소득 : 기간 누적 중과세 방지 연분연승법 적용
- ② 양도소득
  - 실사용자 → 비과세
  - 투기목적수요자 → 중과세
  - → 물가상승분 : 장특공

380

소득세법 총칙(2-2) - 거주자의 소득구분(소득금액 산정)

종합과세(소득발생의 연속성) → 계속반복적, 경상적, 소득단위↓

- ① 이자 · 배당소득 :
  - 이자소득금액 = 총수입금액 - ~~필요경비~~
  - 배당소득금액 = 총수입금액 - ~~필요경비~~ + gross-up → 이중과세 조정
- ② 사업소득 : 사업소득금액 = 총수입금액 -
  - 원칙) 필요경비
  - 예외) 총수입금액 × 경비율 → 추계
- ③ 근로소득 : 근로소득금액 = 총수입금액 - 근로소득공제
  - => 타소득과 근로소득 경합 => 근로소득 우선적용
- ④ 연금소득 : 연금소득금액 = 총수입금액 - 연금소득공제
  - => 근로소득공제와 유사
- ⑤ 기타소득 : 기타소득금액 = 사업소득금액 계산방식 준용 타소득의 후순위

381

소득세법 총칙(2-3) - 거주자의 소득구분(소득공제)

종합소득금액 - 소득공제 = 과세표준

- 인적공제 → 평등원칙에 대한 예외규정
  - => 본인을 기준으로 일정요건을 충족하는 자는 1인당 일정 금액을 소득에서 공제
  - 기본공제 → 추가공제
- 물적공제(지출공제) → 실질과세 원칙 => 실제로 향유하는 소득에 과세
  - => 실제 지출한 금액 中 일정요건을 충족한 금액을 소득금액에서 차감
  - 실제 지출부분에 대해서만 공제
  - => 타인이 대신 부담한 부분은 적용 X

382

소득세법 총칙(2-4) - 거주자의 소득구분 (분류과세 소득금액)

분류과세(장기간 소득형성) → 일시우발적, 비경상적, 소득단위↑

① 퇴직소득 : 퇴직소득금액 = 총수입금액 - ~~필요경비~~

=> 과세표준 = 퇴직소득 - 퇴직소득공제, 세액계산특례

② 양도소득 : 양도소득금액 = 양도가액 - 취득가액 - 양도비용 - 장특공

=> 자산의 가치증가분 => 과세원칙(자연증가분은 과세제외)

장특공 → 양도소득세 과세대상자산 中 실물자산

383

소득세법 총칙(1-1) - 납세의무자

개인
- 거주자 : 국내에 주소 또는 183일 이상 거소 → 납세의무 O
- 비거주자
  - 국내원천소득 有 → 납세의무 O
  - 국내원천소득 無 → 납세의무 X
- 원천징수의무자
- 법인아닌 단체
  - 이익 분배 방법 or 분배 비율X → 1거주자
  - 이익 분배 방법 or 분배 비율 or 사실상 분배 → 공동사업

384

소득세법 총칙(1-2) - 거주자 비거주자의 구분

과세대상
- 거주자 → 국내외 모든 소득
- 비거주자 → 국내원천소득

1st) 주소요건 - 2nd) 거소요건 → 주소보다는 밀접성↓ 생활의 사실상 근거가 되는 장소

1st) 주소요건 → 민법상주소 + 사실상 반영구적 거주장소

=> 사실상 생활근거가 국내에 있으면 형식상 비거주자를 거주자로 의제

385

소득세법 총칙(1-3) - 거주자와 비거주자의 과세소득

1년에 183일 이상 국외 거주 → A

주소지 : 솔로몬군도 (조세피난처)

법인세율 : 1%
소득세율 : 0.1%

과세 ?

	거주자	비거주자
국내 : 10억	O	O
국외 : 400억	O	X
	410억	10억

386

소득세법 총칙(1-4) - 법인으로 보는 단체

법인
- 영리법인 => 등기필수 (등기 → 사업자등록)
- 비영리법인 => 등기선택 (공익 X)
  - → 재산취득, 수익사업영위 => 등기필수
  - ex) 산악회 =>
    - 원칙) 등기필수 X
    - 예외) 등산복판매 → 수익사업 => 등기필수

If) 미등기법인 상태로 수익사업 영위 => 실질과세 원칙에 따라 과세 → 과세인격?

387

소득세법 총칙(1-5) - 법인으로 보는 단체

<법인으로 보는 단체>

- ① 과세관청에 등록, 허가 => 등기행위 간주 — 법인세 과세
- ② 사실상 법인의 실체 구성 => 법인과세 신청 => 법인으로 인정 — 법인세 과세
- ③ ①, ②에 해당하지 않는 단체 => 소득세 과세
  - 이익분배 => 공동사업자
  - 이익분배 X => 거주자

388

소득세법 총칙(1-6) - 공동사업장

父 A — 70% → 공동사업장

子 B — 30% → 공동사업장

B: 10살 (가공의 공동사업자)
=> 소득세 누진세율 회피

수입금액 10억원
-) 필요경비 7억원
소득금액 3억원 → 분배

	공동사업장 소득	실제입금	
A	2.1억원	3억원	3억과세
B	0.9억원	'0'	

=> A의 납세의무에 대한 연대납세의무

389

소득세법 총칙(1-7) - 단기외국인거주자

- 10년 中 5년 초과 국내거주 외국인 → 과세관청이 외국인 거주자의 해외소득 파악정도↑
  ↓
  내국인 거주자와 동일 납세의무
- 10년 中 5년 이하 국내거주 외국인 → 과세관청이 외국인 거주자의 해외소득 파악정도↓
  ↓
  해외소득 中 국내에서 포착이 가능한 소득만 과세

390

이자소득 (1-1) - 유형별 포괄주의

금융기관 ← 가입 — 거주자

금융기관 — 이자, 배당, 연금 → 거주자

(비과세상품 홍보)

12月

금융소득 => 열거주의 과세

↓

새로운 금융상품(비과세) => 법 개정 후 열거주의 과세

익년 1月

12月

↓

새로운 비과세 금융상품 출시

익년 1月

391

이자소득 (1-2) - 사채업과 대부업

민생침해사범

↓

사채업 => 미등록 => 걸릴 시 구속

대부업 => 구청 · 세무서 등록

=> 합법적 최고이자율 적용

	수입금액	필요경비
사채업	이자소득 (비영업대금이익)	필요경비인정 X 대손상각비인정 X
대부업	사업소득	필요경비인정 O 대손상각비인정 O

1/1 — 6/30 — 12/31 — 5/31

비영업대금이익 10억 (매월 5백만원)

총 수령이자 3천만원

채무자 파산

392

이자소득(1-3) - 소득구분(비영업대금이익과 금융업)

<이자소득의 성격 : 금전사용에 따른 대가>

비영업대금이익과 금융업

구분	특징	구분 실익
비영업대금이익	일시 · 우발적 금전 대여	필요경비, 대손, 기타경비 인정 X → 원천세율 25%, 종합과세
금융업	① 사업목적 ② 계속 반복성 ③ 대외적 표방 ④ 불특정 다수 상대 일시적 사용 전화번호 신문지상 공개 X ① 사업자 등록 ② 대부업 등록	① 대손금 & 대손충당금 설정 가능 여부 ② 필요경비 산입 여부 ③ 부당행위계산부인 적용 여부 ④ 원천징수 세율의 차이 ⑤ 신고 · 납부 방법의 차이

393

이자소득(2-1) - 소득구분(손해배상금 법정이자)

손해배상금 법정이자

- 법원의 판결 · 화해 : 이자소득X
- 위약 또는 해약 : 기타소득

394

이자소득(2-2) - 소득구분(금전소비대차)

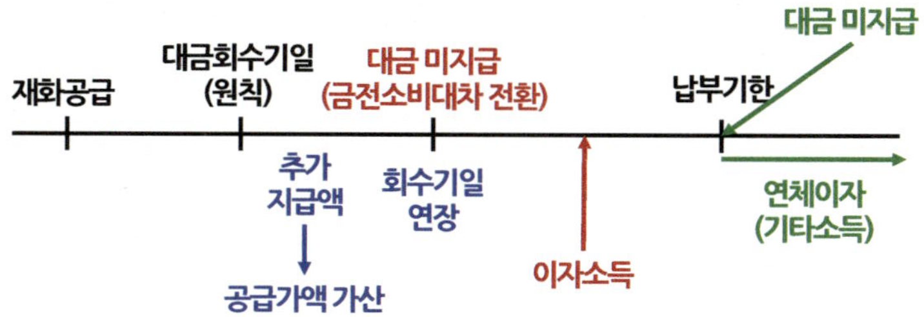

대금 미정산 → 금전소비대차

=> 연장기한에 정산하고 다시 금전대여 간주

395

이자소득(2-3) - 소득구분(금전소비대차 약정이자)

A —매출 또는 양도→ B

- 매출채권 or 미수금 or 장기할부판매 추가 지급액 ⇨ 사업소득
- 매출채권 or 미수금 소비대차 전환 ⇨ 이자소득
- 소비대차 전환 후 변제기 경과 후 발생한 이자 ⇨ 기타소득

396

이자소득(3) - 비영업대금이익 총수입금액 계산 특례

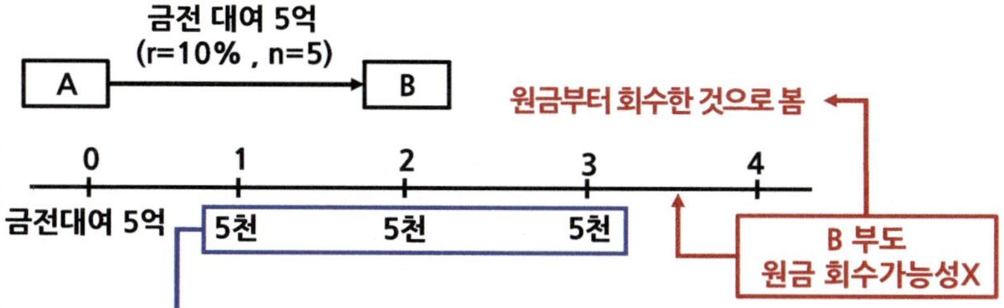

→ 비영업대금이익 (기실현 이자)=> 소득세 신고?

기실현 이자소득
- 과세 가능
  - ① 소득세는 기간과세 세목임
  - ② 이자소득 신고 당시에는 회수불능 사유無 → 이자소득 실현O
- 과세 불가
  - 취지) 결손발생시 이자소득 차감항목 반영할 수 없는 부당한 결과 위해 도입
  - 문언상) 과표 및 세액결정 전 회복불능사유 발생시까지 회수한 전체금액이 원금에 미달하는 경우를 적용대상으로 하며, 특별한 예외규정無

배당소득 (1-1) - 개요

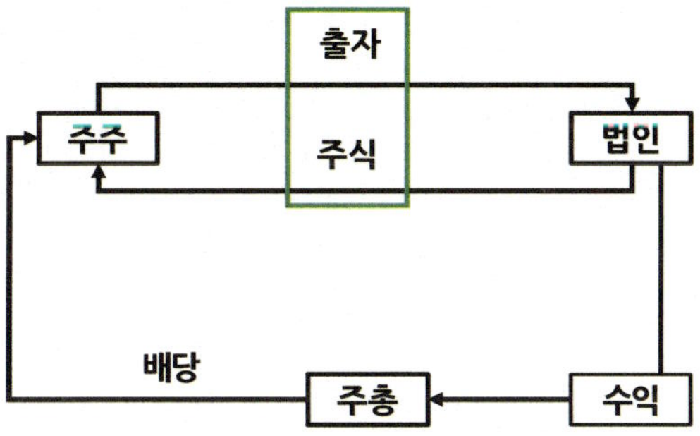

- 절차하자 => 주총결의 무효 => 배당결의 무효
  => 배당금 반환
- 절차적법 => 주주 배당수령권 포기 => 임의포기 인정 X
  => 정상적 배당금 임의포기 => 배당소득 과세

398

배당소득 (1-2) - 의제배당

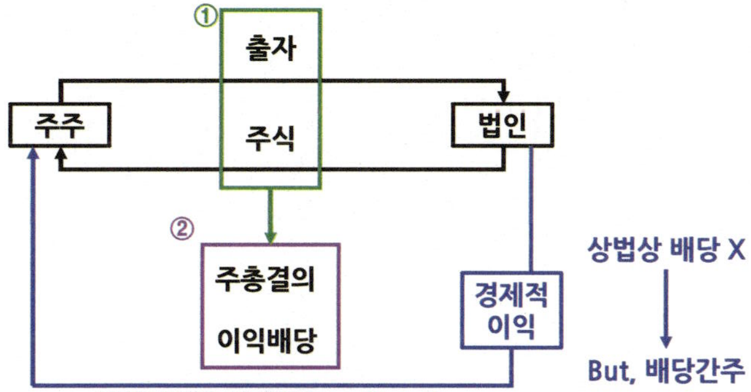

본래의미의 과세대상 = ① + ②

상법상 배당 => 지분율에 맞게 배당, 자기주식 → 배당제외

Cf) 의제배당 → ①은 충족 ②는 미충족 상태에서 법인 → 주주 이익분배

399

사업소득(1) - 개요

- 영리목적 : Not 비영리
- 독립된 지위 : Not 종속적 지위(고용관계) → 근로소득, 퇴직소득
- 계속 반복적 : Not 일시 · 우발적 → 기타소득, 양도소득

400

사업소득(2-1) - 소득구분

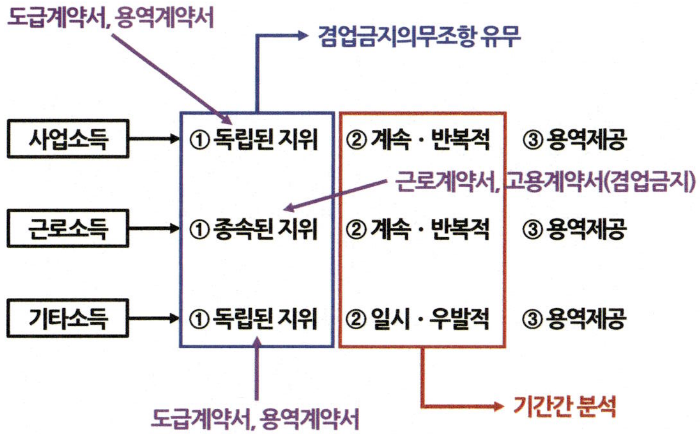

401

사업소득(2-2) - 부동산양도

- 사업성 有 (재고자산) → 사업소득 → 익년 5月 종합소득 확정신고, 일반세율, 필요경비 인정범위↑
- 사업성 無 (주택) → 양도소득
  - 양도일의 말일 + 2月 이내 예정신고
  - 2회 이상 양도시 익년 5月 확정신고(합산)
  - 비과세, 중과세, 일반세율, 필요경비 → 열거주의

402

사업소득(2-3) - 계속반복적(전속계약금)

개정 전 기타소득에 규정 (일시우발적인 경우)

연예인
- CF 전속계약금 → 40억원
- TV 출연료 → 5억원

실질) 사업소득

원칙) (기타소득전환)

수입금액	45억원
필요경비	0원
소득금액	45억원

↓ 산출세액 20억원

수입금액	45억원
필요경비	24억원
소득금액	21억원

↓ 산출세액 7.4억원

403

사업소득(2-4) - 다가구주택

다세대 => 연립주택 => 각각의 개별주택으로 인식

다가구 =>

3층 : B
2층 : B
지층 : A

구분등기시 => 각 개별주택

단일등기시 => 1주택

404

사업소득(2-5) - 전대

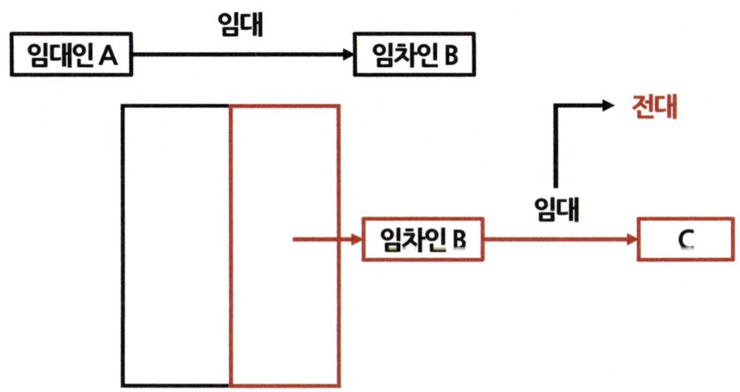

405

익금 (3-1) - 임대보증금에 대한 간주익금

<간주임대료>

부동산 임대보증금을 금융기관에 예치 X

보증금을 타 부동산 취득에 사용 or 별도 자금운용을 통해 수익창출

406

사업소득 (3-2) - 임대보증금에 대한 간주익금

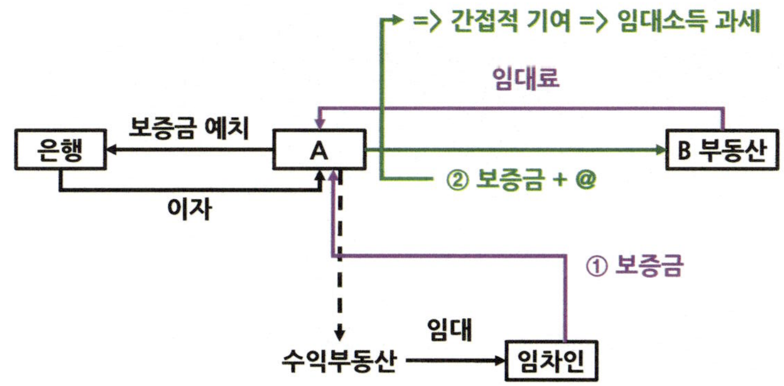

임대소득 과세 = (보증금적수 - 건설비적수) × 이자율 × 1/365 - 금융소득

정상적으로 금융기관에 예치할 경우 발생할 소득

407

익금 (3-3) - 임대보증금에 대한 간주익금

<임대보증금>

원칙) 자산 · 부채 => 과세 X

예외) 해당 보증금이 간접적으로 수익을 창출 => 과세

- VAT => 보증금이 창출하는 VA 과세
  (보증금적수 × 이자율 × 1/365)
- 법인세 => 보증금이 창출하는 간접적인 임대소득에 과세
  원칙) 부동산 과다보유법인 적용
  추계) 모든 법인에 적용
  (보증금적수 - 건설비적수) × 이자율 × 1/365 - 금융소득
  보증금에 대한 추정소득 / 실제발생
- 소득세 => 법인세와 동일 => 주택 임대에 대하여 세부담↓

408

사업소득(4-1) - 이자비용 필요경비산입

- 사업용 고정자산 취득
  - 취득일 까지 → 취득원가 산입
  - 취득일 이후 → 필요경비 산입
- 공동사업 출자관련 → 필요경비 인정X (∵ 사업장과 직접 관련X)
  → 사업관련 자산 취득 구분 경리 시 필요경비O → 출자 · 차입 구분 경리
- 자기자본을 차입금으로 대체하여 인출 → 초과인출금이 없다면 필요경비 산입

409

사업소득(4-2) - 이자비용 필요경비산입

<사업용 고정자산 취득>

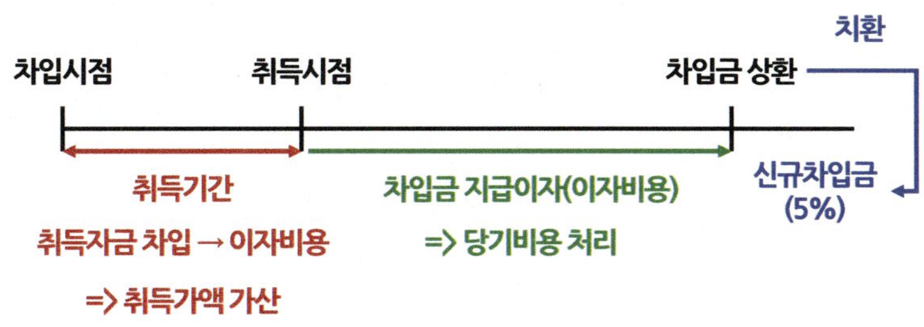

410

사업소득(4-3) - 차입금과 지급이자

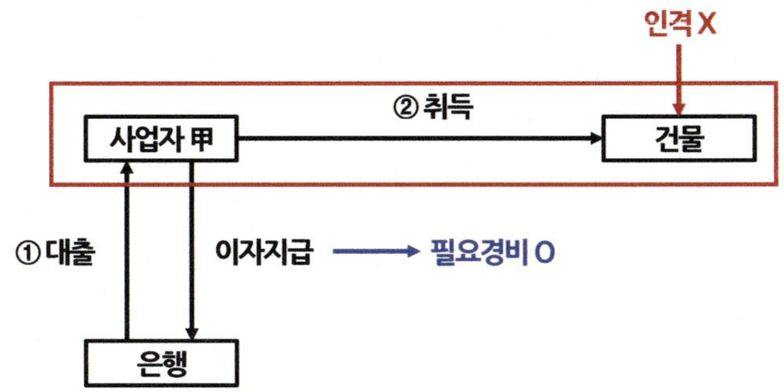

411

사업소득(4-4) - 공동사업장 지급이자(1)

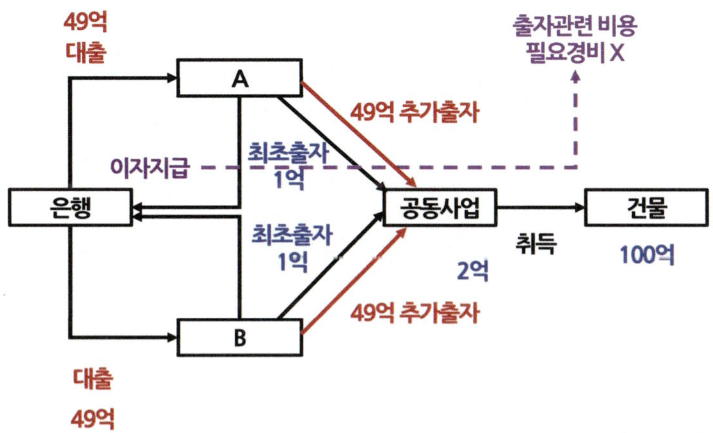

412

사업소득(4-5) - 공동사업장 지급이자(2)

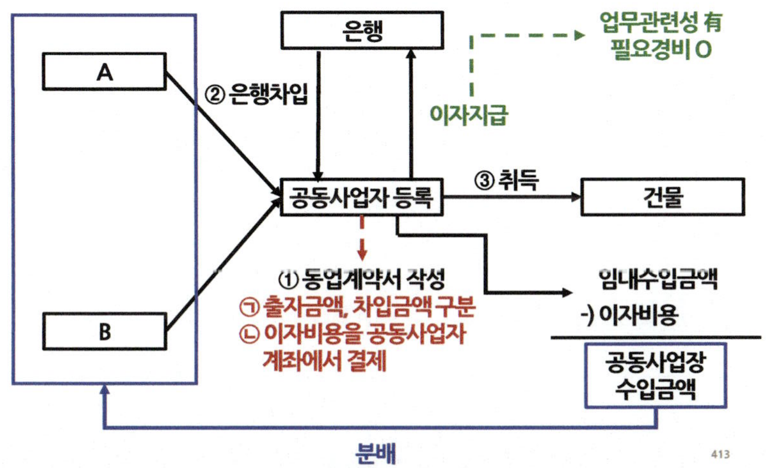

413

사업소득(5) - VAT 면세대상 사업소득

사업성 有 => 사업소득 과세

- VAT 과세대상 사업소득(인적설비, 물적설비 有)
  - => T/I 발행 => 합계표작성 => VAT 신고 => 사업소득 과세
- VAT 면세대상 사업소득(인적설비, 물적설비 無)
  - => 사업소득 원천징수(3.3%) ⟶ 사업소득 과세
  - 지급명세서 제출
  - If) 지급금액이 소액 or 근로소득과 유사한 성격의 인적용역소득
  - ↓
  - 2月 연말정산으로 갈음

414

근로소득(1) - 개요

- 종속성 : Not 독립성 → 사업소득
- 근로제공에 대한 반대급부 : Not 일시적인 급부 → 기타소득

415

근로소득(2) - 인건비(손비인정 및 근로소득의 범위)

인건비

- 임원 => 법인내부 지급약정 · 규정에 근거한 지급분만 손비인정
  - => 초과지급분 손비 X, 근로소득
- 직원 => 지급약정 금액 초과지급 손비인정
  - => 특수관계 X => 전액인정, 근로소득

416

근로소득(3) - 용역제공에 따른 소득구분

- 독립적
  - 일시적 제공 - 기타소득
  - 계속적 제공 - 사업소득
- 종속적
  - 일시적 제공 - 근로소득(일용직)
  - 계속적 제공
    - 재직중 지급 - 근로소득
    - 퇴직 후 지급
      - 일시불 형태로 지급 - 퇴직소득
      - 연금 형태로 지급 - 연금소득

417

근로소득 (4) - 저축성보험 및 보장성보험

종업원

피보험자

보험료 납입		보험금 수령
법인		종업원
계약자	———	수익자

① (계약자 = 수익자) 소득세법 => 과세 X

② (계약자 ≠ 수익자) 수익자에게 불로소득 발생 => 과세

③ [계약자(법인) 수익자(종업원)] 종업원에게 근로소득 과세 (원칙)

* 종업원이 업무 中 상해 => 회사 지급위자료 과세 X
=> 법인이 연 70만원 이내의 보험료를 납부하는 경우

418

근로소득 (5) - 원천징수

지급소득 종류, 지급금액	지급받는자의 소득	세액
① 원천징수 →	② 지급명세서 제출 →	③ 연말정산
지급일의 다음달 10일	익년 2月	익년 3月 10日 근로소득만 有 => 납세의무 종결

(③ 연말정산 → ④)

타소득과의 정산절차

④ 종합소득 합산신고

익년 5月 31日

419

기타소득(1) - 개요

- 독립적
  - 일시적 제공 - 기타소득 VS 타소득 => 타소득 우선적용
  - 계속적 제공 - 사업소득
- 종속적
  - 일시적 제공 - 근로소득(일용직)
  - 계속적 제공
    - 재직 중 지급 - 근로소득
    - 퇴직 후 지급
      - 일시불 형태로 지급 - 퇴직소득
      - 연금 형태로 지급 - 연금소득

420

기타소득(2) - 소득구분 (강의와 연구)

대학 교수

- 강의 → 근로소득
- 연구 계약 체결 + 대가 수령 → 사업소득
- 근로 제공 X & 대학으로 부터 연구비 수령 → 기타소득

421

기타소득(3) - 소득구분(경품과 사은품)

	경품	사은품
지급자	VAT 사업상증여 (매입세액불공제)	일반비용처리 (매입세액공제)
수령자	기타소득 (원천징수)	N/A

422

기타소득(4) - 소득구분(재산권 알선 수수료)

재산권 알선 수수료
- 일시적 → 기타소득
- 계속 반복적 → 사업소득

423

기타소득(5) - 소득구분(사례금과 인적용역)

사례금 → 친분관계에 의해 인적 용역을 제공함에 따라 지급받는 소득

사례금
- ① 의무 없는 자 + 타인을 위하여 사무관리
- ② 근로자 + 직무관련 + 거래선으로부터 수령
- ③ 재산권 외 계약 or 혼인 알선

인적용역
- ① 용역 계약서 작성
- ② 명백한 용역 제공 및 지급 대가 구분

→ 구분 실익: 의제필요경비 공제 여부

424

소득금액계산특례(1) - 부당행위계산 부인

종합과세 => 소득세법상 부계부 대상소득 => 필요경비 발생소득

- ① 이자 · 배당소득 :
  - 금융소득금액 = 총수입금액 - ~~필요경비~~ + gross- up
  - 출자공동사업자의 배당소득 = 총수입금액 - 필요경비
- ② 사업소득 : 사업소득금액 = 총수입금액 -
  - 원칙) 필요경비
  - 예외) 총수입금액 × 경비율
- ③ 근로소득 : 근로소득금액 = 총수입금액 - 근로소득공제
- ④ 연금소득 : 연금소득금액 = 총수입금액 - 연금소득공제
- ⑤ 기타소득 : 기타소득금액 = 사업소득금액 계산방식 준용

425

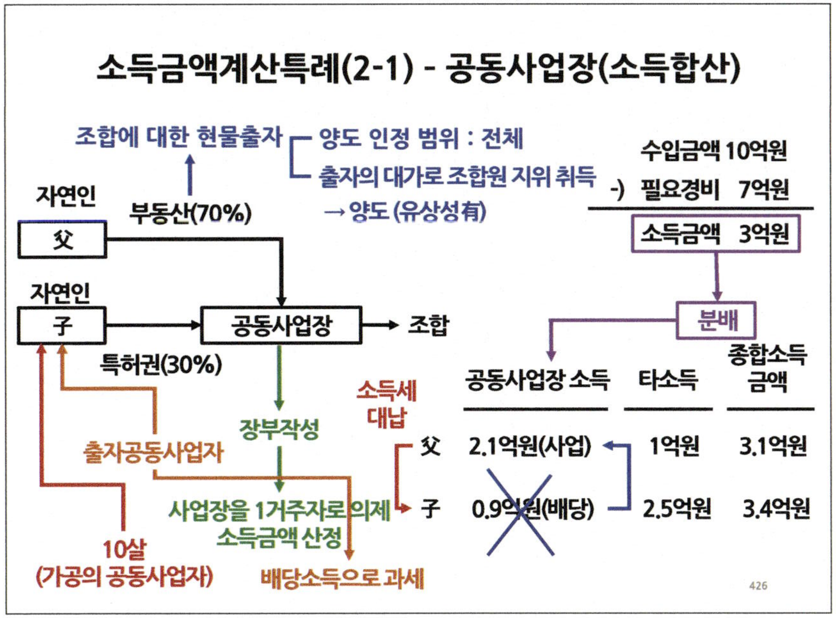
소득금액계산특례(2-1) - 공동사업장(소득합산)
조합에 대한 현물출자
양도 인정 범위 : 전체
출자의 대가로 조합원 지위 취득
→ 양도 (유상성有)
자연인
父
부동산(70%)
자연인
子
특허권(30%)
공동사업장
조합
장부작성
사업장을 1거주자로 의제
소득금액 산정
출자공동사업자
배당소득으로 과세
10살
(가공의 공동사업자)
수입금액 10억원
-) 필요경비 7억원
소득금액 3억원
분배
소득세 대납
공동사업장 소득 | 타소득 | 종합소득 금액
父 2.1억원(사업) | 1억원 | 3.1억원
子 0.9억원(배당) | 2.5억원 | 3.4억원
426

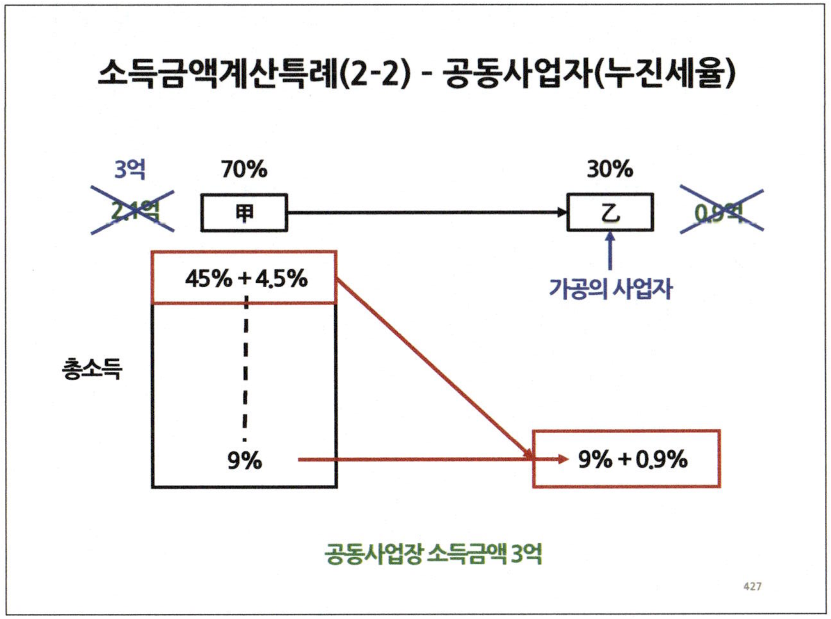
소득금액계산특례(2-2) - 공동사업자(누진세율)
3억
2.1억
70%
甲
30%
乙
0.9억
가공의 사업자
총소득
45% + 4.5%
9%
9% + 0.9%
공동사업장 소득금액 3억
427

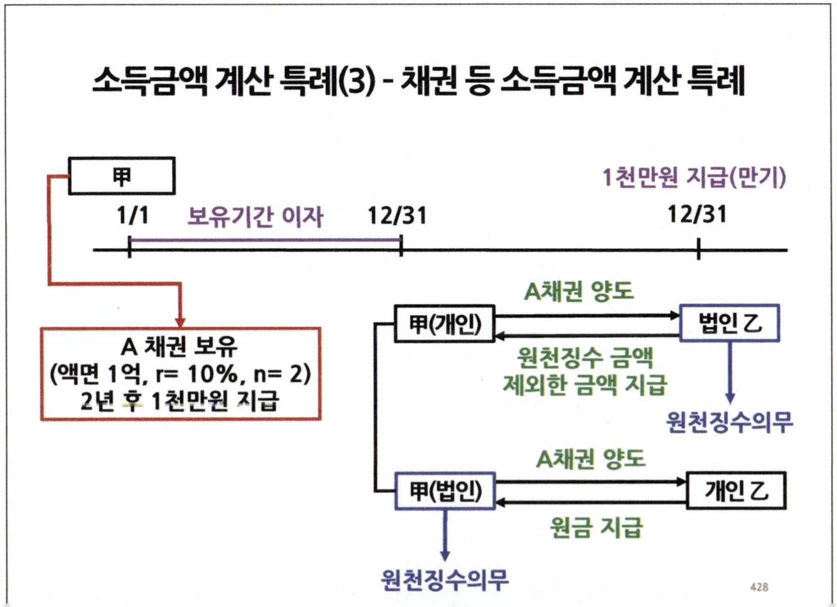
소득금액 계산 특례(3) - 채권 등 소득금액 계산 특례
甲
1/1
보유기간 이자
12/31
1천만원 지급(만기)
12/31
A 채권 보유
(액면 1억, r= 10%, n= 2)
2년 후 1천만원 지급
甲(개인)
A채권 양도
법인 乙
원천징수 금액
제외한 금액 지급
원천징수의무
甲(법인)
A채권 양도
개인 乙
원금 지급
원천징수의무
428

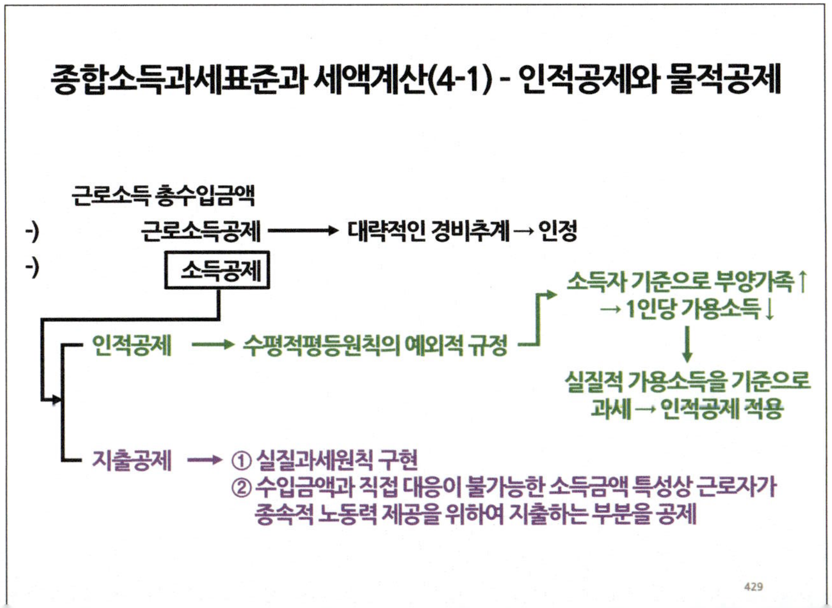
종합소득과세표준과 세액계산(4-1) - 인적공제와 물적공제
근로소득 총수입금액
-) 근로소득공제 → 대략적인 경비추계 → 인정
-) 소득공제
인적공제 → 수평적평등원칙의 예외적 규정
소득자 기준으로 부양가족↑
→ 1인당 가용소득↓
실질적 가용소득을 기준으로
과세 → 인적공제 적용
지출공제 → ① 실질과세원칙 구현
② 수입금액과 직접 대응이 불가능한 소득금액 특성상 근로자가
종속적 노동력 제공을 위하여 지출하는 부분을 공제
429

종합소득과세표준과 세액계산(4-2) - 인적공제와 물적공제

인적공제 => 본인 + 부양가족 => 1인당 일정금액 공제
- 기본공제
- 추가공제

기본공제대상 中 요건충족시 추가공제

→ 평등원칙에 대한 예외규정
- 수평적평등 => 동일소득 동일과세
- 수직적평등 => 상이소득 상이과세

물적공제(지출공제) => 실제 지출한 금액 中 일정요건을 충족한 금액을 소득금액에서 차감

실제 지출부분에 대해서만 공제
=> 타인이 대신 부담한 부분은 적용 X

회사가 근로자 부담분 대납한 경우
- 1st) 회사 → 근로자 현금지급 => 근로소득 과세)
- 2nd) 근로자 지출 => 요건 충족시 공제 · 감면

430

종합소득과세표준과 세액계산(4-3) - 기본공제

인적공제 - 부양가족 => 비례공제

기본 + 경로우대

존속 / 존속
형제 — 본인 — 배우자 — 형제
비속

수급자, 위탁아동 / (장애인) + 배우자

학업,사업,직장,건강 4가지 ← 일시퇴거

소득요건		나이요건		동거요건	
본인	세 소득 합계 100만원↓	배우자	근로사각 연령대	존비속	주민등록등본 기재	형제 수급자

431

종합소득과세표준과 세액계산(4-4) - 주택공제

<주택공제>

=> 통합한도 적용, 공제대상 (원칙) 세대주 (예외) 세대주 공제 X 시 세대원 가능

조세특례제한법
- ① 주택청약저축 불입액 ← 세대주만 공제가능
- ② 월세액 지급액 → 세액공제

소득세법
- ③ 전세보증금대출 원리금 상환액
- ④ 주택담보대출 원리금 상환액

(①, ③, ④ → 소득공제)

<주택요건>

① ~ ③ => 무주택자

④ => 1주택 이하

가격요건, 규모요건 => 취득당시 판단

<전세보증대출>
- 금융기관
- 거주자
  - 적정이자율 금전소비대차
  - 대부업 영위 X

청약저축 => 무주택자가 금융기관에 무주택 확인서 제출

432

종합소득과세표준과 세액계산(4-5) - 신용카드 사용금액

신용카드 => 상호대사기능

=> 최종소비자를 대상으로 하는 소매업자 등의 매출누락 방지

=> 매출누락 방지 → 법인세, 소득세 세원확보

도매업자 —재화→ 소매업자 —재화(현금거래 유도)→ 소비자 (소득공제 적용)

대가 + 10% (T/I)

매출 ↑ 누락 / 매입 ↑ 누락

원칙) 대가 + 10% => 매입세액공제 X

실제거래시) 대가
- 소매업자 => 매출누락
- 소비자 => 저가취득

신용카드 사용금액에 대한 소득공제 => 총급여액 × 25% 초과 사용분

공제배제대상 존재

=> 문턱효과

433

종합소득과세표준과 세액계산(4-6) - 현금영수증

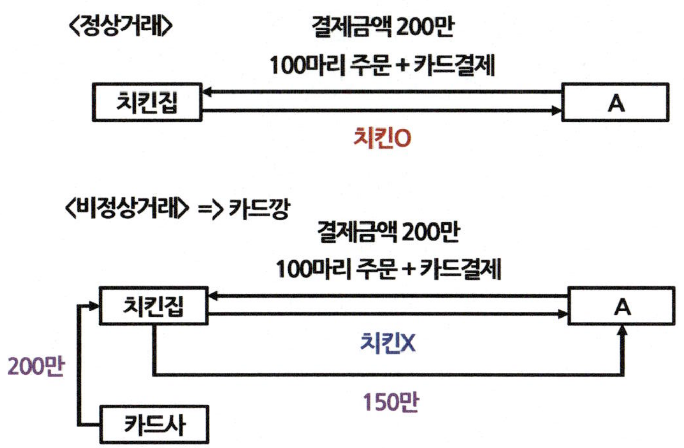

434

신고, 납부(1) - 중간예납

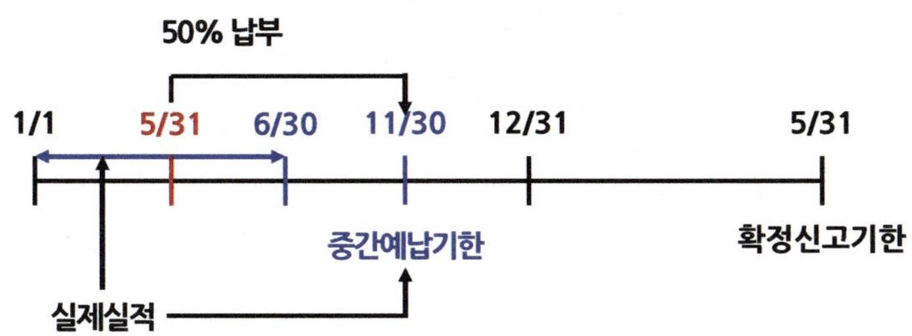

435

신고, 납부(1-2) - 부동산매매업자 토지매매차익 예정신고

부동산
- 판매 등 취득 => 재고자산 => 사업소득 과세
  - => 일반세율 적용, 필요경비 인정범위↑
  - ↑ 조세회피
- 임대, 제조, 판매 => 사업용 고정자산 => 양도소득 과세
  - 투기목적 => 중과세율
  - 이외 => 일반세율
  - => 필요경비 열거주의

436

신고 · 납부(2-1) - 원천징수

- 완납적 원천징수 → 납세의무 종결
- 예납적 원천징수 → 정산 절차 有

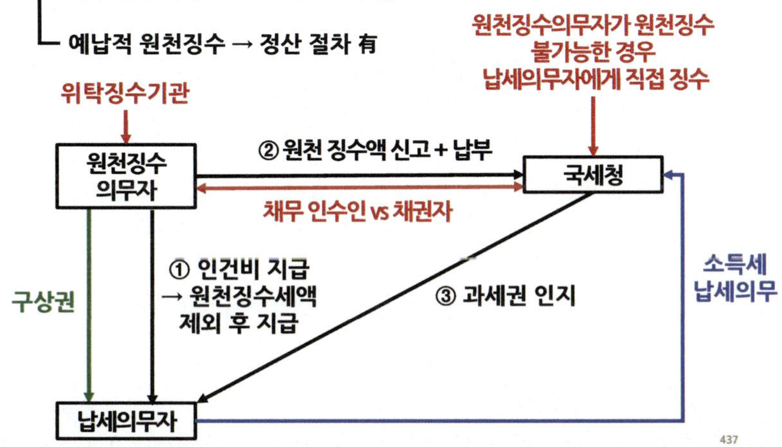

437

신고 · 납부(2-2) - 원천징수시기

원천징수 → 지급 시 일정액 차감 지급 → 다음 달 10일까지 신고

원천징수 → 지급 X → 원천징수 X

지급의제 → 원천징수시기 지정

원천징수의제 → 확정주의

기업회계 → 미지급급여 → I/S 비용반영 → 당기순이익 미지급급여 포함

438

신고 · 납부(2-3) - 외국인파견근로자 원천징수

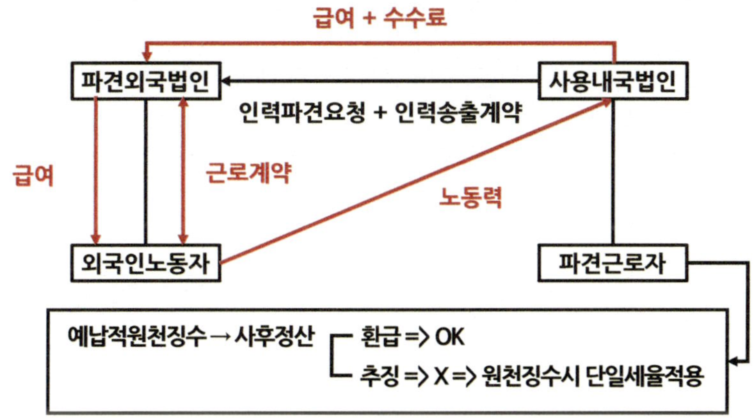

439

신고 · 납부(2-4) - 외국인파견근로자 원천징수

파견근로자

	1/1	1천	1천	1천	12/31	2月
① 6%		60만	60만	60만	=> 180만	15% 450만
② 19%		190만	190만	190만	=> 570만	19% 570만

440

신고 · 납부(3-1) - 신고유형

영세사업자 => 기장능력 X => 기장의무 면제, 단순경비율, 장부작성 => 기장세액공제

간편장부대상자 => 기장능력 ↓ => 간편장부 작성, 기준경비율, 복식부기 =>기장세액공제

복식부기의무자 => 기장능력 ↑ => 복식부기의무, 추계신고=> 무신고

외부조정대상자 => 복식부기의무자 + 외부조정명세서 (1.5억 ~ 5억)

성실신고확인의무자 => 외부조정명세서 + 성실신고 확인서

* 기준금액		간편장부	복식부기	외부조정	성실신고
	도소매업	0.6억	3억	6억	15억
	제조업	0.36억	1.5억	3억	7.5억
	서비스업	0.24억	0.75억	1.5억	5억

441

신고 · 납부(3-2) - 규모에 따른 납세의무

당해과세기간 수입금액

- 성실신고확인서 제출 대상자 외부+성실신고확인서 → [50,000, 75,000, 150,000]
- 외부조정 대상자 복식+조정반명세서 → [15,000, 30,000, 60,000]
- 복식부기 대상자 무기장 ┌ 무신고 가산세 └ 무기장 가산세 → [7,500, 15,000, 30,000]
- 간편장부 대상자 (기준경비율) ┌ 복식 - 세액공제 ├ 간편 - N/A └ 무기장 - 가산세
- 소규모사업자 (단순경비율) ┌ 복식 - 기장세액 공제 └ 무기장 - N/A → [2,400, 3,600, 6,000]

직전과세기간 수입금액

442

신고 · 납부(3-3) - 장부의 비치 · 기록

단식부기(간편장부)	I/S	복식부기
	매출액	매출원장
	-) 매출원가	재고자산원장
	=) 매출총이익	
	+) 영업외수익	이자수익, 잡이익 원장
	-) 영업외비용	이자비용, 판관비, 잡손실 원장
	=) 당기순이익	

→ 계정별원장

443

신고 · 납부(3-4) - 추계소득금액의 계산(1)

경비율		여성의류 도매업
해당 경비율에 모든 경비 포함(경비율 ↑)	단순경비율	90%
해당 경비율에 주요경비는 제외 일반경비만 포함(경비율 ↓)	기준경비율	30%

주요경비 → 적격증빙을 통하여 입증

1/1 — 12/31 — 수입금액 — 12/31 — 소득금액 — 12/31 — 5/31

수입금액: 기준수입금액 초과여부 판단

소득금액: 장부 VS 추계

444

신고 · 납부(3-5) - 추계소득금액의 계산(2)

단순경비율 = 총수입금액 × (1-단순경비율) = 추계소득금액

- ① 신규사업개시 + 간편장부 대상자
- ② 직전 과세기간 수입금액 → 기준금액 미달

기준경비율 = Min[①, ②]

- ① 수입금액 - 주요경비 - 수입금액 × 기준경비율 (복식부기의무자는 기준 경비율 × 50%)
- ② 수입금액 × (1-단순경비율) × 배율

445

신고 · 납부(3-6) - 추계소득금액의 계산(3)

1기 / 2기 / 5/31

2,399만원↓→ 90%

2,401만원 → 30%

7천만원

수입금액 0.7억

주요경비 無

- 단순경비율 → 90% → 소득금액 : 700만원
- 기준경비율 → 30% → 소득금액 : 4,900만원

VS

700만× 3.2배 = 2,240만원

446

신고 · 납부(4) - 징수와 환급

1/1 / 12/31 / 5/31

과세기간

확정신고기한

납세의무자 => 소득 신고 · 납부 => 납세의무 종결

If) 신고기한까지 신고 · 납부 X

=> 과세관청이 징수권 행사

직전연도 예납세액 추계액 > 확정세액

=> 과세관청 → 납세의무자 과다징수세액 환급

447

퇴직소득(1) - 개요

법인 → 임직원 (20년 근무)

대가지급 => 퇴직소득

지급원인 => 사실상 퇴직

(퇴직 X → 퇴직금지급 => 가지급금)

퇴직소득 => 분류과세대상

- 근로소득 => 매월지급 => 1년단위 과세(누진율 20번 적용)
- 퇴직소득 => 퇴사시 지급 => 20년 누적소득 일시과세(누진율 1번 적용)

=> 분류과세, 연분연승법, 퇴직소득공제

448

퇴직소득(2) - 의미와 소득구분

Ⅰ.퇴직소득 의미 = ① 계속적인 근로제공의 종료 + ② 현실적 퇴직

Ⅱ.퇴직소득구분

①근로 제공과 직접적 관련성

- 퇴직소득 - 재직 당시 약정한 후불적 보수 성격
  ex) 퇴직금 지급규정有 퇴직급여, 퇴직위로금, 퇴직수당
- 근로소득-재직 당시 공적에 대한 보상 성격 ex) 퇴직금 지급규정無 퇴직 가산금 등

②급여 채무의 강제성

- 퇴직소득 - By 법규 or 규정 → 고용주 급여채무 이행이 강제
- 근로소득 - By 고용주 자율적 의사에 따라 지급

③급여 지급시기

- 퇴직소득 - 마지막에 일시금으로 지급
- 연금소득 - 퇴직 후에도 급여를 계속 수령

449

퇴직소득(3) - 관계회사 전출입

전출 — 직원전출 → 전입

법인 → 관계회사

① 퇴사처리 → 입사처리

=> 퇴직금지급 / => 입사시점부터 근무기간 산정

② 퇴사처리 —(퇴직금)→ 입사처리

=> 퇴직금 인수인계 / => 입사시점부터 근무기간 산정

=> 퇴직금 미지급

450

퇴직소득(4) - 원천징수

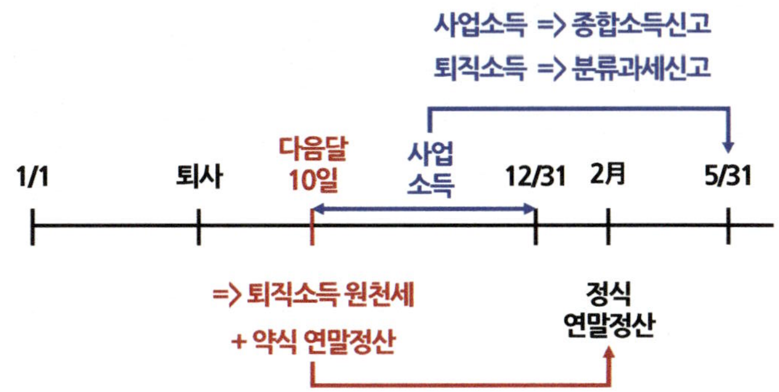

451

양도소득(1) - 계산구조

	양도가액
-)	취득가액
-)	양도비용
=)	소득금액
-)	장기보유특별공제
-)	과세표준
×)	세 율
=)	산출세액

취득가액, 양도비용: 철저한 열거주의(실질과세 X)

양도 · 취득시기 → 실질과세원칙 적용

452

양도소득(2-1) - 자산소득에 대한 과세

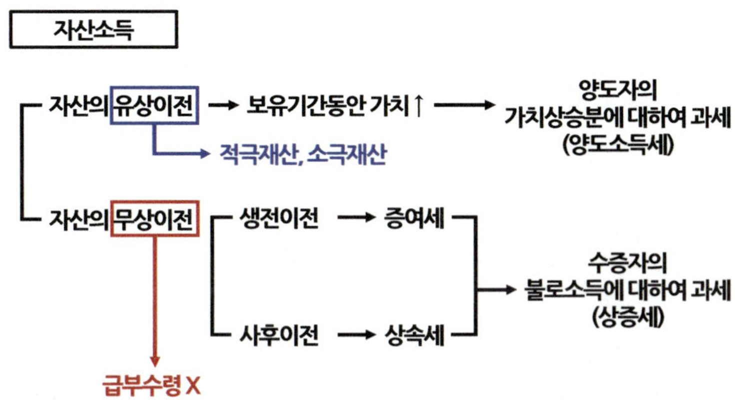

453

양도소득(2-2) - 조합원입주권과 분양권

재건축 · 재개발 → 재건축 · 재개발 조합 (지주 => 토지 + 주택)

재건축 · 재개발 조합 → 건축 => 아파트

- 도정법 => 재건축 · 재개발
- 빈집 · 소규모주택법
  - 자율주택정비사업
  - 가로주택정비사업
  - 소규모재건축사업
  - 소규모재개발사업

=> 위 법률 외 => 분양권

〈조합원입주권〉

- 조합원 분양분
- 일반 분양분

454

양도소득(2-3) - 유상이전과 무상이전

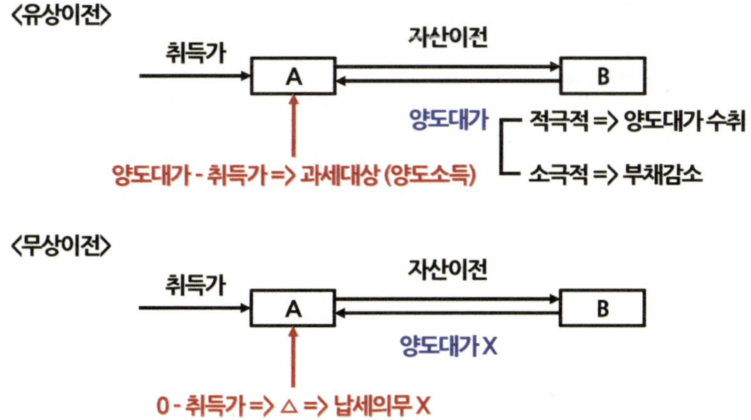

455

양도소득(2-4) - 명의이전

부동산, 부동산권리 => 등기를 통하여 명의이전

유가증권, 부동산으로 보는 주식 => 명의개서를 통하여 명의이전

(원칙) 대금청산과 동시에 명의이전

(예외) 조세회피목적으로 대금의 대부분을 지급 후 명의이전 X

=> 양도로 본다 => 사실상 양도성립

456

양도소득(2-5) - 사실상 이전

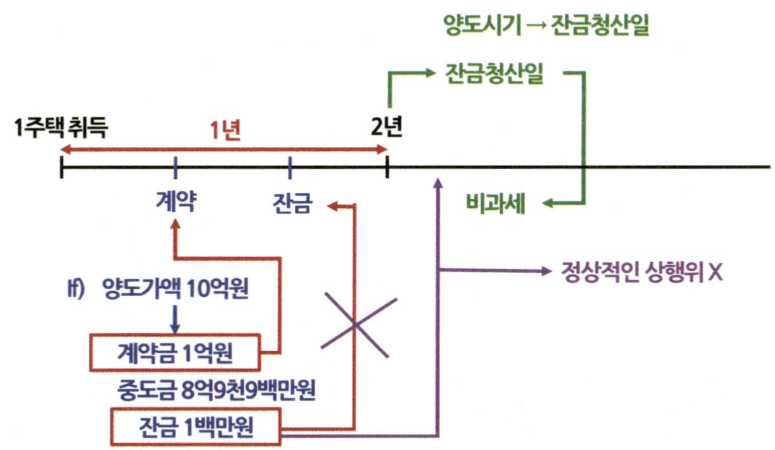

457

양도소득(3-1) - 교환

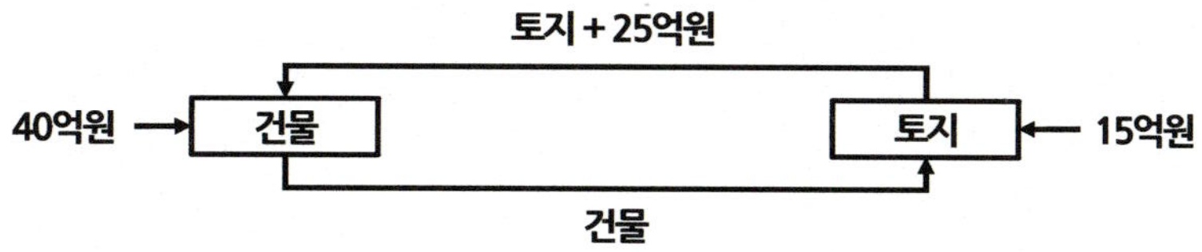

458

양도소득(3-2) - 현물출자의 양도세 과세여부

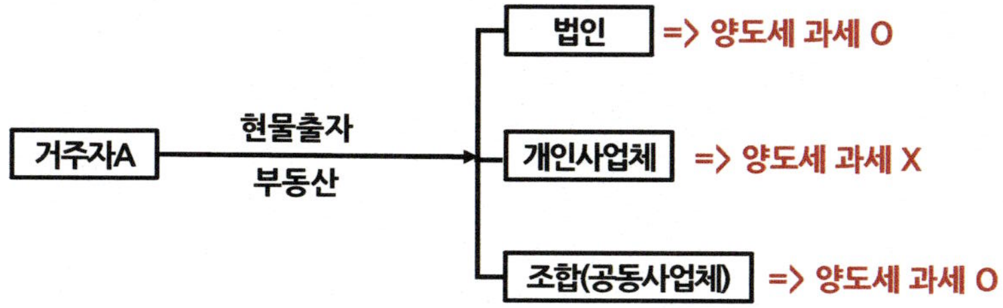

459

양도소득(4-1) -환지처분

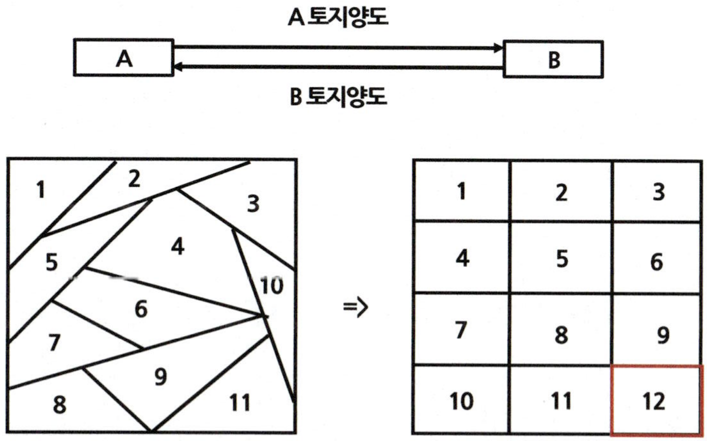

460

양도소득(4-2) - 양도담보

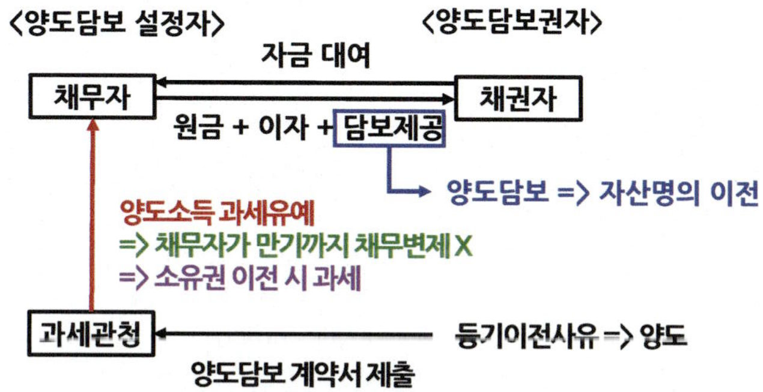

1) 담보제공목적의 자산이전
2) 채무자가 자산을 사용 · 수익
3) 자금대여에 대한 금전소비대차 내용

461

양도소득(4-3) - 해제

- 당연무효
- 법정해제
- 약정해제

3가지 => 양도 X

VS

〈합의해제〉

최초계약이 적법하게 성립, 3가지 사유 이외의 사유로 당사자간에 합의에 따라 계약해제

↓

계약성립 후 잔금청산 X, 소유권이전등기

↓

합의해제시 소유권이전등기 환원 완료 => 양도 X

462

양도소득(4-4) - 소유권 환원

- 사기 · 강박 · 기타 사법상 위법행위 → (당연)무효
- 채무불이행, 정기행위, 무자력자, 무능력자, 사전특약(사후조정 포함) → 무효 O
- 합의해제
  - 대금청산 후 합의해제 → 무효 X
  - 대금청산 전 합의해제 → 무효 O

463

양도소득(4-5) - 토지거래허가구역 내 양도

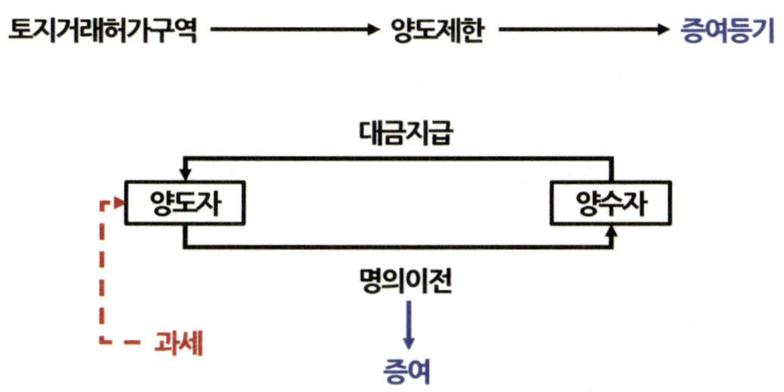

464

양도소득(5-1) - 이혼의 경우 재산분할

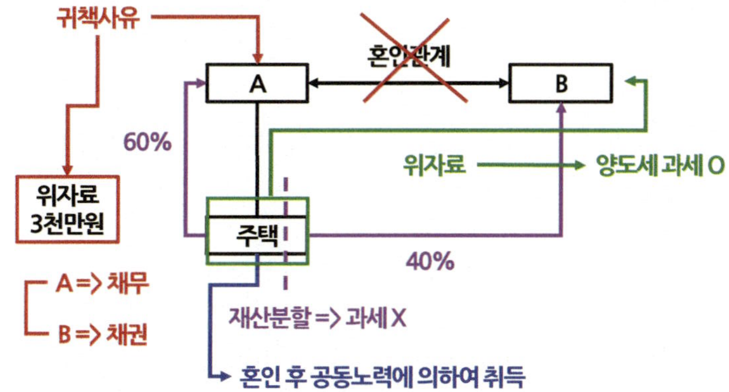

465

양도소득(5-2) - 이혼의 경우 재산분할

이혼

- 재산분할 → 부부가 공동으로 노력해서 취득한 자산의 명의가 일방등기 or 공유등기가 되어있는 경우 타방의 지분을 명확히 확정하여 등기하는 행위
- 위자료 → 부부가 이혼 시 일방이 타방에게 지급하는 기여분
  - 현금으로 지급시 → 증여세 과세 X
  - 현금지급분을 부동산으로 지급시 → 양도소득세 과세 O
    - 취득시기

466

양도소득(6-1) - 과세대상(주식)

- 상장주식
  - 대주주가 양도하는 주식 (장내, 장외 all 과세)
  - 장외거래주식(대주주 외의 자도 과세)
- 비상장주식 => 원칙) 대주주 여부에 관계없이 all 과세(장내, 장외거래 불문)
  - 예외) 공정거래가치가 생성되는 시장에서 거래되는 주식은 과세 제외

467

양도소득(6-2) - 과세대상(기타자산)

부동산매매

- 개인 => 다주택, 비사업용토지
  - (원칙) 중과세 50% ~ 70%
  - (법인설립) 법인명의 부동산 취득 => 법인을 양도
    - 주식양도소득세 ~~과세~~ => 10%~30%
    - 부동산양도로 의제과세 => 50%~70% → 기타자산
- 법인 => 다주택, 비사업용토지
  - (원칙) 토지 등 양도차익 법인세 과세 + 각 사업연도 소득 법인세 과세
  - (부동산매매업 법인) 각 사업연도 법인세 과세

468

양도소득(6-3) - 부동산과다보유법인주식

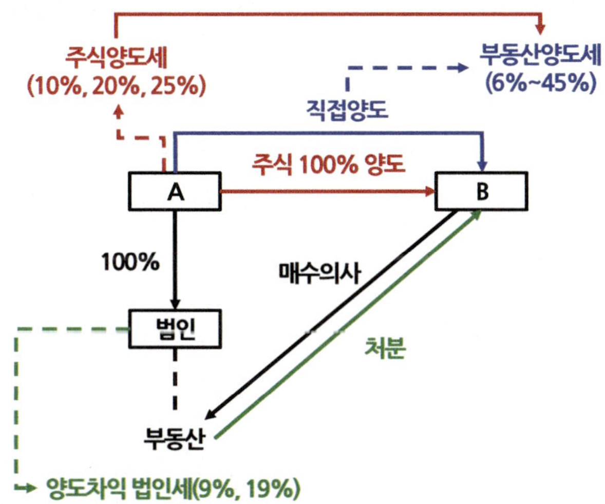

469

양도소득(6-4) - 부동산과다보유법인주식 조세회피 방지

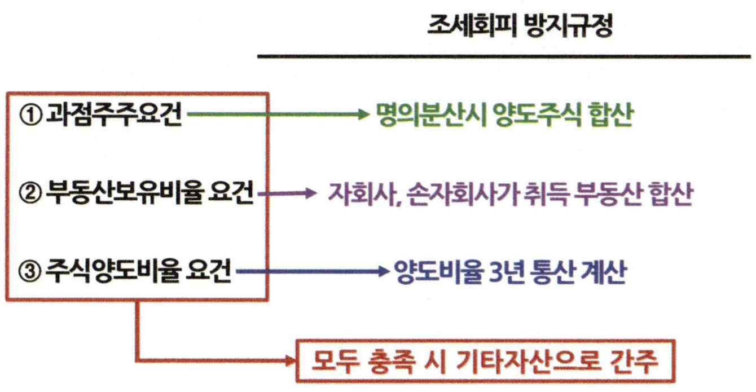

470

양도소득(6-5) - 명의분산시 양도주식 합산

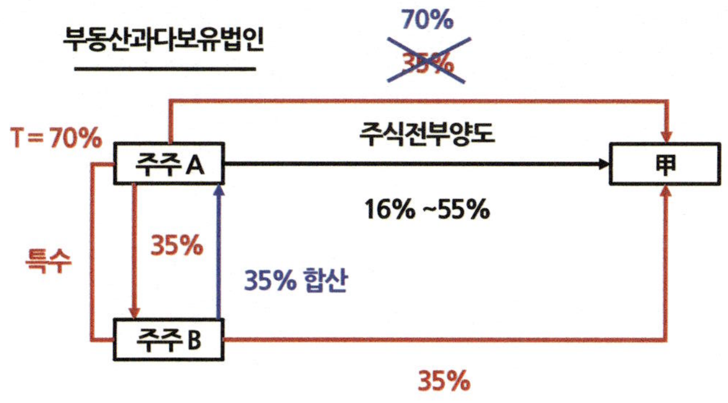

471

양도소득(6-6) - 자회사, 손회사 취득 부동산 합산

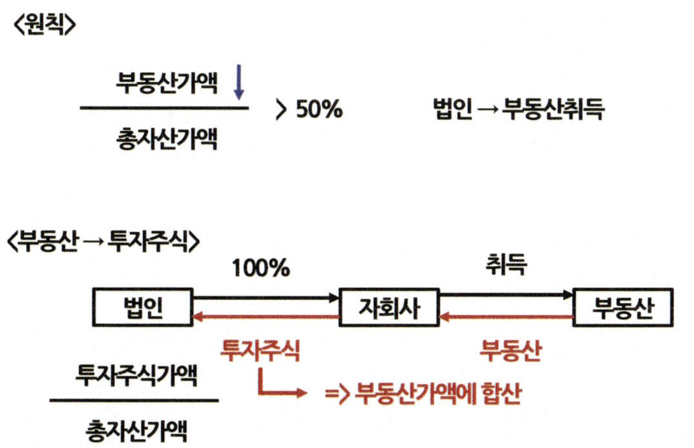

472

양도소득(6-7) - 3년 통산 계산

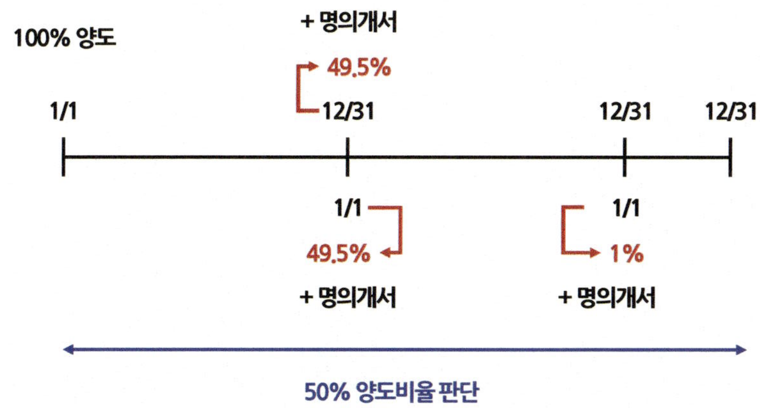

473

양도소득(6-8) - 부동산주식(정리)

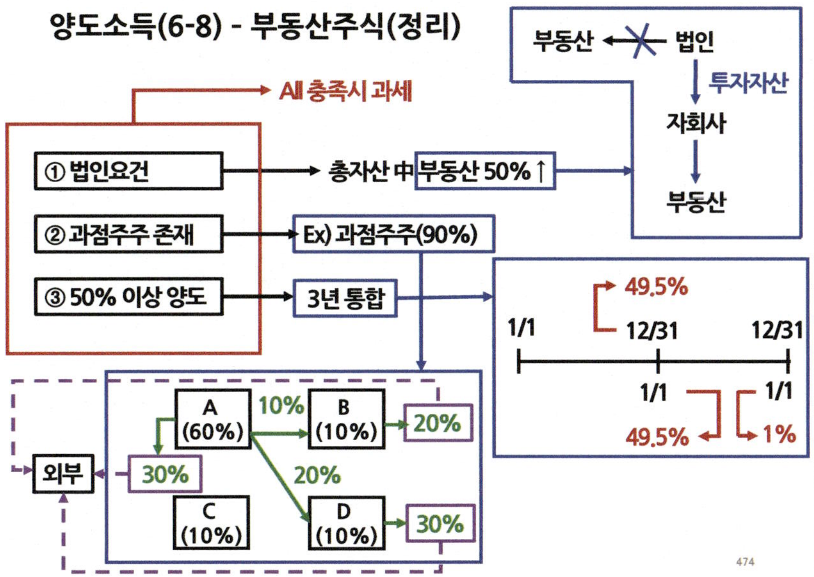

474

양도소득(7-1) - 과세대상(이축권)

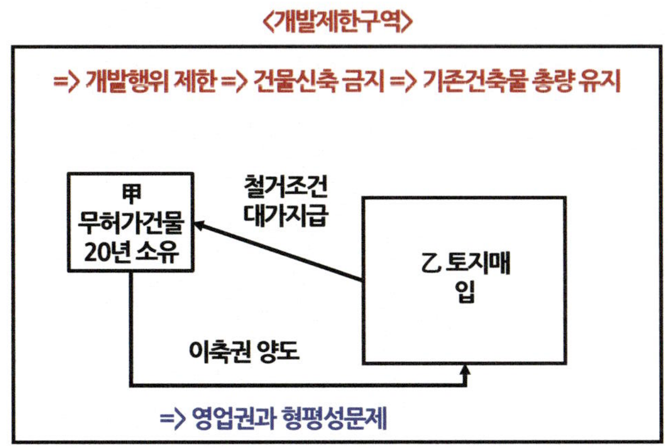

475

양도소득(7-2) - 과세대상(이축권)

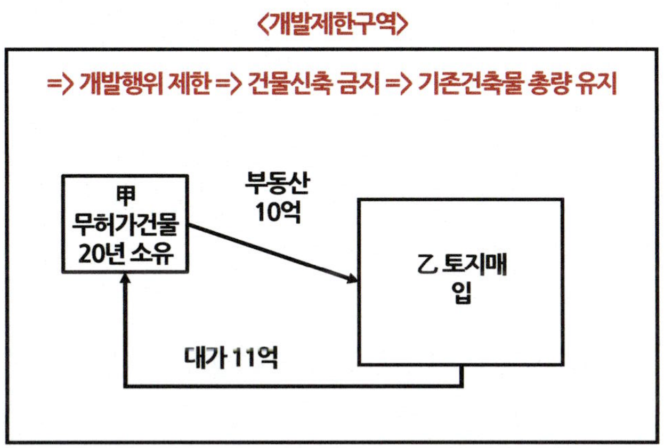

부동산 10억 / 이축권 1억 ─ 구분(감정가)
- 有 => 부동산 양도소득, 이축권 기타소득
- 無 => 전체 양도소득세

476

양도소득(8) - 비과세(파산·회생)

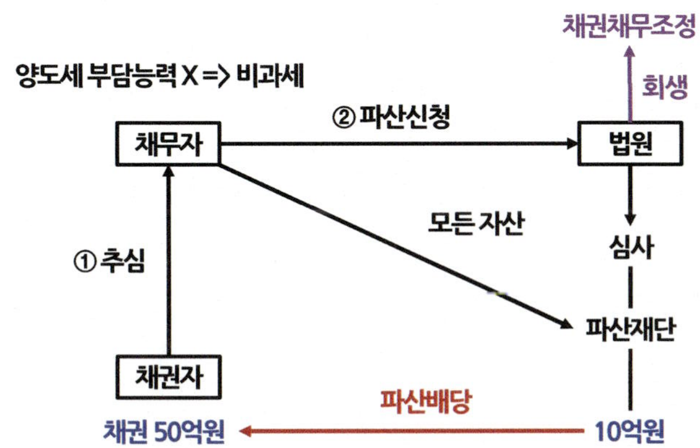

477

양도소득(9-1) - 1세대 1주택 비과세(요건)

- 1세대 = 거주자 + 배우자 + 생계를 같이하는 자
- 1주택 = (원칙) 사실상 주거용 , (불분명) 공부상 용도
- 2년이상 보유 (비거주자의 경우 3년)

478

양도소득(9-2) - 1세대1주택 비과세(생계요건)

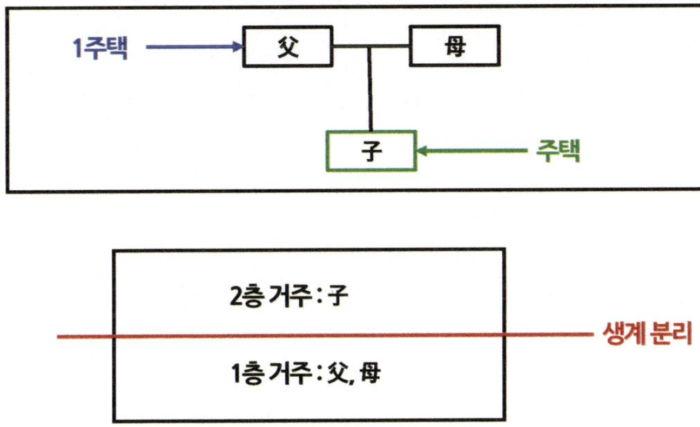

479

양도소득(9-3) - 1세대1주택 비과세(고가주택 기준금액판단)

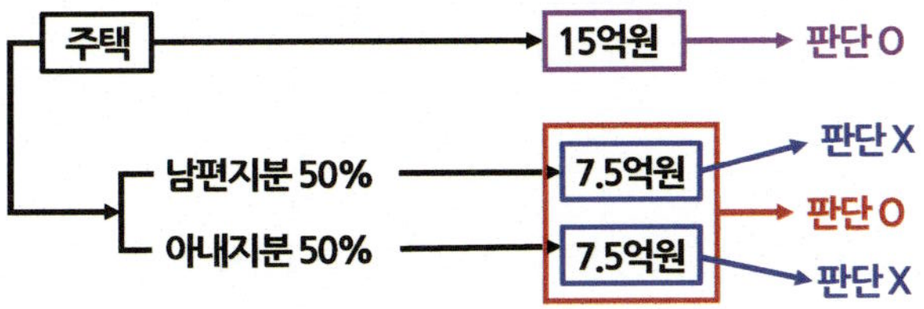

480

양도소득(9-4) - 1세대1주택 비과세(다가구주택)

구분등기 여부

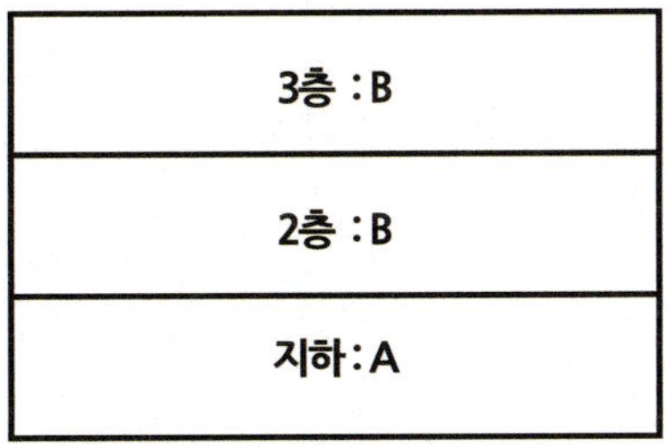

- 공동주택
  - 다세대 : ex) 연립주택, APT => 개별세대 각각의 주택
  - 다가구 : 각각의 주택 but, 단일등기 => 1주택
- 공동소유주택 => 명의자 각각 1주택 소유

481

양도소득(9-5) - 1세대1주택 비과세(양도순서)

		양도차익
2주택자	1st)	1억
	2nd)	10억

482

양도소득(9-6) - 1세대1주택 비과세(보유기간)

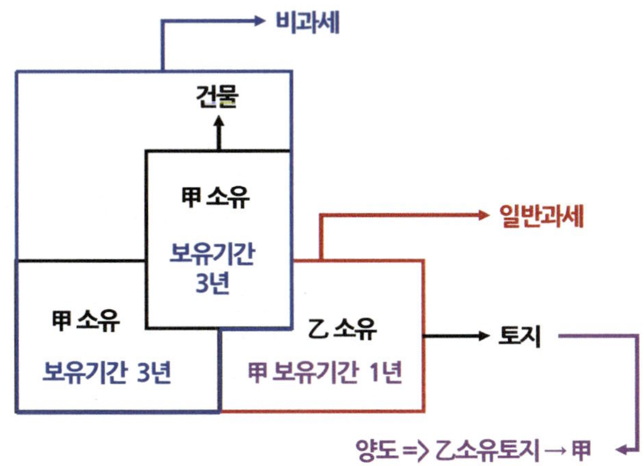

483

양도소득(9-7) - 1세대1주택 비과세(보유기간 통산)

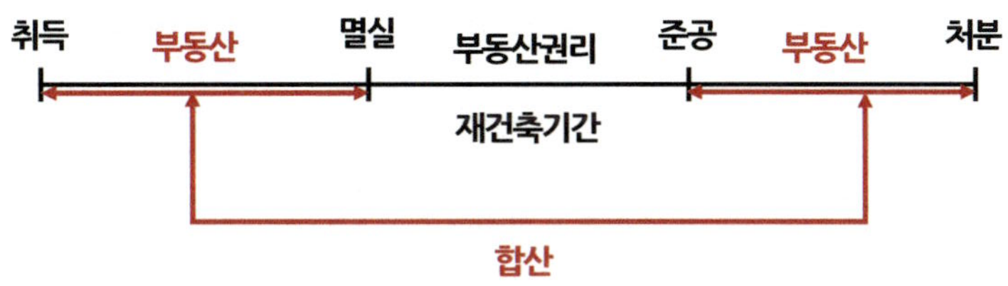

484

양도소득(10-1) - 1세대 1주택 비과세특례(개요)

비과세 요건

- 특정사유
  - 대체취득 = 3년 이내 종전주택 양도
  - 부모봉양 = 합가 후 10년 이내 1주택 양도
  - 혼인 = 혼인 후 5년 이내 1주택 양도
- 상속주택
  - (원칙) 일반 주택을 먼저 양도하는 경우 비과세 적용
  - (동일세대원 상속특례) 합가하기 이전에 보유한 주택만 상속주택
- 문화재주택
- 농어촌주택
- 부득이한 사유로 취득한 수도권 밖의 주택

→ 일반주택 양도 시 비과세 적용

485

양도소득(10-2) - 1세대1주택 비과세특례(대체취득)

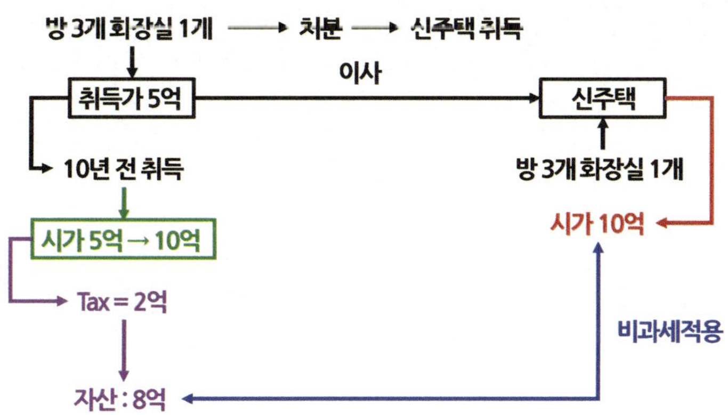

486

양도소득(10-3) - 1세대1주택 비과세특례(취득 및 양도)

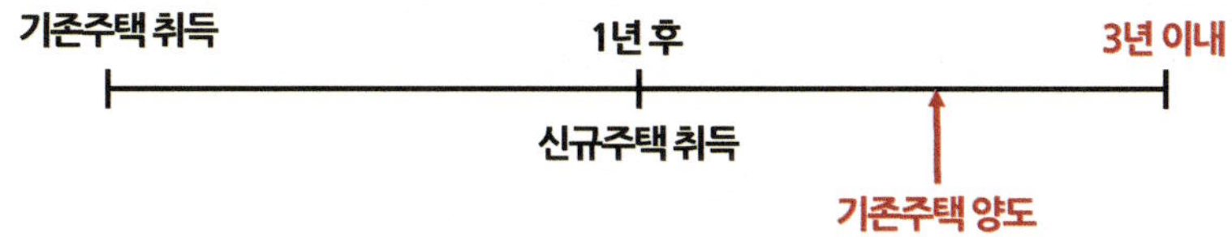

487

양도소득(10-4) - 1세대1주택 비과세특례(상속주택)

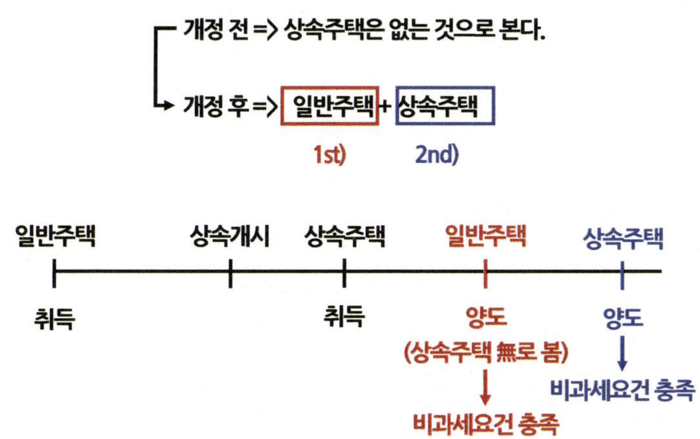

488

양도소득(11-1) - 1세대1주택 비과세(장기임대주택)

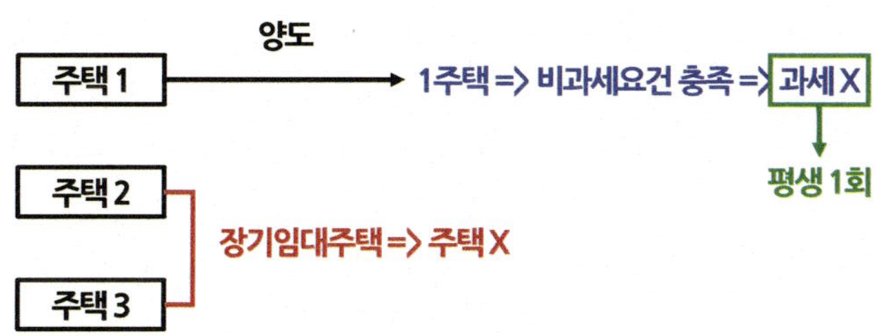

489

양도소득(11-2) - 1세대1주택 비과세(거주주택 비과세)

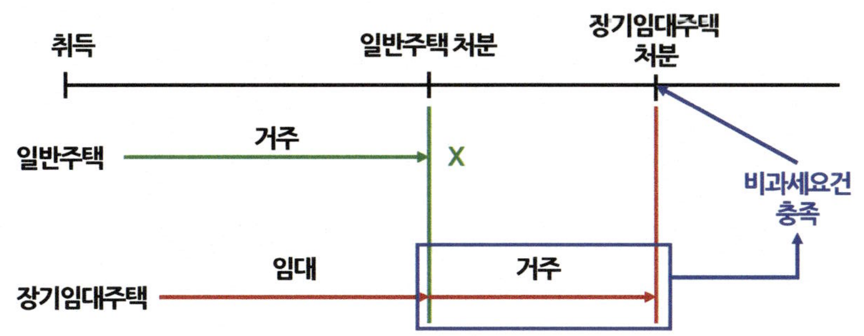

490

양도소득(11-3) - 1세대1주택 비과세(장기임대주택)

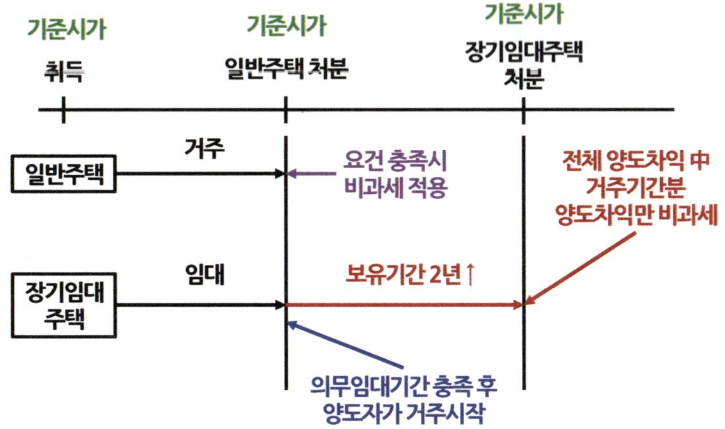

491

양도소득(11-4) - 부동산 미등기전매

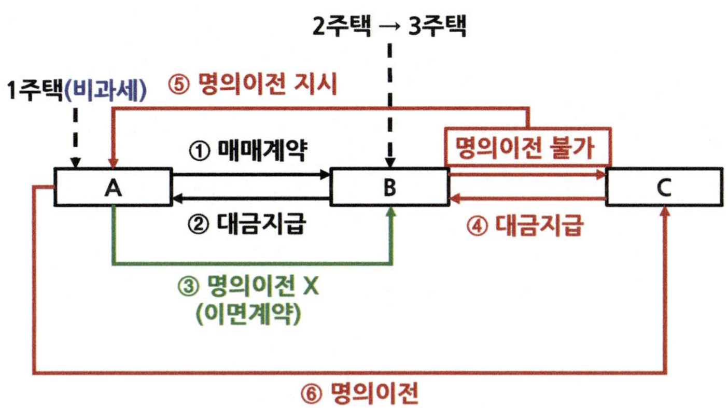

492

양도소득(12-1) - 매매사례가액

동일성 ──→ 해당자산의 매매사례가

유사성 ──→ 유사자산의 매매사례가 ex) APT

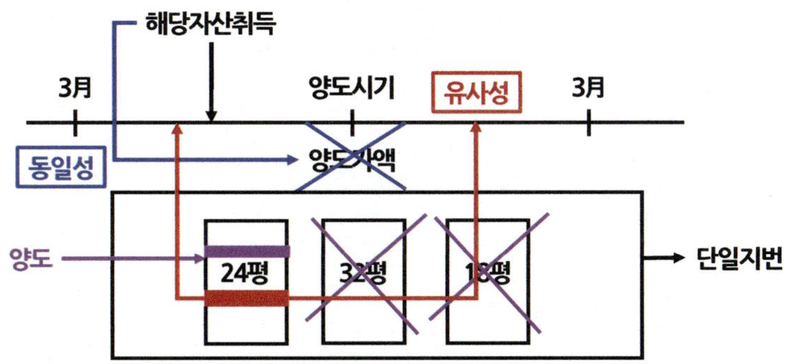

493

양도소득(12-2) - 환산취득가

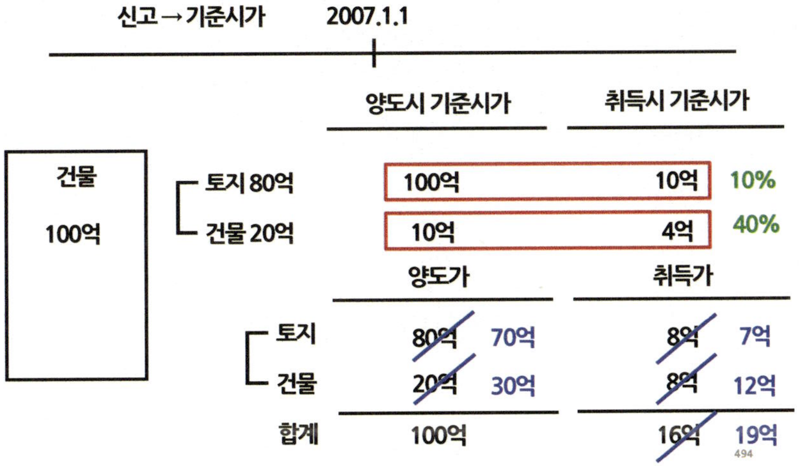

494

양도소득(12-3) - 법인에게 양도하는 경우

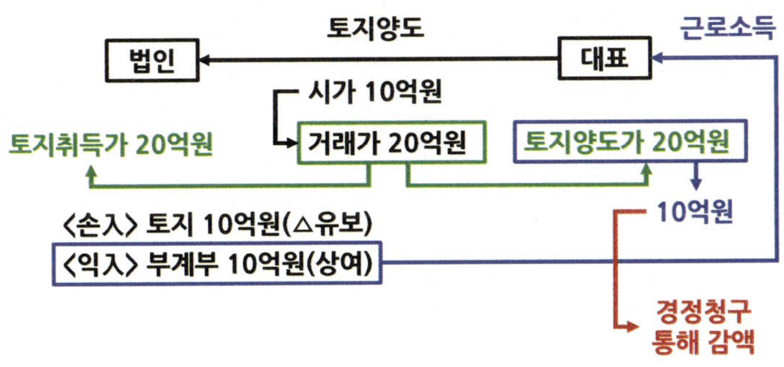

495

양도소득(12-4) - 교환

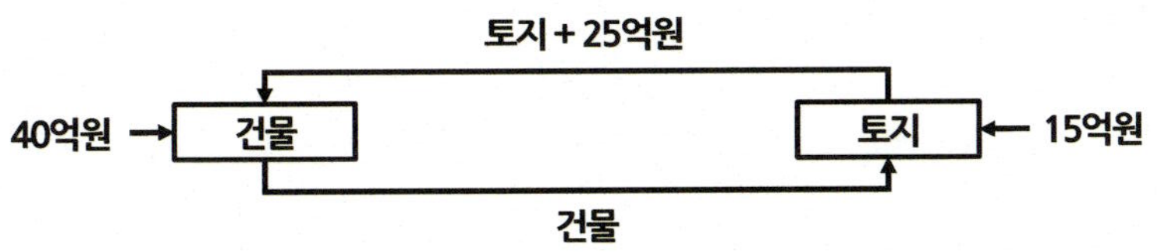

496

양도소득(12-5) - 이익처분으로 과세된 경우

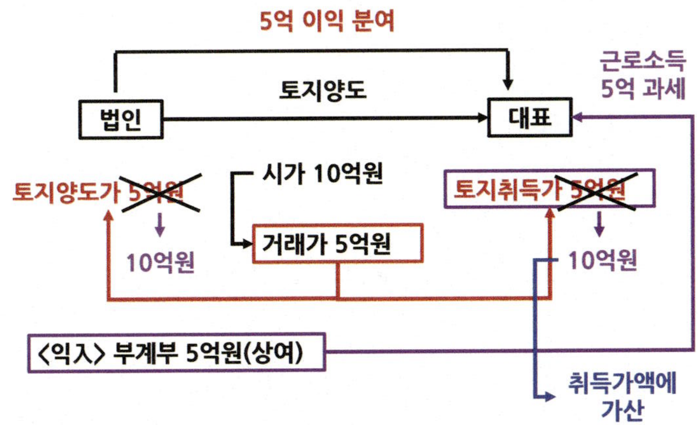

497

양도소득(12-6) - 취득가액산정

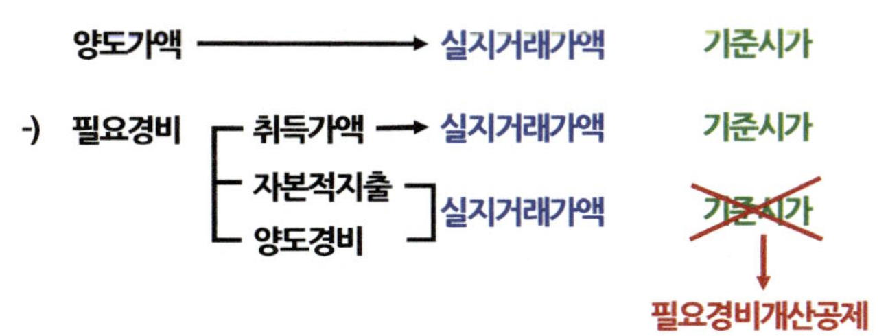

498

양도소득(12-7) - 취득가액산정(환산취득가)

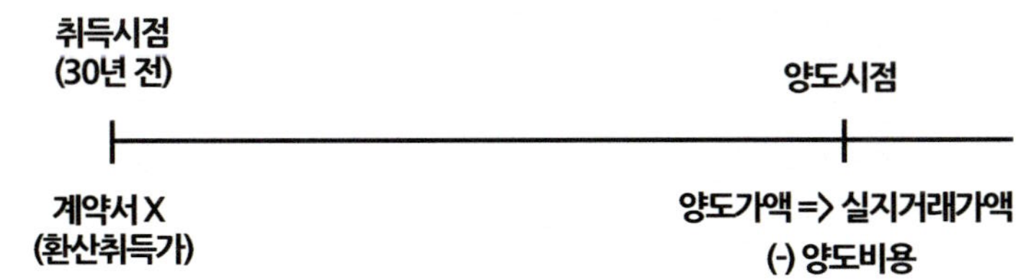

(원칙) 환산취득가 + 필요경비개산공제

VS

(비교) 자본적지출 + 양도비용

499

양도소득(13) - 부담부증여

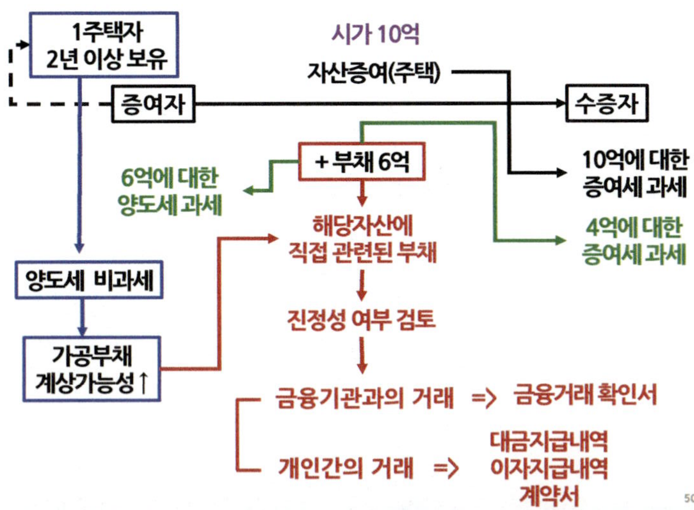

500

양도소득(14) - 부당행위계산 부인

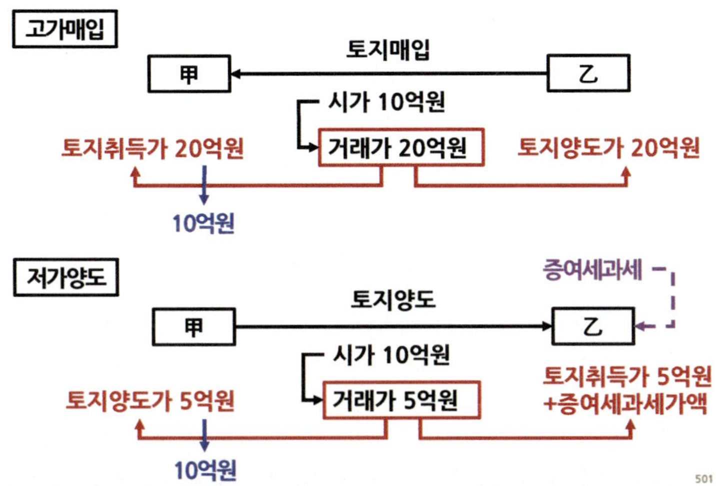

501

양도소득(15-1) - 이월과세와 증여 후 양도행위 부인

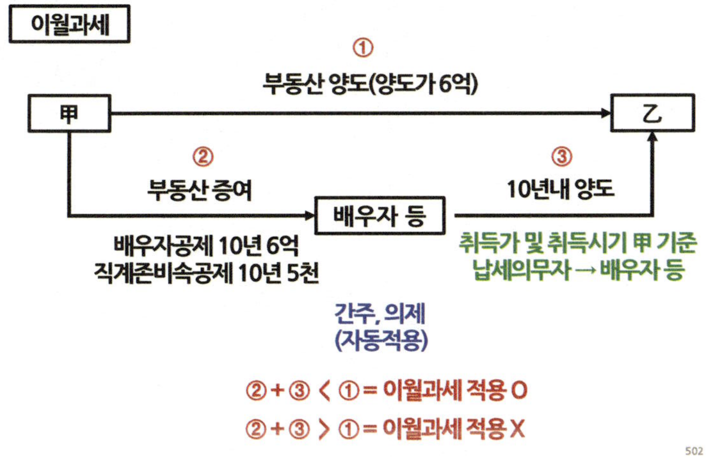

502

양도소득(15-2) - 이월과세와 증여 후 양도행위 부인

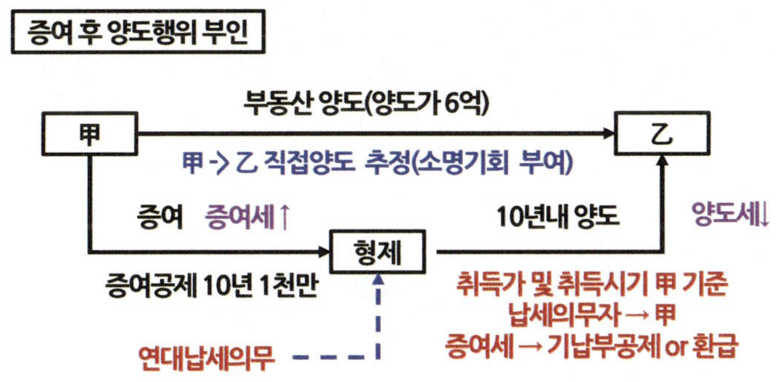

503

양도소득(15-3) - 이월과세와 증여 후 양도행위 부인(정리)

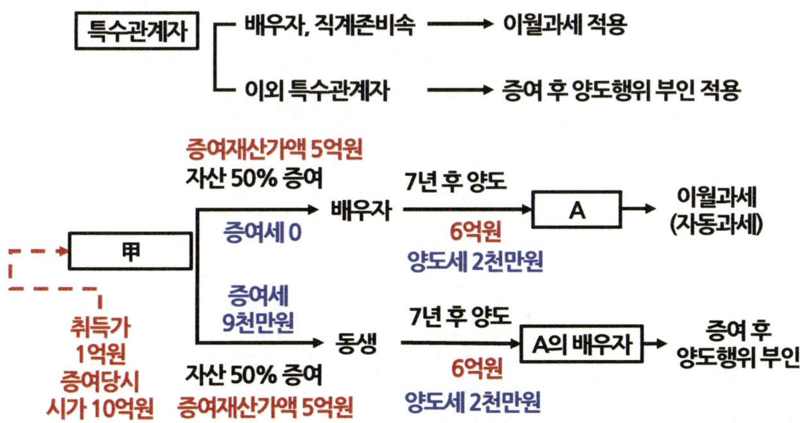

504

양도소득(16) - 이월과세(가업상속공제 자산)

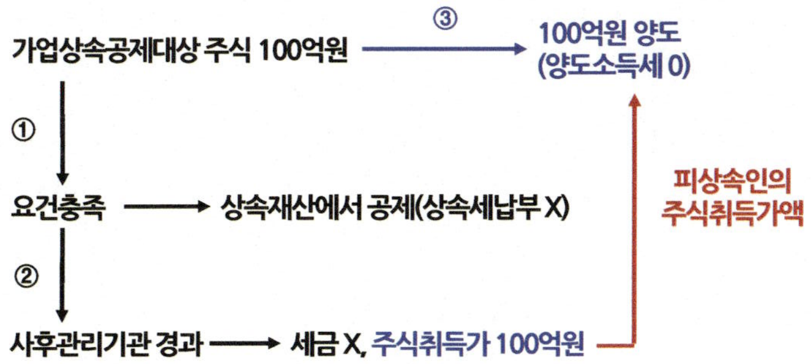

505

양도소득(17-1) - 예정신고, 납부

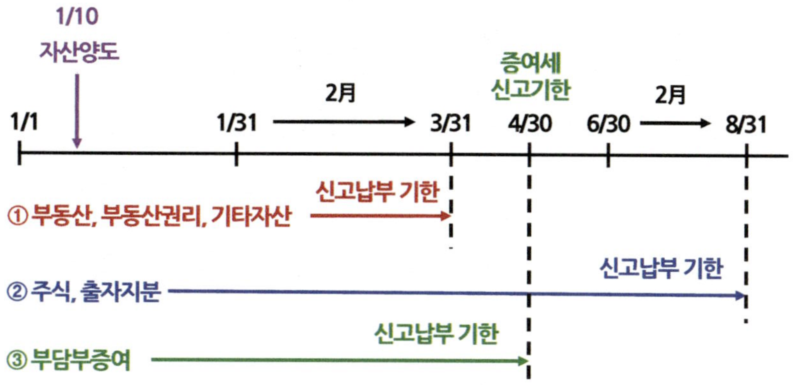

506

양도소득(17-2) - 신고, 납부(2회이상 양도)

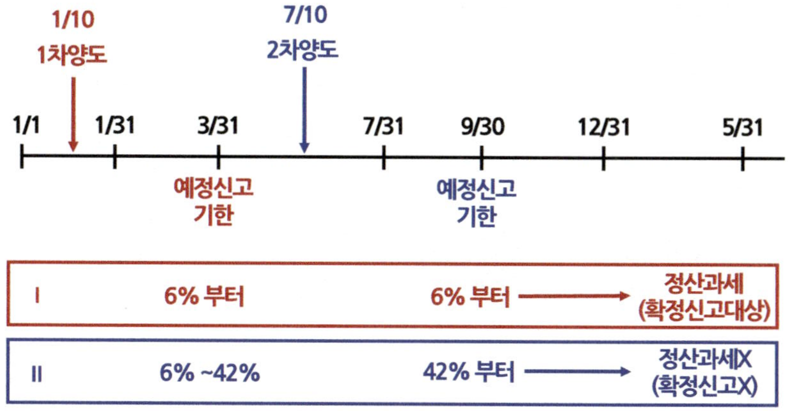

507

양도소득(17-3) - 신고, 납부(판결)

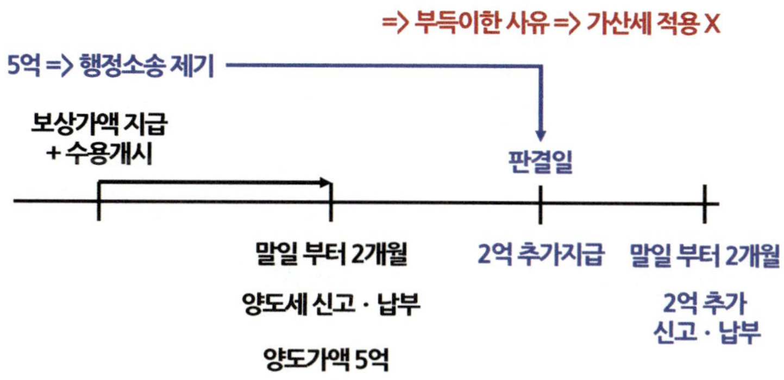

508

국외전출자에 대한 양도세 과세특례

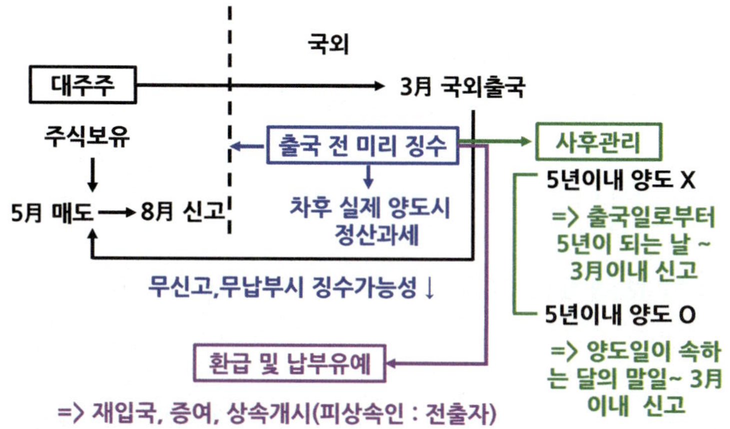

509

비거주자 납세의무(1) - 비거주자 유가증권 양도소득

국내사업장 有

- 장내 거래
  - (원칙) 비과세
  - (예외) 양도일 + 직전 5년간 지분율 25% 이상 → 과세
- 장외 거래 - 과세

국내사업장 無

- 주식 출자지분
  - 장내거래
    - (원칙) 비과세
    - (예외) 양도일 + 직전 5년간 지분율 25% 이상 → 과세
  - 장외거래 - 과세
- 위 외의 유가 증권 - 양수자가
  - 내국법인, 거주자, 국내사업장有비거주자or외국법인:과세
  - 이외의 경우 : 비과세

510

비거주자 납세의무(2) - 비거주 연예인 등 원천징수 특례

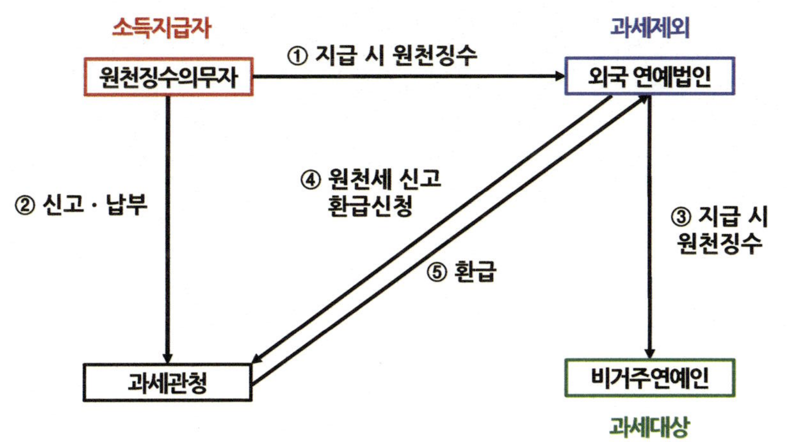

511

비거주자 납세의무(3) - 조세회피지역에 소재하는 비거주자 원천징수 특례

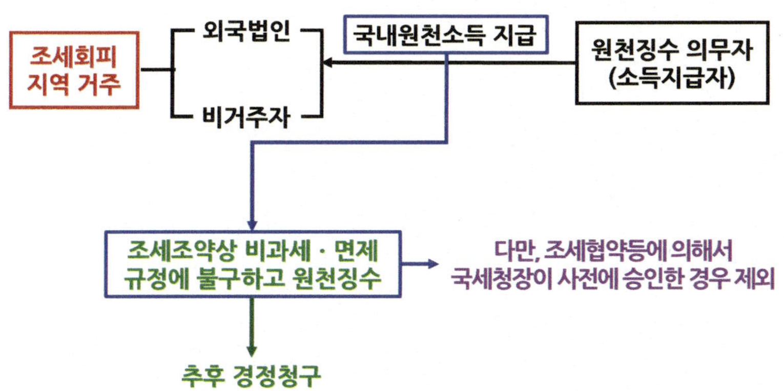

512

상속세법 및 증여세법

상속세법 및 증여세법

세무사 원용대

513

상속세 개관(1-1) - 증여와 상속의 법형식

증여의 법형식

증여자 → 수증자

1st) 특정

3rd) 재산의 지배 점유권 이전

증여의사표시 / 수락의사표시

2nd) 계약서 작성

상속의 법형식

피상속인 → 상속인

3rd) 상속개시당시 피상속인의 자산, 부채 포괄적 이전

1st) 사망, 사망에 준하는 사유

2nd) 상속적격자

514

상속세 개관(1-2) - 포괄승계

인격의 포괄승계

- 민법 : 상속
- 상법 : 합병

All 권리의무 승계

상속세 과세 강화 시 국가 경제적 문제점 → 완화 : 가업상속공제 대폭 상향

- 1) 부의 해외 이전
- 2) 사치성 소비의 극대화

515

상속세 개관(2) - 사인증여

채무 피상속인 → 채권 손자

증여계약 (2년 후 재산 등기)

상속 개시일 — 자산이전

증여예정일 — 2년 후 — 사인증여에 포함 (증여채무 공제대상)

원칙) 가급적 빨리 이전

사인증여) 사망을 원인으로 자산이전

516

상속세 개관(3-1) 상속순위

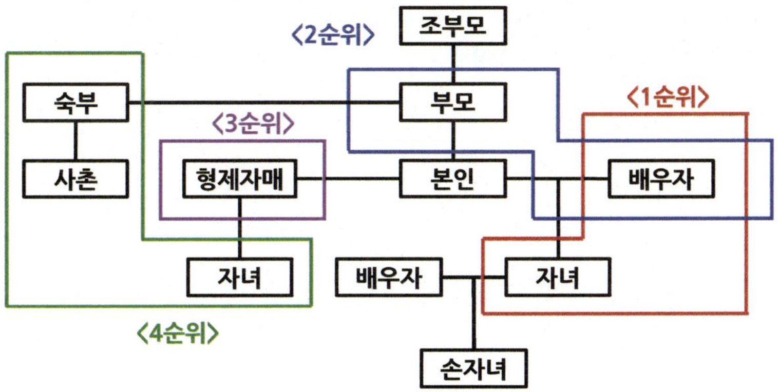

517

상속세 개관(3-2) - 상속순위

1st) 유언에 의한 재산분할 → 지정상속분 → 유류분제도

↓

2nd) 협의분할 → 협의상속분

↓

3rd) 법정분할 → 법정상속분

518

상속세 개관(3-3) 유류분

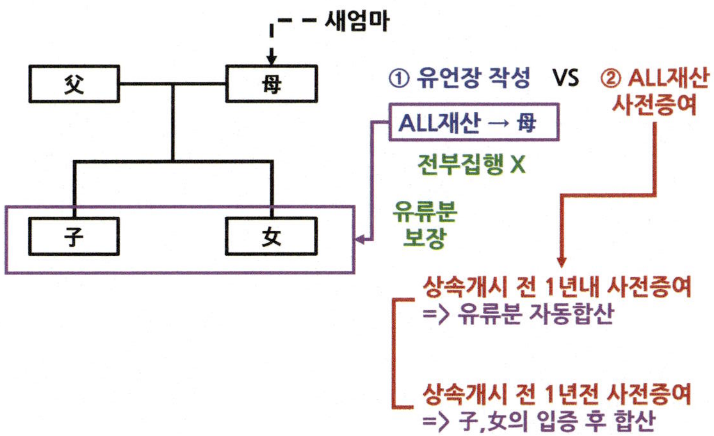

519

상속세 개관(4) - 대습상속

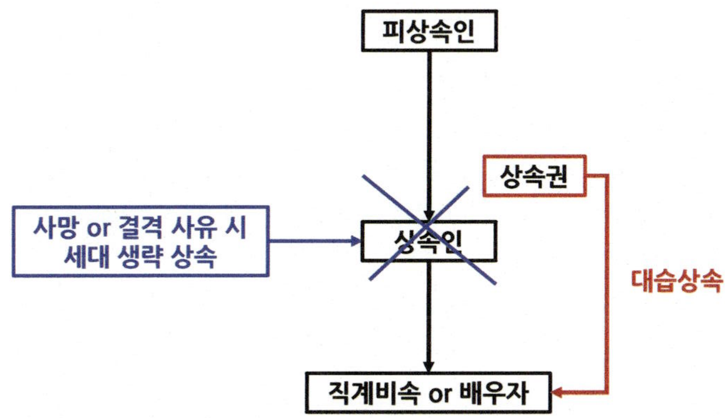

520

상속세 개관(5-1) - 상속승인 및 포기

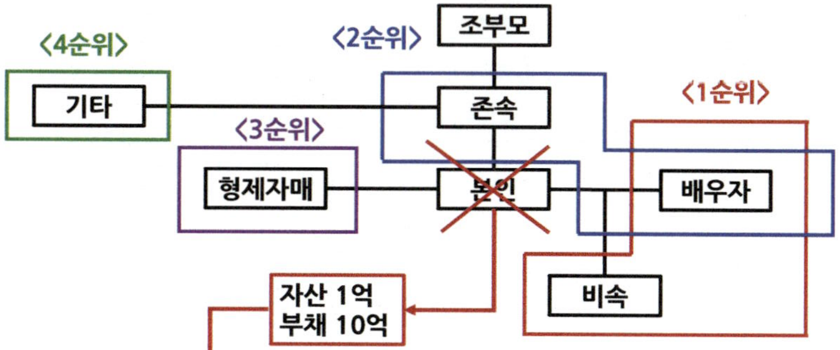

원칙) 단순승인

예외) 부채 > 자산 ┌ 한정승인
└ 상속포기

521

상속세 개관(5-2) - 상속승인

상속개시 후 3개월 경과 시 자동 단순 승인

=> 상속인은 모든 피상속인의 권리 · 의무 승계

┌ 상속재산 → 민법상 상속권 有 재산
└ 고유재산 → 상속인 재산

개선

채무 초과시 변제 : 상속인의 예측하지 못한 부담

한정승인 : 중대한 과실없이 단순 승인 후 채무초과를 안 날로부터 3개월 내 신청 가능

522

상속세 개관(6-1) 유산과세형과 취득과세형

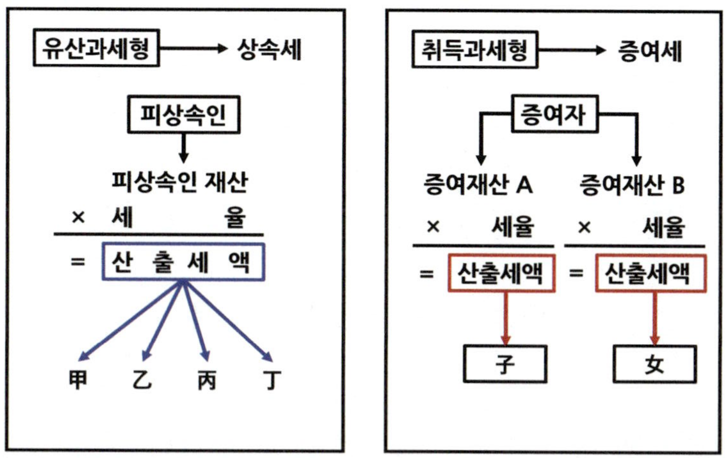

523

상속세 개관(6-2) - 과세방식

유산과세형 ← 상속세에 적용	취득과세형 ← 증여세에 적용
Ⅰ. 개념 피상속인 중심 유산 총액을 과세 단위	Ⅰ. 개념 상속인의 유산 취득가액을 과세 단위
Ⅱ. 과세 행정 1회 부과처분으로 간편	Ⅱ. 과세행정 상속인별로 과세하므로 복잡
Ⅲ. 세수확보 분할 전 높은 누진세율 적용	Ⅲ. 세수확보 분할 후 낮은 누진세율 적용
Ⅳ. 응능 부담 유산총액에 세율 적용 관계 희박	Ⅳ. 응능부담 취득 유산에 세율 적용 관계 강함
Ⅴ. 부의 분산 분산 불문 과세 중립적	Ⅴ. 부의분산 상속인이 많을수록 세부담↓ 유리
Ⅵ. 조세 회피 재산 분산이 세부담에 영향X	Ⅵ. 조세회피 재산 분산이 세부담에 영향O

524

상속세 개관(7-1) - 유언대용 신탁

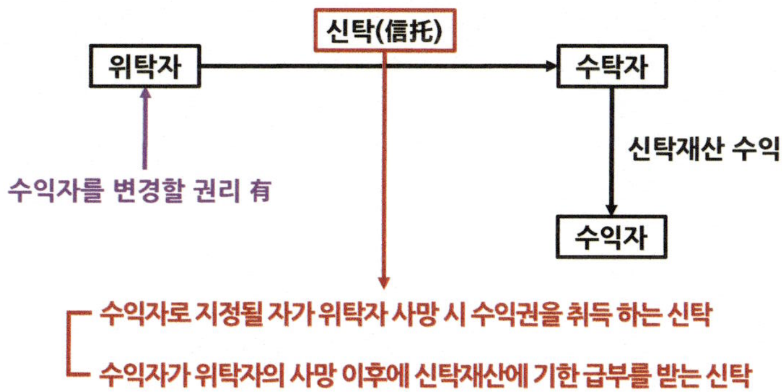

525

상속세 개관(7-2) - 수익자연속신탁

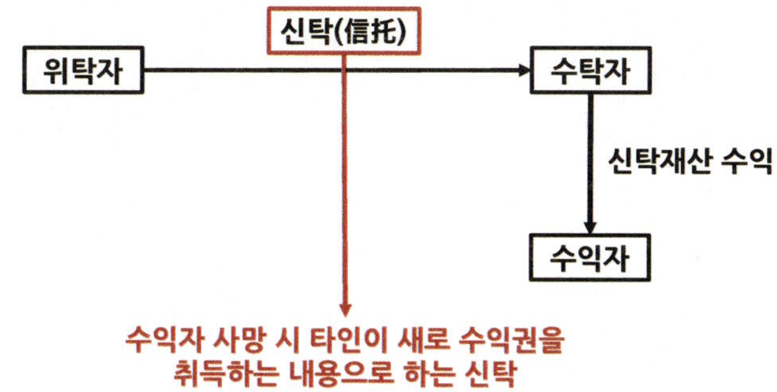

526

상속세 개관(8) - 상속인 외의 자에 대한 사전증여

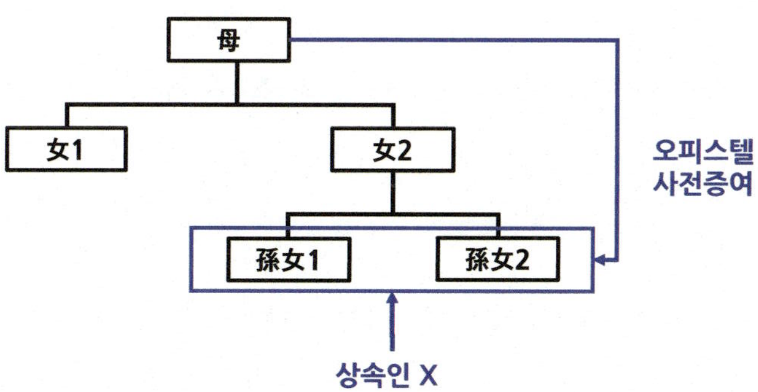

527

상속세 개관(9) - 상속인이 영리법인인 경우

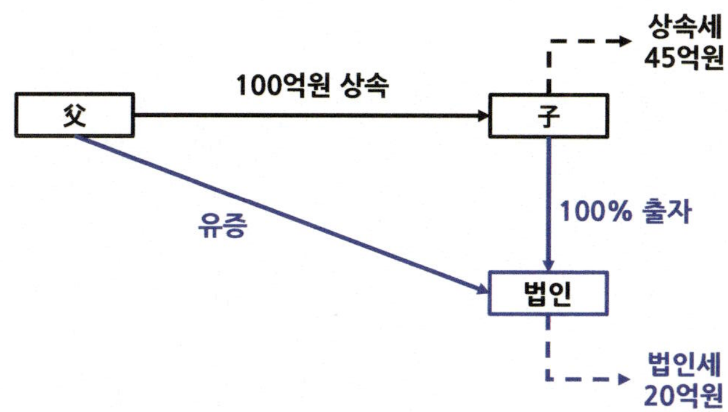

528

상속세 과세가액(1-1) - 상속재산가액

상속재산가액

- 본래상속재산가액 → 상속개시일 당시 피상속인 명의 재산 (민법상 상속재산)
- 자동과세 ↓ 간주상속재산가액 → 상속개시일 당시 피상속인 명의 X But, 상속을 원인으로 상속인에게 귀속되는 재산 => 상속 동일
- 소명기회 부여 ↓ 추정상속재산가액 → 상속개시 전 일정기간 내에 현금인출, 자산처분, 채무변제 → 상속재산이 피상속인에게 이전된 것으로 추정 (심증 有, 물증 無) → 입증책임 전가

\+

사전증여재산가액

- 원칙) 증여세 과세대상
- 예외) 10년(5년) 내 상속인과 피상속인 간 증여 → 조세회피 방지
  => 상속세의 고율누진율을 증여세의 저율누진율로 치환

→ 상속세 과세기술 상 합산

529

상속세 과세가액(1-2) - 부동산 매매계약 중 사망한 경우

양도자 (피상속인) ← 건물 매매계약 → 양수자

계약금 10억원
중도금 20억원
상속개시 - - - - - - - -
잔　금 20억원

50억원

상속재산가액 => 양도대금 - 상속개시 전 받은 계약금 중도금

50억원　- (10억원 + 20억원) => 20억원

530

상속세 과세가액 (2-1) - 간주상속재산

간주상속재산 → 상속포기 대상 X

민법상 상속권이 없는 재산 But, 경제적 효과가 민법상 상속재산과 동일하므로 세법 상 상속세 과세대상으로 의제

종류

Ⅰ. 보험금
피상속인 사망을 원인으로 받는 생명보험 or 손해보험 피상속인이 보험계약자 or 실질적 보험료 납부

Ⅱ. 신탁재산
피상속인이 신탁한 재산은 상속재산으로 본다.

Ⅲ. 퇴직금 등
피상속인의 사망을 원인으로 지급받는 퇴직금 등

531

상속세 과세가액(2-2) - 보험금의 증여

보험금 지급사유 발생 (사망, 부상, 손실) → 피보험자 (개인, 물건)

계약자 (개인, 법인) — 보험계약 — 보험료 불입 → 보험회사 — 보험금 지급 → 수익자 (계약자, 제3자)

보험차익
- 계약자=보험금-보험료-손실
- 제3자 = 보험금

수령 보험료
- 보험금 지급 예정 분 => 자산처리
- 운영경비 => 비용처리

<보험차익 과세여부>

계약자 = 수익자
- 법인 : 과세(포괄주의)
- 개인
  - 위험거래 = 과세제외 => 지출공제
  - 이자소득, 사업소득성격 = 과세

계약자 ≠ 수익자
=> 수익자에게 과세 (불로소득 성격)

532

상속세 과세가액(2-3) - 상속재산으로 보는 신탁재산

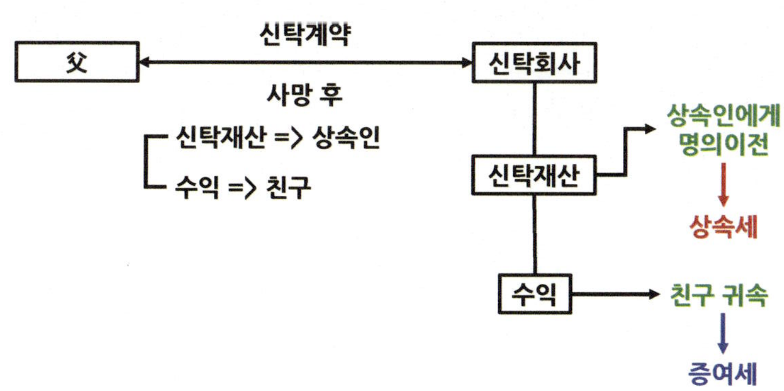

533

상속세 과세가액(3-1) - 사전증여와 추정상속재산

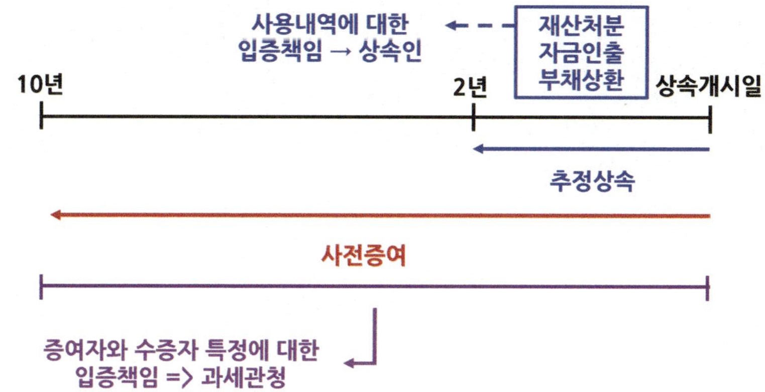

534

상속세 과세가액 (3-2) - 추정상속재산

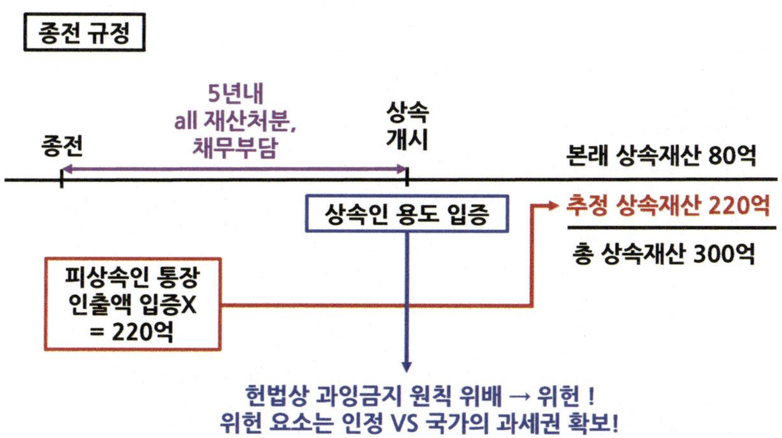

535

상속세 과세액 (3-3) - 추정상속재산

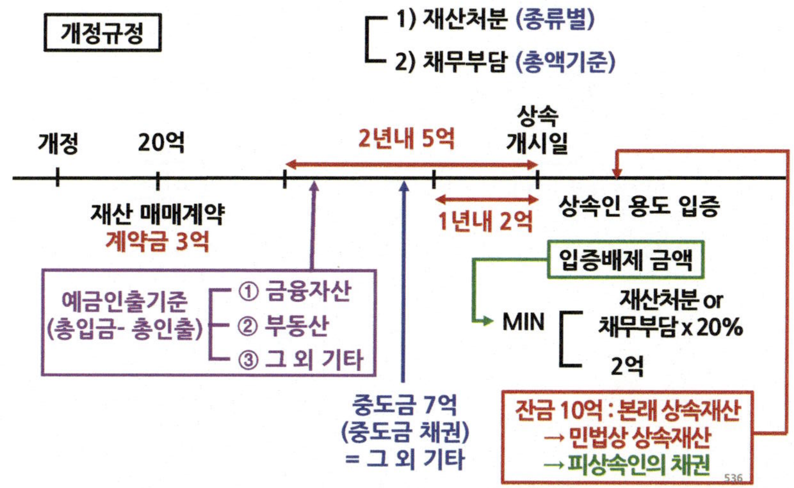

536

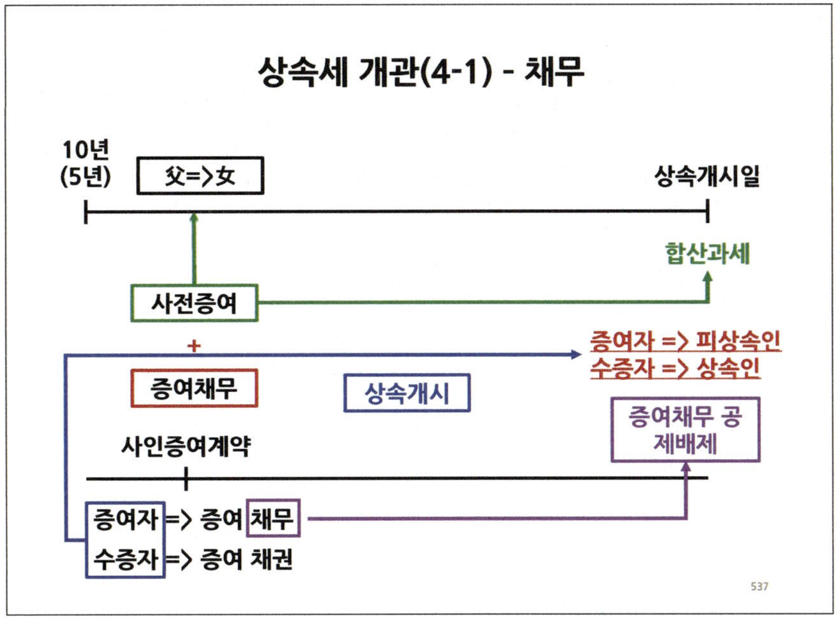
상속세 개관(4-1) - 채무
10년
(5년)
父=>女
상속개시일
합산과세
사전증여
+
증여채무
상속개시
증여자 => 피상속인
수증자 => 상속인
증여채무 공
제배제
사인증여계약
증여자 => 증여 채무
수증자 => 증여 채권
537

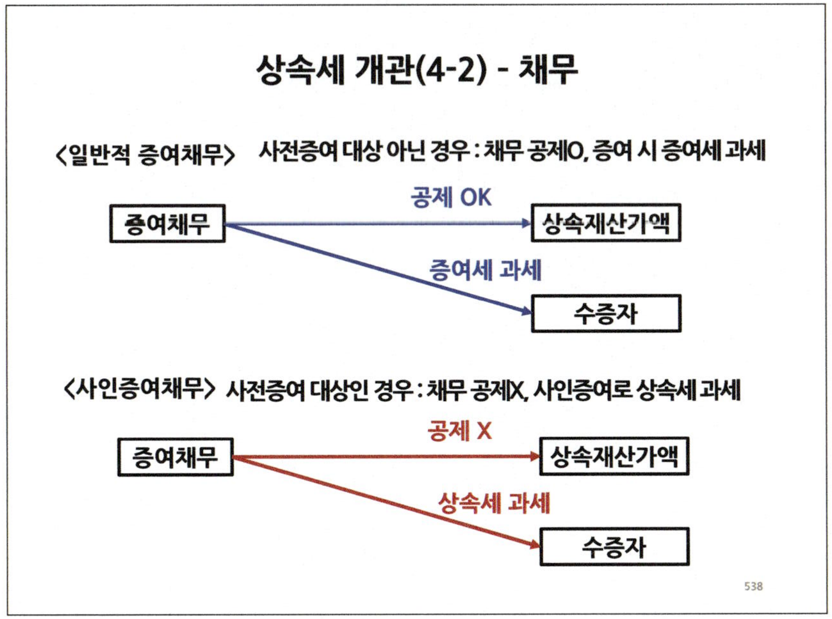
상속세 개관(4-2) - 채무
〈일반적 증여채무〉 사전증여 대상 아닌 경우 : 채무 공제O, 증여 시 증여세 과세
증여채무
공제 OK
상속재산가액
증여세 과세
수증자
〈사인증여채무〉 사전증여 대상인 경우 : 채무 공제X, 사인증여로 상속세 과세
증여채무
공제 X
상속재산가액
상속세 과세
수증자
538

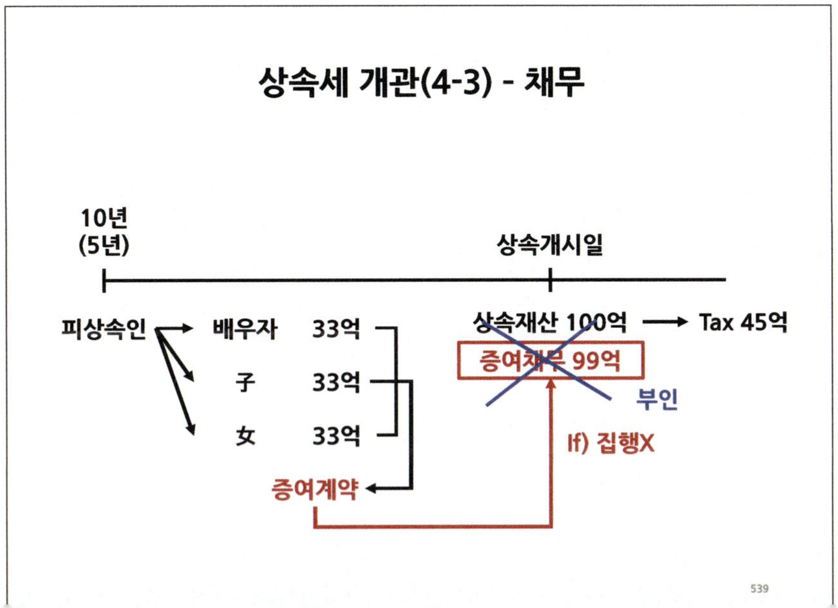
상속세 개관(4-3) - 채무
10년
(5년)
상속개시일
피상속인
배우자 33억
子 33억
女 33억
증여계약
상속재산 100억
Tax 45억
증여채무 99억
부인
If) 집행X
539

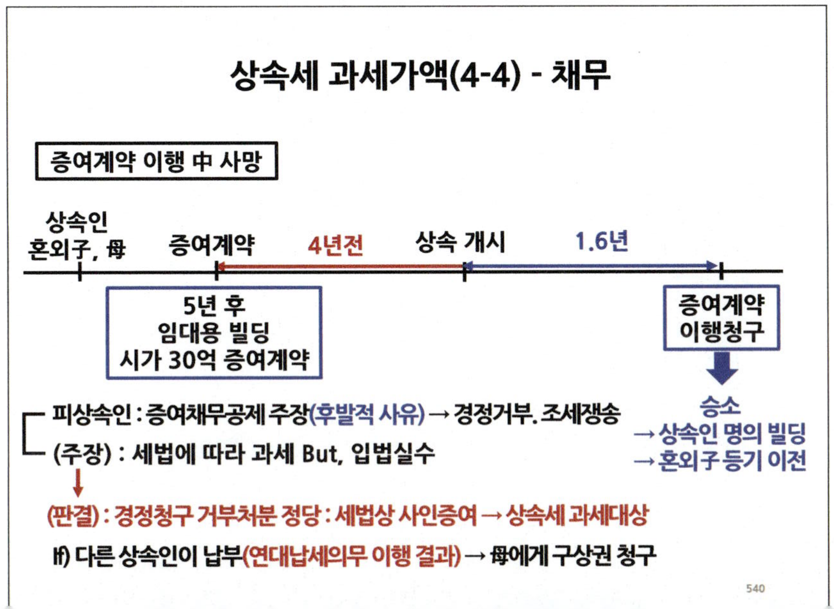
상속세 과세가액(4-4) - 채무
증여계약 이행 中 사망
상속인
혼외子, 母
증여계약
4년전
상속 개시
1.6년
5년 후
임대용 빌딩
시가 30억 증여계약
증여계약
이행청구
승소
→ 상속인 명의 빌딩
→ 혼외子 등기 이전
피상속인 : 증여채무공제 주장(후발적 사유) → 경정거부, 조세쟁송
(주장) : 세법에 따라 과세 But, 입법실수
(판결) : 경정청구 거부처분 정당 : 세법상 사인증여 → 상속세 과세대상
If) 다른 상속인이 납부(연대납세의무 이행 결과) → 母에게 구상권 청구
540

상속세 과세가액(4-5) - 채무

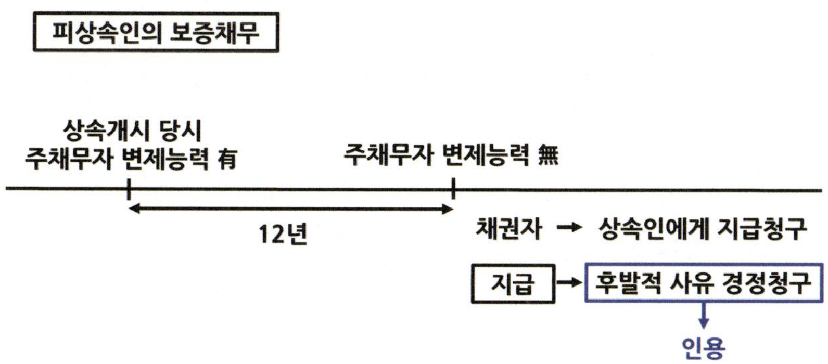

541

상속세 과세가액(4-6) - 채무

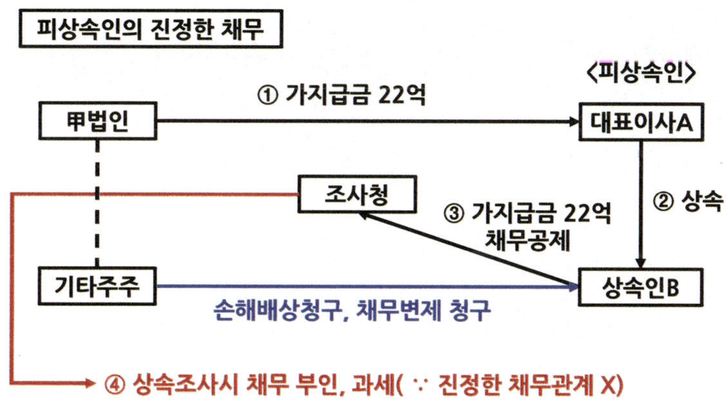

If) 진정한 채권 채무가 존재한다면 해당부분은 인정

542

상속세 과세가액(4-7) - 채무(정리)

피상속인의 보증채무 => 주채무자 변제불능 & 구상권 행사 불능 시 채무 공제 인정

피상속인의 진정한 채무 => 진정한 채권 채무가 존재한다면 해당 부분은 채무 공제 인정

증여 계약 이행 中 사망
- ① 사전증여 대상인 경우 : 채무 공제X, 사인증여로 상속세 과세
- ② 사전증여 대상 아닌 경우 : 채무 공제O, 증여 시 증여세 과세

543

상속세 과세가액(5-1) - 사전증여 재산

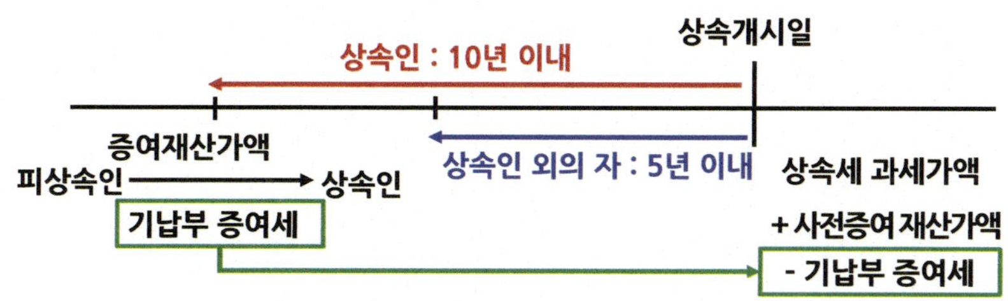

544

상속세 과세가액(5-2) - 사전증여 재산

기납부세액공제

- 상속인, 수유자 => 각자 납부세액에서 기납부세액 공제
- 수유자外 => 총 상속세 산출세액에서 기납부세액 공제

상속포기자

=> 상속인이 상속을 포기한 경우에도 [간주상속재산, 사전증여재산] 납세의무 有

545

상속세 과세가액(5-3) - 사전증여 재산

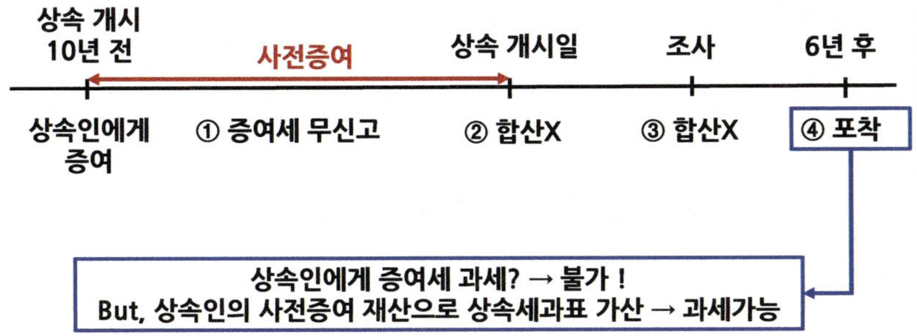

546

상속세 과세가액(6) - 배우자상속공제

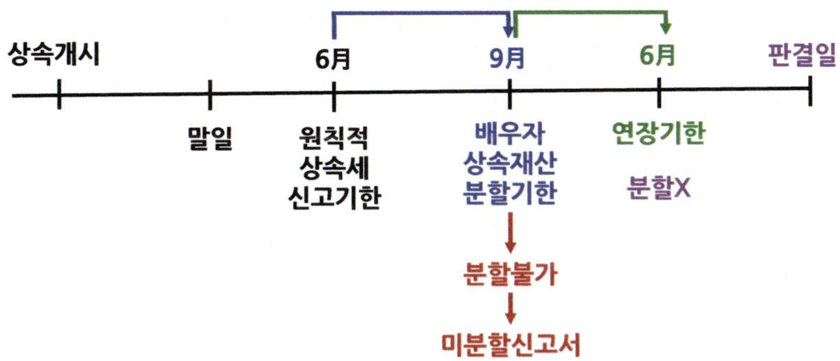

547

상속세 과세가액(7-1) - 가업상속공제

취지 : 원활한 가업승계 지원

- 가업상속공제
- 영농상속공제

中 1 적용

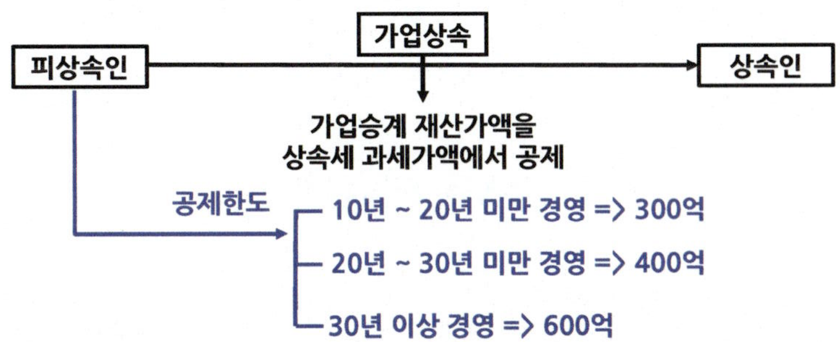

548

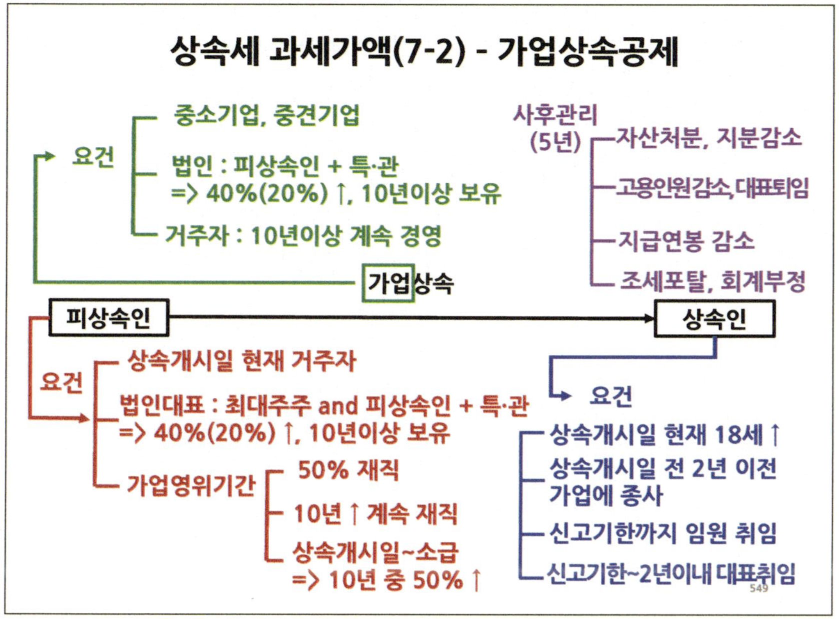
상속세 과세가액(7-2) - 가업상속공제
요건
중소기업, 중견기업
법인 : 피상속인 + 특·관
=> 40%(20%) ↑, 10년이상 보유
거주자 : 10년이상 계속 경영
가업상속
사후관리
(5년)
자산처분, 지분감소
고용인원감소, 대표퇴임
지급연봉 감소
조세포탈, 회계부정
피상속인
상속인
요건
상속개시일 현재 거주자
법인대표 : 최대주주 and 피상속인 + 특·관
=> 40%(20%) ↑, 10년이상 보유
가업영위기간
50% 재직
10년 ↑ 계속 재직
상속개시일~소급
=> 10년 중 50% ↑
요건
상속개시일 현재 18세 ↑
상속개시일 전 2년 이전
가업에 종사
신고기한까지 임원 취임
신고기한~2년이내 대표취임
549

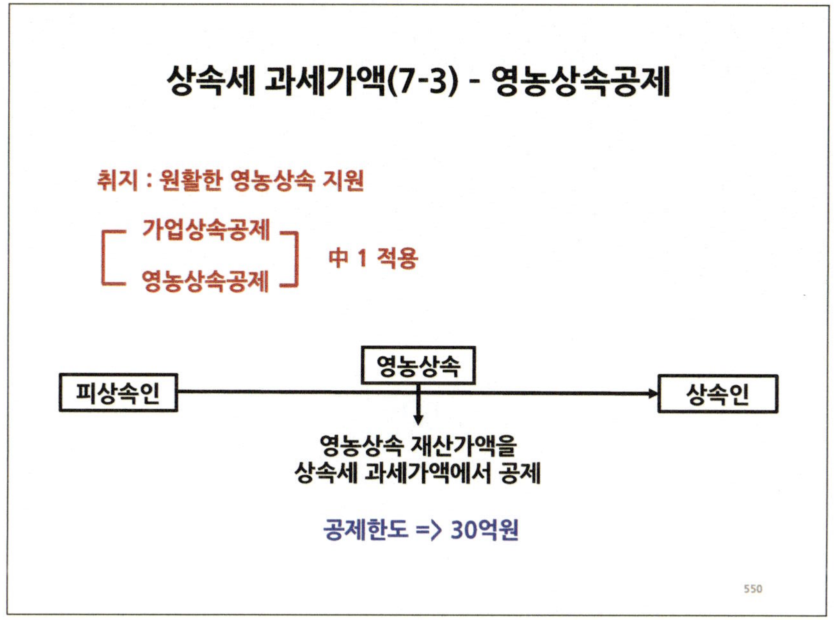
상속세 과세가액(7-3) - 영농상속공제
취지 : 원활한 영농상속 지원
가업상속공제
영농상속공제
中 1 적용
영농상속
피상속인
상속인
영농상속 재산가액을
상속세 과세가액에서 공제
공제한도 => 30억원
550

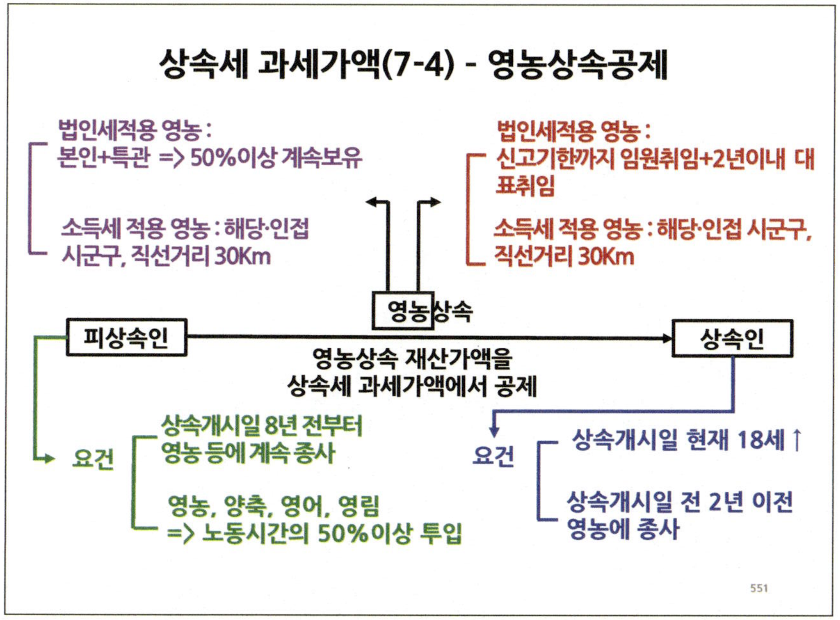
상속세 과세가액(7-4) - 영농상속공제
법인세적용 영농 :
본인+특관 => 50%이상 계속보유
소득세 적용 영농 : 해당·인접
시군구, 직선거리 30Km
법인세적용 영농 :
신고기한까지 임원취임+2년이내 대표취임
소득세 적용 영농 : 해당·인접 시군구,
직선거리 30Km
영농상속
피상속인
상속인
영농상속 재산가액을
상속세 과세가액에서 공제
요건
상속개시일 8년 전부터
영농 등에 계속 종사
영농, 양축, 영어, 영림
=> 노동시간의 50%이상 투입
요건
상속개시일 현재 18세 ↑
상속개시일 전 2년 이전
영농에 종사
551

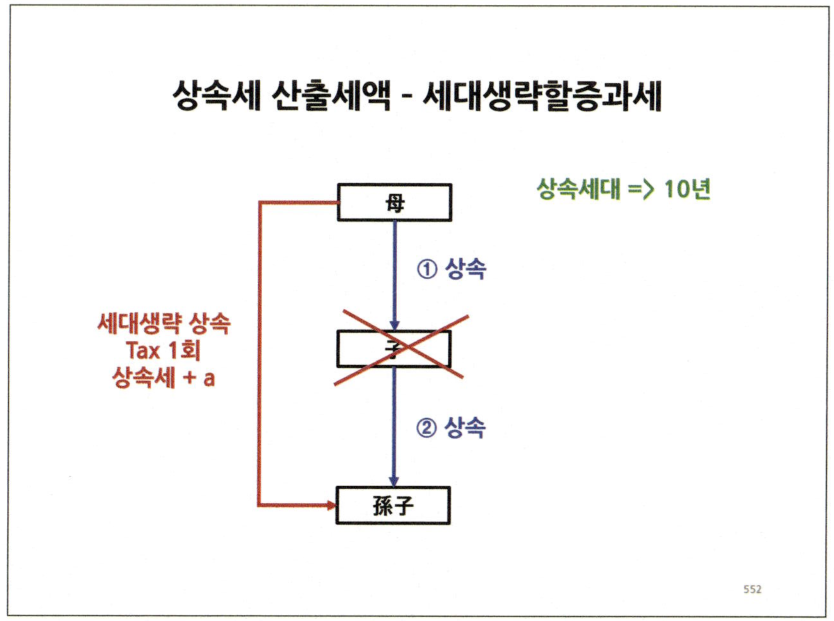
상속세 산출세액 - 세대생략할증과세
母
① 상속
子
② 상속
孫子
상속세대 => 10년
세대생략 상속
Tax 1회
상속세 + a
552

증여세 개관(1-1) - 완전포괄주의 증여

증여예시

과세요건
- 과세물건 — 확정
- 납세의무자 — 확정
- 과세표준 — ?
- 세율 — 확정

553

증여세 개관(1-2) - 완전포괄주의 증여

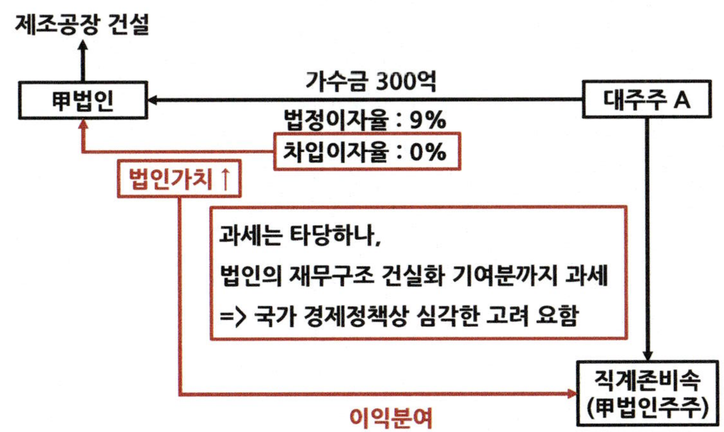

554

증여세 개관(1-3) - 완전포괄주의 증여

상증법상 증여 <완전포괄주의>

1)민법상 증여 계약에 의한 증여

2)증여 추정

3)증여의제

4)각 유형별 예시된 증여

5)타인기여 재산가치 증가분 (기타)

6)그외 이익을 분할하는 모든 것

555

증여세 개관(2) - 증여계약

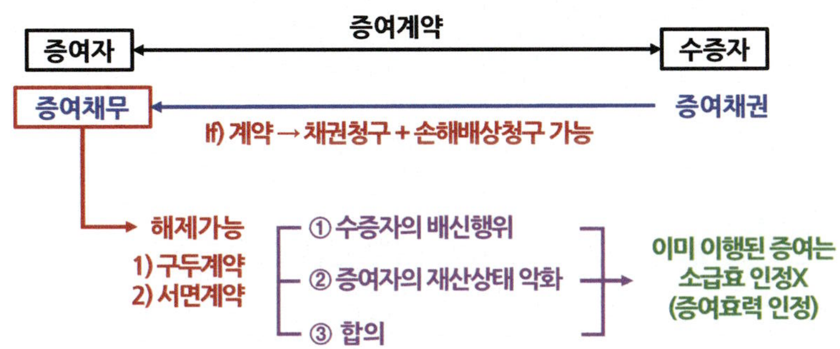

556

증여재산의 반환(1) - 개요

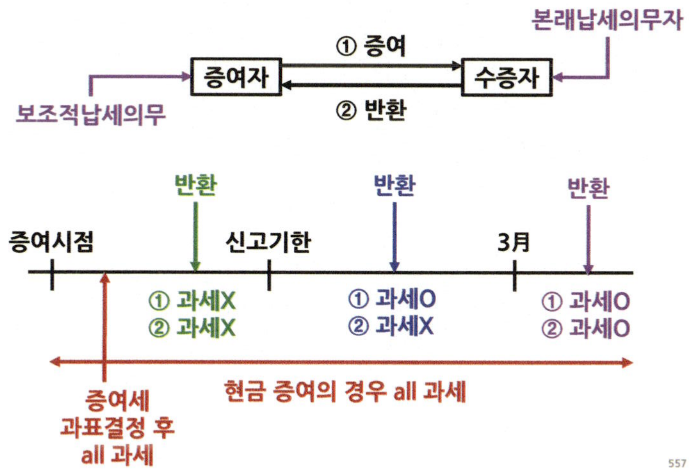

557

증여재산의 반환(2) - 취득원인 무효소송(의제자백)

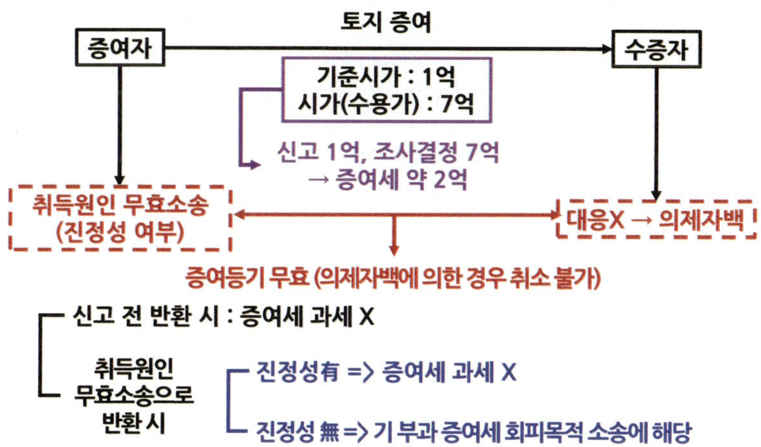

558

증여세 납부의무(1) - 증여세 연대납세의무

If) 수증자 증여세 부담능력 無 => 조건부연대납세의무 면제

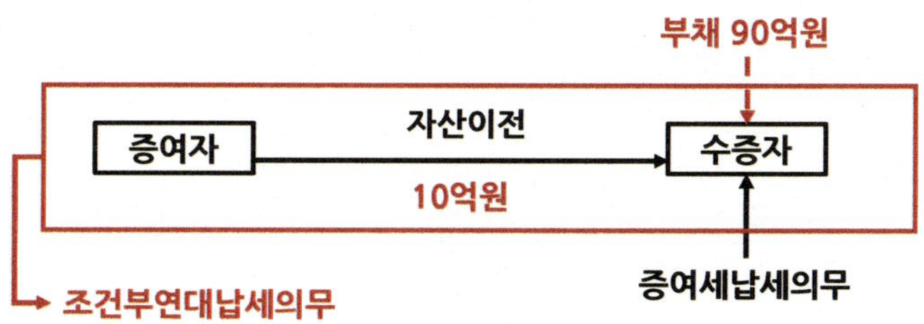

559

증여세 납부의무(2-1) - 소득세와의 관계

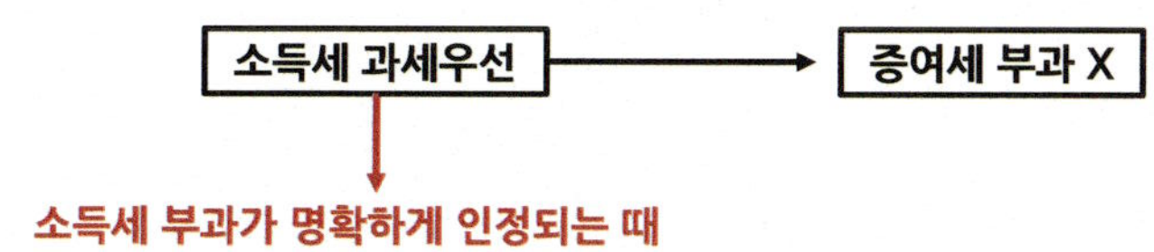

560

증여세 납부의무(2-2) - 소득세와의 관계

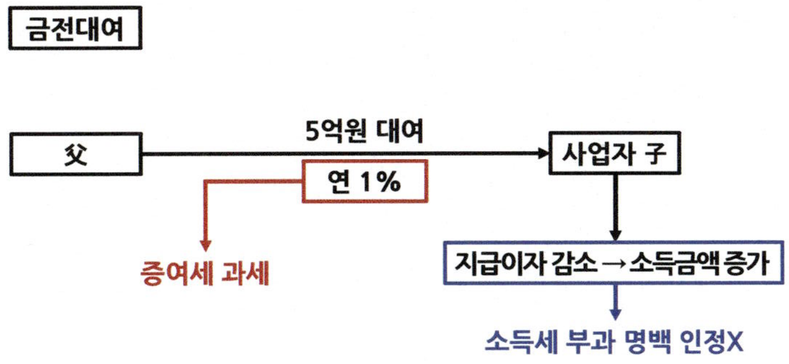

561

증여세 납부의무(2-3) - 소득세와의 관계

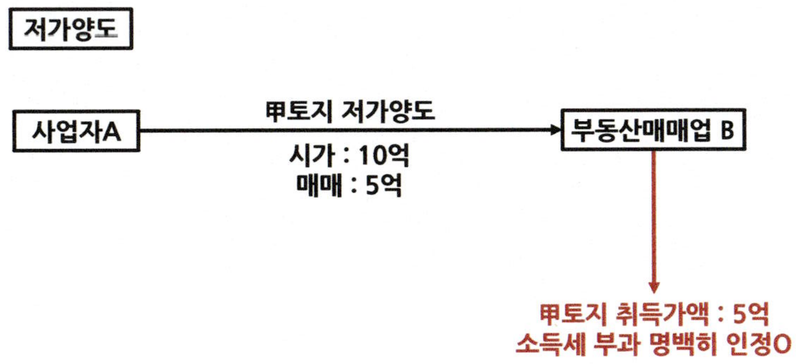

562

증여예시(1) - 신탁이익의 증여

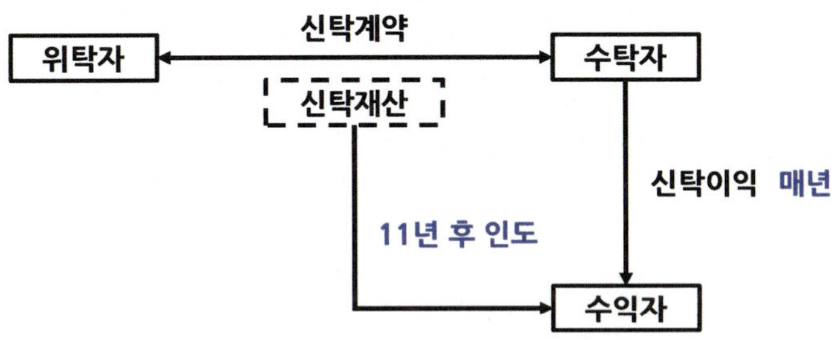

563

증여예시(2-1) - 보험금의 증여

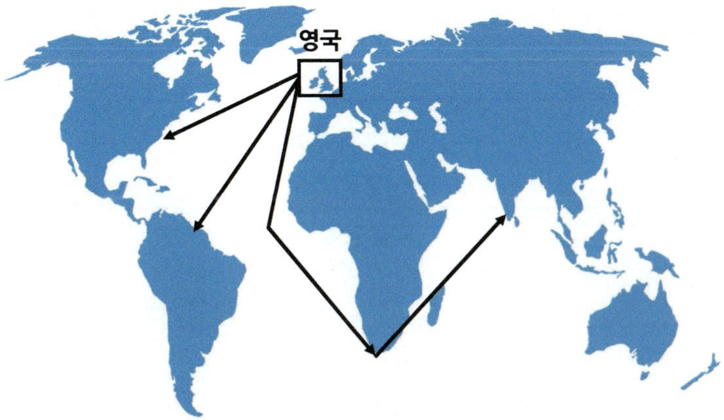

564

증여예시(2-2) - 보험금의 증여

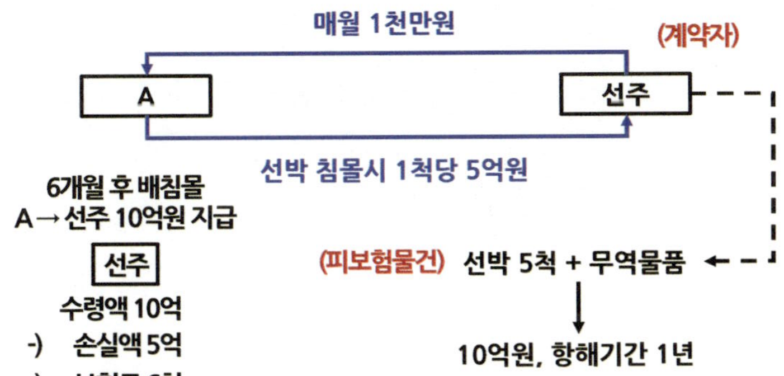

선주

수령액 10억
-) 손실액 5억
-) 보험료 6천

=) 이익 4.4억
- 법인세법 => 과세 (∵포괄주의)
- 소득세법 => 과세X (∵미열거)

=> 실손보험에 대한 납입보험료는 일정한도까지 세액공제

565

증여예시(2-3) - 보험금의 증여(수익거래와 위험거래)

- 수익거래 => 과세
- 위험거래
  - 법인세법 => 포괄주의 원칙 => 과세
  - 소득세, 상속세 및 증여세 => 불로소득 부분에 대하여 과세
    - 소득세 = > 열거된 부분에 한하여 과세
    - 상속세 및 증여세 => 포괄적 과세

566

증여예시(2-4) - 보험금의 증여

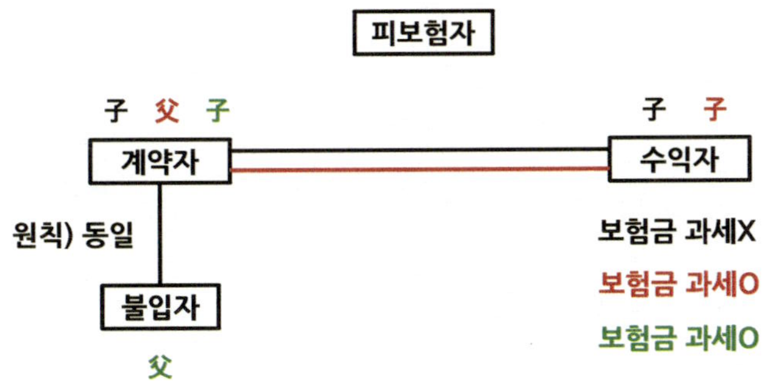

567

증여예시(2-5) - 보험금의 증여

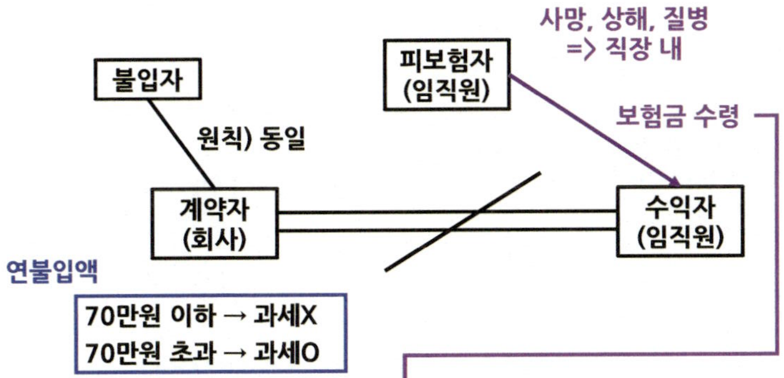

- 원칙) 근로소득 과세
- 예외) 근로기준법상 지급의무 有 치료비, 위자료에 준하는 부분 => 과세X

568

증여예시(2-6) - 보험금의 증여

보험 계약 개시일 〈보험 계약기간〉 계약 만료일 상속세 과세

① 피상속인 부담 → ① 상속인 수령 : 간주상속재산

② 본인 부담 → ② 본인 수령 : 과세문제X

③ 타인 부담 → ③ 본인 수령 : 증여세

④ 증여받아 불입 → ④ 본인 수령 : 증여세 (보험금 - 기증여액)

→ 증여 시 증여세 과세

⑤ 계약 개시일 전 현금 증여 후 보험금 불입

→ 5년 이내 증여(상속) 사유 발생시 타인기여 재산가치 증가분 증여예시 준용

569

증여예시(3-1) - 저가양수 · 고가양도

과세안전대

양도세 = Min [시가 × 5%, 3억]

상증세 = Min [시가 × 30%, 3억]

=> 시가와 거래가의 차이가 해당 범위 내 존재하면 부계부 적용 X

증여재산가액

특수관계有 : (양도가 - 시가) - Min [시가 × 30%, 3억]

특수관계無 : (양도가 - 시가) - 3억

→ 거래관행상 정당한 사유 無 경우

570

증여예시(3-2) - 저가양수

특수관계가 있는 경우

乙취득가 => 6억 + 1억

이익 분여자 甲 — 이익 분여액 4억 → 분여 받는 자 乙

자산양도 (특수관계O)

취득가 : 1억

양도가 : 6억

시가 : 10억

실제 수령액 : 6억

부계부 적용 (양도세)

∴ 양도가 = 10억

상증세 과세(증여세)

10억-6억-Min[10억 ×30%, 3억] = 1억

571

증여예시(3-3) - 고가양도

특수관계가 있는 경우

법인 or 사업자 => 4억(10억-6억) Dep 시부인

비사업자 => 취득가 6억원 양도세 과세

분여 받는 자 甲 ← 이익 분여액 4억 — 이익 분여자 乙

자산양도 (특수관계O)

취득가 : 1억

양도가 : 10억

시가 : 6억

실제취득가 10억 부계부 적용 → 정상취득가 6억

증여재산가액 = 10억 - 6억 - Min [6억 × 30%, 3억] = 2.2억

甲 양도가액 = 10억 - 2.2억 => 7.8억

甲 양도차익 = 7.8억 - 1억 => 6.8억

572

증여예시(3-4) - 저가양수

특수관계가 없는 경우

乙취득가 => 6억 + 1억

이익 분여자 — 이익 분여액 4억 — 분여 받는 자

甲 → 자산양도 (특수관계X) → 乙

취득가 : 1억
양도가 : 6억
시가 : 10억

실제 수령액 : 6억

- 부계부 적용X ∴ 양도가 = 6억
- 기부금의제(재고자산 한정)
∴ 10억 × 70% - 6억 = 1억

상증세 과세(증여세)
10억-6억-3억원 = 1억

573

증여예시(3-5) - 고가양도

특수관계가 없는 경우 => 정당한 사유 입증시 과세X

분여 받는 자 — 이익 분여액 4억 — 이익 분여자

甲 → 자산양도 (특수관계 X) → 乙

취득가 : 1억
양도가 : 10억
시가 : 6억

기부금의제 적용

- 증여재산가액 = 10억 - 6억 - 3억 => 1억
- 甲 양도가액 = 10억 - 1억 => 9억

甲 양도차익 = 9억 - 1억 => 8억

- 법인 or 사업자
=> 10억 - 6억 × 130% = 2.2억
- 비사업자
=> 취득가 10억 - 1억 = 9억

574

증여예시(3-6) - 저가양수 · 고가양도(증여세액처리)

② 18억 - 10억 - Min[10억 × 30%, 3억] = 5억
乙 → 甲에 증여, 甲의 양도가액에서 차감

비사업자 甲 → 자산양도 (특수관계O) → 비사업자 乙

신고한 양도가액 18억

장부계상 취득가액 6억

시가 10억 (주식, 부동산)
매매가 Case.① 6억(저가양수)
Case.② 18억(고가양도)

① 10억 - 6억 - Min[10억 × 30%, 3억] = 1억
甲 → 乙 증여, 乙의 취득원가에 가산

575

증여예시(4) - 부동산 무상 사용에 따른 이익의 증여

子 건물 (임대용)

父 토지 → 토지 무상대여

- ① 父 : 소득세법상 사업소득 中 부동산 임대업의 부계부 적용
=> 적정 임대료(부동산 임대업 총수입금액)
- ② 子 : 상증법상 부동산무상사용익 적용, 상증법상 계산방법에 따른 임대료 → 증여
- ③ 子 : 부동산임대업 소득금액 계산시 지급임차료 0 → 자동적으로 소득금액 증가

➡ 3중과세 피하려면 子 → 父 에게 적정임대료 지급

576

증여예시(5) - 금전 무상 대출에 따른 이익의 증여

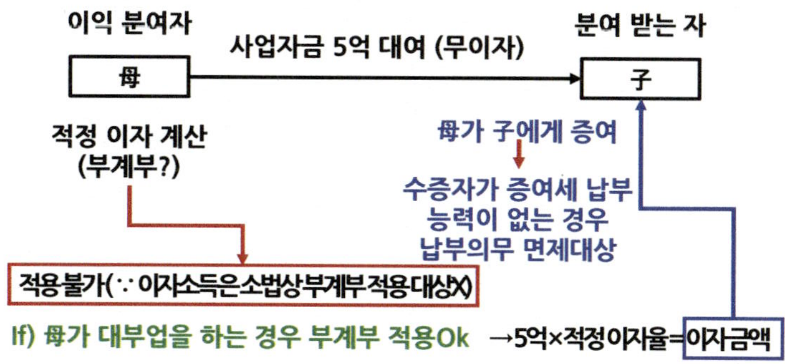

577

증여예시(6) - 현물출자에 따른 이익의 증여

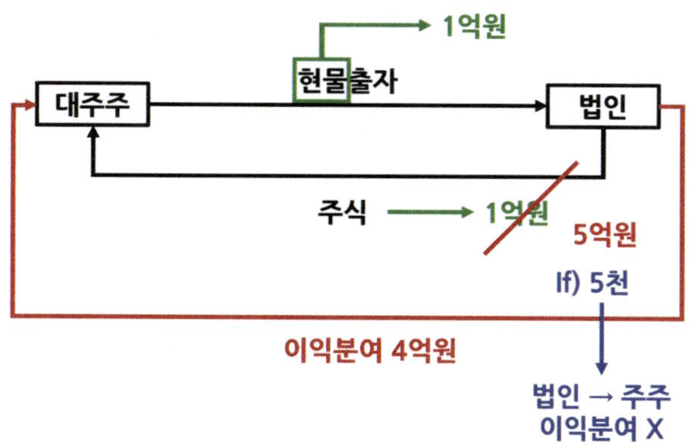

578

증여예시(7-1) - 전환사채 등 주식전환에 따른 이익의 증여 (지주회사)

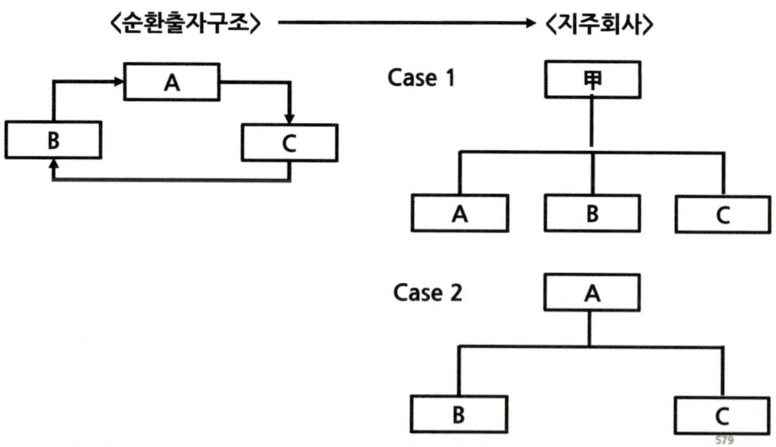

579

증여예시(7-2) - 전환사채 등 주식 전환에 따른 이익의 증여

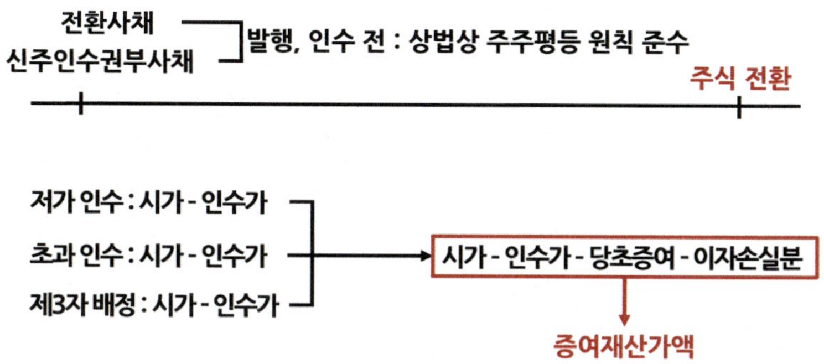

580

증여예시(8) - 초과배당에 따른 이익의 증여

10억 배당

특수

주주	원칙	배당포기
A (60%) 父	6억	'0'
B (20%) 친구	2억	2억 + 3억
C (20%) 子	2억	2억 + 3억

581

증여예시(9-1) - 주식 또는 출자지분의 상장에 따른 이익의 증여

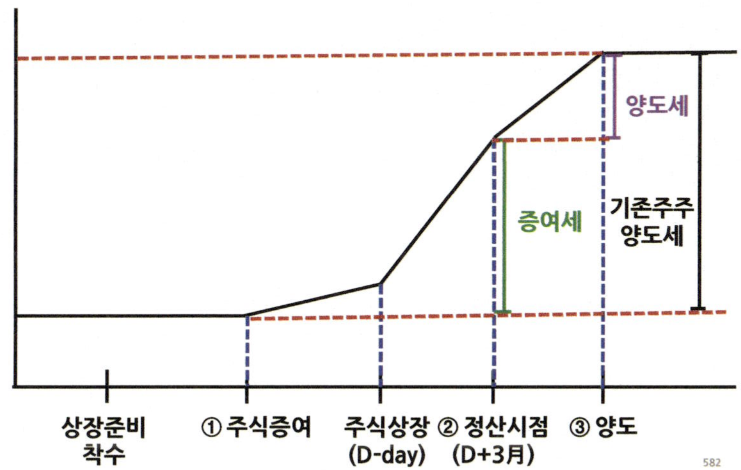

582

증여예시(9-2) - 주식 또는 출자지분의 상장에 따른 이익의 증여

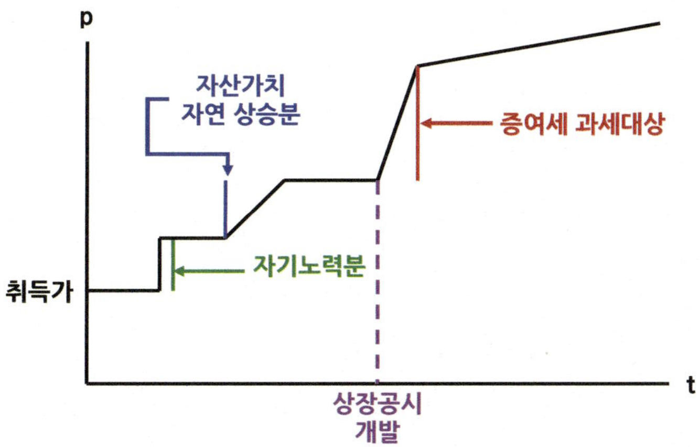

583

증여예시(9-3) - 주식 또는 출자지분의 상장에 따른 이익의 증여

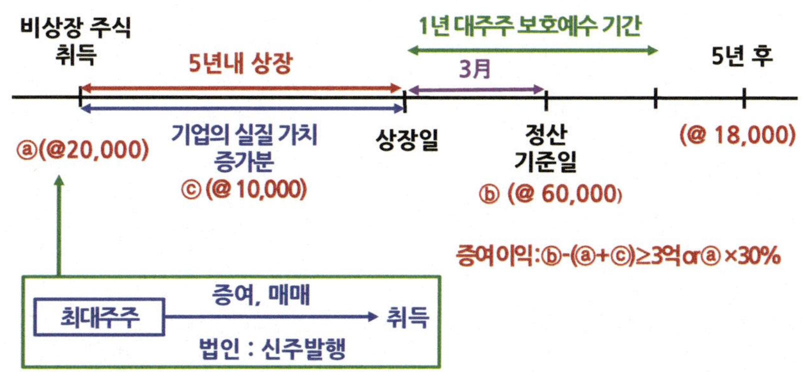

584

증여예시(10-1) - 타인 기여에 의한 재산가치 증가에 따른 이익의 증여

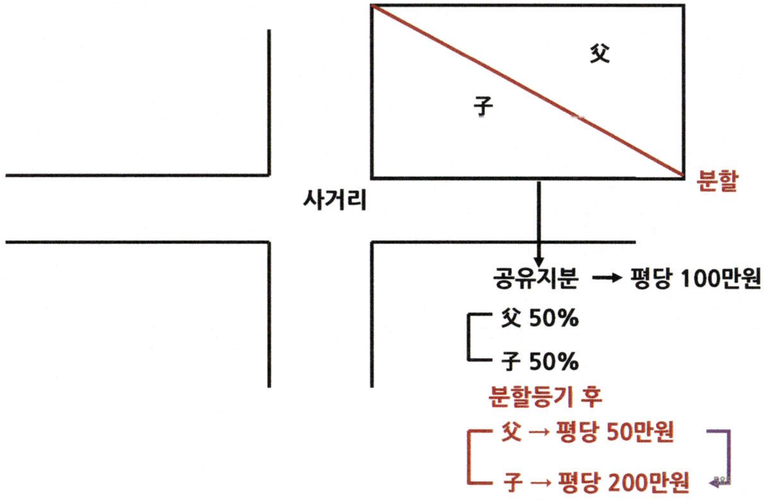

증여예시(10-2) - 타인 기여에 의한 재산가치 증가에 따른 이익의 증여

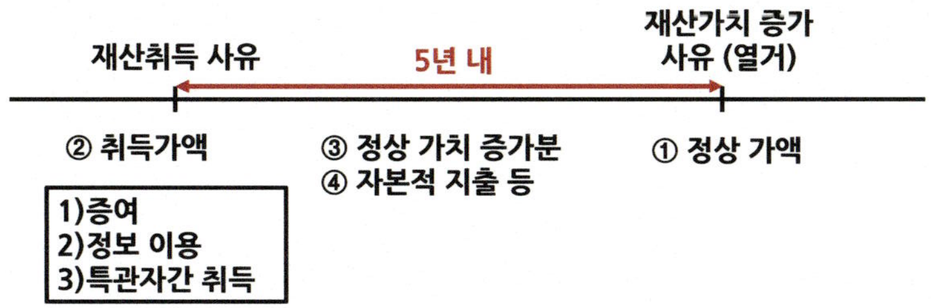

타인 기여에 의한 재산가치 증가분 = ① - (② + ③ + ④)

586

증여추정(1) - 직접양도와 우회양도

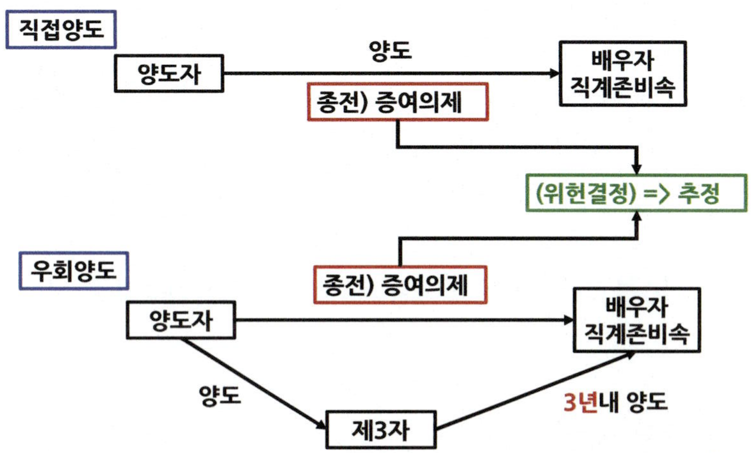

587

증여추정(2) - 재산취득자금 증여추정

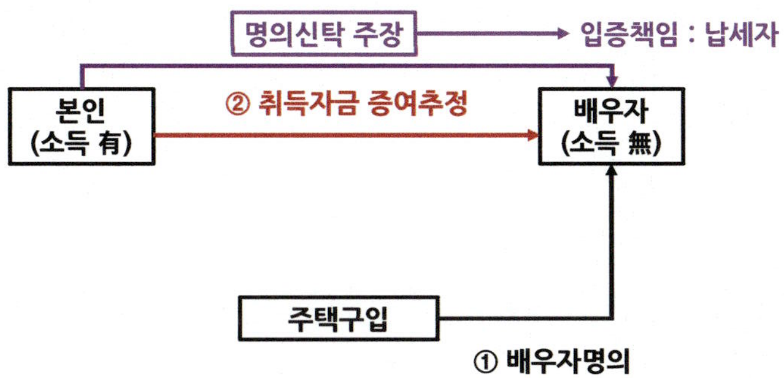

588

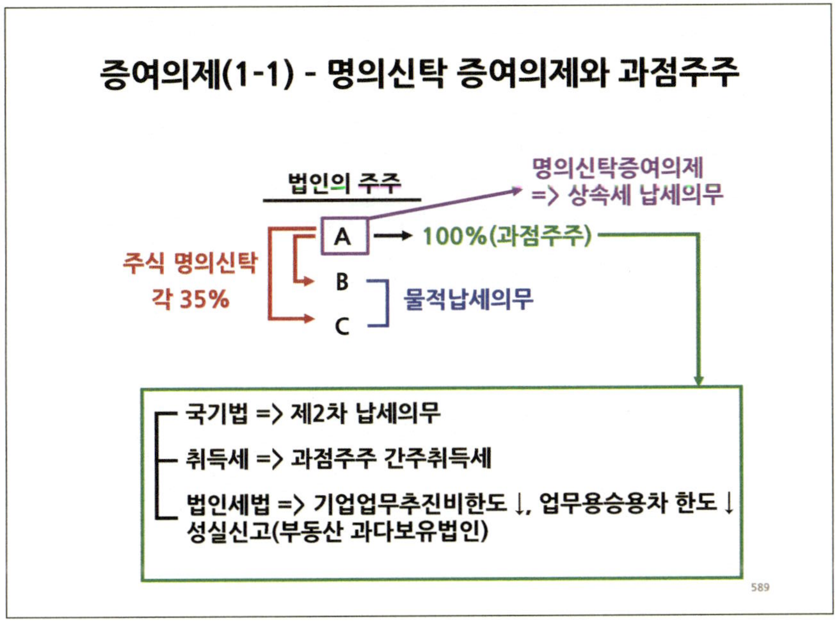
증여의제(1-1) - 명의신탁 증여의제와 과점주주
법인의 주주
명의신탁증여의제
=> 상속세 납세의무
주식 명의신탁
각 35%
A
100%(과점주주)
B
C
물적납세의무
국기법 => 제2차 납세의무
취득세 => 과점주주 간주취득세
법인세법 => 기업업무추진비한도 ↓, 업무용승용차 한도 ↓
성실신고(부동산 과다보유법인)
589

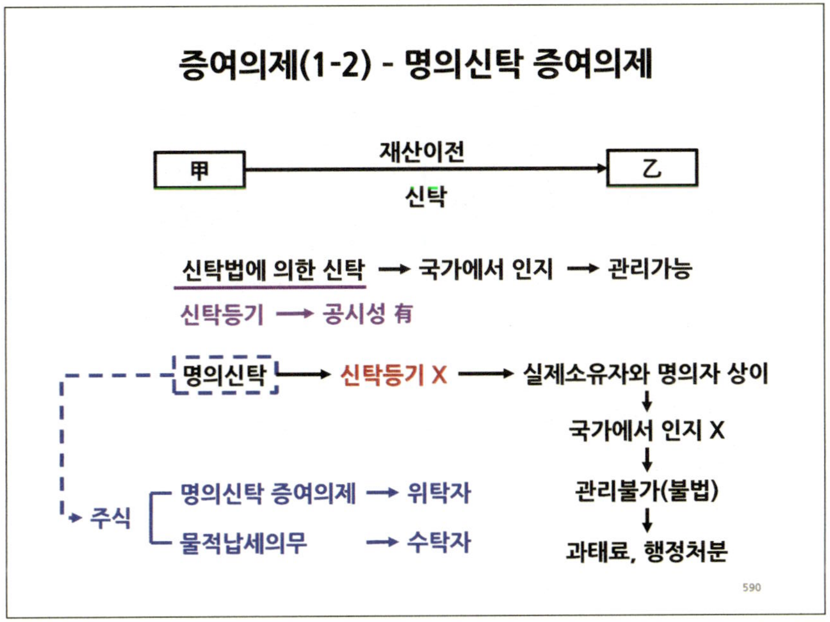
증여의제(1-2) - 명의신탁 증여의제
甲
재산이전
신탁
乙
신탁법에 의한 신탁 → 국가에서 인지 → 관리가능
신탁등기 → 공시성 有
명의신탁 → 신탁등기 X → 실제소유자와 명의자 상이
국가에서 인지 X
관리불가(불법)
과태료, 행정처분
주식
명의신탁 증여의제 → 위탁자
물적납세의무 → 수탁자
590

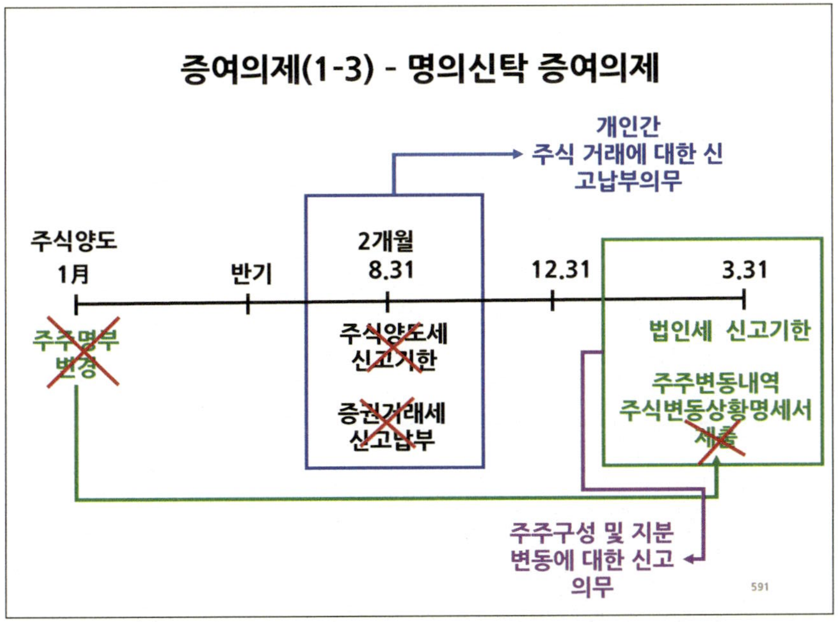
증여의제(1-3) - 명의신탁 증여의제
개인간
주식 거래에 대한 신
고납부의무
주식양도
1月
반기
2개월
8.31
12.31
3.31
주주명부
변경
주식양도세
신고기한
증권거래세
신고납부
법인세 신고기한
주주변동내역
주식변동상황명세서
제출
주주구성 및 지분
변동에 대한 신고
의무
591

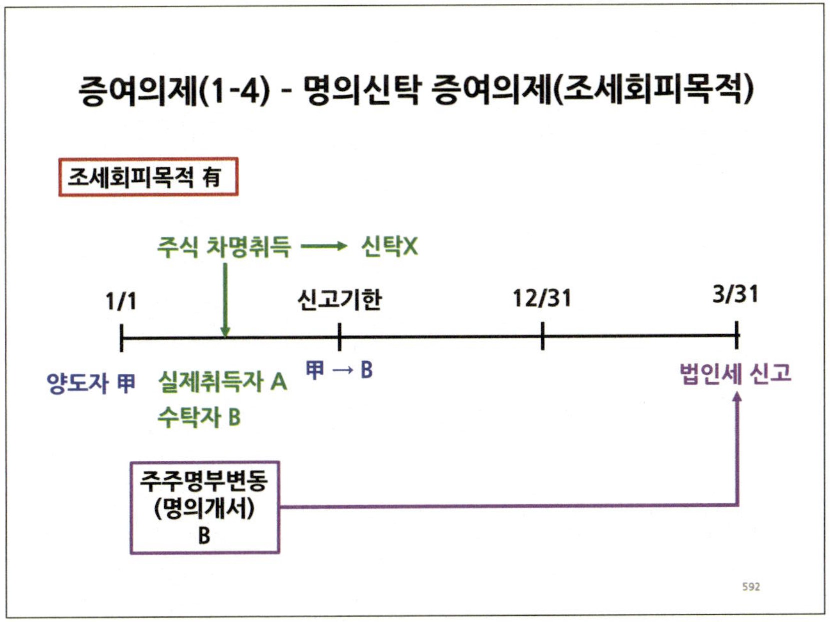
증여의제(1-4) - 명의신탁 증여의제(조세회피목적)
조세회피목적 有
주식 차명취득 → 신탁X
1/1
신고기한
12/31
3/31
양도자 甲
실제취득자 A
수탁자 B
甲 → B
법인세 신고
주주명부변동
(명의개서)
B
592

증여의제(1-5) - 명의신탁 증여의제(조세회피목적)

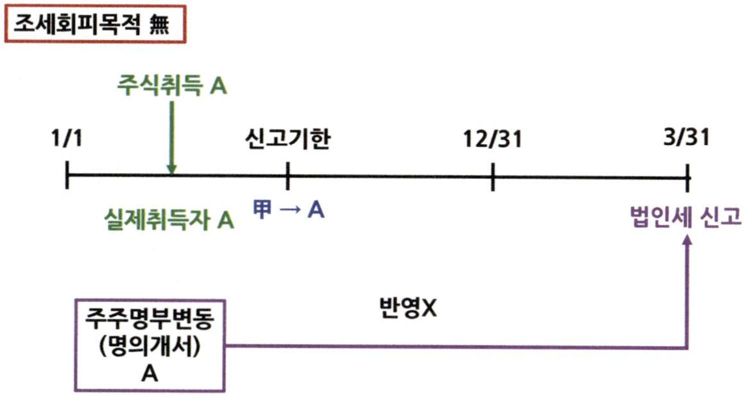

593

증여의제(1-6) - 명의신탁 증여의제(증여의제시기)

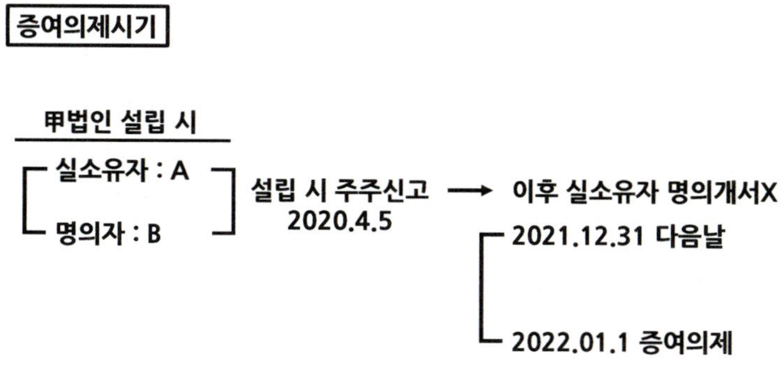

594

증여의제(1-7) - 명의신탁 증여의제(재차 명의신탁)

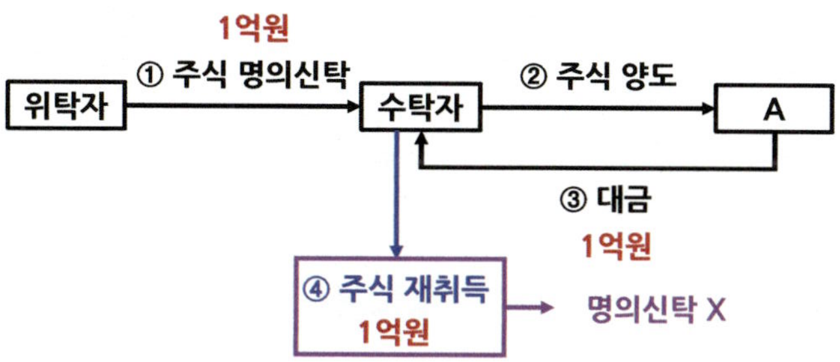

595

증여의제(2) - 특수관계법인과의 거래를 통한 이익의 증여의제

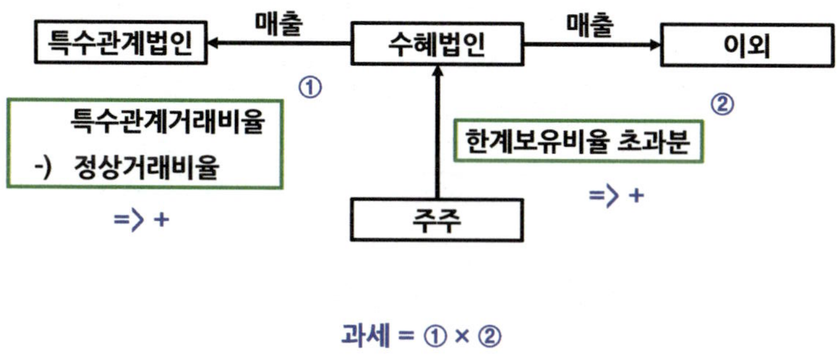

596

증여의제(3-1) - 특정법인과의 거래를 통한 이익의 증여의제

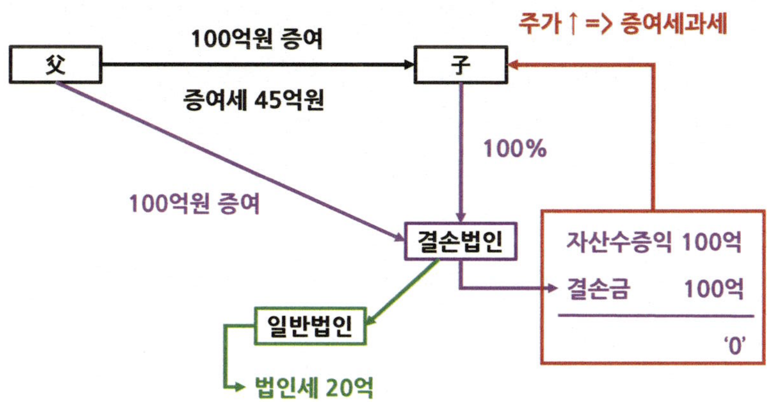

597

증여의제(3-2) - 특정법인과의 거래를 통한 이익의 증여의제

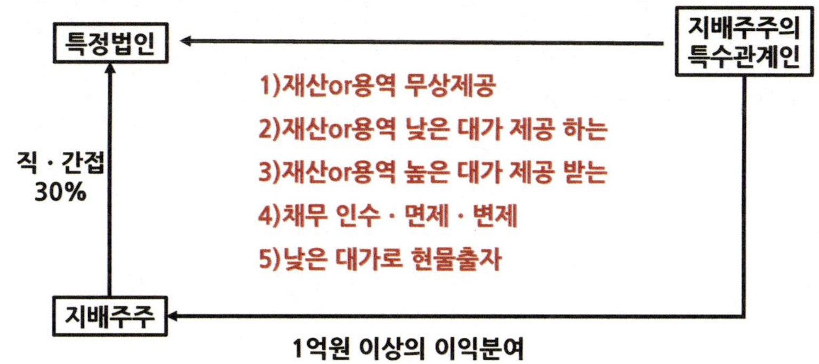

598

과세가액불산입(1-1) - 신탁재산에 대한 과세가액 불산입(자익신탁)

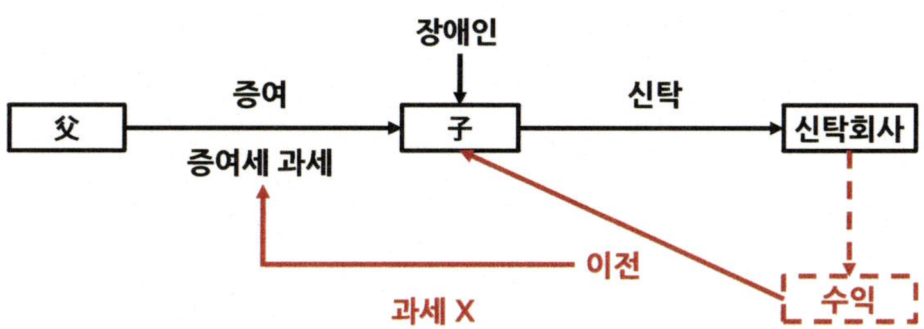

599

과세가액불산입(1-2) - 신탁재산에 대한 과세가액 불산입(타익신탁)

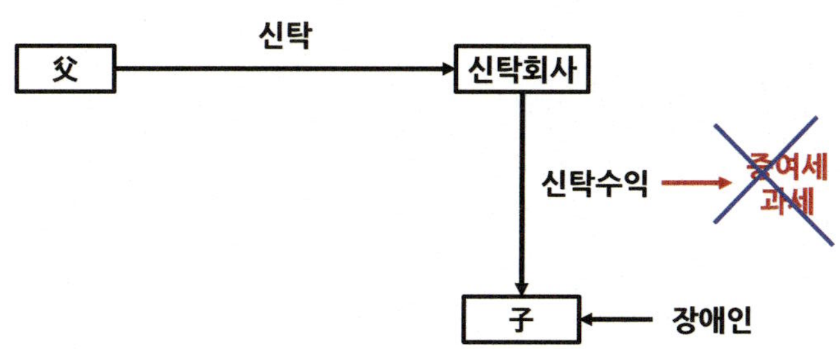

600

증여세 과세가액(1-1) - 부담부증여

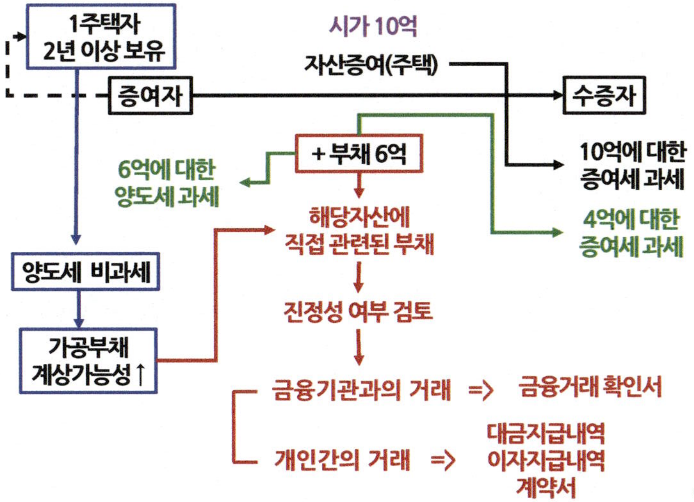

601

증여세 과세가액(1-2) - 부담부증여

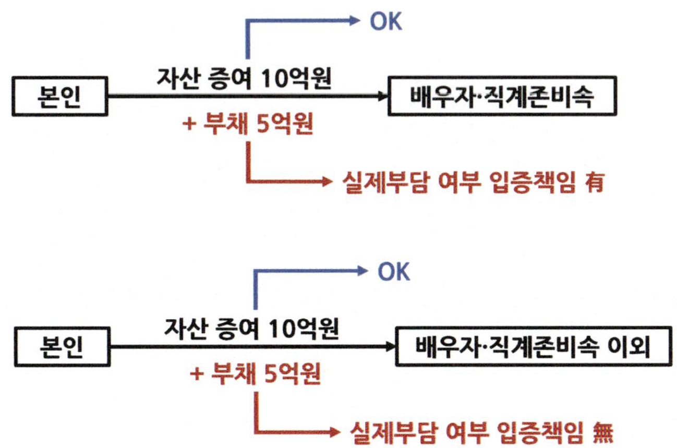

602

증여세 과세가액(2-1) - 증여재산 합산

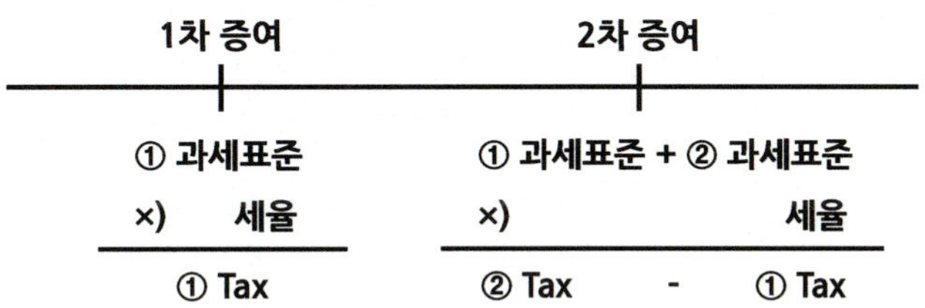

603

증여세 과세가액(2-2) - 증여재산 합산 시 유의사항

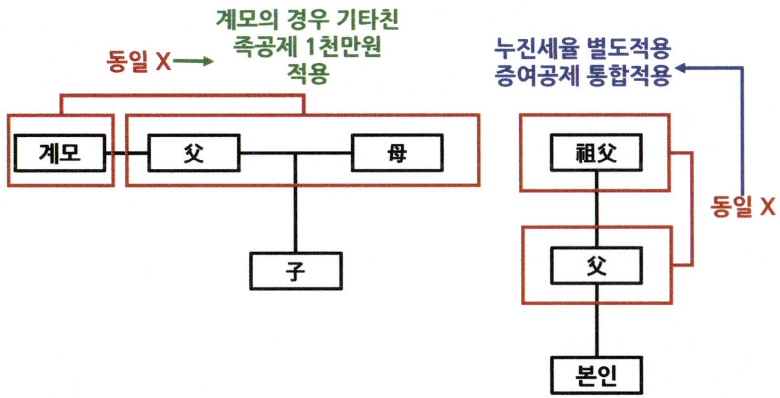

604

공익법인 과세특례(1) - 법인의 종류 및 구분

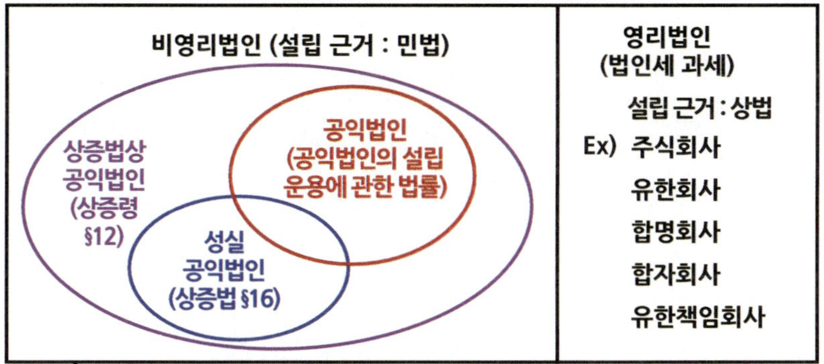

- 수익사업 : 법인세 과세
- 이외 : (상증세, 소득세) 과세

605

공익법인 과세특례(2) - 사후관리

출연 재산 사후관리

출연 재산 사용 의무 위반
- 3년내 공익사업 미사용 — 취득단계
- 내국법인 발행주식 취득 — 취득단계
- 운용소득을 직접 공익목적 외 사업에 사용 — 운용단계
- 매각대금 공익사업에 미사용 => 매각 후 — 운용단계
- 특수관계인이 사용 · 수익 — 운용단계

606

공익법인 과세특례(3) - 공익성 강화

공익성 강화

- 출연자 등 이사 취임 금지 - 현재 이사수의 1/5 초과
- 계열회사 주식보유 초과 금지 - 총재산가액의 30%(특정공익법인 50%)
- 특수관계 기업 광고 · 홍보 행위 금지

607

공익법인 과세특례(4) - 협력의무

협력의무

- 보고의무 - 사업연도 종료일 ~ 3개월 이내
- 외부전문가 세무확인
- 공익법인 외부회계감사 의무
- 전용계좌 개설 · 사용 - 변경사유 발생일 ~ 1月, 공익법인 해당일 ~ 3月
- 결산서류 공시 - 과세기간 종료일 ~ 4月 이내
- 장부의 작성 · 비치 - 10년간

608

재산평가(1-1) - 시가로 인정되는 것

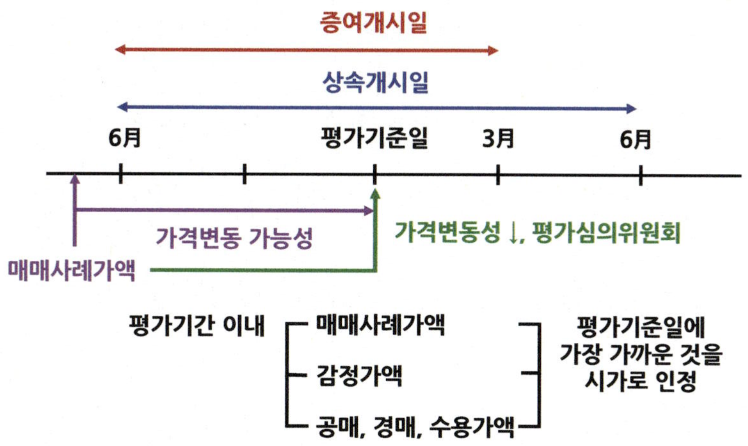

609

재산평가(1-2) - 시가로 인정되는 것

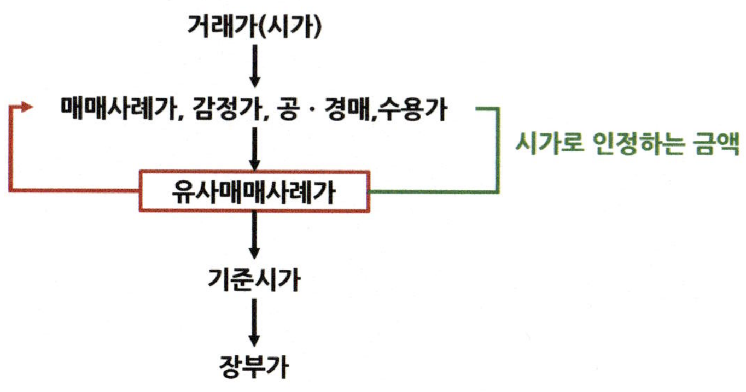

610

재산평가(2) - 시가인정 특례

1) 평가기간 전후 2년 내 ①, ②, ③ 있고 가격 변동의 특별한 사정 없으면 자문을 거쳐 시가로 인정

2) 유사재산 매매사례가액(평가기간 내) 다만, 평가기간 내 시가로 인정되는 것이無 경우에만 적용

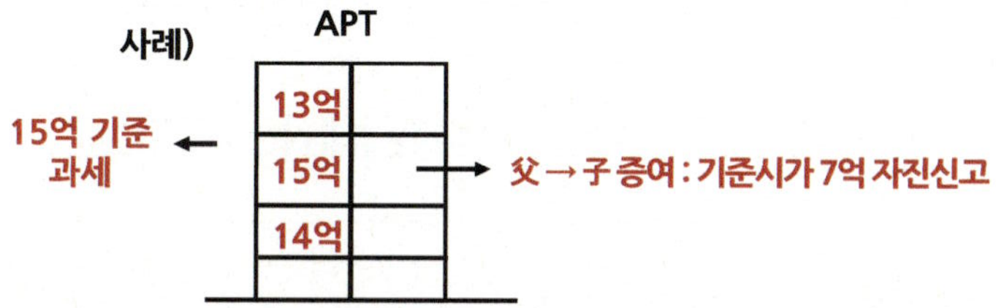

611

재산평가(3) - 평가심의위원회

前	2020	2021	2022
법인 사정 열악 이익 '0'	오피스텔 분양 50 억	상가 분양 70 억	APT 분양 150 억
	X 1	X 2	X 3

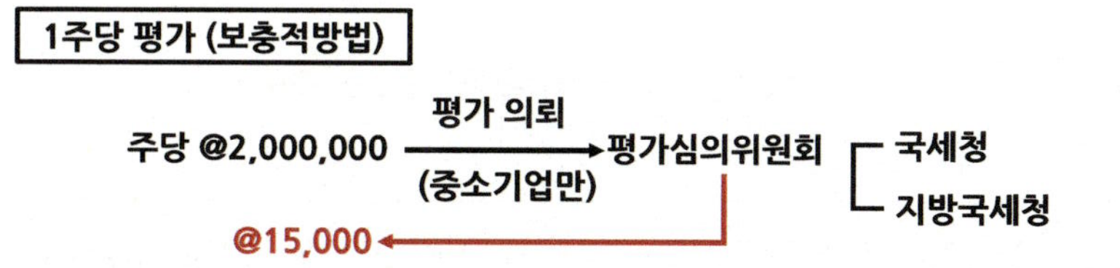

612

부가가치세법

부가가치세법

세무사 원용대

613

부가가치세 개관(1-1) - 직접세와 간접세

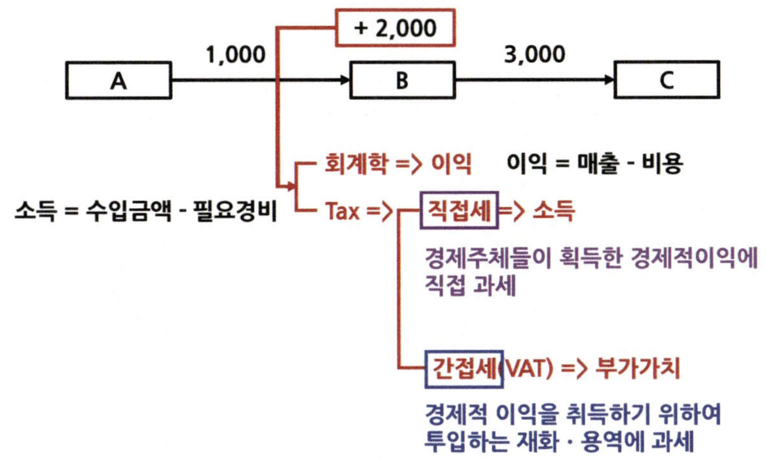

614

부가가치세 개관(1-2) - 납세자와 담세자(조세전가)

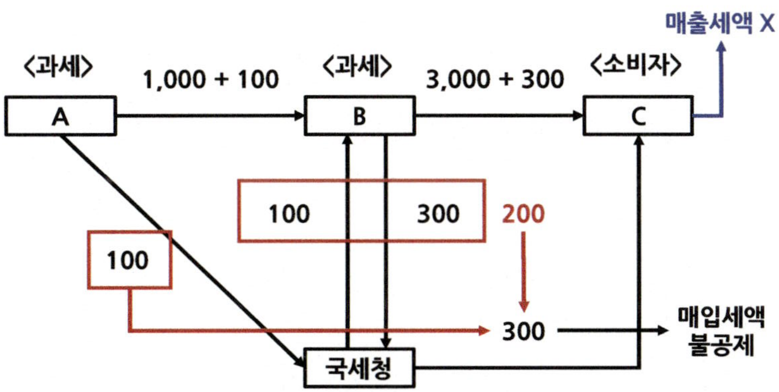

615

부가가치세 개관(1-3) - 납세자와 담세자

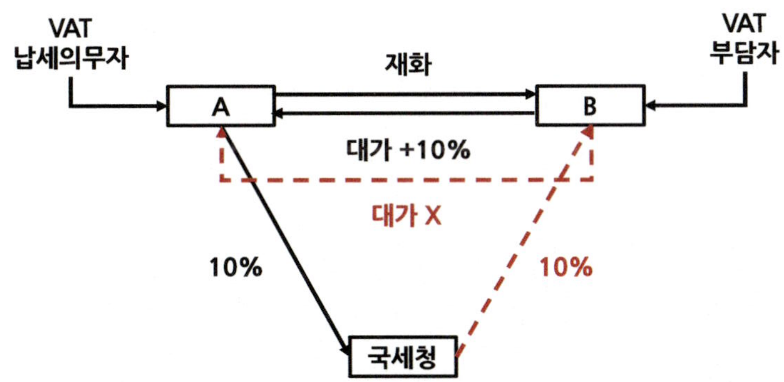

616

부가가치세 개관(1-4) - 부가가치세 운용방법(상호대사)

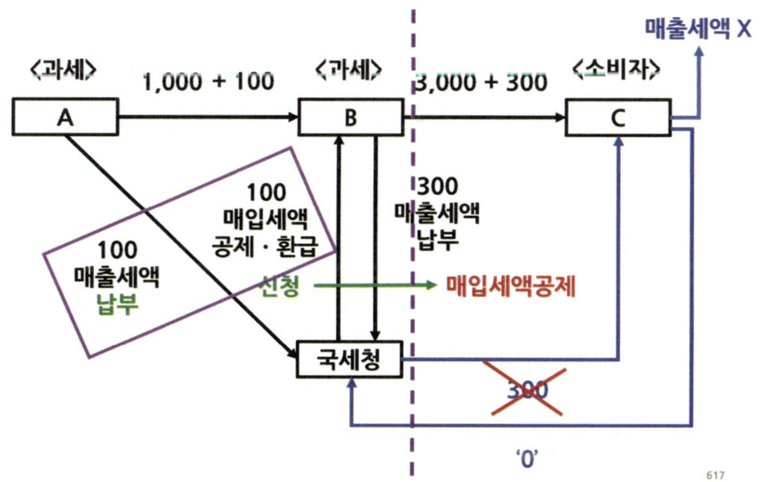

617

부가가치세 개관(1-5) - 선행조세, 상호대사, 탈세방지

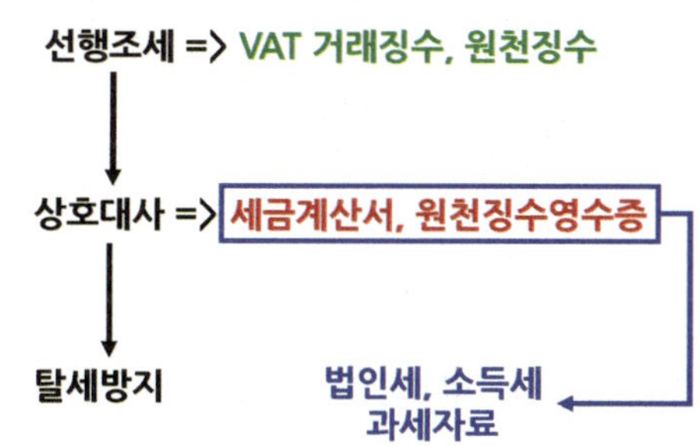

618

부가가치세 개관(2-1) - 선행조세(거래징수)

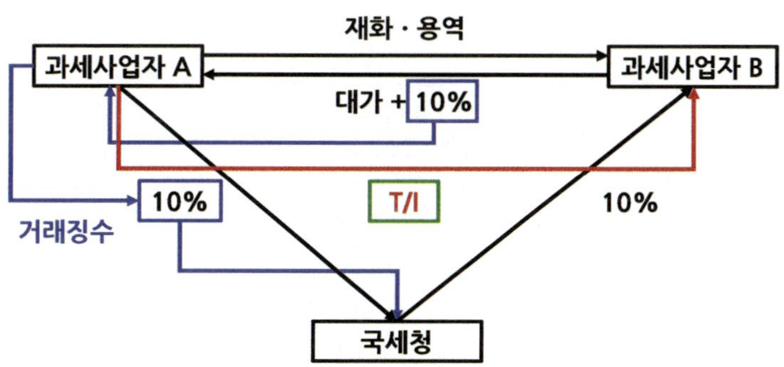

619

부가가치세 개관(2-2) - 선행조세(거래징수)

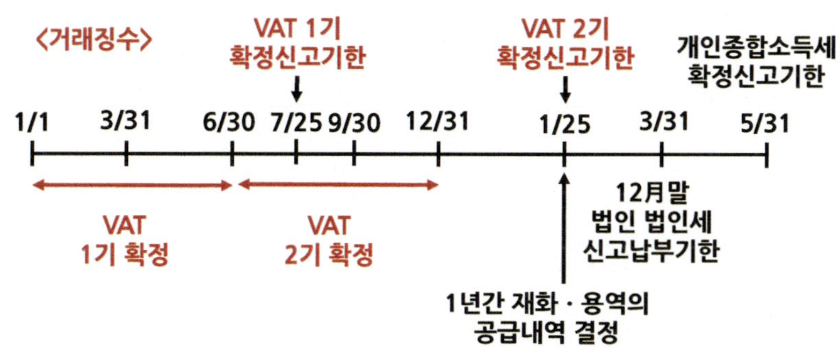

620

부가가치세 개관(2-3) - 선행조세(원천징수)

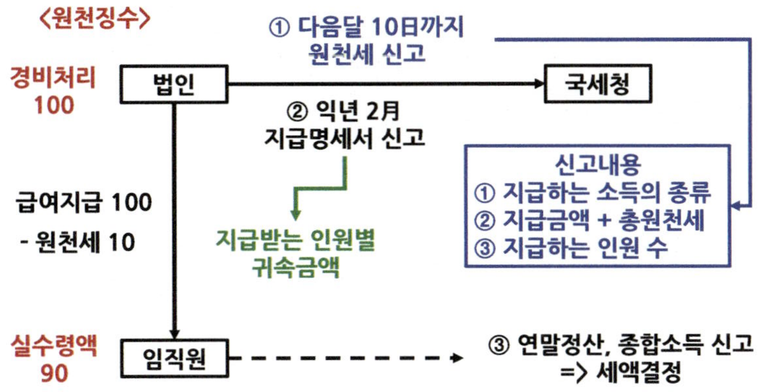

621

부가가치세 개관(2-4) - 선행조세(원천징수)

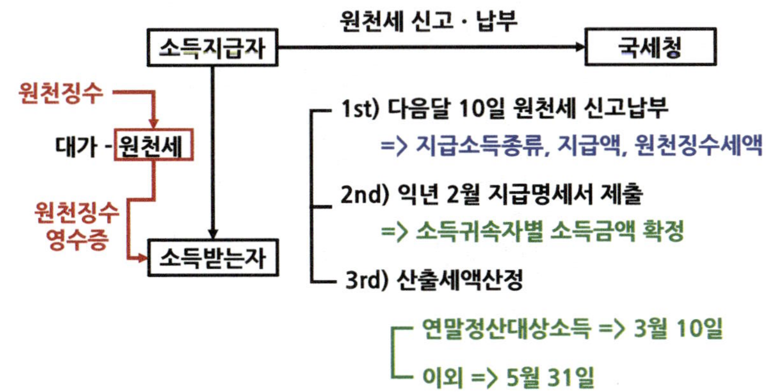

622

부가가치세 개관(2-5) - 선행조세(거래징수와 원천징수)

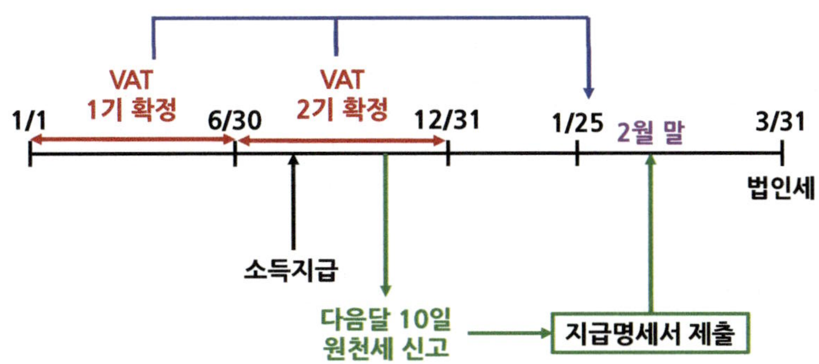

623

부가가치세 개관(2-6) - 선행조세(거래징수와 원천징수)

I/S

	매출액	XXX
-)	매출원가	XXX
=)	매출총이익	XXX
-)	인건비	XXX
-)	임대료	XXX
-)	비품구입비	XXX
-)	지급수수료	XXX
=)	당기순이익	XXX

VAT 거래징수

소법 원천징수

624

부가가치세 개관(3-1) - 이중과세조정

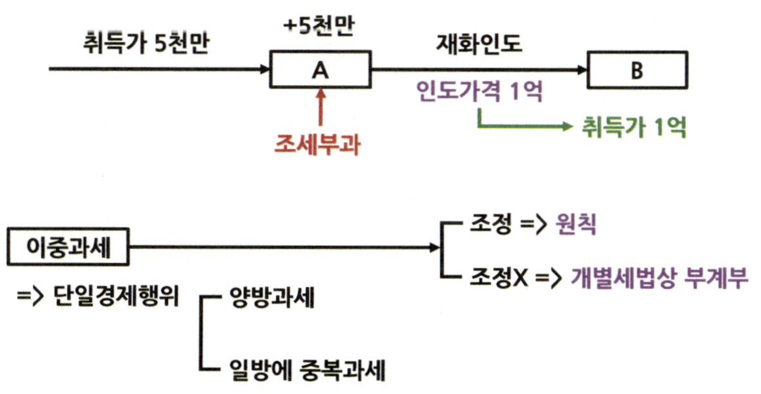

625

부가가치세 개관(3-2) - 이중과세조정

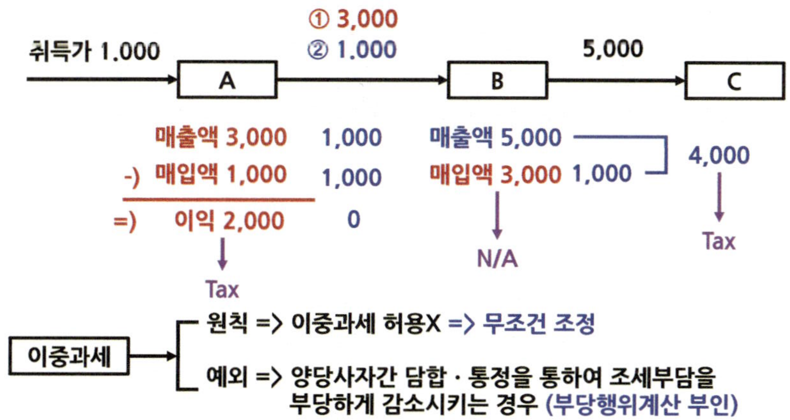

626

부가가치세 개관(3-2) - 국경세조정

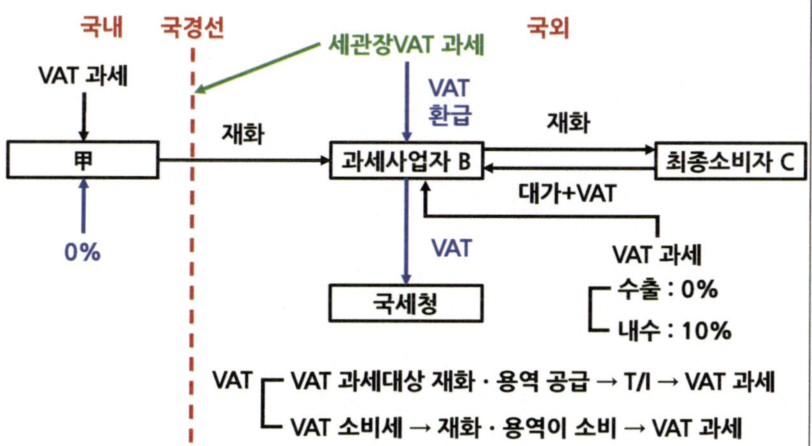

627

부가가치세 개관(3-3) - 국경세조정

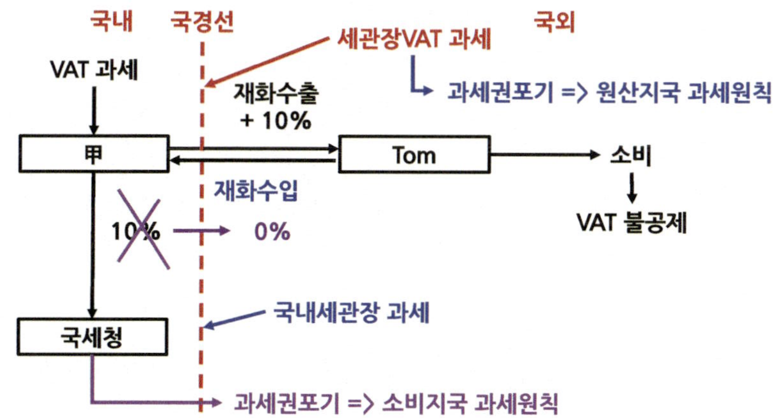

628

부가가치세 개관(3-4) - 인플레이션(면세)

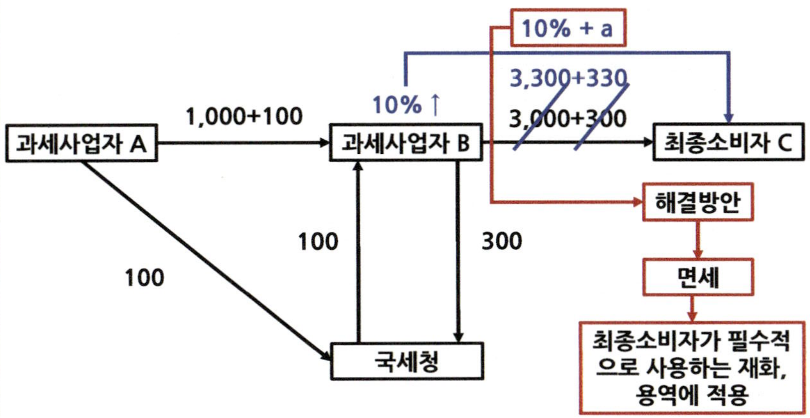

629

부가가치세 개관(4) - 계산방법

- 전단계거래액공제법 : (매출액 - 매입액) × 10% (과세표준) — 과세기간별 · 총액주의
  - → 부가가치세 과세이론에 적합, 정밀한 세부담조정 불가
- 전단계세액공제법 : 매출액 합계 × 10% - 매입액 합계 × 10% (이론상) — 산출세액, 건별계산
  - ↓ 수정된 전단계세액공제법 : 매출액 × 10% - 수취 T/I상 매입세액 → T/I 수취분만 공제 → 매입세액 불공제 7가지

<과세요건>
① 과세물건
② 납세의무자
③ 과세표준
④ 세율

① 업종별 VAT면제 감면만 가능 (품목별 X)
② 전단계 거래금액 VAT 포함 여부 불분명
③ 개별 거래 산정 내역 불분명

630

납세의무자(1-1) - 개요

투기거래(부동산)
→ 제재목적 중과세
토지 등 양도소득 법인세

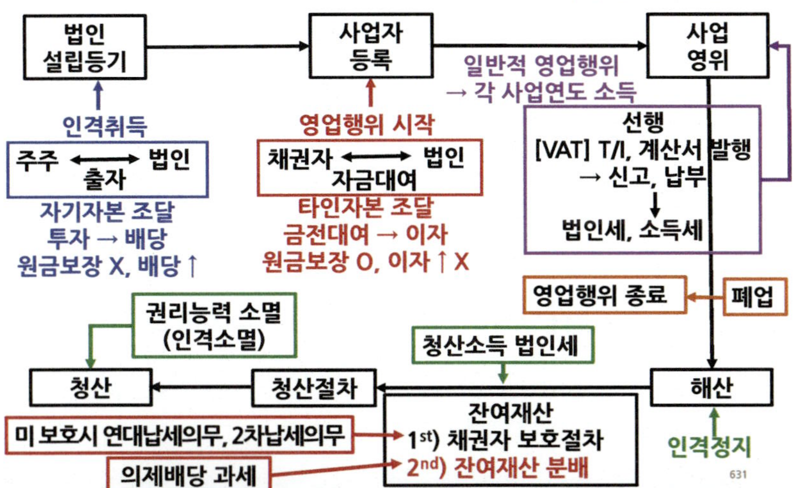

631

납세의무자(1-2) - 개요

- 사업자
  - ① 영리목적에 관계 X
  - ② 사업형태 + 계속 반복적 VS 인적용역에 의한 원천징수 사업소득
  - ③ 독립적으로 재화 · 용역 공급 VS 종속적인 용역의 제공
- 재화의 수입자

\+ 신탁재산관련 납세의무

- 과세사업자
  - 일반과세자
  - 간이과세자 => 영세사업자 지원
- 면세사업자 => 조세부담 역진성 완화

632

납세의무자(1-3) - 개요

- 사업자
  - 개인 => 소득세
  - 법인 => 법인세
- 사업성 有 → 사업소득
  - VAT 과세대상 사업소득 (사업자등록 → T/I 발행, 신고납부) (부가가치발생 => 투입1, 산출 100)
  - VAT 면세대상 사업소득 (사업자등록X → 3.3% 원천징수) (부가가치발생 X => 투입1, 산출 2)

① 독립된 지위 ↔ 종속적 지위
② 계속 · 반복적 ↔ 일시 · 우발적

구분기준
=> 부가가치를 창출할 수 있는 정도의 사업형태
① 인적설비 => 종업원
② 물적설비 => 사업장, 제조설비
- 有 => VAT 과세대상 사업소득
- 無 => VAT 면세대상 사업소득

사업성 無 => ① 독립지위 여부 무관 ② 일시우발적 (거주자)

사업자등록 => 영리, 비영리 무관　　독립된 지위 => 자기책임, 자기계산

납세의무자(1-4) - 개요(사업성)

오피스텔 매매
- 사업성 有 => 사업소득 + VAT 신고 · 납부 O
- 사업성 無 => 양도소득 + VAT 신고 · 납부 X

납세의무자(2) - 면세사업자와 소비자

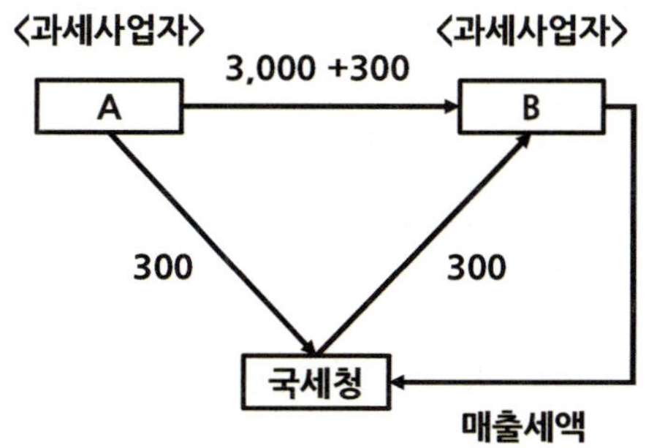

⇒ 사업목적(판매) 사용예정

If) 소비자(면세)
↓
자기사용목적 취득
↓
국가에 납부할 VAT 매출세액 '0'
↓
국가에서 B에게 환급할 VAT 매입세액 '0'

납세의무자(3) - 대가수령 여부와 세금계산서

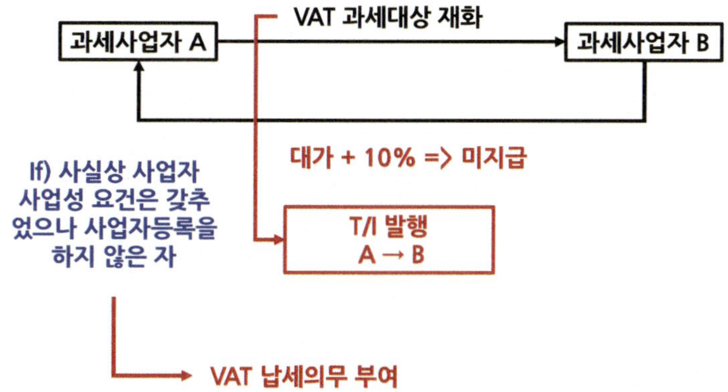

납세의무자(4-1) - 신탁과 명의신탁

신탁 => 신탁법에 의한 신탁등기 => 실제소유자와 명의상 소유자가 분리

과세관청이 인지

명의신탁 => 개인간의 비밀스러운 약정 → 민사상 공증, 합의서

신탁등기 X, 명의이전

취득당시 대금지급자와 명의자가 상이

현행법상 금지

637

납세의무자(4-2) - 명의신탁과의 비교

구분	민사신탁	명의신탁
성립 근거	신탁법	판례
권리 변동 효력	소유권 이전 등 확정	부동산 실명법 위반 무효 원칙
과징금 등 불이익	신탁거래 자체 불이익 無	장기 미등기 등 과징금 부과
수탁자 납세의무	법률 규정有 경우 성립	실질과세 적용

638

납세의무자(4-3) - 신탁 개요

특약 =>
- 임대료 3月 미납시 임대차계약 자동해지
- 입주 후 1月 내 4천만원 미납시 계약 자동해지

건물주 ←임대차계약→ 세입자

계약조건 => 1년 계약 보증금 5천만, 월임대료 3백만

세입자 => 1천만 선지급 1月 후 ~~4천만원 지급~~ + 3백만 + 30만 × 12月

3개월 분만 수령

=> 상가임대차보호법 => 법원판결 => 강제집행

639

납세의무자(4-4) - 신탁의 의의

신탁을 설정하는 자(위탁자)와 신탁을 인수하는 자(수탁자) 간의 신임관계에 기하여 위탁자가 수탁자에게 특정의 재산을 이전 하거나 담보권의 설정 기타 처분을 하고 수탁자로 하여금 일정한 자(수익자)의 이익 또는 특정 목적을 위하여 재산의 관리, 운용, 처분 등의 행위를 하게 하는 법률관계

640

납세의무자(4-5)- 신탁(신탁계약)

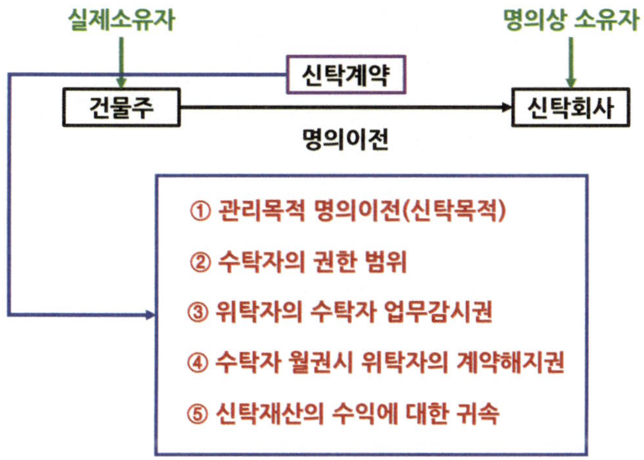

641

납세의무자(4-6)- 신탁(자익신탁과 타익신탁)

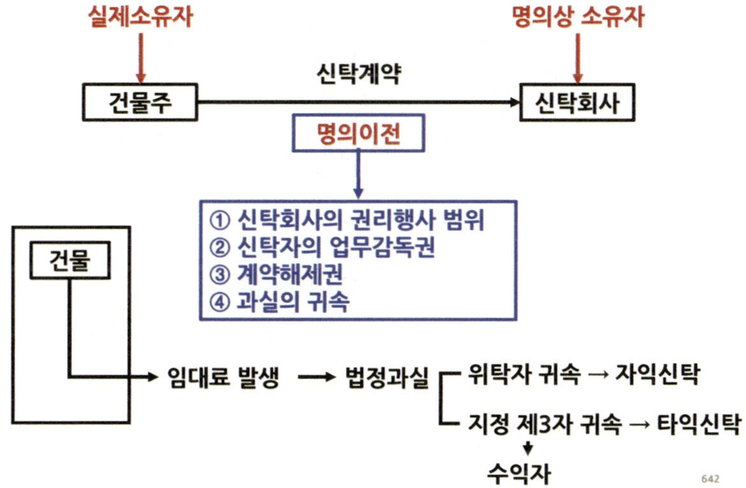

642

납세의무자(4-7)- 신탁(담보신탁)

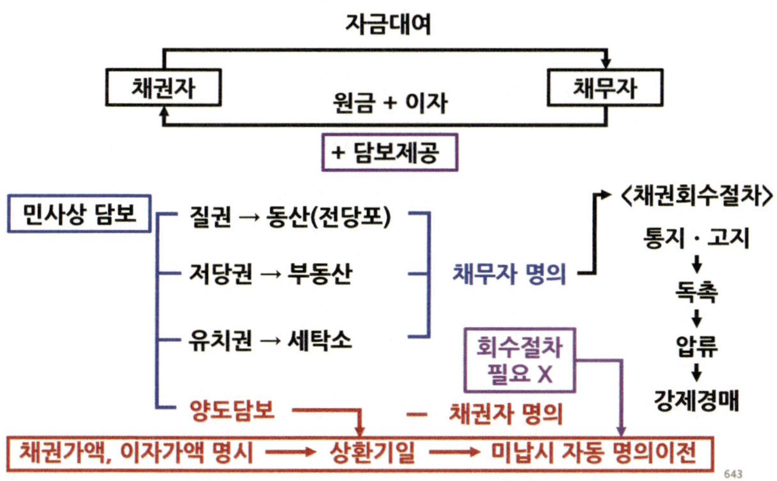

643

납세의무자(4-8)- 신탁(담보신탁)

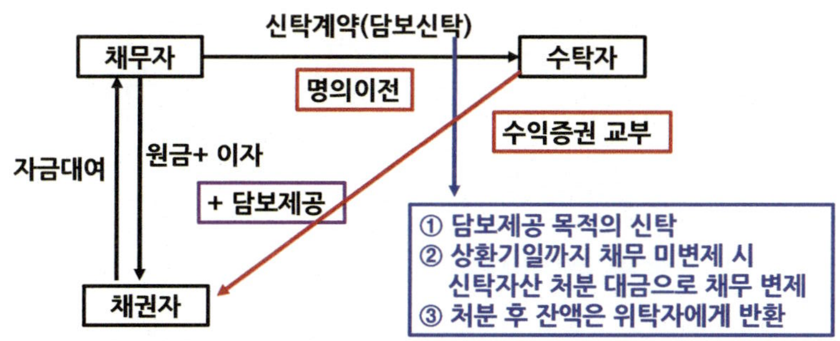

644

납세의무자(4-9) - 신탁 정리 및 납세의무 확장

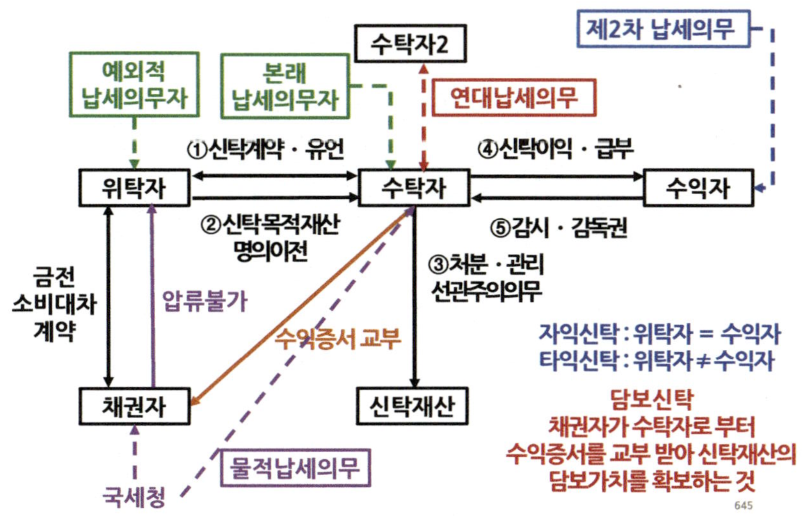

645

납세의무자(4-10) - 납세의무 확장

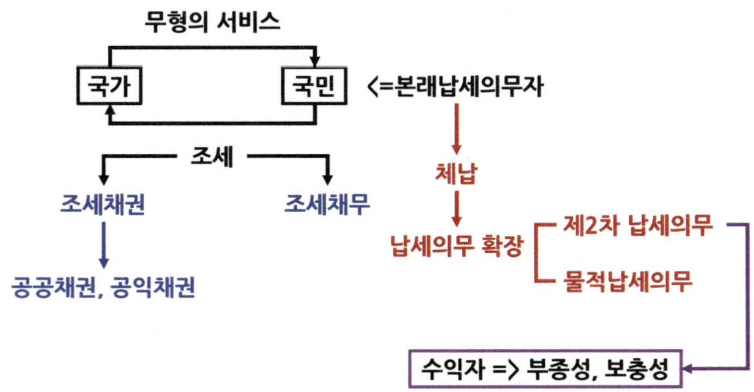

646

신고 · 납세지(5-1) - 과세관할

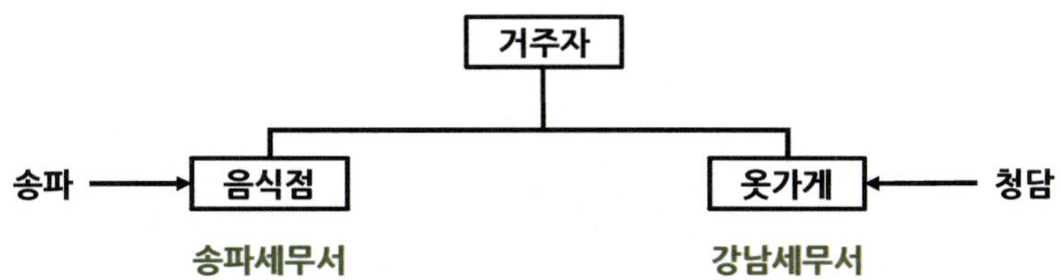

VAT => 사업장별 과세원칙
=> 특별한 사유無 각 사업장별 신고 · 납부

소득 => 사업장 X
=> 거주자별로 합산하여 신고 · 납부

647

신고 · 납세지(5-2) - 사업장의 개념

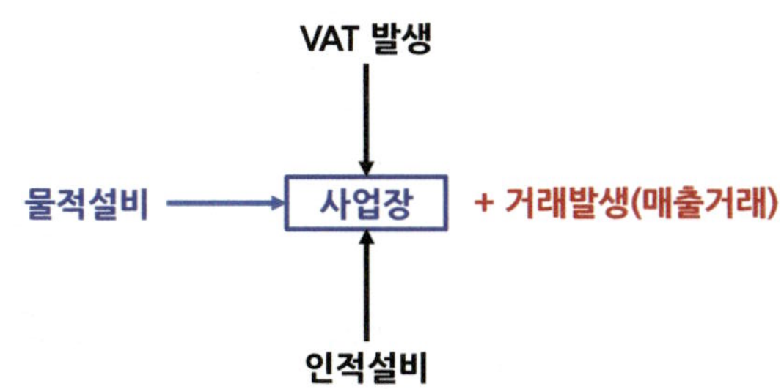

648

신고 · 납세지(5-3) - 의제와 추정

미충족한 경우 적용 X ← 법적요건 충족

- 의제(간주) → 일정 법조문을 적용하거나 과세하기 위해서는 법적요건 충족
  - 과세요건 / 모두확정 과세
    - ① 납세의무자 => VAT 과세물품을 공급하는 자
    - ② 과세대상 => VAT 과세대상 재화 · 용역
    - ③ 과세표준 => 과세대상을 수치화, 계량화 => 공급가액
    - ④ 세율 => 10%
  - But, 경제적행위의 결과가 과세요건을 충족한 경우와 동일하다면 ↓ 요건을 충족한 것으로 본다.
- 추정 → 과세관청이 세원을 포착하기 어려운 경우
  - ↓ 입증책임을 과세관청 → 납세의무자 전환
  - If) 납세자 입증O → 과세제외, 입증X → 과세

649

신고 · 납세지(5-4) - 범위

- 일반적 사업장 - 상시주재 + 거래의 전부 또는 일부
- 의제사업장
- 직매장 - 독립된 사업장
- 하치장 - 별도 사업장X, → 사업 관련 재화 보관 관리
- 임시사업장 - 기존 사업장에 포함

650

신고 · 납세지(5-5) - 국외사업장

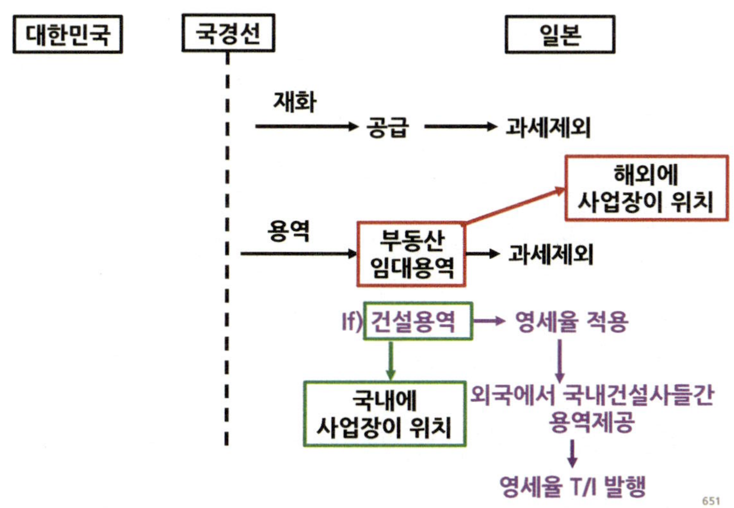

651

신고 · 납세지(6-1) - 주사업장총괄납부 및 사업자단위과세

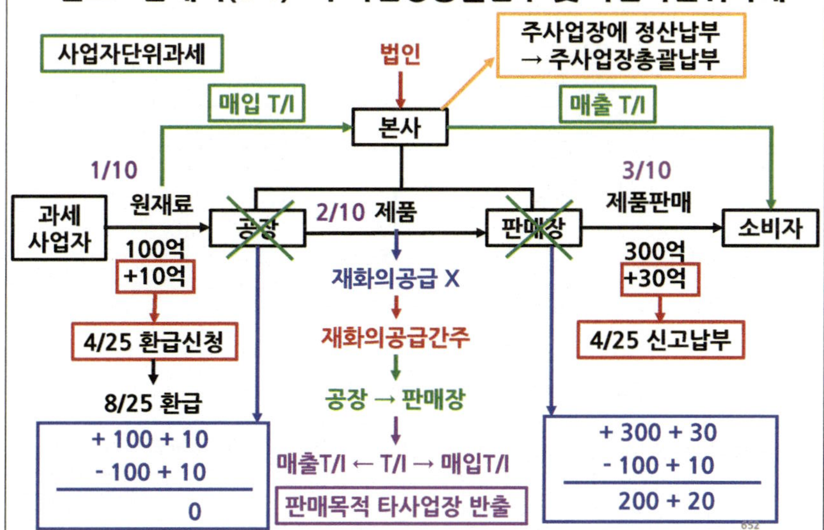

652

신고 · 납세지(6-2) - 주사업장총괄납부 및 사업자단위과세

주사업장총괄납부 =>① 사업자등록 =>사업장별존속 =>신고 => 사업장별 납부 =>총괄정산납부

		신고시		납부
4/25	공장	- 10억원		
	판매장	+30억원	→	30억원 - 10억원 = 20억원

사업자단위과세 =>① 사업자등록 =>본점만 존속 =>지점은 실체만 인정 → 사업자등록 말소 → 본사명의 T/I 수수

4/25 본사

+ 300 + 30
- 100 + 10

+ 200 + 20

653

신고 · 납세지(6-3) - 직매장반출

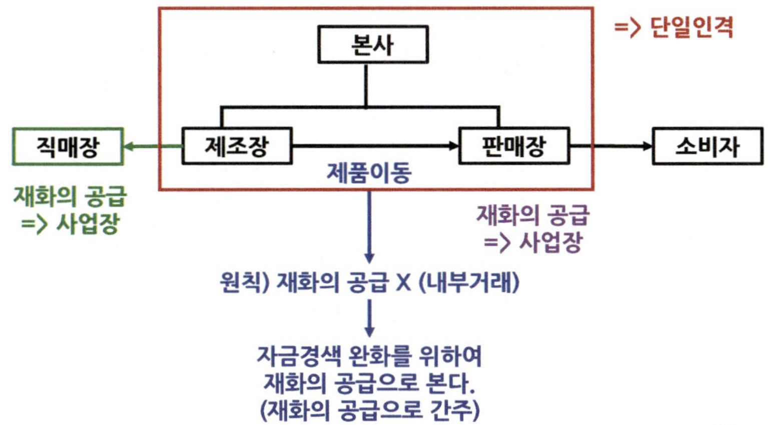

654

신고 · 납세지(6-4) - 주사업장 총괄납부와 사업자 단위과세

- 주사업장 총괄납부 : 납부만 주사업장에서
  - => T/I 발행 및 신고는 각 사업장별
- 사업자 단위과세: 납부, T/I발행, 신고 모두 주사업장에서

655

신고 · 납세지(6-5) - 주사업장 총괄납부와 사업자 단위과세

구분	총괄 납부	사업자 단위
주사업장	본점 or 지점(법인의 경우)	본점
신청	계속) 과세기간 개시 20일 전 신규) 등록증 발급일 부터 20일 내	계속) 과세기간 개시 20일 전 신규) 사업개시일 부터 20일 내
포기	과세기간 개시 20일 전	과세기간 개시 20일 전

656

사업자등록(7-1) - 개요

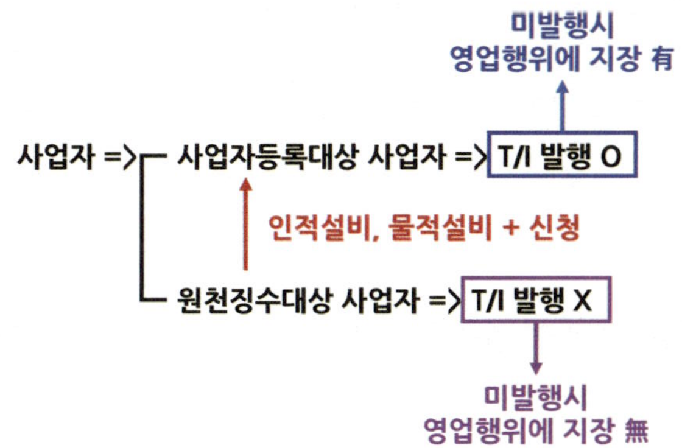

657

사업자등록(7-2) - 개요

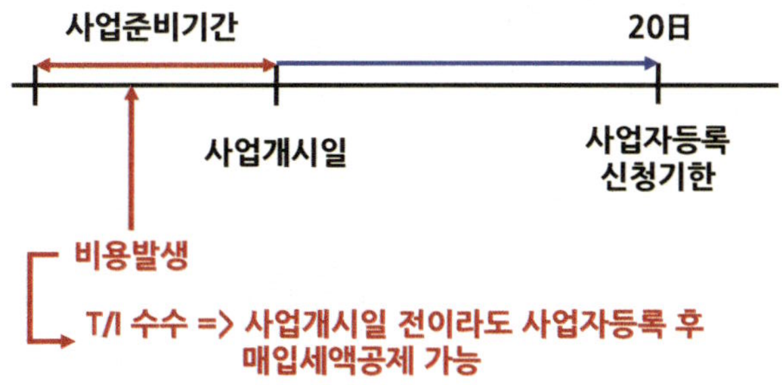

658

사업자등록(7-3) - 사후관리

<위장사업자의 사업자등록 정정>

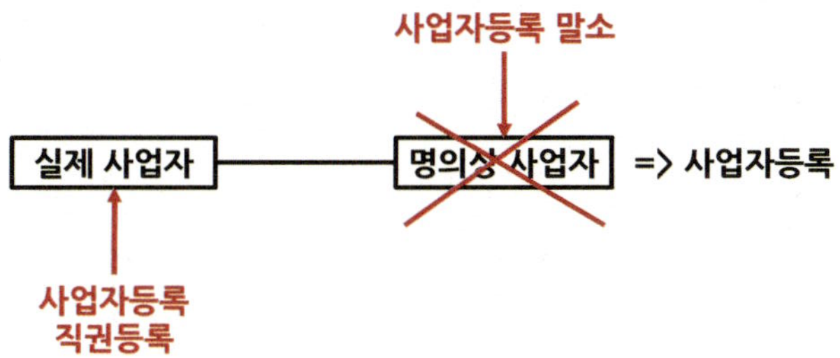

659

사업자등록(7-4) - 미등록 및 위장등록(정리)

<미등록>

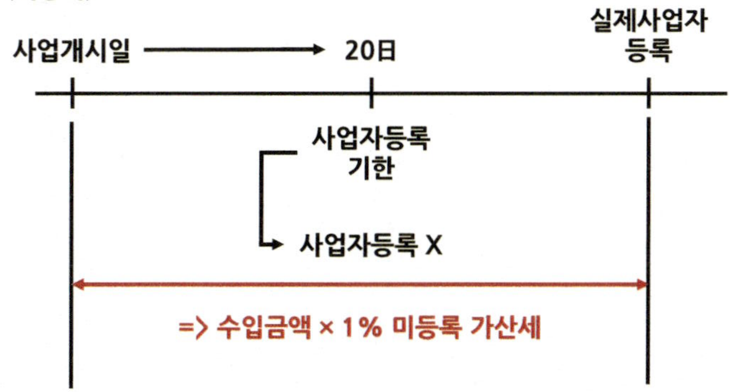

660

사업자등록(7-5) - 미등록 및 위장등록(정리)

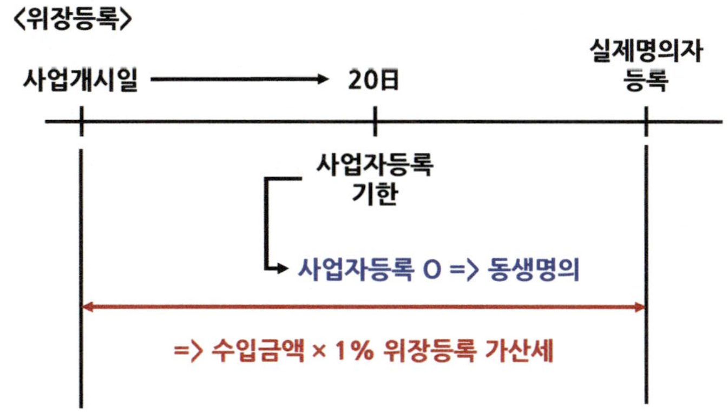

661

사업자등록(7-6) - 사업자등록불성실 가산세

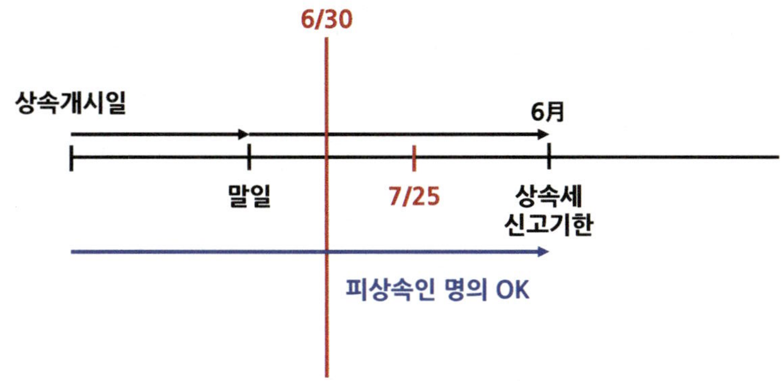

662

사업자등록(7-7) - 사업자등록불성실 가산세

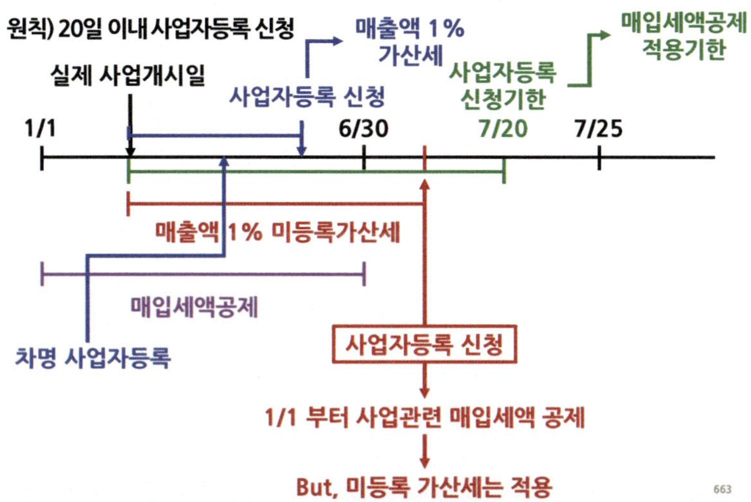

663

재화의 공급(1-1) - 의의

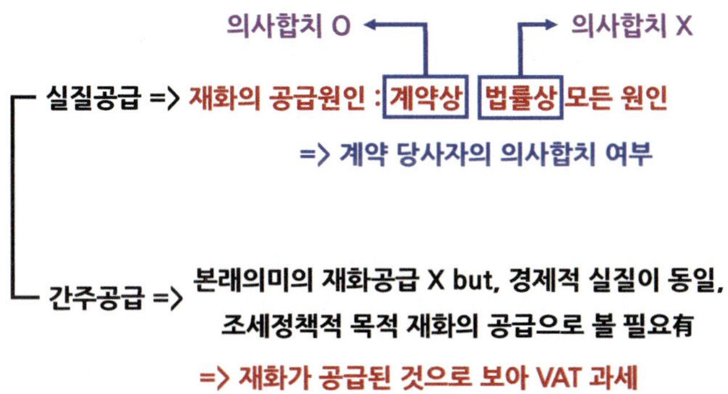

664

재화의 공급(1-2) - 의의

- 계약상 법률상 원인 : 매매, 가공, 교환, 경매, 수용, 현물출자, 보세구역내 창고 임치물 中 국내 반입분
- 인도 또는 양도
  - 인도 - 물건에 대한 사실상 지배를 이전
  - 양도 - 권리에 관한 소유권의 변동
- 대가 관계有
- 사업자에 의해 국내에서 공급(수출 포함)

665

재화의 공급(1-3) - 임가공용역

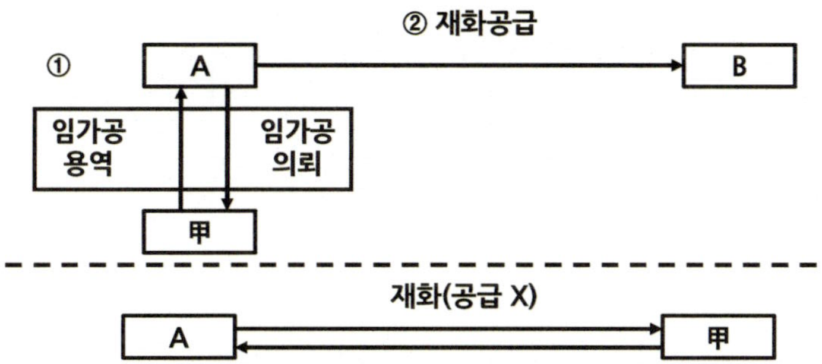

〈Case.1〉 재화 + 임가공용역 => 용역의 공급

〈Case.2〉 재화 + 임가공용역 + 자체부담
- 주요자재 => 재화공급
- 부수자재 => 용역공급

재화의 공급(1-4) - 교환계약

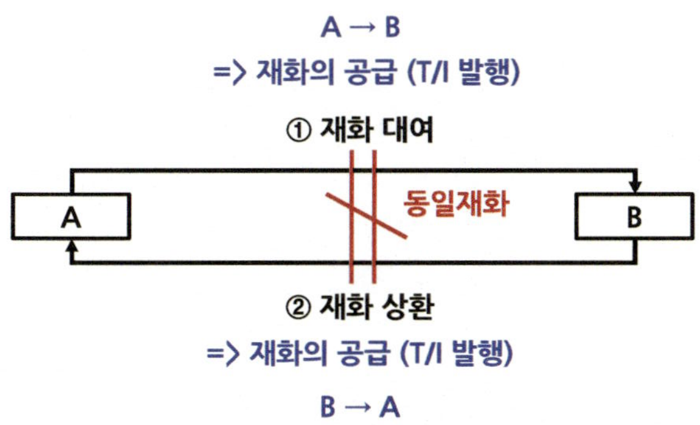

667

재화의 공급(1-5) - 공매, 경매

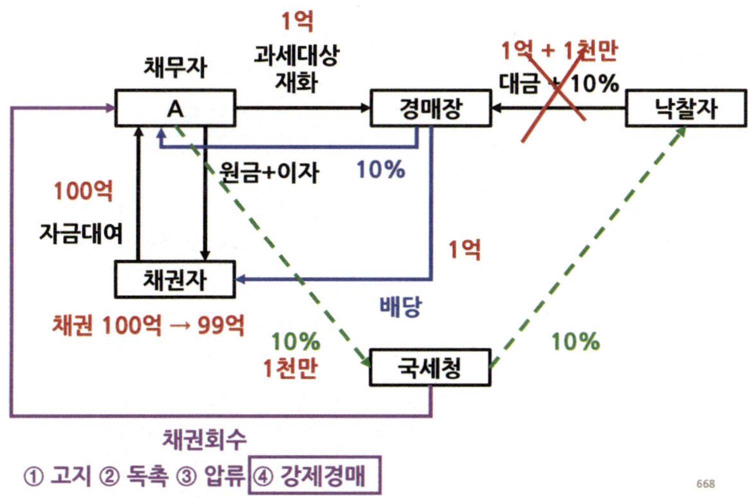

668

재화의 공급(1-6) - 현물출자

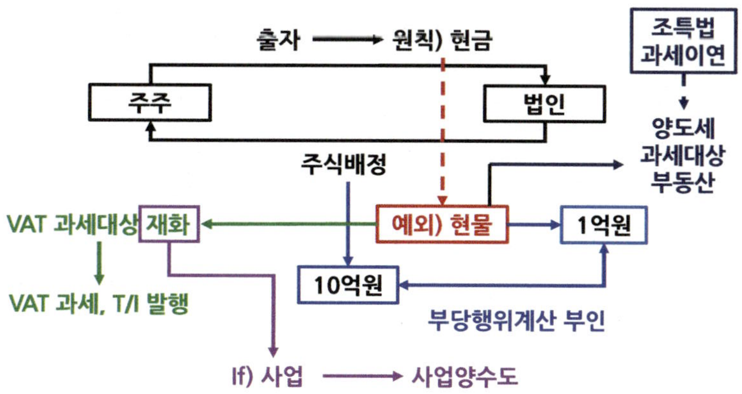

669

재화의 공급(2-1) -재화공급의 특례

Ⅰ. 재화의 개념

재산적 가치가 있는 모든 유체물과 무체물

Ⅱ. 재화의 실질공급 요건

- 재화의 인도 · 양도
- 계약상, 법률상 모든 원인
- 대가관계
- 사업자에 의해 국내에서 공급

670

재화의 공급(2-2) -재화공급의 특례

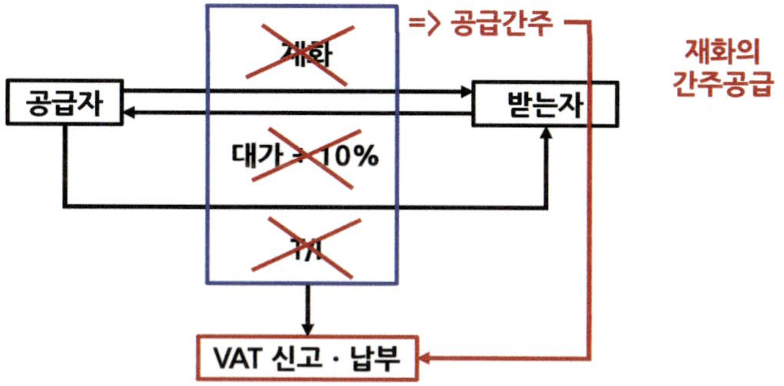

671

재화의 공급(2-3) -재화공급의 특례

재화의 간주공급

① 매출세액 발생 X 거래에 대응하는 VAT 과세대상 재화의 매입세액불공제

② VAT 거래징수 시점과 환급시점의 시차
=> 자금경색 현상 완화

③ 폐업 후 재화의 과세 불가능
=> 폐업시점에서 재화에 대한 과세

672

재화의 공급(2-4) - 재화 공급의 특례 입법취지1

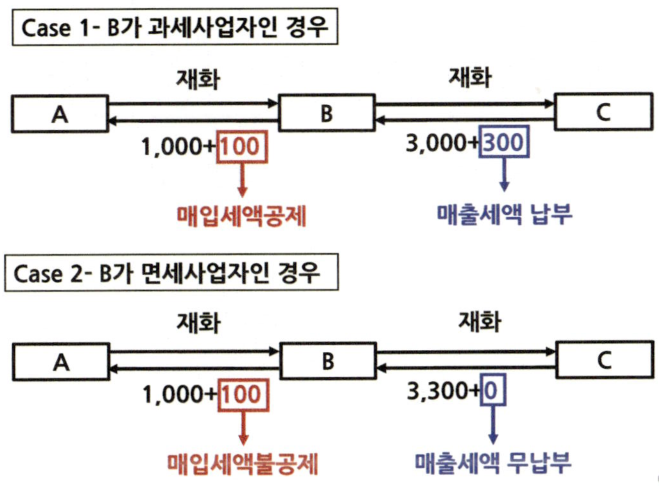

673

재화의 공급(2-5) - 재화 공급의 특례 입법취지2

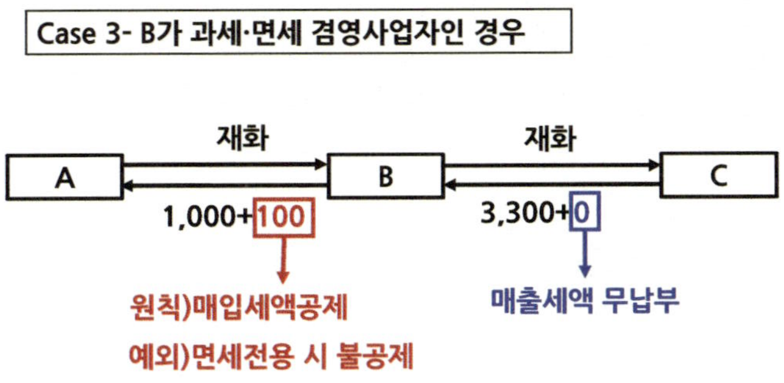

674

재화의 공급(2-6) - 재화 공급의 특례

- 자가공급
  - 면세전용 : 면세사업에 사용 · 소비분 매입세액 공제 방지
  - 비영업용 소형승용차 : 영업용X
    - ➡ 매입세액공제 방지하여 일반 사업자와 형평 제고
  - 판매목적 타사업장 반출 : 자금의 유동성 해소
    (당초 매입세액공제 여부 불문)
- 개인적 공급 : 사업주 or 사용인 개인적 목적 사용 · 소비
  - ➡ 공급으로 의제하여 VAT탈루 방지
- 사업상 증여 : 불특정 다수, 고객에게 증여하여 사용 · 소비
  - ➡ 공급으로 의제하여 VAT탈루 방지
- 폐업시 잔존재화 : 폐업자는 사업자 지위를 상실하므로 과세X
  - ➡ 자신에게 공급하는 것으로 의제

675

재화의 공급(2-7) - 재화공급의 특례

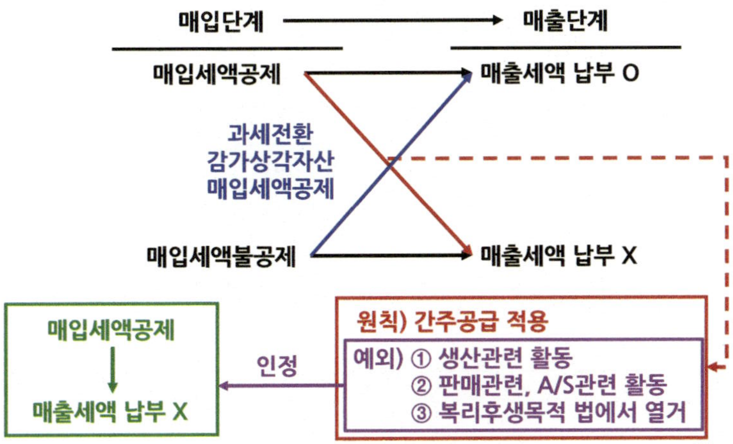

676

재화의 공급(2-8) - 재화공급의 특례(소형승용차)

각 개별차량이 기업의 매출액에 직접대응 X, 사업관련사용

차이점 → ① 외관상 차이, ② 전용가능성

구분	매입단계	운용단계	처분단계
비영업용 소형승용차	매입세액불공제 (개소세 과세O)	매입세액불공제	VAT과세 (T/I 발행)
VS	법인세법, 소득세법 업무용승용차 손금산입 특례 적용		
영업용 소형승용차	매입세액공제 (개소세 과세X)	매입세액공제	VAT과세 (T/I 발행)

각 개별차량이 기업의 매출액에 직접 공헌

677

재화의 공급(2-9) - 재화공급의 특례(폐업)

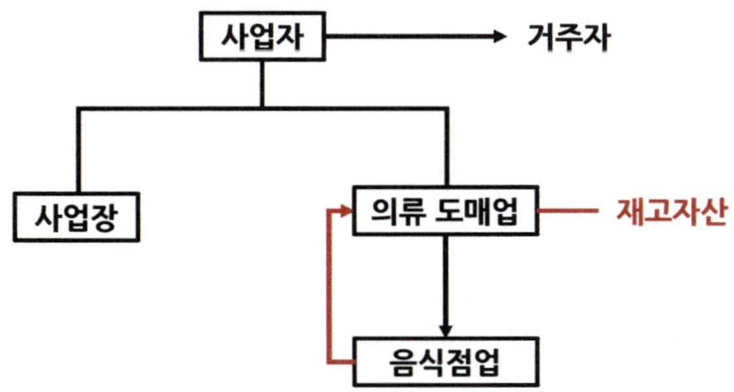

678

재화의 공급(2-10) - 재화공급의 특례(폐업)

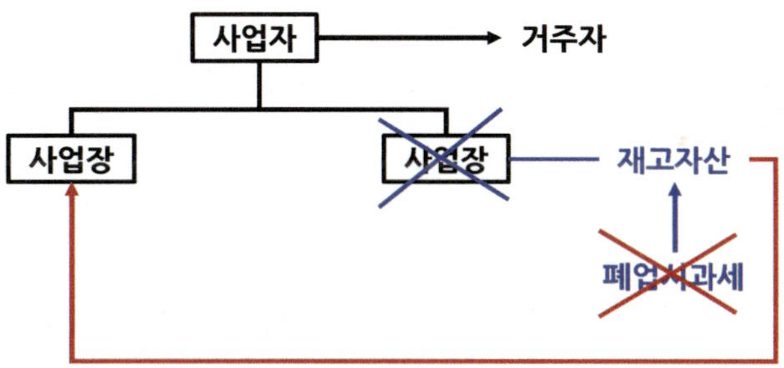

679

재화의 공급(2-11) - 재화공급의 특례(폐업)

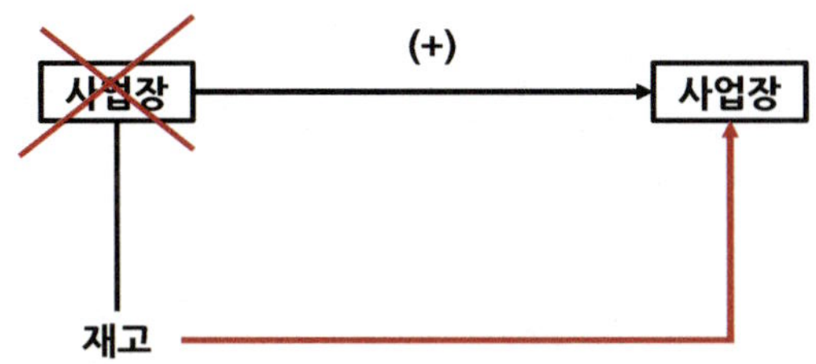

680

재화의 공급(2-12) - 재화공급의 특례(폐업-자산의 구분)

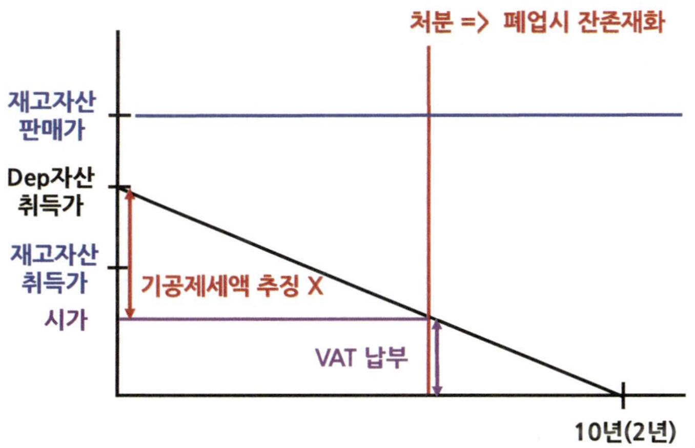

681

재화의 공급으로 보지 않는 것(1) - 개요

- 담보제공 : 질권, 저당권, 양도담보 목적 권리 제공은 재화의 공급X
- 사업의 양도
- 조세물납 : 사업용 자산을 상증법, 지법에 따라 물납하는 것은 재화의 공급X
- 신탁재산의소유권이전:위→수,신탁종료원인수→위,수탁자변경원인수→新수
- 공매, 경매, 수용에 의한 양도 : 국징법에 따른 공매, 민사집행법에 따른 경매, 도정법등에 따른 수용
- 특정 창고증권의 양도, 특정 석유류 소비대차
- 신탁재산의 소유권 이전(위탁자의 지위이전은 재화의 공급 O)

682

재화의 공급으로 보지 않는 것(2-1) - 사업양수도

Ⅰ. 취지

자금 부담 경감

불분명한 경우 or 대리납부를 하려는 경우	사업양수인 : 대리납부의무
	사업양도인 : 기납부세액공제

Ⅱ. 요건

- 사업장별 승계
- 사업에 관한 모든 권리 · 의무 - 사업 무관 권리 의무 자산은 제외 (미수금, 미지급금 등)
- 사업의 동일성 유지

견해1) 사업 양도시점에서 양도인과 양수인간 사업의 동질성이 유지되어야 한다.

견해2) 양도시점에서 사업의 동질성이 유지되지 않더라도 양도인과 동일시되는 정도의 법률상 지위 승계하여야 한다.

683

재화의공급으로 보지 않는 것(2-2) - 사업양수도 취지 1

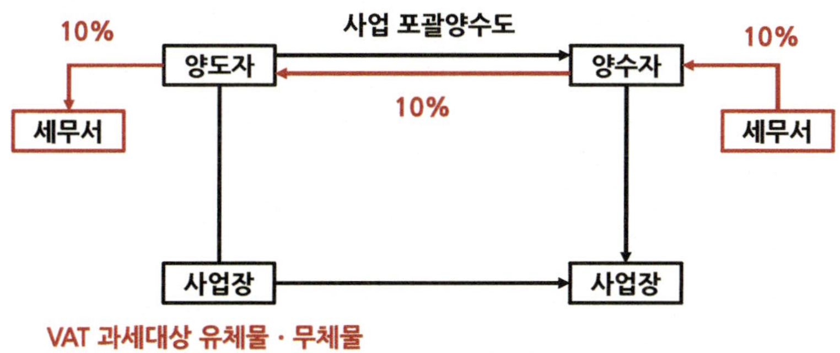

* VAT 과세대상
=> 과세대상 재화 · 용역의 공급
=> 사업자체는 과세대상 X

=> 포괄적 사업양수도 재화의 공급 X

684

재화의공급으로 보지 않는 것(2-3) - 사업양수도 취지 2

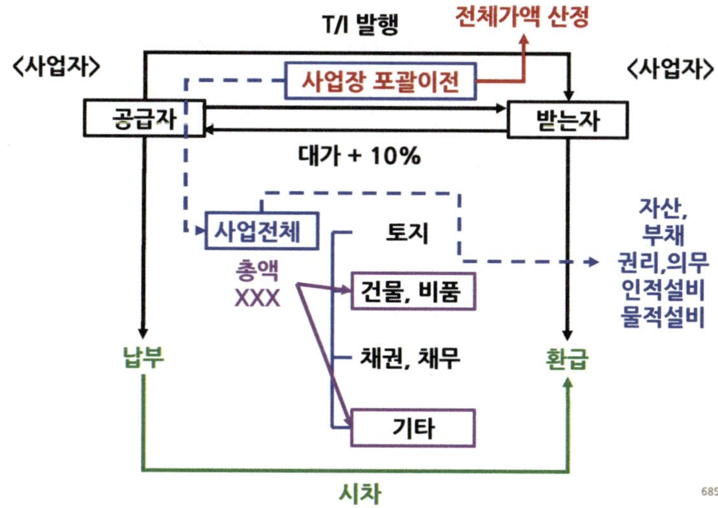

685

재화의공급으로 보지 않는 것(2-4) - 사업양수도와 적격분할

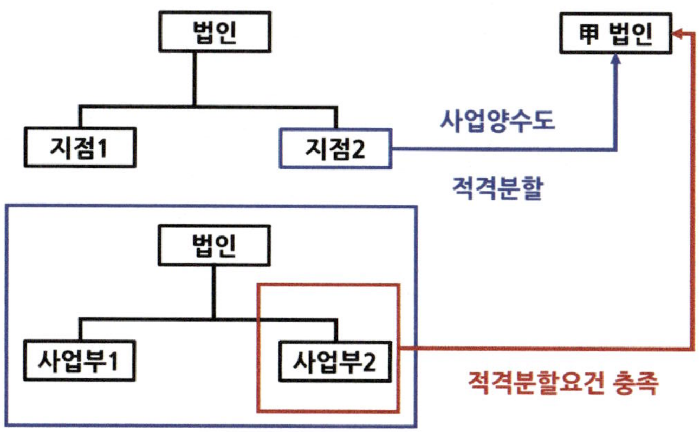

686

재화의공급으로 보지 않는 것(2-5) - 사업양수도

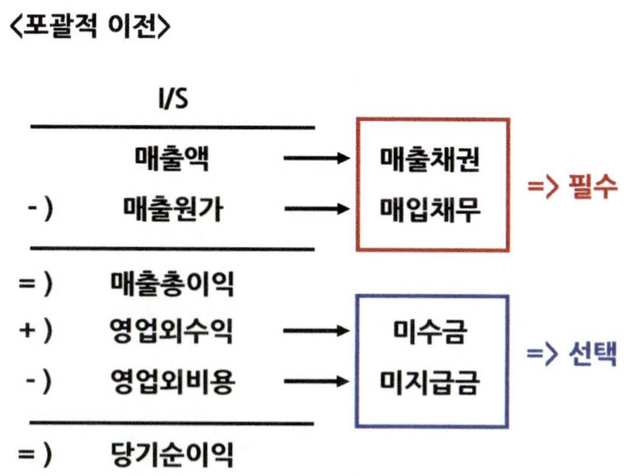

687

재화의공급으로 보지 않는 것(2-6) - 사업양수도

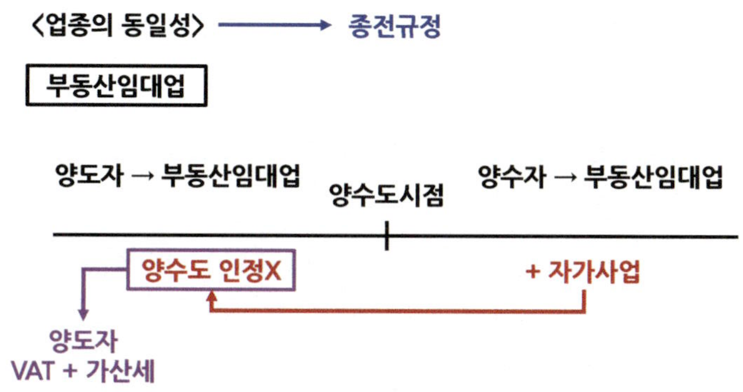

688

재화의공급으로 보지 않는 것(2-7) - 사업양수도

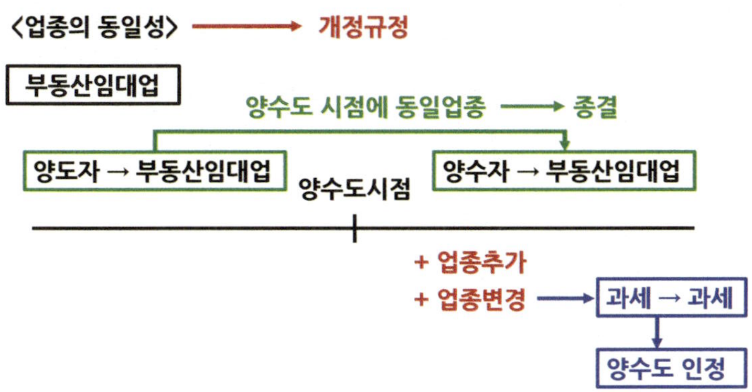

689

재화의공급으로 보지 않는 것(2-8) - 사업양수도

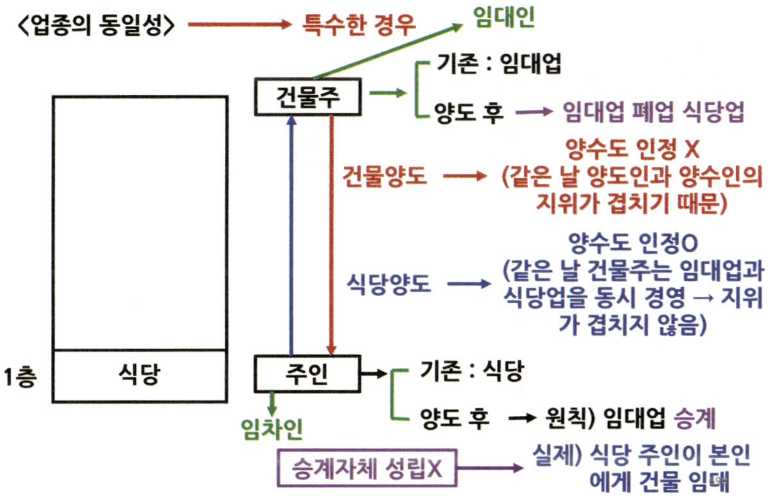

재화의공급으로 보지 않는 것(2-9) - 사업양수도(대리납부)

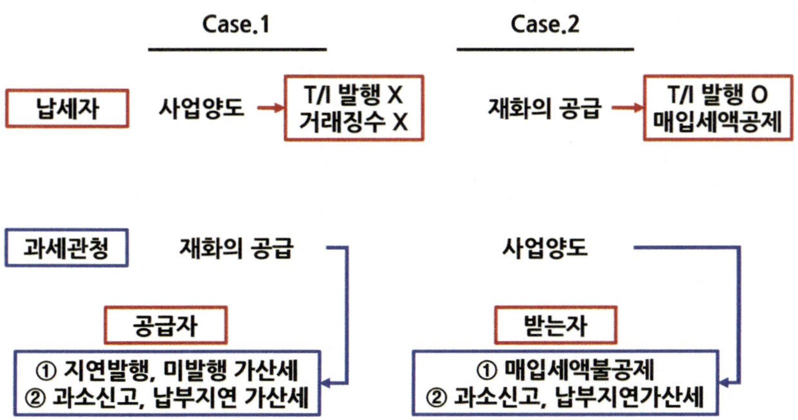

691

재화의공급으로 보지 않는 것(2-10) - 사업양수도(대리납부)

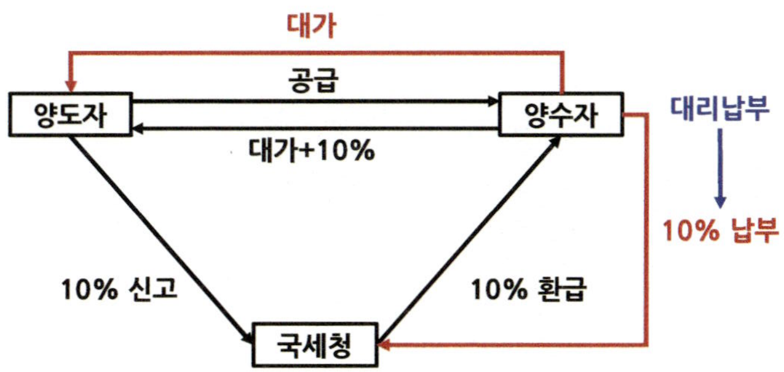

692

재화의공급으로 보지 않는 것(3) - 신탁재산의 이전

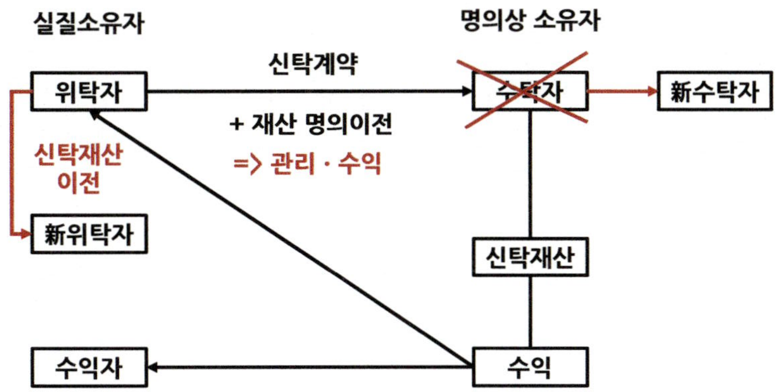

693

용역의 공급 - 무상공급

재화의 무상공급 => 과세관청 추적가능 => VAT 과세대상

=> 저가공급 => 추적가능 => VAT 과세대상

용역의 무상공급 => 과세관청 추적불가능

But, 추적가능한 부동산 임대용역 中
특수관계자에게 제공한 임대용역 과세

694

재화의 수입 - 보세구역

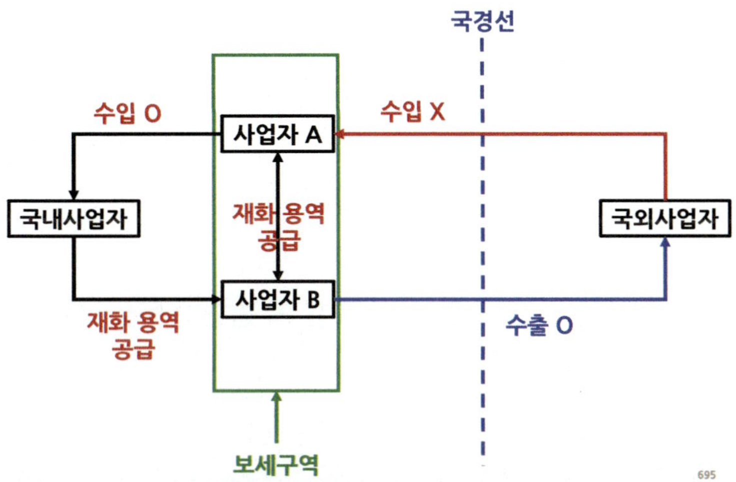

695

부수재화 · 부수용역(1) - 개요

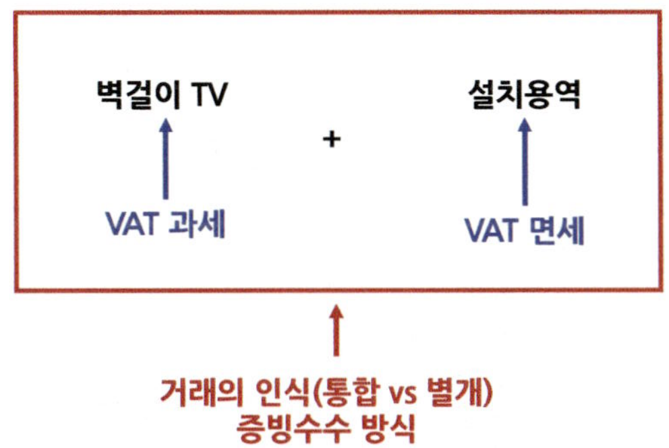

696

부수재화 부수용역(2) - 주된거래와 주된사업

주된거래
- 공급대가의 부수성 : 공급하는 재화의 포장용기, 운반 용역
- 거래의 관행 : 항공기 내에서 무상으로 제공되는 식사

=> 단일거래인식 => 1개증빙 수취

부수재화 · 용역은 주된 거래에 따라 판단

주된사업
- 일시 우발적 공급 : 금융업자가 면세사업에 사용하는 건축물 양도
- 부산물 재화 : 복숭아 통조림 제조업자가 판매하는 복숭아 씨

=> 별개의 거래로 인식 => 복수의 증빙수취

부수재화 · 용역은 면세우선 적용, 부산물은 주된사업 기준 판단

697

부수재화 부수용역(3-1) - 면세우선

주된 사업	부수 재화, 용역	판정
과세 (T/I)	과세 (T/I)	과세
	면세 (계산서)	면세
면세 (계산서)	과세 면세	=> 모두 면세 (계산서) (면세 사업과 관련된 일시 우발적 공급)

698

부수재화 · 부수용역(3-2) - 면세우선

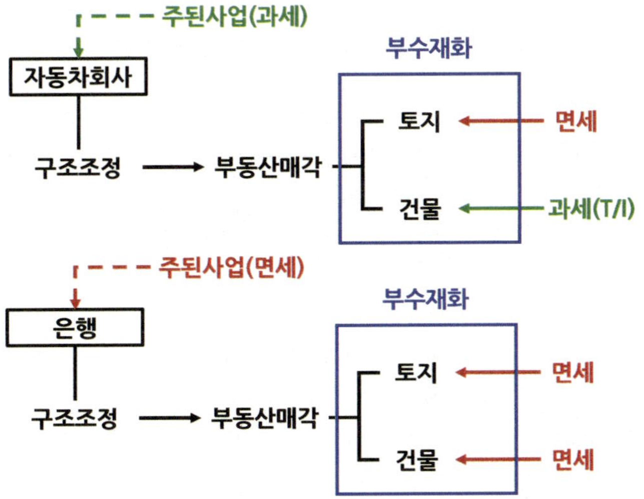

699

공급시기(1-1) - 개요

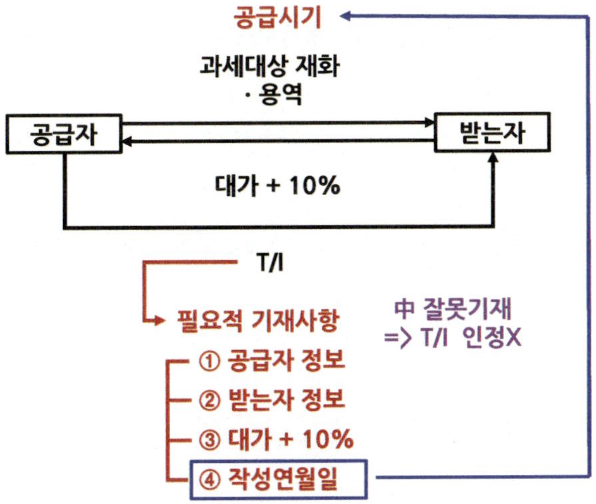

700

공급시기(1-2) - 개요

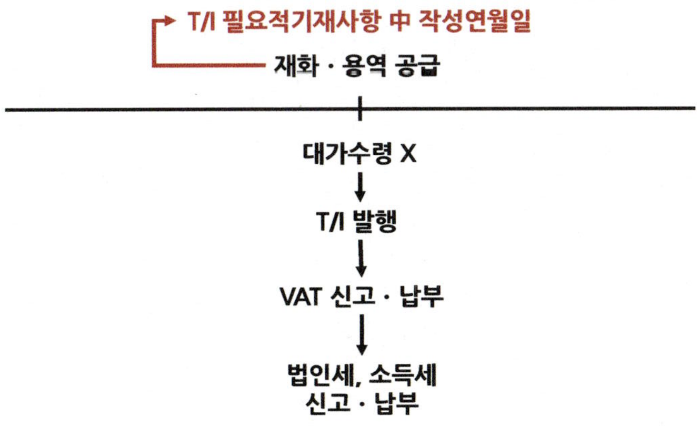

701

공급시기(1-3) - 개요

Ⅰ. 일반적공급시기 : 인도or이용가능or공급확정(=T/I발급=거래징수=신고납부시기)

(↑ 이동O ↑ 이동X ↑ 기타)

Ⅱ. 장기할부 판매 : 공급 후 대가수령 (납세자에게 유리)

=> 인도의 다음날 ~ 잔금일 1년 이상, 2회 이상 분할

Ⅲ. 중간지급 조건부 : 공급완료 전 대가수령분에 대한 과세 (과세관청에 유리)

① 인도 전 계약금 이외의 대가를 분할 지급 (계약금 - 중도금1 - 중도금2)

② 계약금 ~ 잔금 : 6개월 이상

Ⅳ. 리스거래 : 리스회사(면세)가 거래의 중간단계에 존재함으로써 발생하는 누적 효과 제거 목적

702

공급시기(2) - 상품권

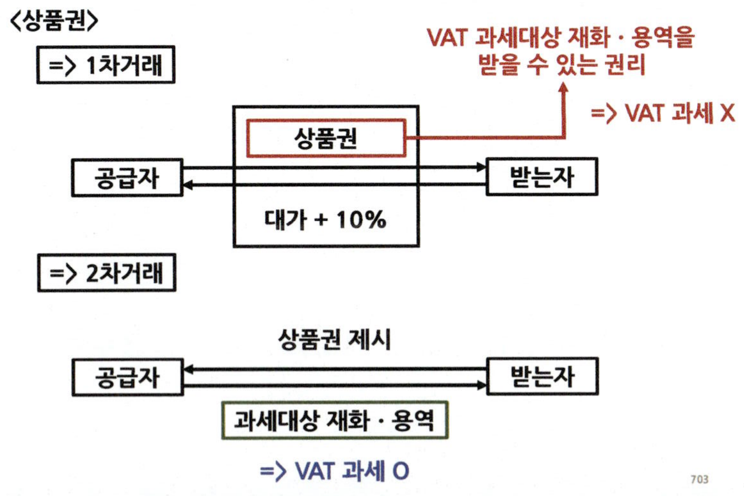

703

공급시기(3-1) - 장기할부판매

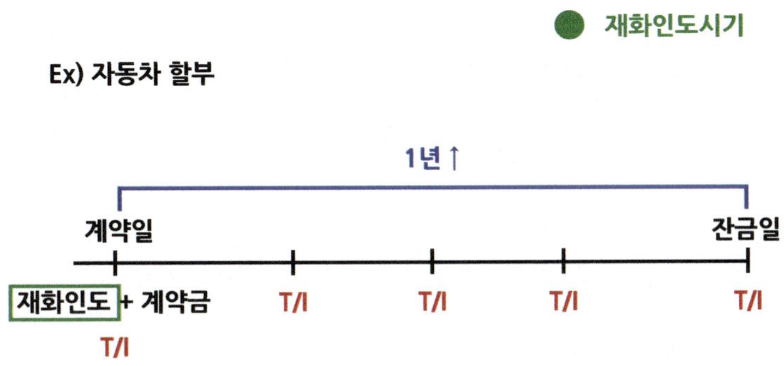

704

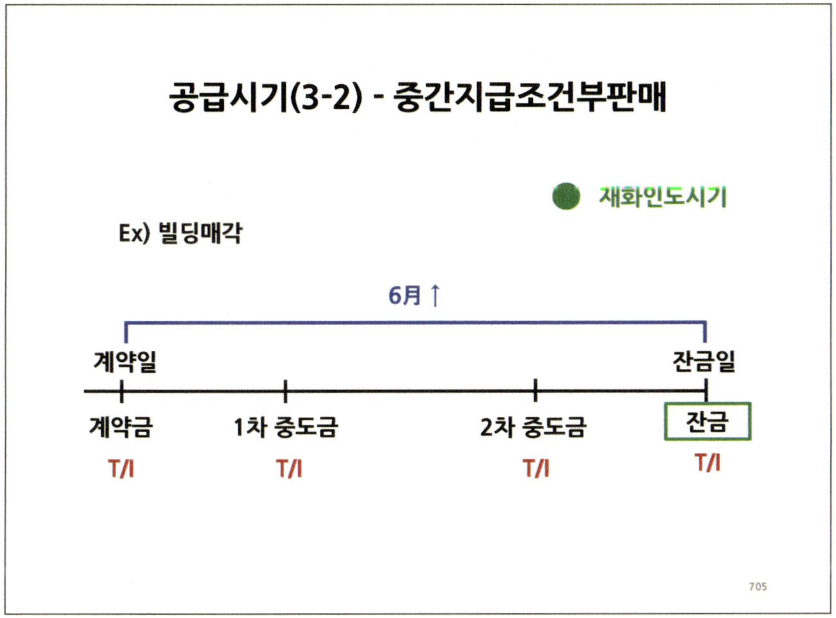
공급시기(3-2) - 중간지급조건부판매
재화인도시기
Ex) 빌딩매각
6月↑
계약일
잔금일
계약금
1차 중도금
2차 중도금
잔금
T/I
T/I
T/I
T/I
705

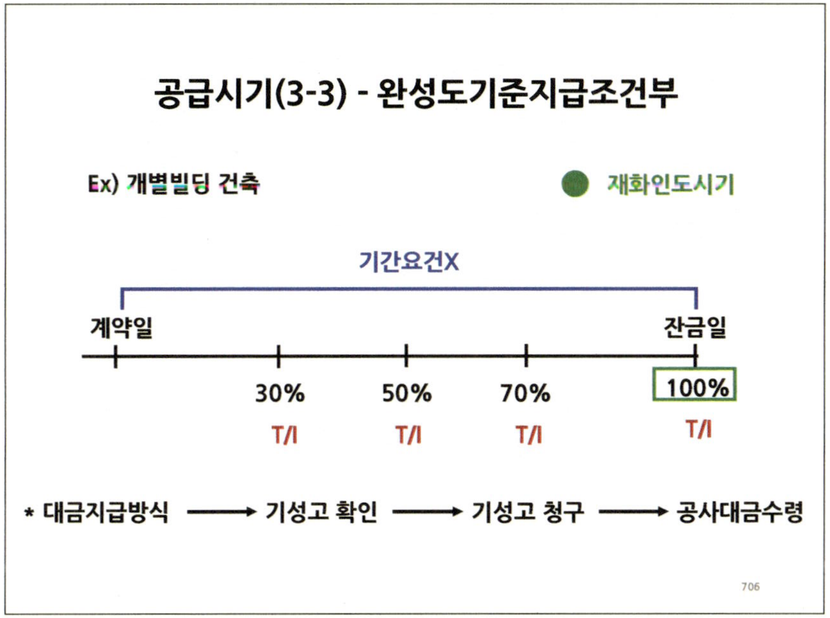
공급시기(3-3) - 완성도기준지급조건부
Ex) 개별빌딩 건축
재화인도시기
기간요건X
계약일
잔금일
30%
50%
70%
100%
T/I
T/I
T/I
T/I
* 대금지급방식 → 기성고 확인 → 기성고 청구 → 공사대금수령
706

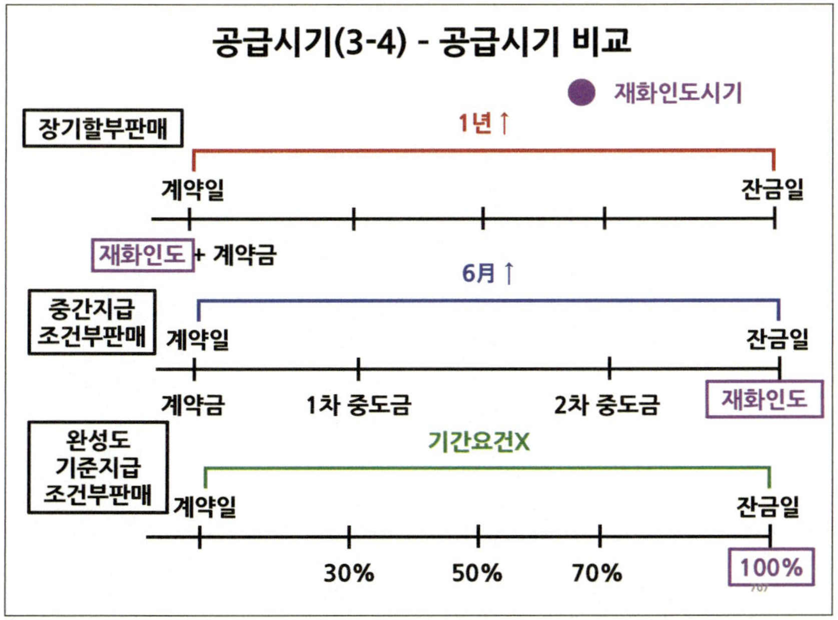
공급시기(3-4) - 공급시기 비교
재화인도시기
장기할부판매
1년↑
계약일
잔금일
재화인도 + 계약금
중간지급 조건부판매
6月↑
계약일
잔금일
계약금
1차 중도금
2차 중도금
재화인도
완성도 기준지급 조건부판매
기간요건X
계약일
잔금일
30%
50%
70%
100%

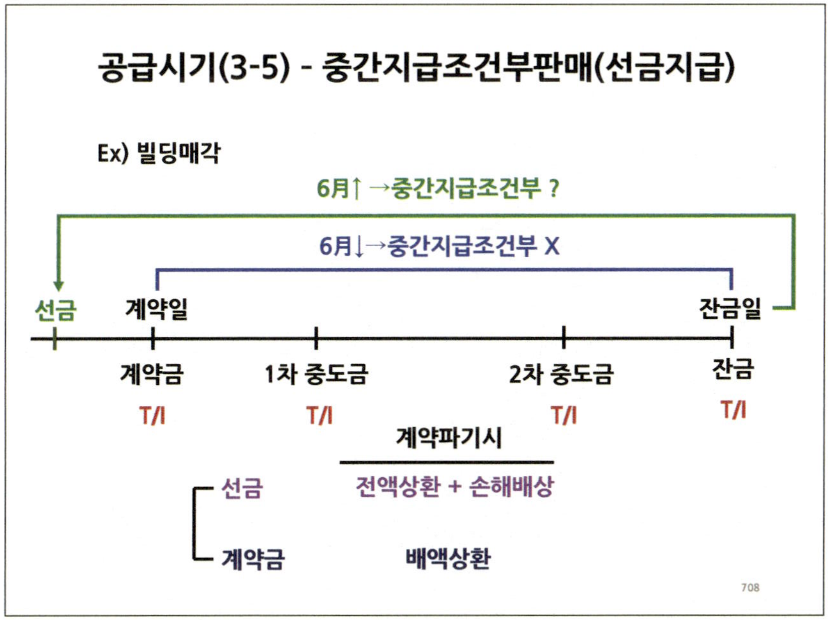
공급시기(3-5) - 중간지급조건부판매(선금지급)
Ex) 빌딩매각
6月↑ →중간지급조건부 ?
6月↓→중간지급조건부 X
선금
계약일
잔금일
계약금
1차 중도금
2차 중도금
잔금
T/I
T/I
T/I
T/I
계약파기시
선금
전액상환 + 손해배상
계약금
배액상환
708

공급시기(4) - 위탁판매

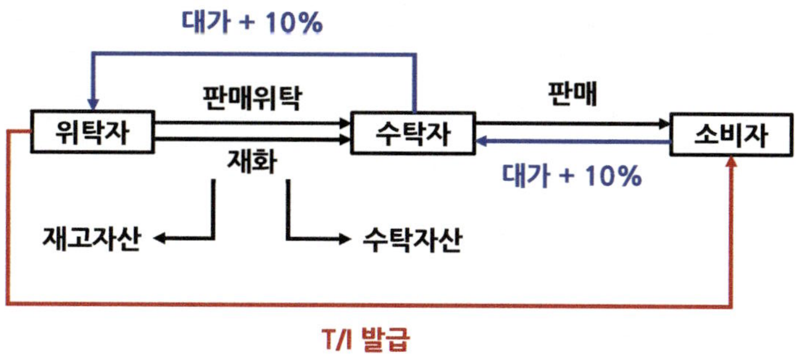

709

공급시기(5) - 리스(누적효과와 환수효과)

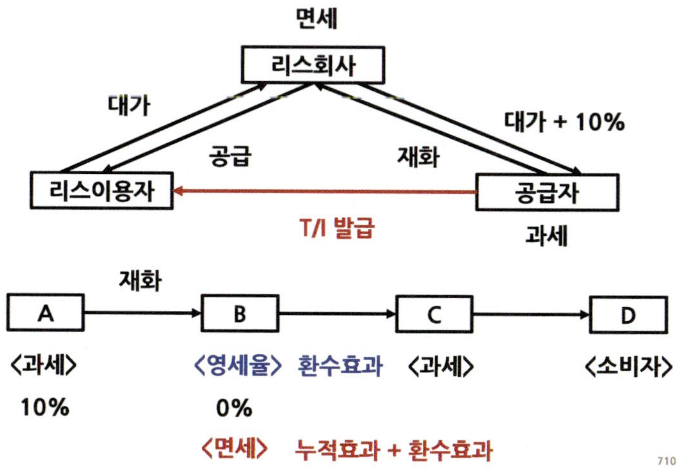

710

공급시기(6) - 세금계산서(선발행, 후발행)

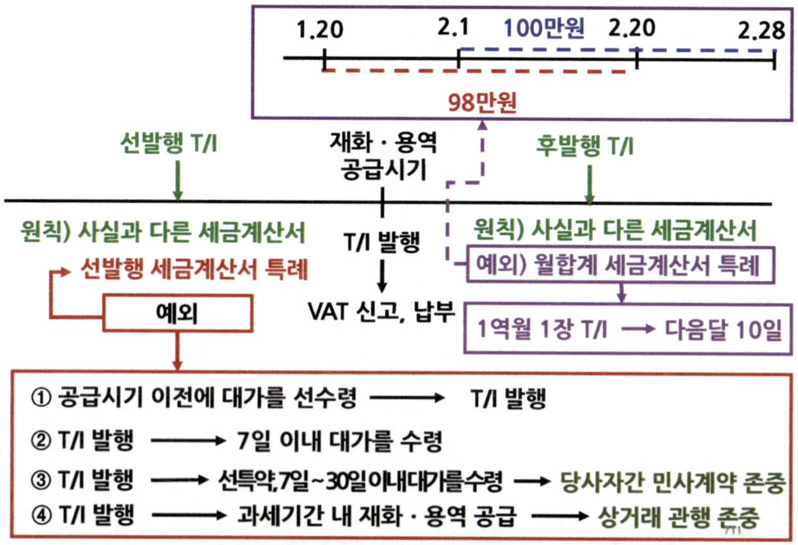

711

영세율(1) - 개요

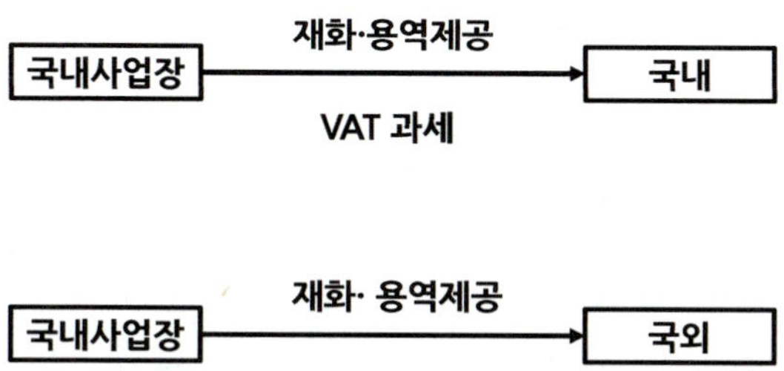

- 원칙 => VAT 과세대상 X
- 용역제공 => 영세율 적용대상(사업장이 국내에 존재)

712

영세율(2-1) - 면세와의 비교

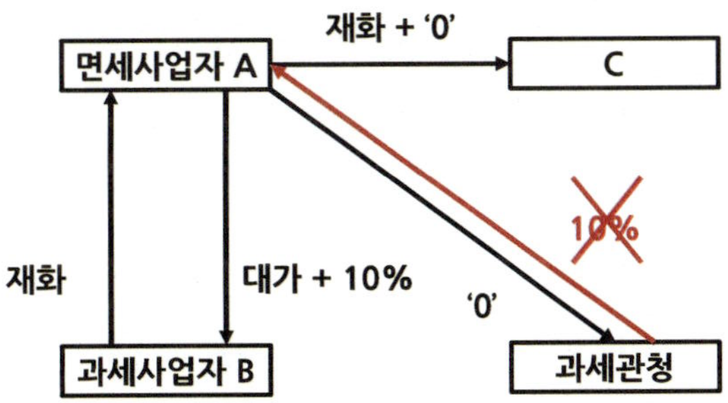

영세율(2-2) - 면세와의 비교

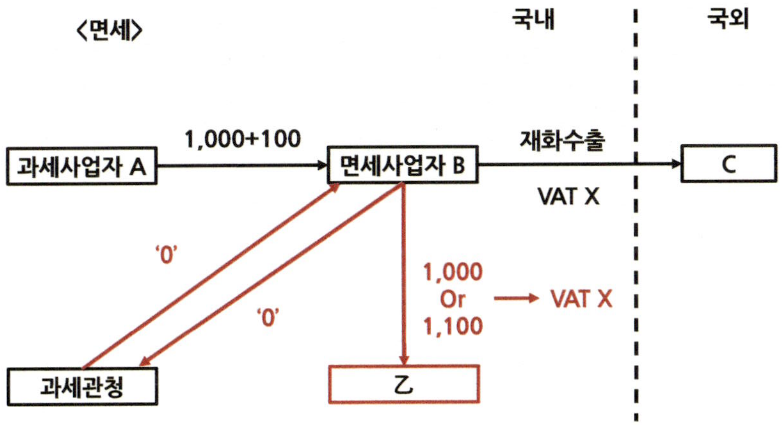

영세율(3-1) - 누적효과와 환수효과

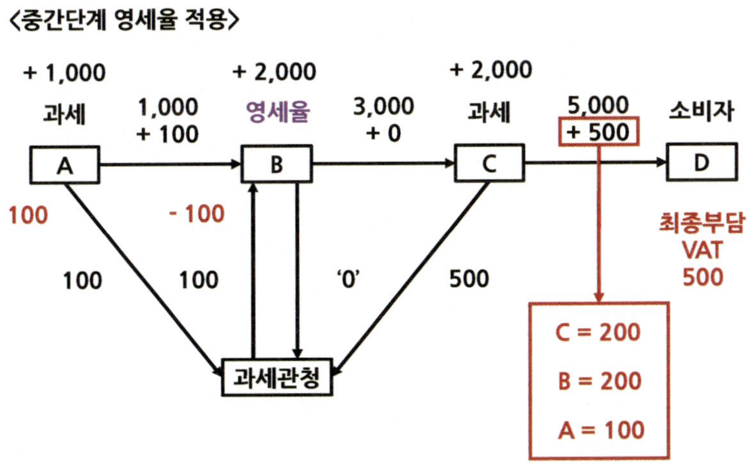

영세율(3-2) - 누적효과와 환수효과

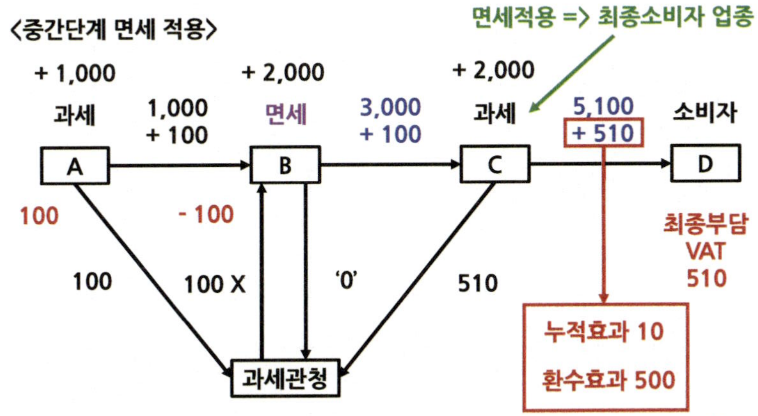

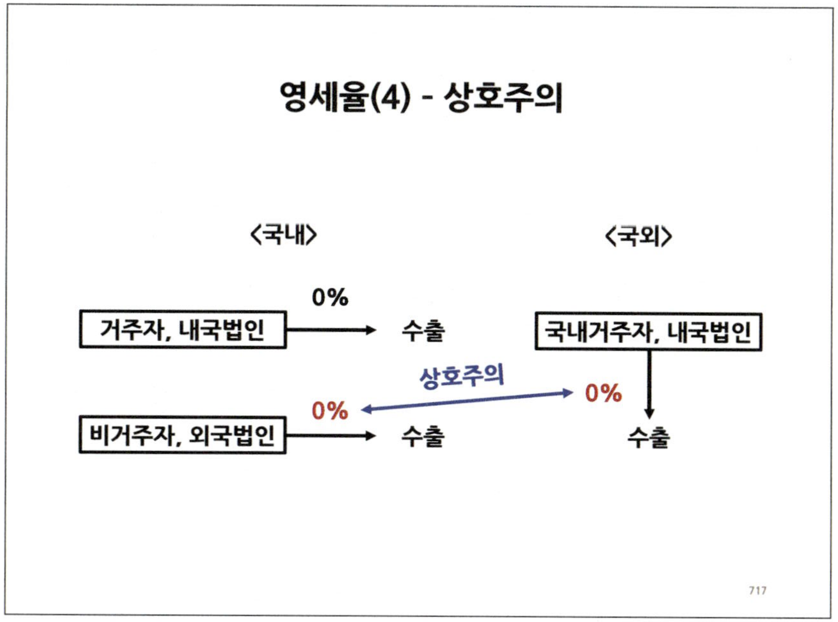
영세율(4) - 상호주의
<국내>
<국외>
거주자, 내국법인
0%
수출
비거주자, 외국법인
0%
수출
상호주의
국내거주자, 내국법인
0%
수출
717

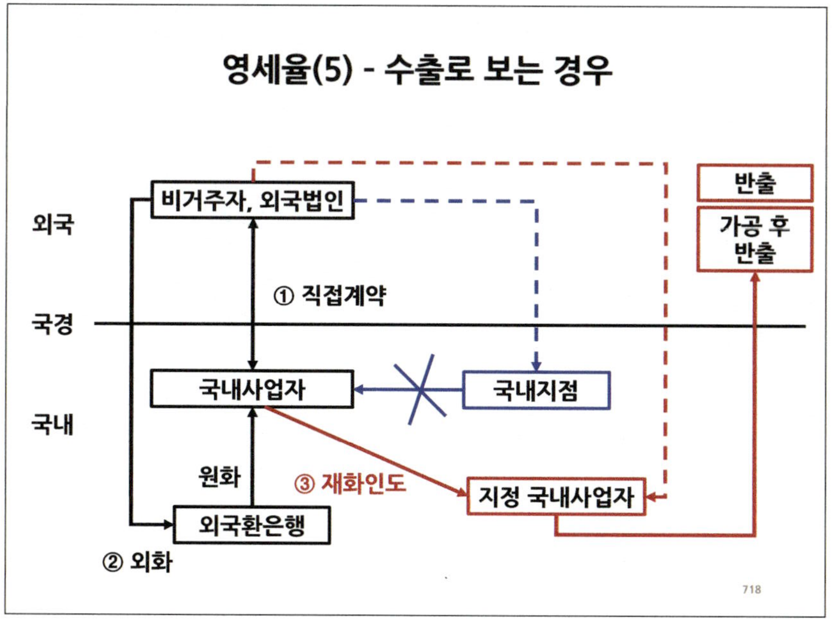
영세율(5) - 수출로 보는 경우
외국
국경
국내
비거주자, 외국법인
① 직접계약
국내사업자
국내지점
원화
② 외화
외국환은행
③ 재화인도
지정 국내사업자
반출
가공 후 반출
718

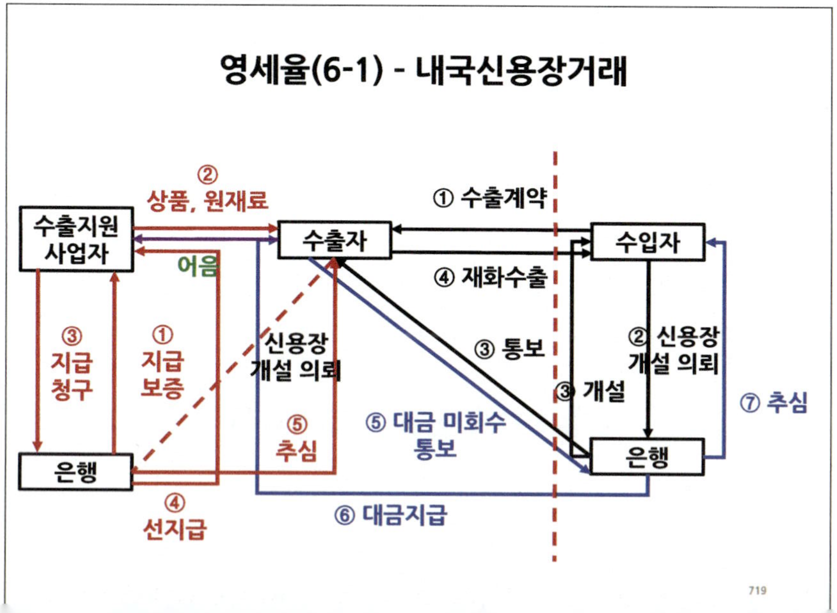
영세율(6-1) - 내국신용장거래
수출지원사업자
② 상품, 원재료
어음
수출자
① 수출계약
④ 재화수출
수입자
③ 지급 청구
① 지급 보증
신용장 개설 의뢰
⑤ 추심
④ 선지급
은행
③ 통보
⑤ 대금 미회수 통보
③ 개설
② 신용장 개설 의뢰
⑦ 추심
은행
⑥ 대금지급
719

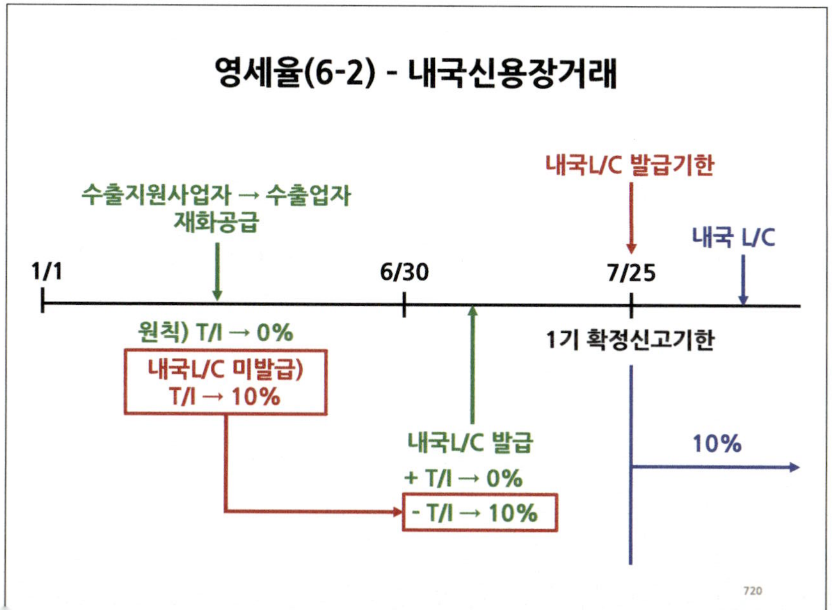
영세율(6-2) - 내국신용장거래
수출지원사업자 → 수출업자 재화공급
내국L/C 발급기한
내국 L/C
1/1
6/30
7/25
원칙) T/I → 0%
내국L/C 미발급) T/I → 10%
1기 확정신고기한
내국L/C 발급
+ T/I → 0%
- T/I → 10%
10%
720

영세율(7) - 수출재화임가공용역

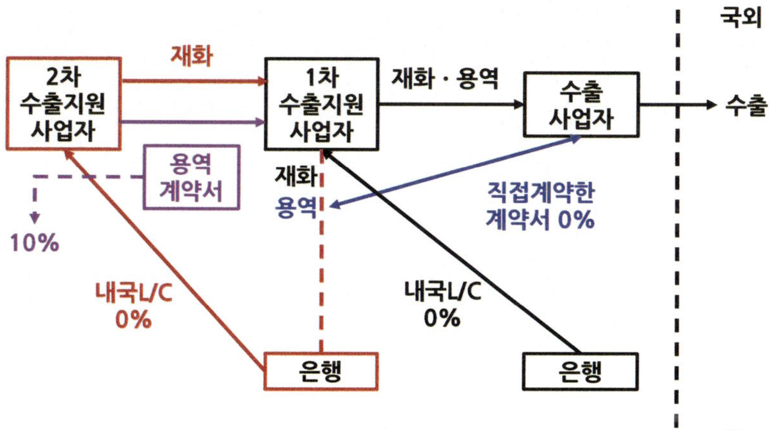

721

면세제도(1-1) - 개요

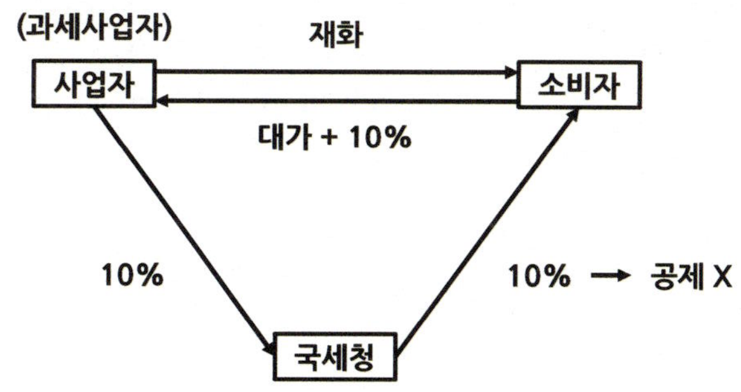

722

면세제도(1-2) - 개요

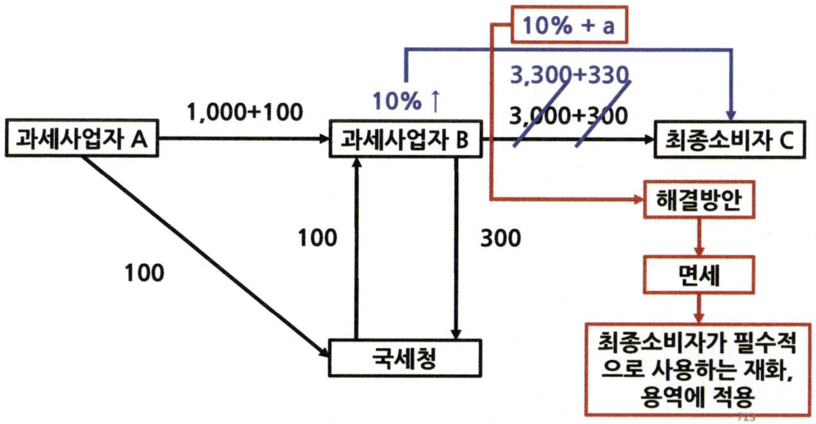

면세제도(2-1) - 개요

Ⅰ. 개요

1) 의의 : 재화의 공급 · 수입, 용역의 공급에 대한 VAT 납세의무 면제
(납부세액X → 환급세액X)

2) 취지 : ① VAT 역진성 완화 → 조세부담 공평성 실현 ② 국민생활 안정
③ VA 구성요소 면세 ④ 조세 정책적 목적

Ⅱ. 문제점

① 자원배분 효율성 저해 → 공급의제

② 누적 효과 발생 → 면세 포기 제도, 의제매입세액공제 제도

③ VAT 체계 왜곡 → 면세사업자 협력 의무 (매입세액 계산서 합계표 제출 의무)

④ 면세대상 선정에 있어서 통일성 X

724

면세제도(2-2) - 면세 대상

Ⅲ. 면세 대상

① 기초생활 필수 재화 · 용역에 대한 면세 - 저소득자의 세부담 경감 목적
② 국민 후생 관련 재화 · 용역에 대한 면세 - 국민 후생 지원 목적
③ 문화 관련 재화 · 용역에 대한 면세 - 문화산업 육성 및 지원 목적
④ VAT 구성요소에 대한 면세 - 중복 과세 방지 목적
⑤ 공익 관련 재화 · 용역에 대한 면세 - 공익사원 지원 목적
⑥ 재화 수입에 대한 면세

725

면세제도(3-1) - 면세대상(금융보험용역)

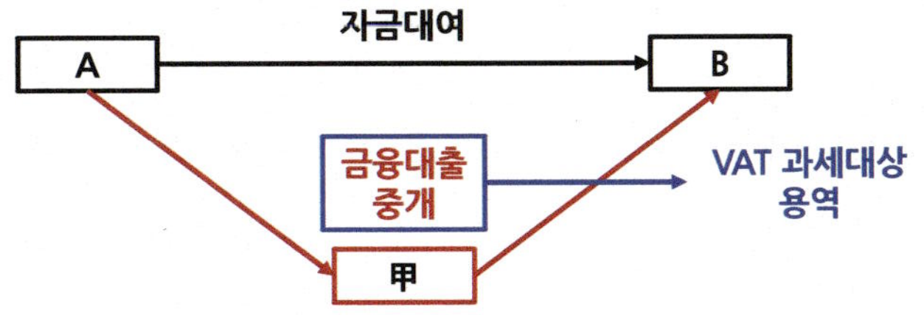

① 사업목적 => 금융업(면세)
② 일시우발적 => 비영업대금이익(이자소득)

726

면세 제도(3-2) - 부동산

Ⅰ. 토지

- 공급 - 면세 (부가가치 구성요소)
- 임대 - 과세 (세원 양성화 목적)

Ⅱ. 주택 및 부수토지

- 공급
  - 주택 => 면세 (국민주택 규모 이하)
  - 부수토지 => 일정면적까지 면세 (초과분 과세)
- 임대
  - (원칙) - 면세 (상시주거용 주택 + 일정 규모 이하 부수토지)
  - (예외) - 과세(별장, 관광용 임대 + 부수토지)

727

면세 제도(3-3) - 부동산

오피스텔
- 사업용(사업자등록) => VAT 과세(상가)
- 상시주거용(전입신고) => VAT 면세(주택)

* 기숙사 => 과세

728

면세(3-4) - 부동산임대

729

면세제도(4-1) - 면세포기

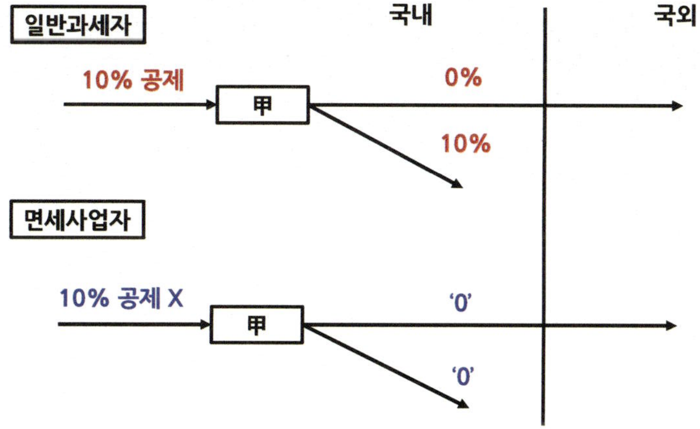

730

면세제도(4-2) - 면세포기

VI. 면세포기

1) 취지 - 면세사업자에게 불리한 점 보완(① 매입세액 不공제 ② 면세사업자와의 거래 기피)

2) 대상 - ① 영세율 적용대상 재화

② 학술 · 기술 연구단체가 공급하는 재화 · 용역

3) 절차 - 신고 + 사업자 등록 (사업자의 일방적 의사표시)

4) 효과 - ① 효력발생시기-과세관청에도달되는시점 (신규사업자는사업개시일)

② 3년간 면세 제한 (포괄 양수시 사업양수자에게 승계)

③ 면세적용 신고 - 면세적용신고서 + 사업자 등록증 제출

731

면세제도(4-3) - 입법절차

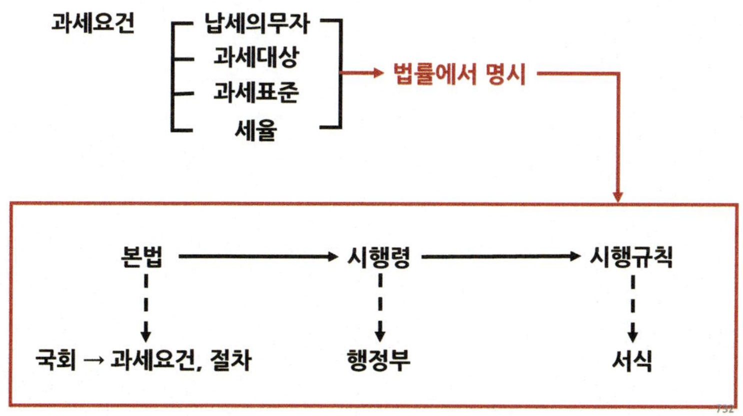

732

과세표준(1) - VAT 자산의 기본가정

=> 일정기간동안 판매, 제조, 생산활동 => Dep

Dep 대상 자산 => 매입후 해당사업에 사용 => 매도목적 X

이외의 자산(재고자산) => 저가매입 → 고가양도(가급적 빨리)

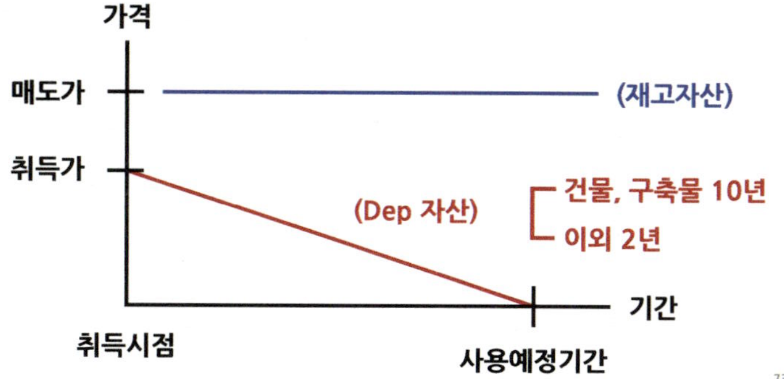

733

과세표준 (2) - 판매목적타사업장반출

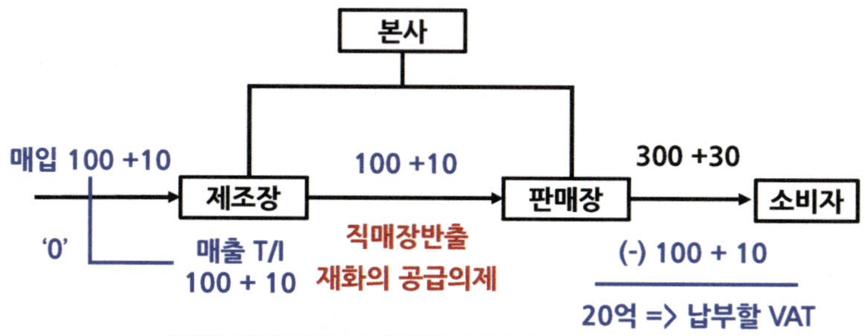

원칙) 내부거래 => 재화의 공급 X

예외) 자금경색완화 => 재화의공급으로 간주 + T/I 발행

734

과세표준(3-1) - 특수관계

특수관계 => 일방과 타방이 다음의 관계

① 혈연, 인척관계 형성

② 고용관계 성립

③ 투자관계 등 자금관계 성립

=> 쌍방이 의사일치관계 성립

↓

거래 시 정상적 시가형성 X

↓

=> 쌍방이 담합하여 일방이 타방에게 이익분여

735

과세표준(3-2) - 특수관계

이익분여 5천

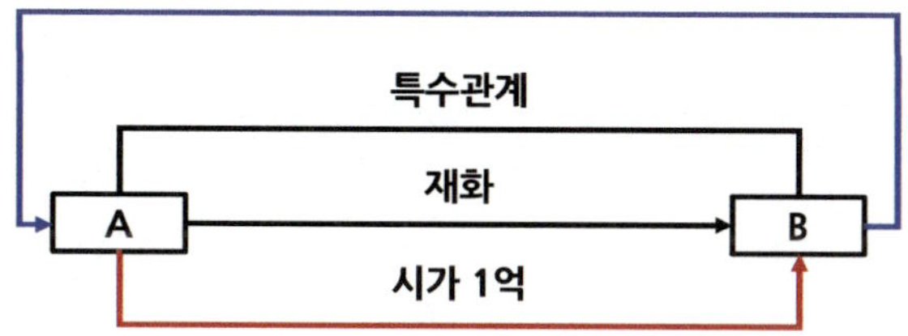

이익분여 5천

A → B 이익분여 => 거래가 5천

B → A 이익분여 => 거래가 1.5억

736

과세표준(4) - 부당행위계산부인

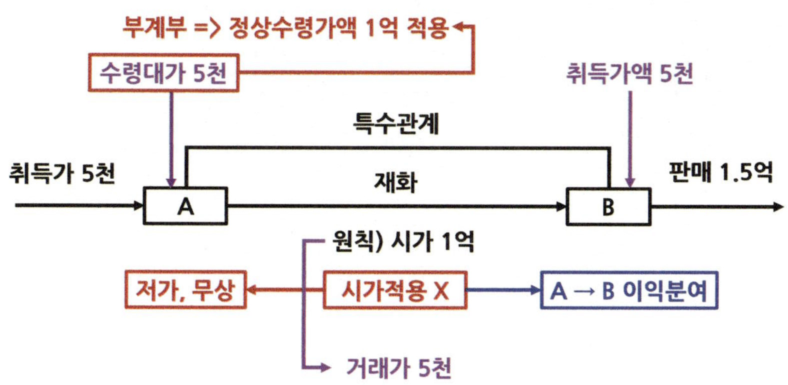

737

과세표준(5-1) - 무상공급 or 저가양도

- 재화
  - 저가
    - 특수O => 시가
    - 특수X => 거래가
  - 무상
    - 특수O => 시가
    - 특수X => 시가
- 용역
  - 저가
    - 특수O => 시가
    - 특수X => 거래가
  - 무상
    - 특수O
      - (원칙) 과세 X
      - (사업용 부동산 임대) - 시가
    - 특수X => 과세X

법인세 / 소득세
- 저가
  - 특수O => 시가(부계부)
  - 특수X => 거래가
- 무상
  - 특수O => 시가(부계부)
  - 특수X => 시가

738

과세표준(5-2) - 무상공급에 대한 과세표준

- 부당행위계산 부인
  - 재화 => 공급한 재화의 시가
  - 용역 => 공급한 용역의 시가
- 공급의제
  - (일반적인 경우)
    - Dep자산 이외의 경우 = 해당 재화의 시가
    - Dep 자산인 경우 = 취득가 ×(1-체감율 ×경.과.수) (간주시가)
    - 면세사업전용의 경우
      => 취득가 ×(1-체감율 ×경.과.수) × $\frac{\text{면세공급가액}}{\text{총공급가액}}$
  - (판매목적 타사업장 반출)
    - (원칙) 취득가 (개소세, 교육세 포함)
    - (취득가에 일정액 가산) 취득가 + 가산액

739

과세표준(6) - 마일리지

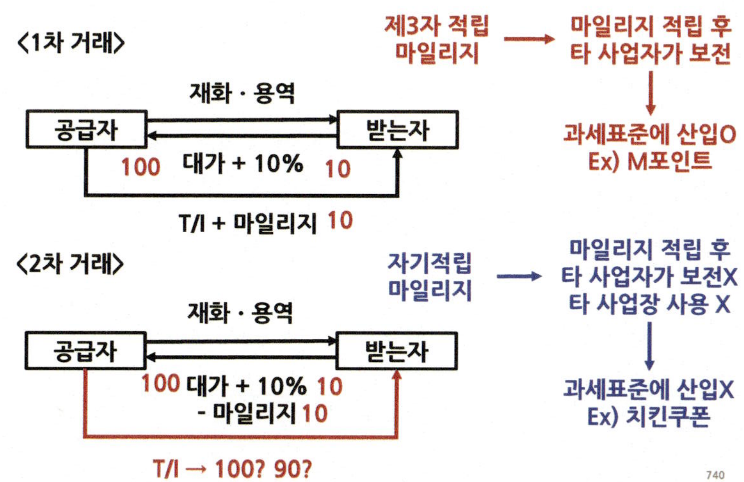

740

과세표준(7-1) - 기부채납

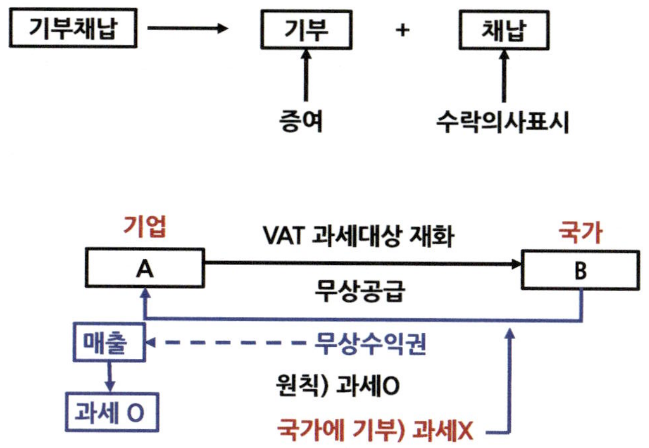

741

과세표준(7-2) - 기부채납(의의 및 형태)

Ⅰ. 의의

사회기반 시설 등을 국가에 귀속시키고 일정기간 동안 운영단계에서 사업의 무상수익권을 취득하는 것

Ⅱ. 형태

1) BTO (Build - Transfer - Operate) => 고속도로, 철도

2) BOT (Build - Operate - Transfer) => 사회간접자본(SOC), 건설사업(역사)

3) BTL (Build - Transfer - Lease) => 이용자에게 부과하는 사용료로는 투자금의 회수가 불가능한 경우 (학교, 문화시설)

742

과세표준(7-3) - 기부채납(계산방법)

<BOT>

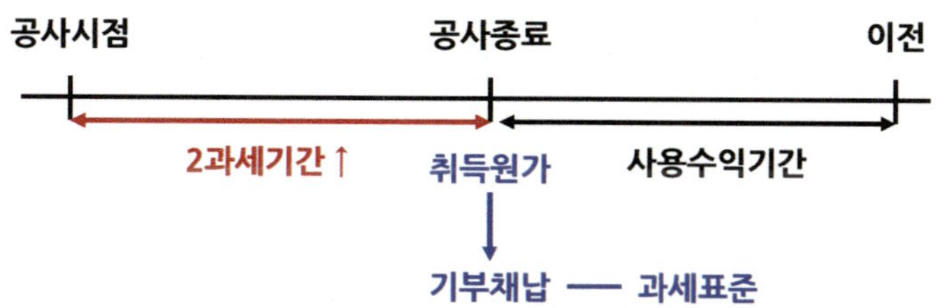

$$총공사비 \times \frac{과세기간월수}{총사용월수}$$

743

과세표준(7-4) - 기부채납(공급시기 및 과세방법)

Ⅲ. 공급시기

1) BTO - 기부채납 절차가 완료되는 때(기부채납가액, 무상사용기간 등이 확정되는 때)
2) BOT - 사용수익기간 만료 후 국가에 귀속조치되는 때
3) BTL - 기부채납 단계, 무상사용 수익권 부여 단계, 국가에 재임대 단계를 각각 거래 단계로 보아 공급시기 인식

Ⅳ. 과세방법

- 운영단계에서 VAT 과세
  - 기부채납시 - VAT 과세(조특법상 SOC를 국가 등에 기부채납 → (영세율)
  - 건설단계 - 매입세액 공제
- 운영단계에서 VAT 면세
  - 기부채납시 - VAT 면세
  - 건설단계 - 매입세액 不공제

744

과세표준(7-5) - 기부채납(인허가조건)

Ⅰ. 과세 여부

도시개발, 주택개발 사업을 진행하기 위하여 공공시설을 기부채납 할 것을 요건으로 사업의 인허가를 획득한 경우 국가 · 지자체에 대한 재화의 무상 공급으로 보아 면세를 적용한다.

Ⅱ. 토지관련 매입세액 공제

1) 원칙 : 매입세액불공제
2) BTO 방식 : 매입세액 공제
3) 사업장 신설목적으로 국가등의 소유토지에 진입도로를 개설 · 포장하여 기부채납하는 경우 → 매입세액 공제 가능 (법인세법상 토지와 구분되는 구축물로 인식)

745

과세표준(7-6) - 기부채납(인허가조건부)

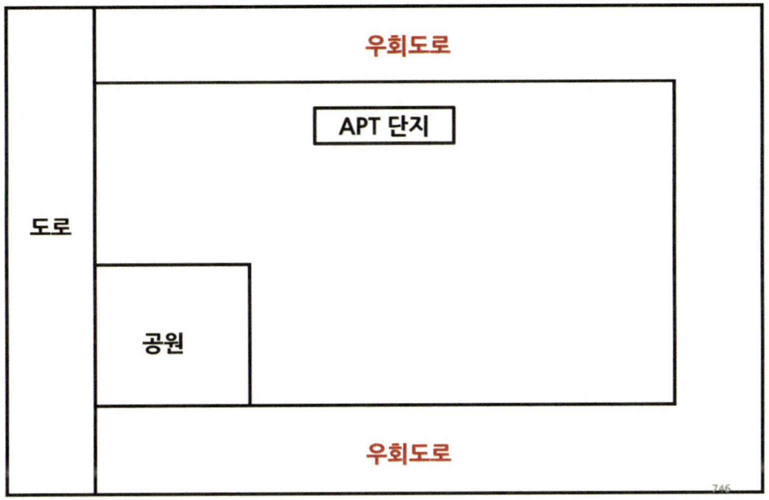

746

과세표준(8-1) - 과세표준에서 제외하는 경우

<재화 · 용역의 공급과 관련이 없는 경우>

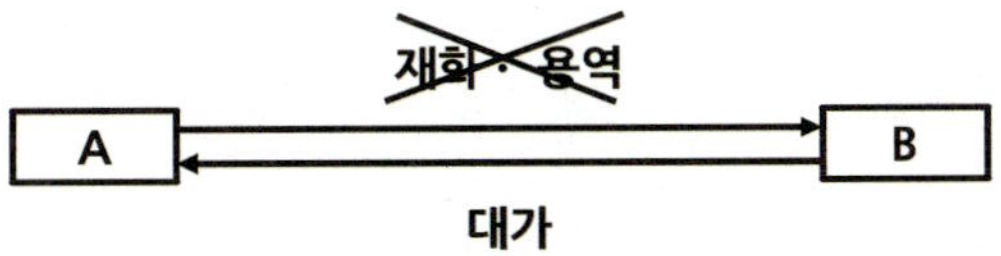

=> 재화 용역의 공급과 무관한 금액

=> 과세표준에서 제외 (ex. 합의금, 보상금)

747

과세표준(8-2) - 과세표준에서 제외하는 경우

<국고보조금, 공공보조금>

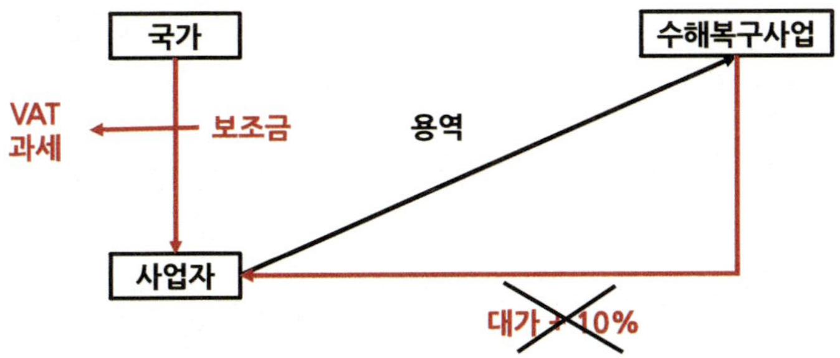

748

과세표준(8-3) - 과세표준에서 제외하는 경우

<국고보조금, 공공보조금>

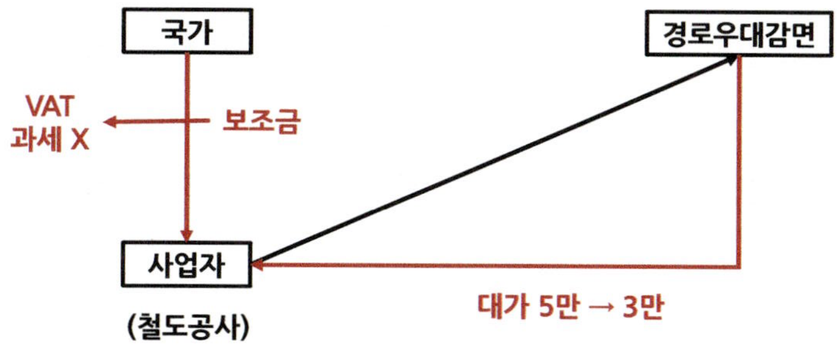

749

과세표준(8-4) - 과세표준에서 제외하는 경우

<매출할인>

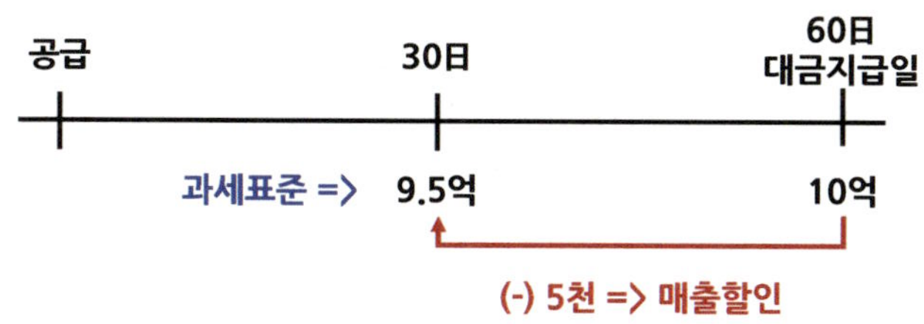

750

과세표준 (8-5) - 과세표준에서 제외하는 경우

<봉사료>

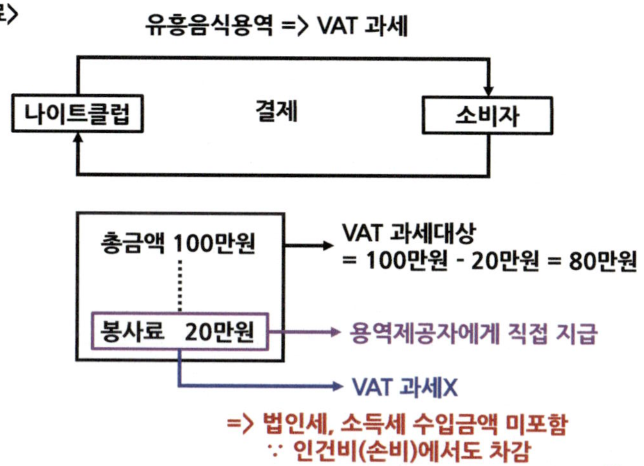

751

과세표준 (8-6) - 과세표준에서 공제하지 않는 것

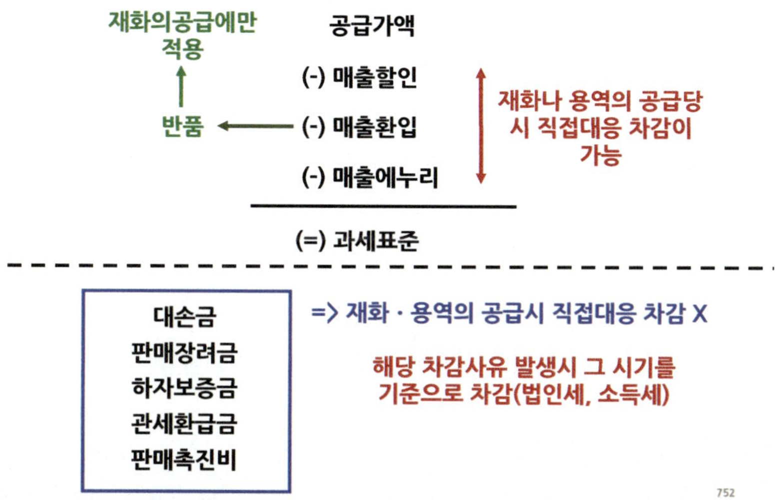

752

과세표준 계산 특례(9) - 재화의 수입 시 과세표준

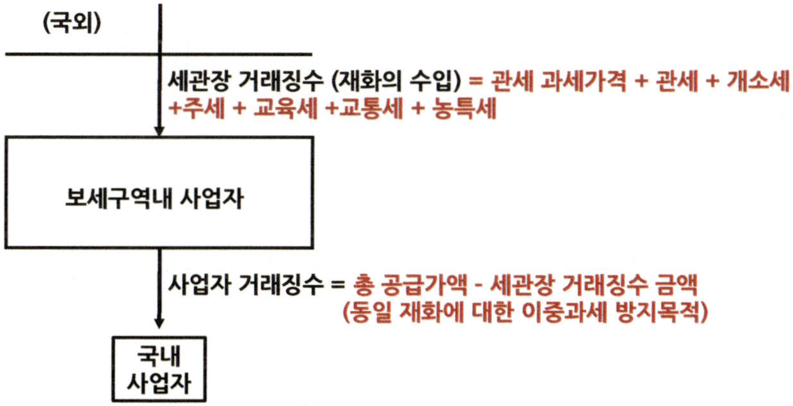

753

과세표준 계산 특례(1-1) - 과세 · 면세 겸영사업자

과세 · 면세 겸영사업자 => 사업자가 과세사업과 면세사업을 동시에 운영하는 경우

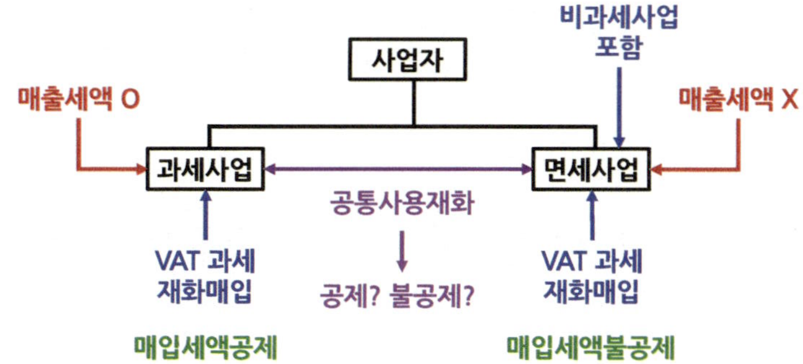

754

과세표준 계산 특례(1-2) - 과세 · 면세 겸영사업자

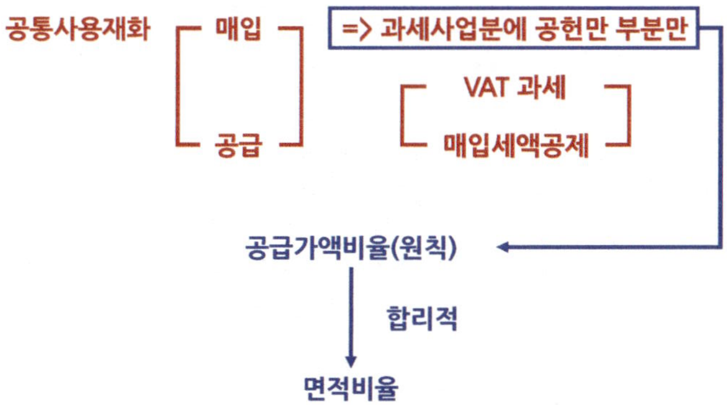

755

과세표준 계산 특례(2) - 공통사용재화 공급

과세표준 = 해당 재화의 공급가액 × 직전 과세기간 (원칙: $\frac{\text{과세공급가액}}{\text{총 공급가액}}$ / 특례: $\frac{\text{과세사용면적}}{\text{총 사용면적}}$)

배제

① 면세공급가액 < 총공급가액 ×5%

② 공급가액 < 50만원

③ 신규사업 개시자

756

과세표준계산 특례(3-1) - 과세 · 면세 안분계산

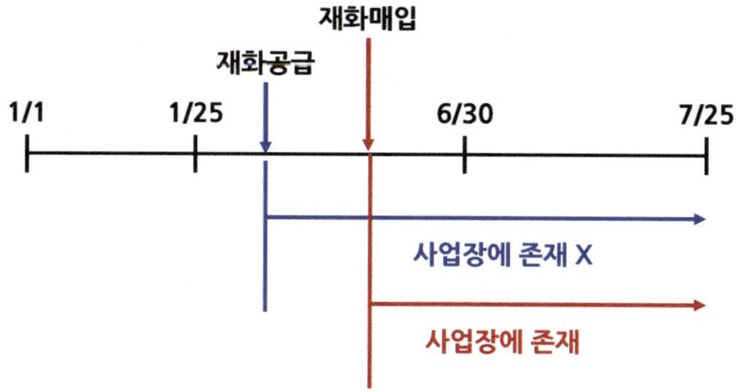

757

과세표준계산 특례(3-2) - 과세 · 면세 안분계산

① 실지귀속에 따라 안분계산

② 귀속이 불분명한 경우 ⟶ 합리적 기준에 따라 안분계산
㉠ 매출액
㉡ 사용면적, 투입재화, 매입액

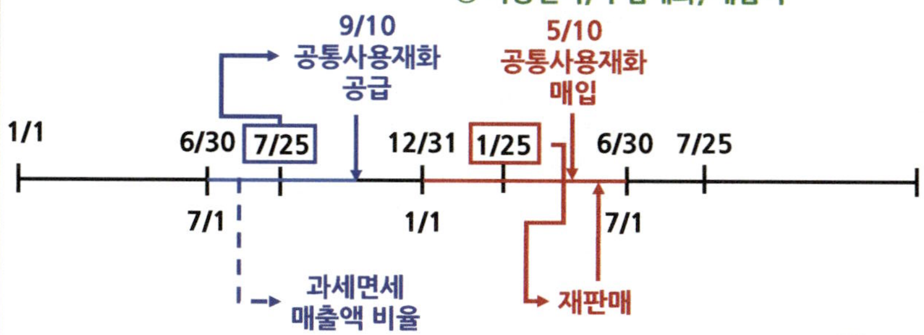

758

과세표준계산 특례(4-1) - 토지, 건물 일괄공급(개정 전)

매매목적 => 취득후 즉시철거 => 건물신축

매입시 지급금액 = 100억 + 3억(취득원가)

거래징수 후 환급 → 철거시 과세

계약금액 ┌ 건물 = '0'
└ 토지 = 100억

개정전=> 철거목적이라면 건물가액 '0' 인정

759

과세표준계산 특례(4-2) - 토지, 건물 일괄공급(개정 후)

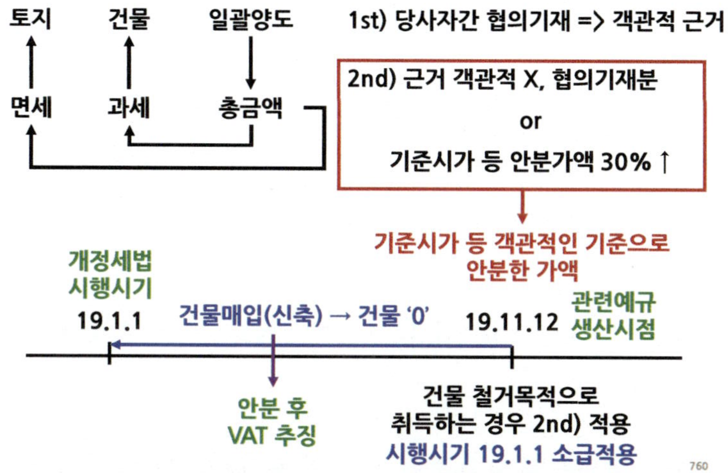

760

과세표준계산 특례(4-3) - 토지, 건물 일괄공급(재개정)

① 구분기장가액(당사자간 합리적방법 적용 → 합의)

② 감정가, 기준시가, 장부가액 비율로 안분

③ ①과 ②의 차이가 30% ↑

↓

① 부인하고 ② 적용

↓

다만, 사실상 건물을 멸실할 목적으로 취득하는 경우 적용 X

761

과세표준계산 특례(4-4) - 토지, 건물 일괄공급

토지 + 건물 일괄취득 후 건물 철거 → 신축

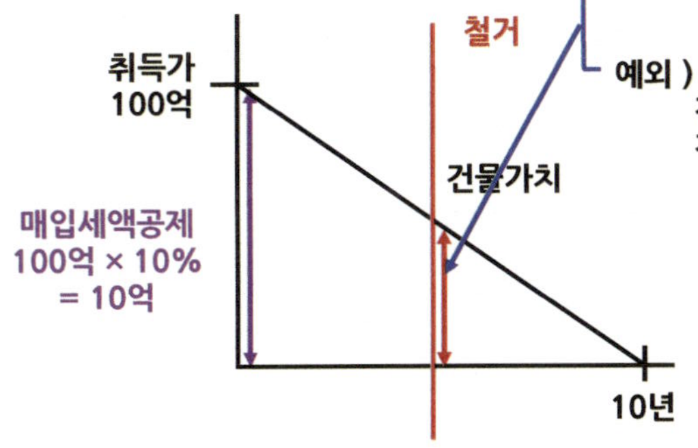

원칙) 기공제 매입세액 추징
(폐업 시 잔존재화)

예외) 취득 즉시 철거 후 건물신축 목적인 경우 건물가액 '0'
(VAT 거래징수 X, 납부 X, 환급 X,)
↓
추징 X

762

과세표준 계산 특례(4-5) - 토지,건물 일괄 공급

Step1) 실거래가 => 감정가 => 기준시가 모두 존재

➡ 해당 기준별 안분 계산

Step2) 실거래가無, 감정가無, 기준시가 일부 존재

➡ ① 장부가액 기준 집단별 안분 → ② 기준시가 有 집단 기준시가로 안분

Step3) 실거래가, 감정가, 기준시가, 모두無

➡ 장부가액 기준으로 안분

763

과세표준 계산 특례(5) - 자가공급의 경우

Ⅰ. 감가상각 자산 => 간주시가

일반적 경우: 과세표준 = 해당 재화 취득가액 × [1 - (5% or 25%) × 경과된 과세기간 수]

면세 전용의 경우: 과세표준 = 해당 재화 취득가액 × [1 - (5% or 25%) × 경과된 과세기간 수] × (과세기간 면세공급가액 / 과세기간 총 공급가액)

Ⅱ. 감가상각 이외의 자산 => 해당 재화의 시가

※ 자동차 매매업의 차량 또는 부동산 매매업의 부동산은 재고자산이므로 간주시가를 적용하지 않음.

764

과세표준계산 특례(6) - 면세전용

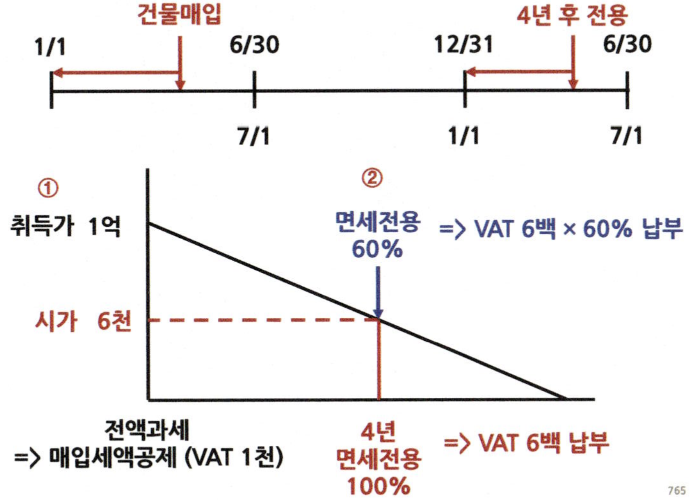

765

과세표준 계산 특례 (7-1) - 임대보증금에 대한 간주임대료

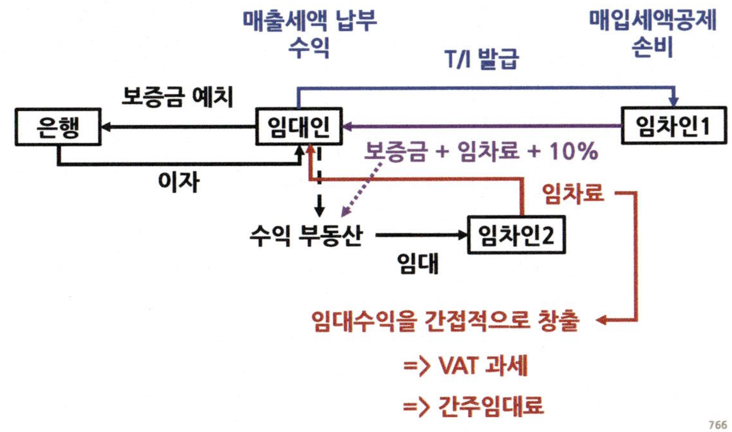

766

과세표준 계산 특례 (7-2) - 임대보증금에 대한 간주임대료

임대보증금 과세방식(임대보증금에 대한 간주임대료)

- VAT => 임대보증금이 창출하는 부가가치에 대하여 과세
  - => 보증금 × 연이자율 × 일수/365
  - 기장 → 장부에 계상된 차감계정(건설비, 금융소득) 인식
  - 추계 → 차감계정 미인식(∵장부 미계상)
- 법인세, 소득세 => 임대보증금이 창출하는 소득에 대하여 과세
  - => (보증금적수 - 건설비적수) × 연이자율 × 1/365 - 금융소득
  - (보증금적수 - 건설비적수) × 연이자율 × 1/365 → 정상적으로 은행에 예치하는 경우 금융소득
  - 금융소득 → 실제금융소득

767

과세표준 계산 특례 (7-3) - 임대보증금에 대한 간주임대료

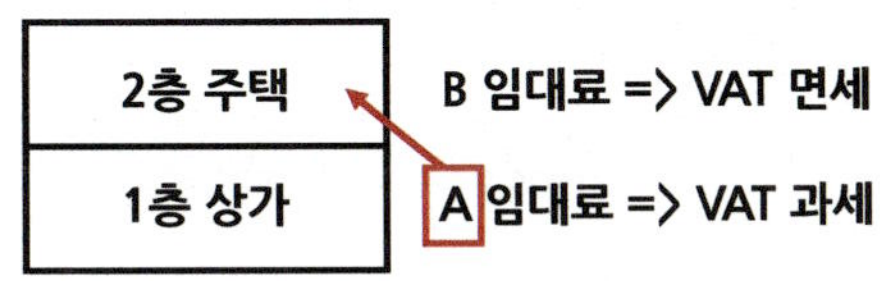

=> 안분계산 필요

768

과세표준 계산 특례(8) - 부동산 임대용역 공급의 경우

Ⅰ. 전세금 · 보증금

과세표준 = 임대보증금적수 × 1/ 365 × 정기예금이자율

Ⅱ. 과세 · 면세 용역 동시 공급

(원칙) 실지 귀속에 따라 안분

(불분명) 1st) 토지분 · 건물분 임대료 기준시가로 안분

2nd) 과세 면세분 안분

Ⅲ. 후불 또는 선불

$$\text{과세표준} \times \text{선불 또는 후불 임대료} \times \frac{\text{과세기간 월수}}{\text{계약기간 월수}}$$

769

거래징수(1-1) - 개요

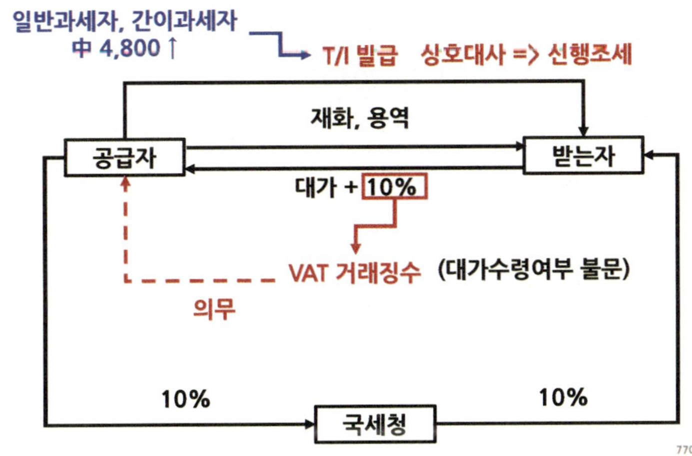

770

거래징수(1-2) - 개요

<원칙>

<특수한 경우>

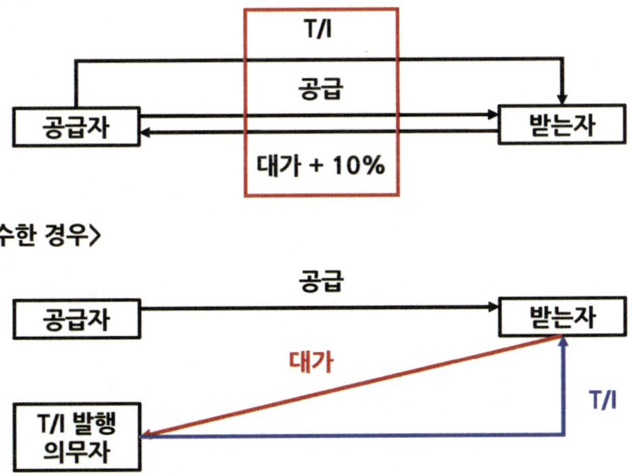

771

거래징수(2) - 세금계산서발행의무

코로나 => 간이과세자 이외의 소규모 사업자의 세부담 경감

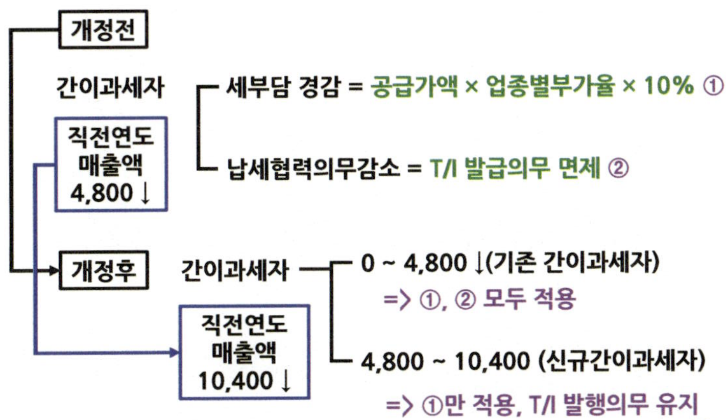

772

거래징수(3-1) - 세금계산서발행의무(위탁판매)

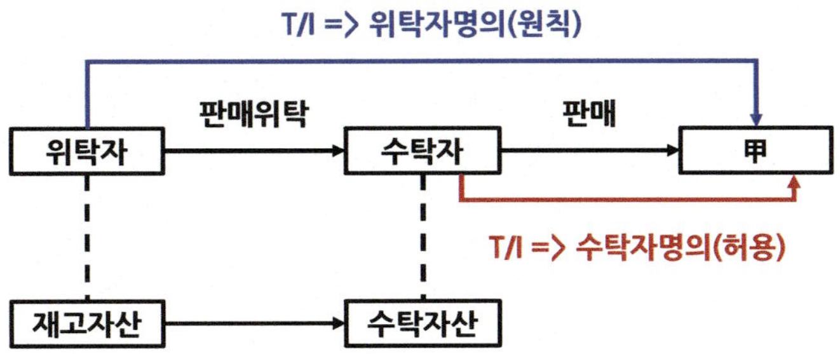

773

거래징수(3-2) - 세금계산서발행의무(위탁매입)

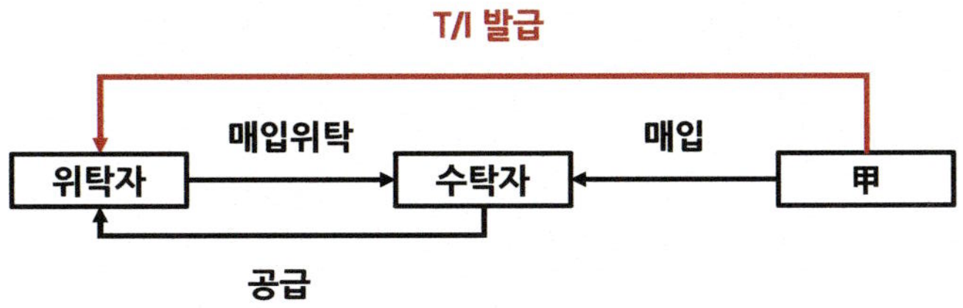

774

거래징수(3-3) - 세금계산서발행의무(조달청 관련)

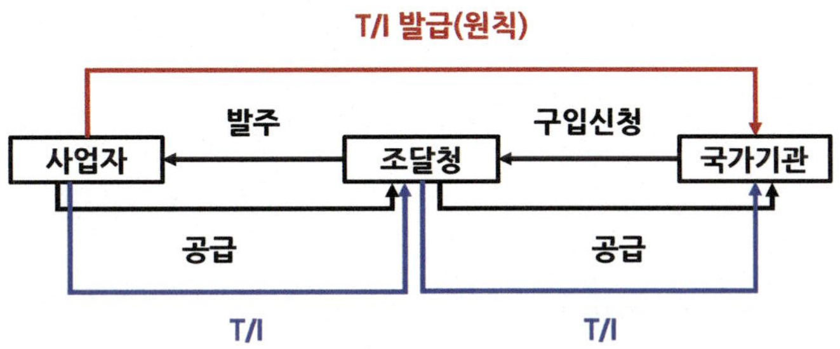

775

거래징수(3-4) - 세금계산서발행의무(리스)

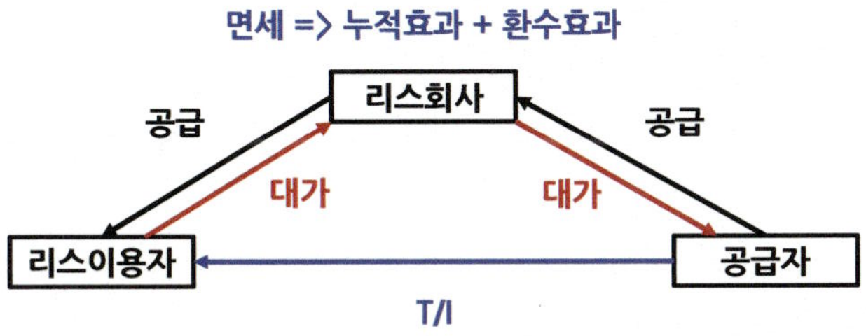

776

거래징수(3-5) - 세금계산서발행의무(경매)

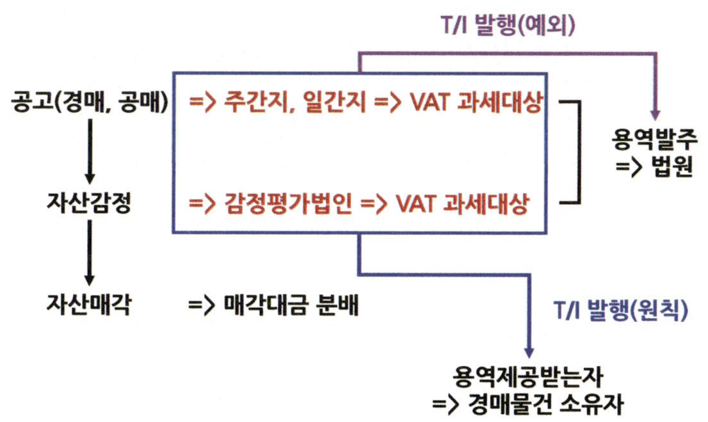

777

거래징수(3-6) - 세금계산서발행의무(통신사업자 등)

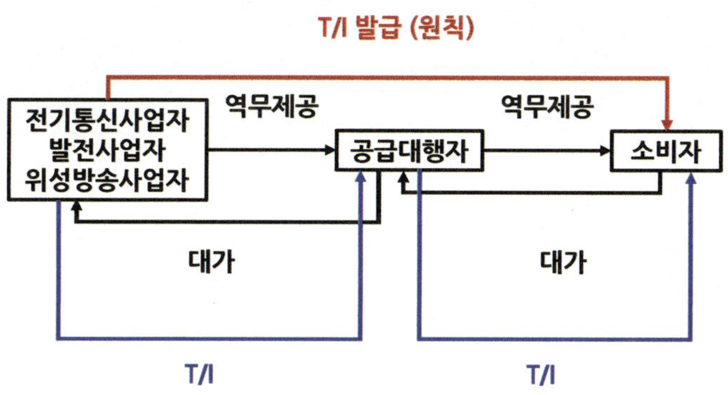

778

거래징수(3-7) - 세금계산서발행의무(전력사업자)

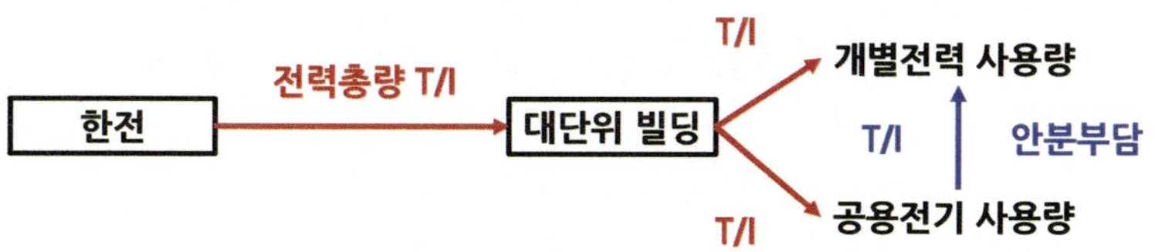

779

거래징수(3-8) - 세금계산서발행의무(대리인 공급)

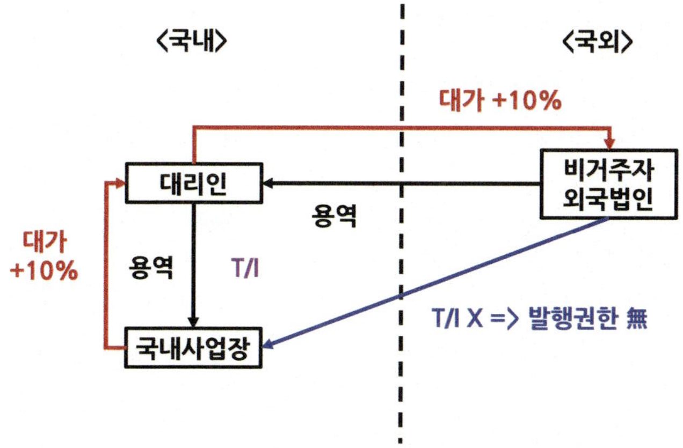

780

거래징수(4-1) - 수정세금계산서

모두 갖춘경우

수정세금계산서 => ① 기존에 세금계산서가 정상발행 / ② 법에서 열거한 수정사유에 해당

→ 수정 T/I 발행가능

→ 세금계산서 가산세 적용 X
But, 국세기본법상 과소신고, 납부지연가산세 적용

781

거래징수(4-2) - 수정세금계산서(환입, 해제, 해지)

재화의 환입 => 반품

계약의 해제 => 소급하여 계약 X

계약의 해지 => 기존효력 인정 => 장래효력 X

=> 해당거래를 통해서 과세표준 변동 => 수량, 대가

→ 해당거래가 발생한 시기에 변동된 과세표준만큼 새로운 거래 발생

→ => 거래 발생일을 작성연월일(공급시기)

=> 이외의 경우 → 과세표준 변동 X → 최초 T/I 작성연월일 → 수정 T/I 작성연월일로 함

782

거래징수(4-3) - 수정세금계산서(내국신용장거래)

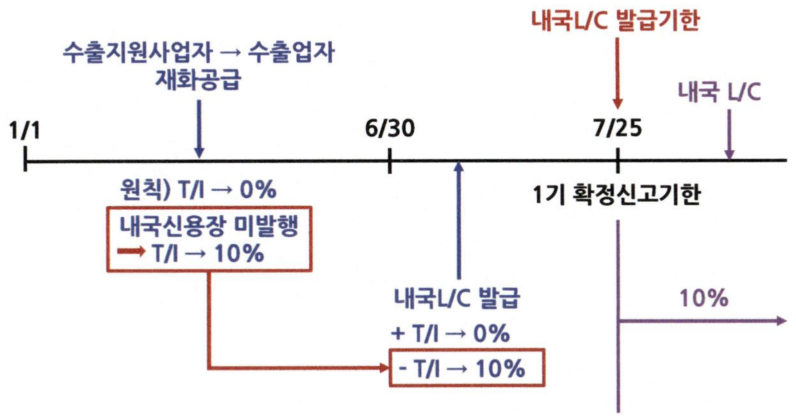

783

거래징수(4-4) - 수정세금계산서

수정세금계산서

- 최초발행시 적법한 T/I
- 수정T/I 발행사유 열거된 것 中 하나에 해당

필요적기재사항

① 공급자의 등록번호, 성명
② 받는자의 등록번호
③ 가액 + 10%
④ 작성연월일

수정사유

- 착오 => 수정T/I 발행시기 => 걸리기 전까지 ③, ④ 수정
- 착오 외 => 수정T/I 발행시기 => 확정신고기한 다음 1년 이내 ①, ② 수정

784

거래징수(5-1) - 사실과 다른 세금계산서(위장거래)

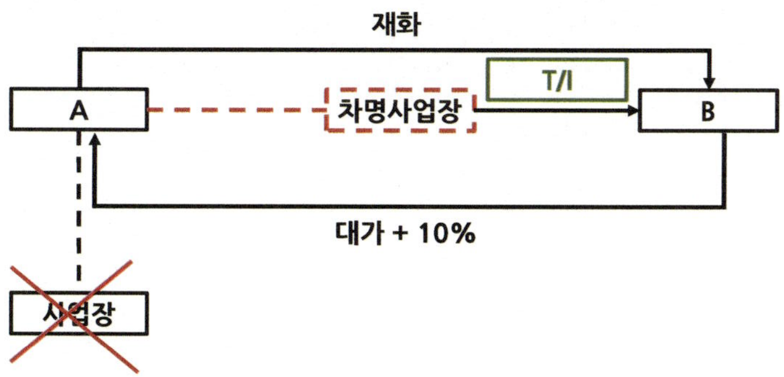

785

거래징수(5-2) - 사실과다른세금계산서(자료상)

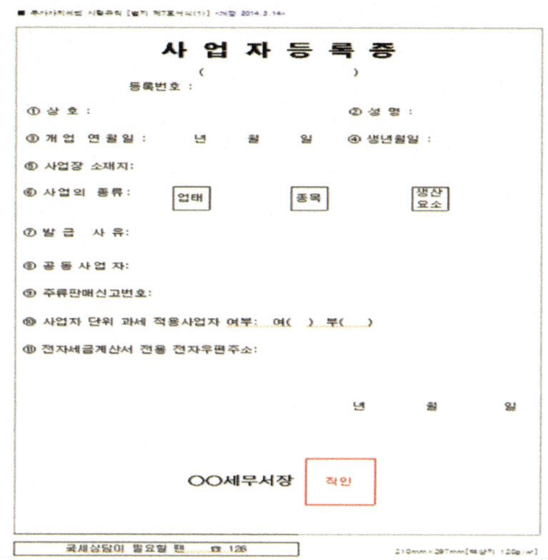

786

거래징수(5-3) - 사실과 다른 세금계산서

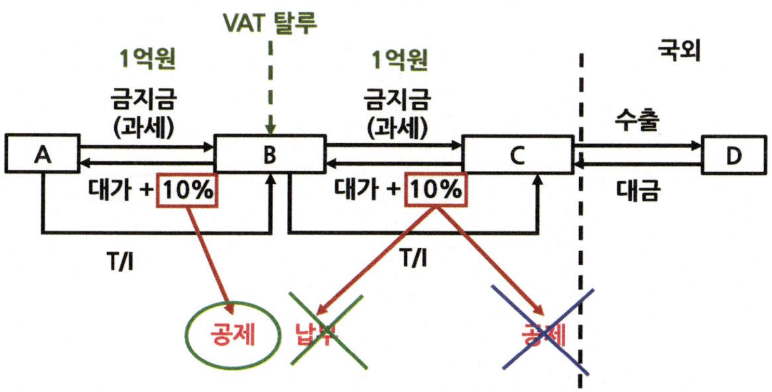

787

거래징수(6-1) - 전자세금계산서

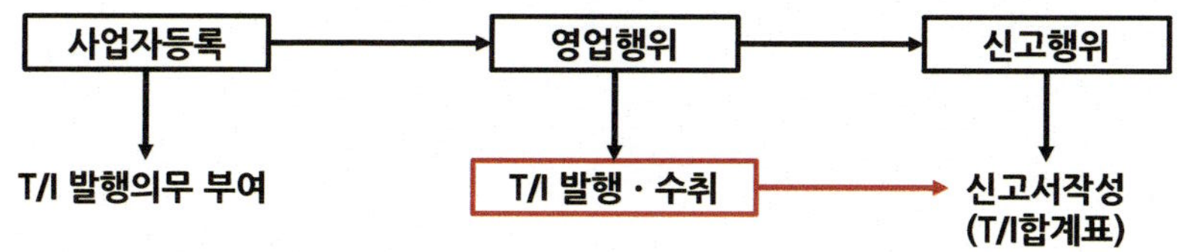

788

거래징수(6-2) - 전자세금계산서

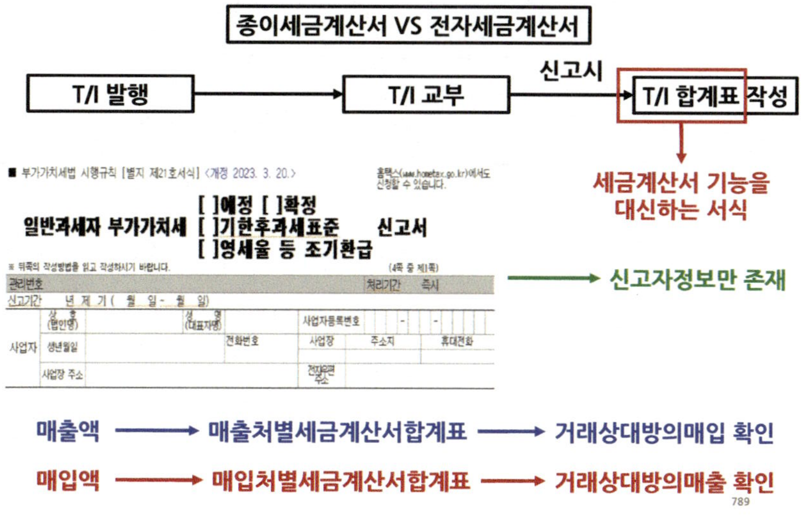

789

거래징수(6-3) - 전자세금계산서

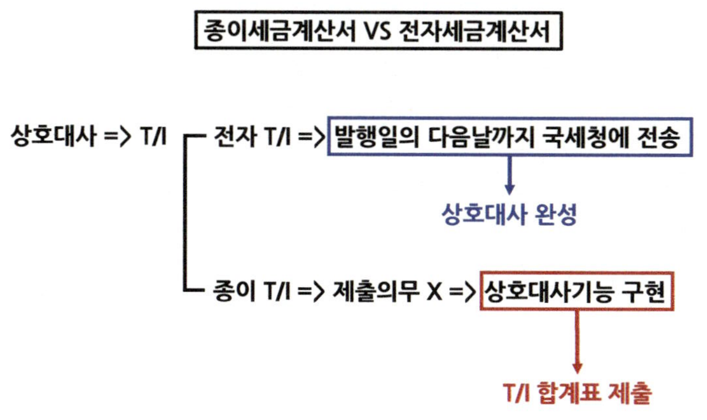

790

거래징수(6-4) - 전자세금계산서

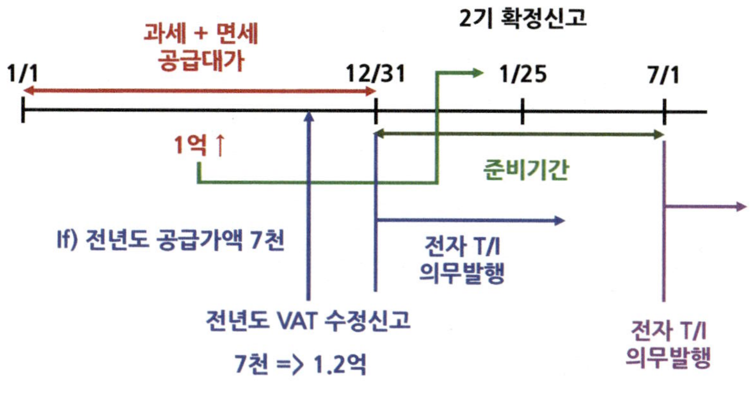

791

거래징수(6-5) - 전자세금계산서(지연수취, 미수취)

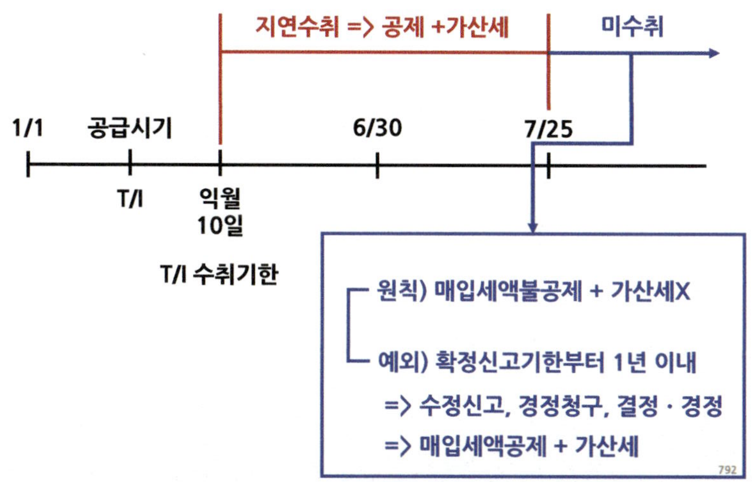

792

거래징수(6-6) - 지연전송, 미전송

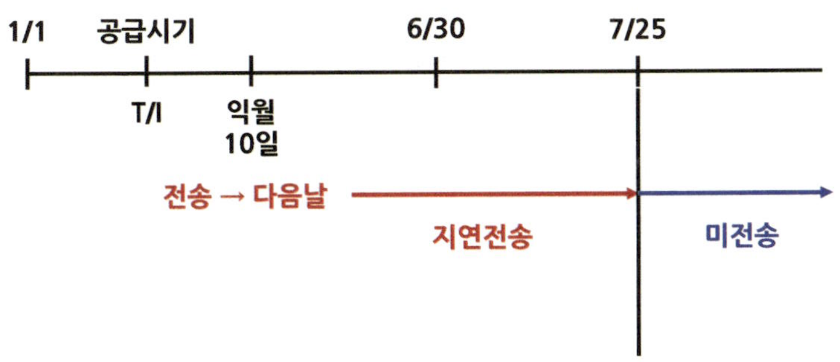

793

거래징수(6-7) - 수입세금계산서

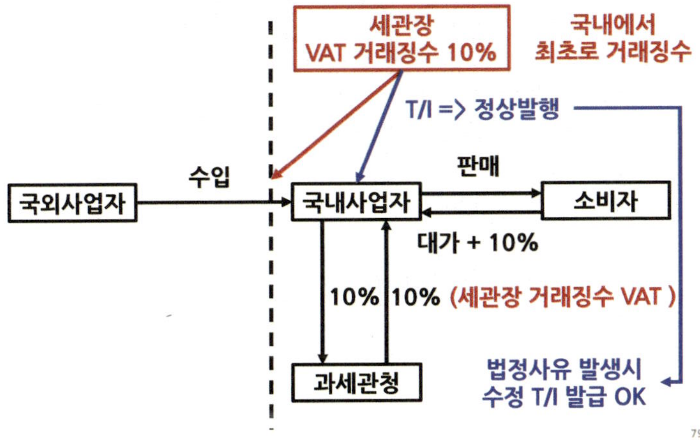

794

거래징수(7) - 세금계산서발행의무 면제

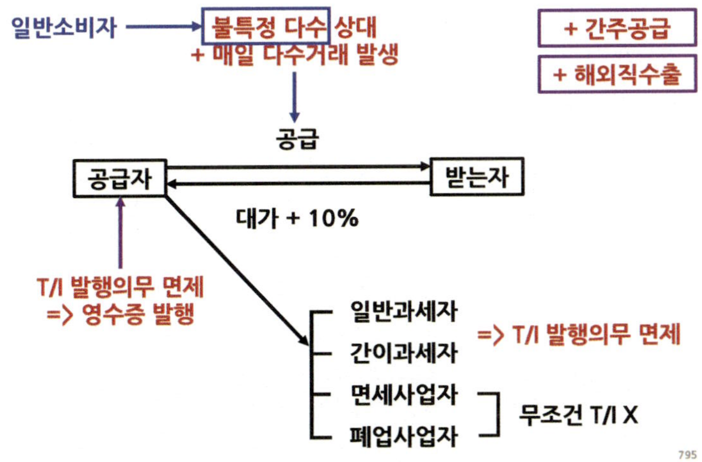

795

거래징수(8-1) - 지출증빙

과세 면세 과세, 면세 전체

① 적격증빙 => T/I, 계산서, 카드전표, 현금영수증

=> 거래의 상호대사가 가능한 증비 => 공급자, 받는자 명시

② ① 이외 증빙 => 간이영수증

=> 상호대사기능 X => 공급자 정보만 명시

796

거래징수(8-2) - 영수증 발급의무자

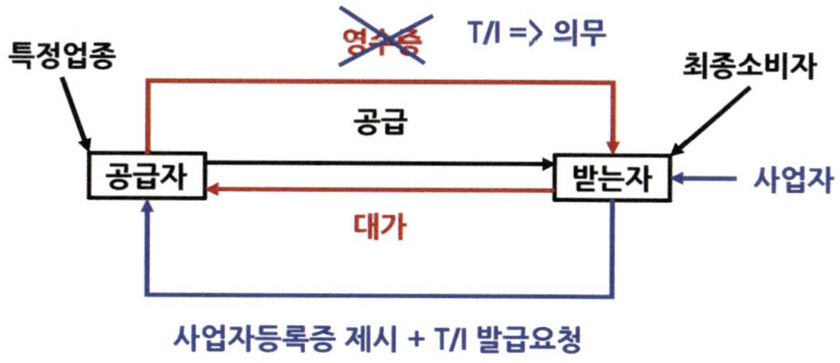

797

거래징수(8-3) - 영수증 발급의무자

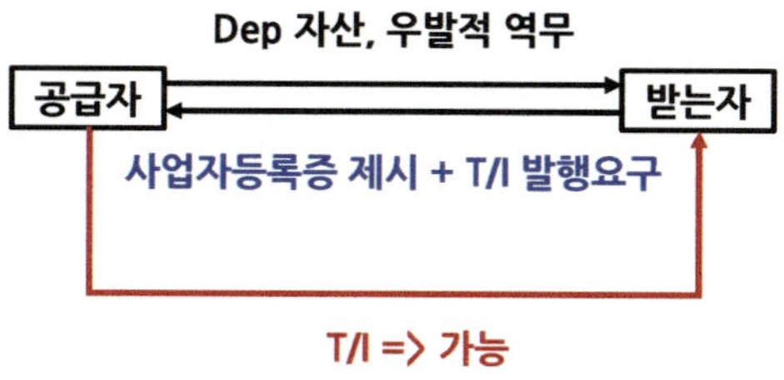

798

거래징수(8-4) - 신용카드매출전표

799

거래징수(9-1) - 매입자발행세금계산서

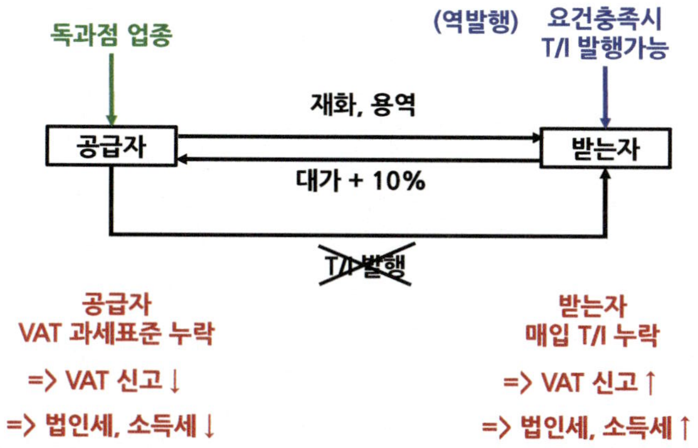

800

거래징수(9-2) - 매입자발행세금계산서

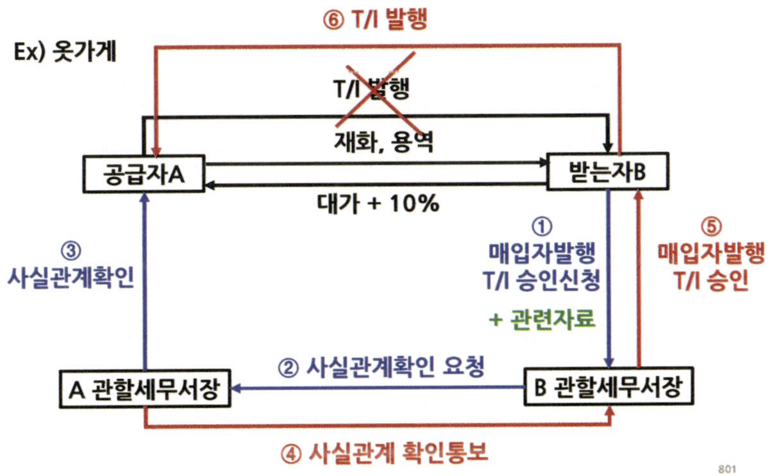

801

매입세액(1)- 개요

- 매입세액불공제
- 의제매입세액 공제
- 공통매입세액 안분계산 특례

802

매입세액 (2) - 매입세액불공제

Ⅰ. 의무 태만 · 의무 불이행 => 상호대사 불가능하게 하는 행위 => 매입세액불공제

- ① 매입처별 T/I 합계표 미제출
- ② T/I 미수취 및 부실기재
- ③ 사업자 미등록(차명등록)

=> ①, ② 법인세, 소득세 경비 인정 X

Ⅱ. 거래 성질에 따른 불공제

- 업무무관 지출에 대한 매입세액 => 경비인정 X
- 비영업용 소형승용차 관련 매입세액 => 법인세, 소득세 한도 시부인
- 기업업무추진비 지출에 관한 매입세액 => 법인세, 소득세 한도 시부인
- 면세사업 관련 매입세액 => 취득성격에 따라 당기비용 or 자산화 후 Dep

803

매입세액 (3) - 매입세액불공제

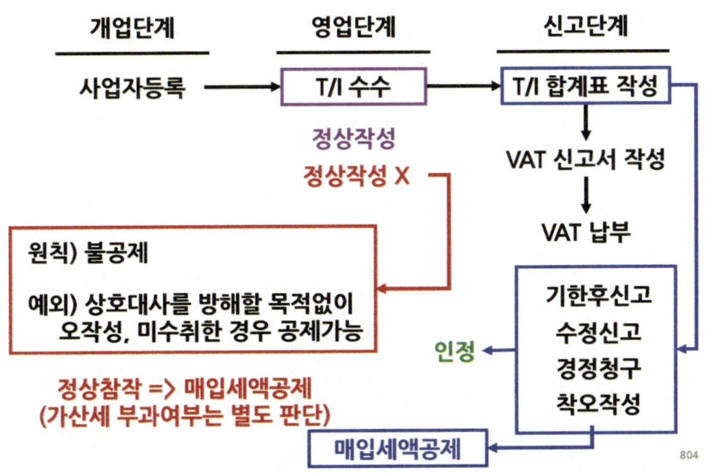

804

매입세액 (4-1) - 매입세액불공제(예외)

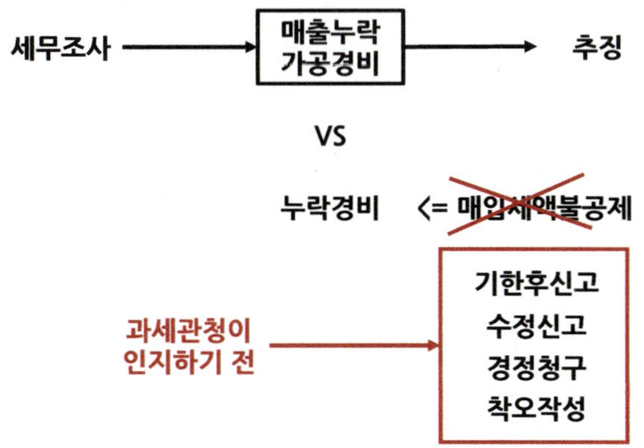

805

거래징수(4-2) - 매입세액불공제(예외)

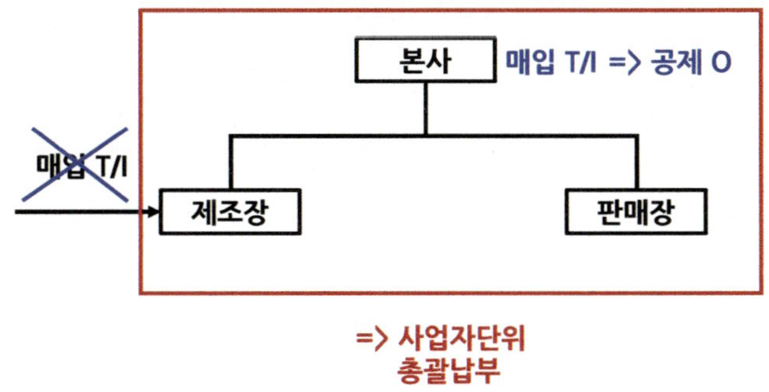

806

매입세액(4-3) - 매입세액불공제(예외)

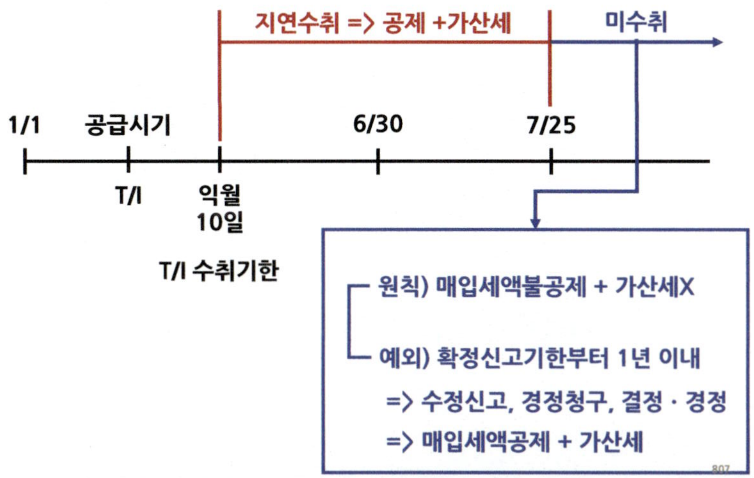

807

거래징수(4-4) - 매입세액불공제(예외)

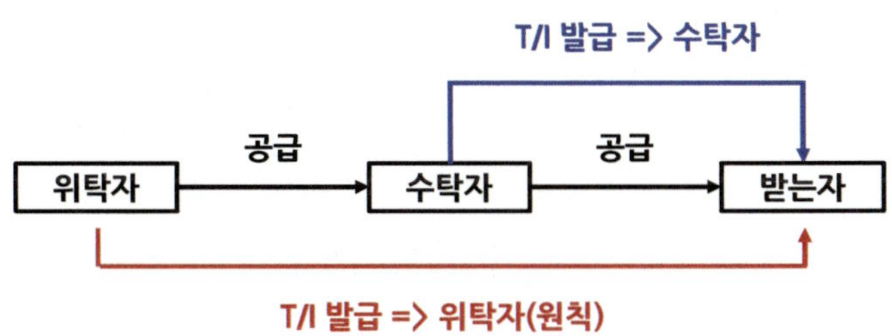

808

거래징수(4-5) - 매입세액불공제(예외)

<용역의 주선 · 중개>

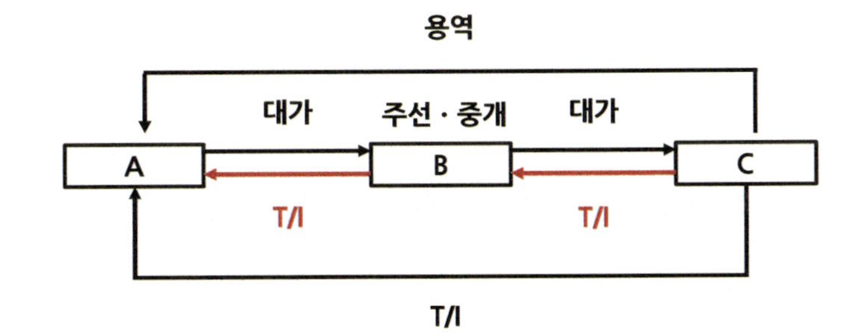

809

거래징수(4-6) - 매입세액불공제(예외)

<일반적 용역의 공급>

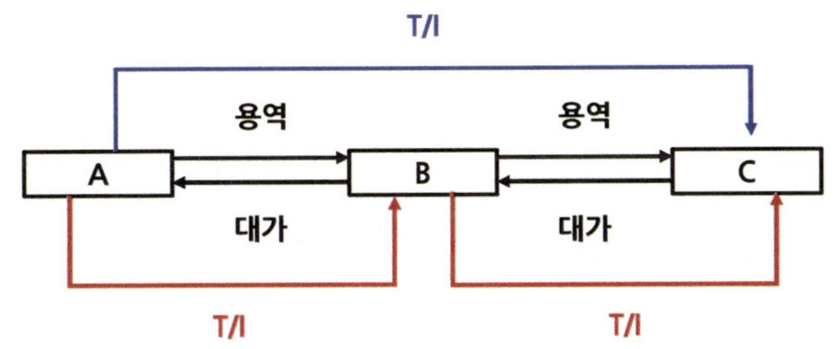

810

매입세액(5) - 수입차량

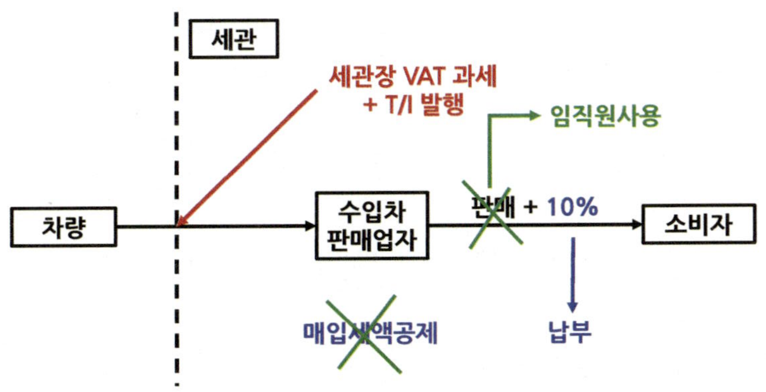

811

매입세액(6) - 자본적지출

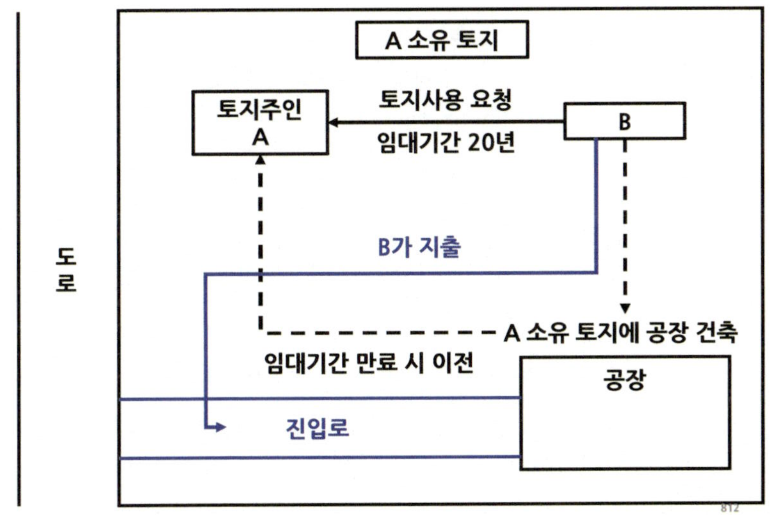

812

거래징수(7-1) - 매입세액불공제(토지관련)

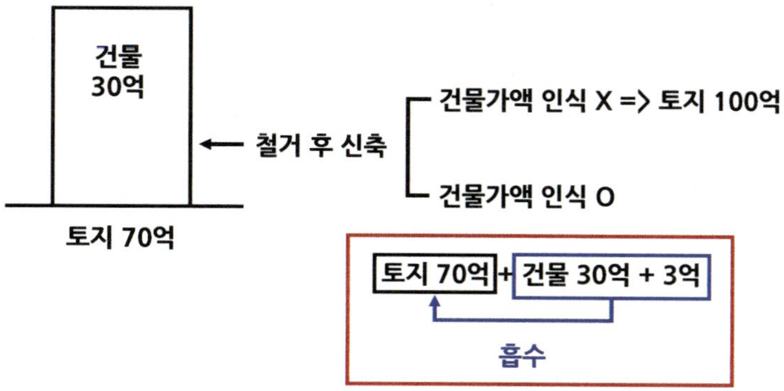

=> 건물철거

813

매입세액 (7-2) - 토지 관련 매입세액

Ⅰ. 자본적 지출 → 불공제

(근거)
- VA 창출을 위한 본원적 요소
- 면세 관련 매입세액
- 영업비용 구성 X → 토지 원가에 산입되어 처분 시 세액에서 일부 차감하는 방식으로 부분 환급 적용

(예시)
- ① 사전평가 용역비, 매입대금, 취득세, 명의 이전비
- ② 기존 건물이 있는 토지의 취득 및 철거 관련 매입세액
- ③ 토지 조성 · 배수로 설치 등 영구적으로 이용 가능한 용역
- ④ 감정평가 비용, 형질 변경, 택지 조성

814

매입세액 (7-3) - 토지 관련 매입세액

Ⅱ. 수익적 지출 → 공제

수익적 지출을 영업 비용으로 처리 → 매출액에서 대응 · 공제 (당기 비용 or Dep)

(예시)
- ① 오염된 토지 복구원가
- ② 수해로 인한 유실, 적치물 복구, 제거 관련 비용
- ③ 과세사업을 위한 나대지의 청소비 및 유지 비용

815

매입세액 (7-4) - 도로 관련 매입세액

- 매입세액 불공제 대상
  => 토지의 유용성 증진을 위한 진입로 개설 및 도로 포장
- 매입세액공제 대상

=> ① 사업장으로 진입이 필수적인 진입로 포장공사
② 별도 구축물로 분류되는 도로 포장, 도로변 피해방지 공사

816

매입세액 (7-5) - 토지 취득, 양도 관련 중개수수료

구분	취득 단계	매각 단계
과세 사업용 고정 자산	토지 관련 매입세액으로 불공제 (건축물과 일괄 취득 시 안분 계산)	전액 공제
면세 사업용 고정 자산	전액 불공제	전액 불공제
매매 사업용 재고 자산	전액 불공제	공통 매입세액 안분계산

817

매입세액(8-1) - 의제매입세액

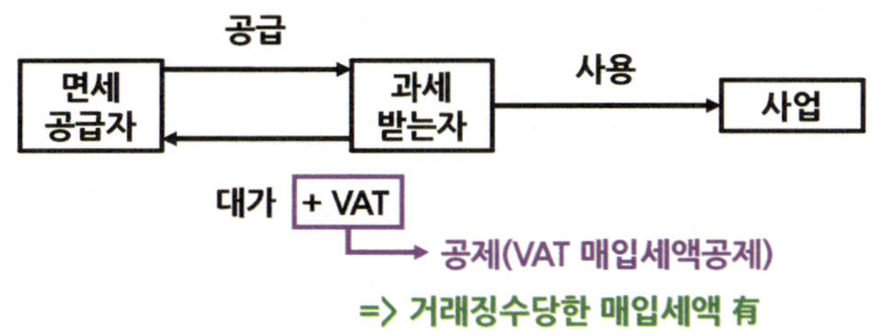

* 의제매입세액공제 => 최종소비자에게 귀속되는 누적효과, 환수효과 제거

=> 거래징수당한 매입세액 無 => 공제 X (원칙)

=> 가상의 매입세액을 거래징수했다고 가정 => 공제 가능

818

매입세액(8-2) - 의제매입세액

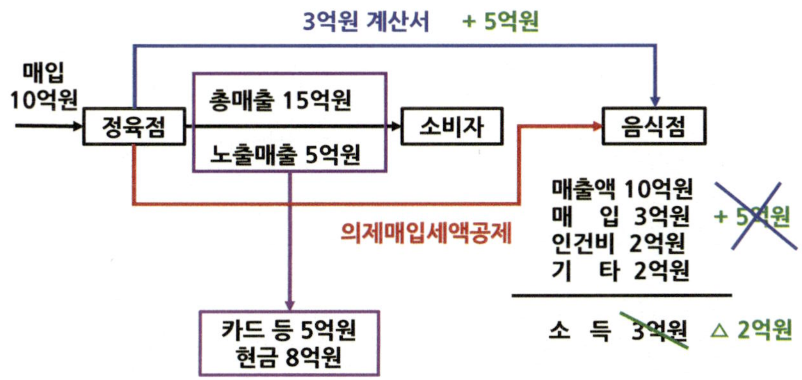

819

매입세액(8-3) - 의제매입세액

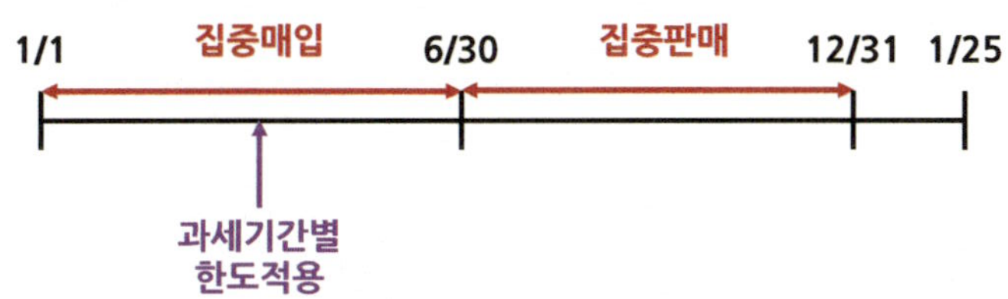

* 매출과 매입이 동시에 일어나지 않고 과세기간별로 집중된 경우

=> ex) 홈쇼핑관련 농수산물 제조업

=> 1년 단위로 의제매입세액공제 한도액 적용

820

매입세액(9-1) - 공통매입세액 안분계산 및 재계산

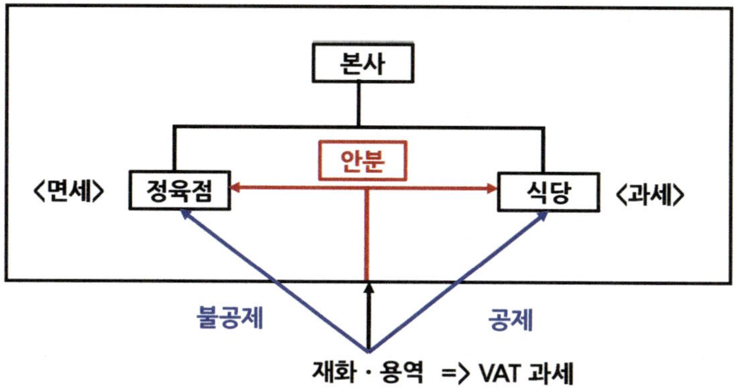

821

매입세액(9-2) - 공통매입세액 안분계산 및 재계산

<공통사용재화>

	매입단계		사용단계		공급단계
	매입세액공제	→	과세		과세
	매입세액불공제	→	면세		면세
겸영재화 →	과세사업 공헌부분만큼 매입세액공제	→	공통사용		=> VAT 과세대상 자산 => 과세사업 공헌부분 과세

822

매입세액 (9-3) - 공통매입세액 안분계산 및 재계산

Ⅰ. 공통매입세액 안분계산

1) 원칙 : 면세 공급가액에 의한 안분 계산
2) 공급가액 無 : 추정비율에 의한 안분 계산 → 확정비율에 의한 정산
   ① 면세 매입가액 비율 ┐
   ② 면세 예정 공급가액 비율 ┘→ 공급가액
   ③ 면세 예정 사용 면적 비율 → 사용면적

Ⅱ. 납부세액 · 환급세액 재계산

		공급가액 비율	
		2기 (취득)	3기
기계 (매입세액100)	과	40%	60%
	면	60%	40%
불공제 대상		60	100 × (1 - 25%) × 20% = △15 환급

※ 면세비율 증감에 따라 납부 또는 환급

823

매입세액(9-4) - 공통매입세액 안분계산 및 재계산

자산 ┌ 재고 => 판매목적 O, 가격 ↓ X
　　 └ Dep => 판매목적 X, 가격 ↓ O

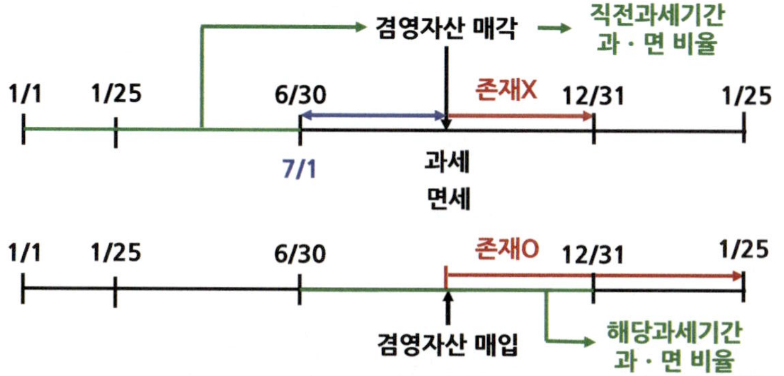

824

매입세액(9-5) -공통매입세액 안분계산 및 재계산

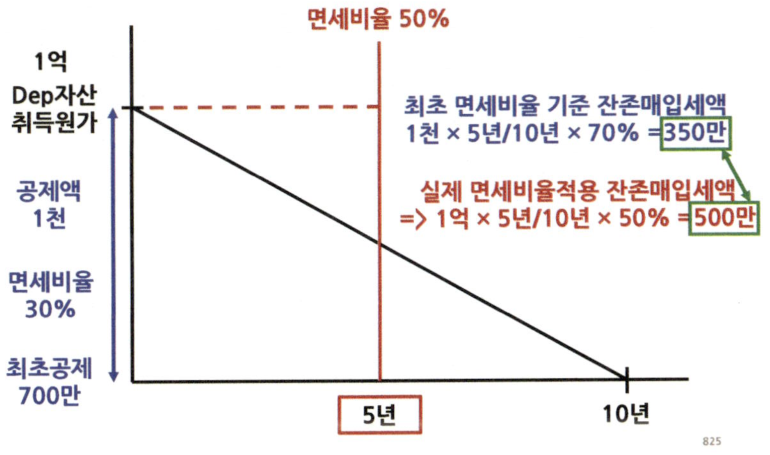

825

매입세액 (9-6) - 자가공급과 재계산 비교

구분	자가공급 (면세전용)	납부(환급)세액 재계산
취득 목적	과세사업에만 사용 목적	과세, 면세 공통 사용 목적
공제 정도	100% 공제 (일부 전용 시 안분)	안분 계산
사후 적용	무조건 적용 체감율에 의한 과표 계산 매출세액에 적용	면세 비율 변동시에만 적용 매입세액에 조정

826

매입세액(10-1) -과세전환매입세액(오피스텔매매)

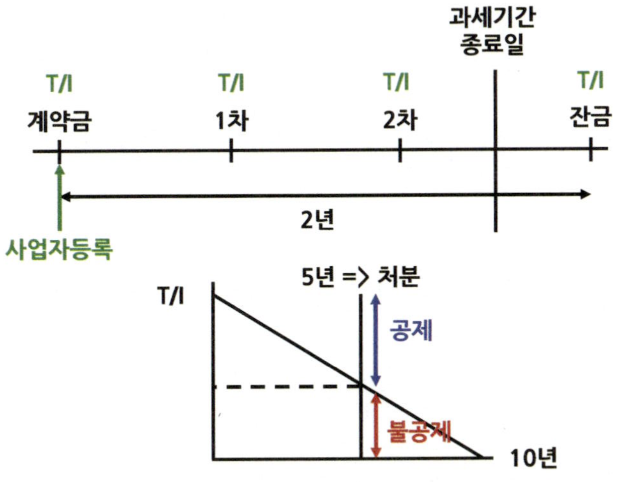

827

매입세액(10-2) -과세전환매입세액

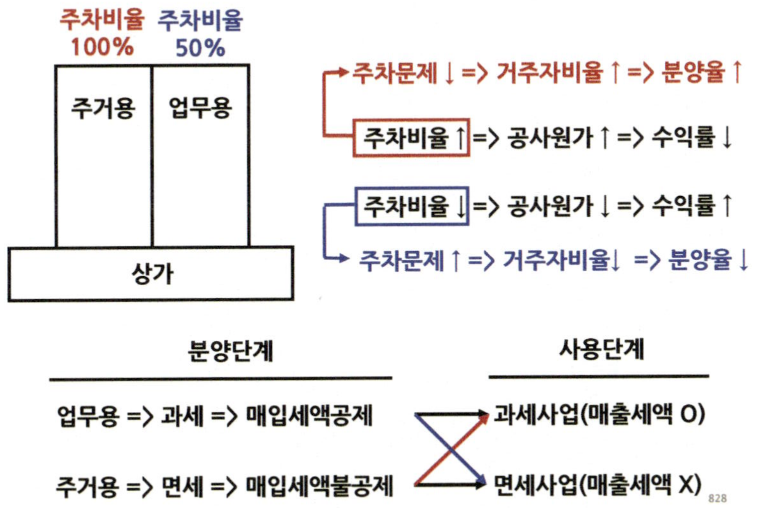

828

매입세액(10-3) - 과세전환매입세액

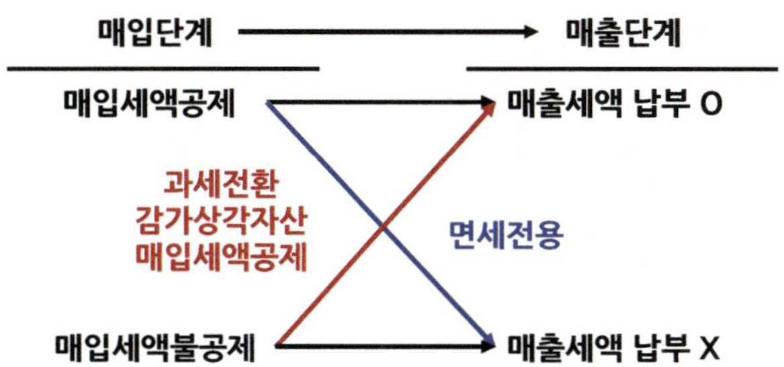

829

매입세액(10-4) -과세전환매입세액

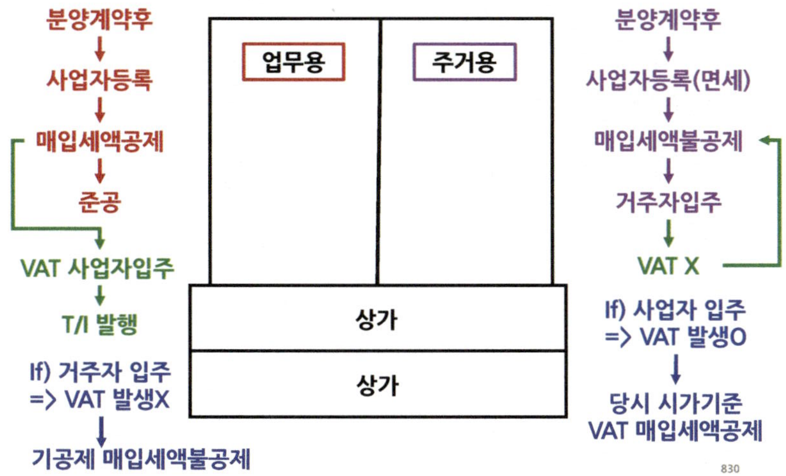

830

매입세액(10-5) -과세전환매입세액

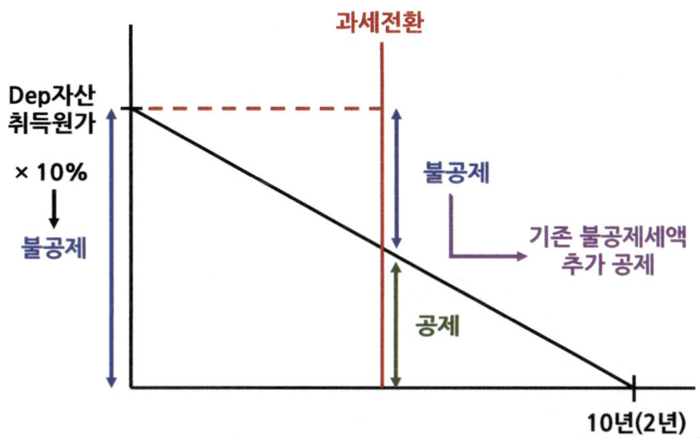

831

매입세액 (10-6) - 과세전환 매입세액

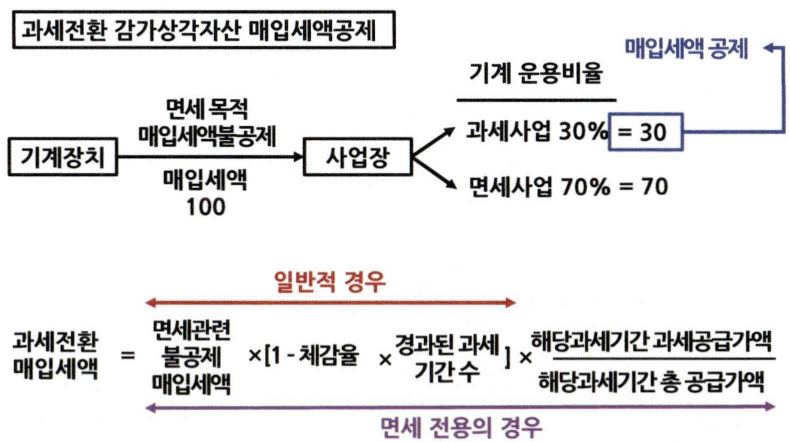

832

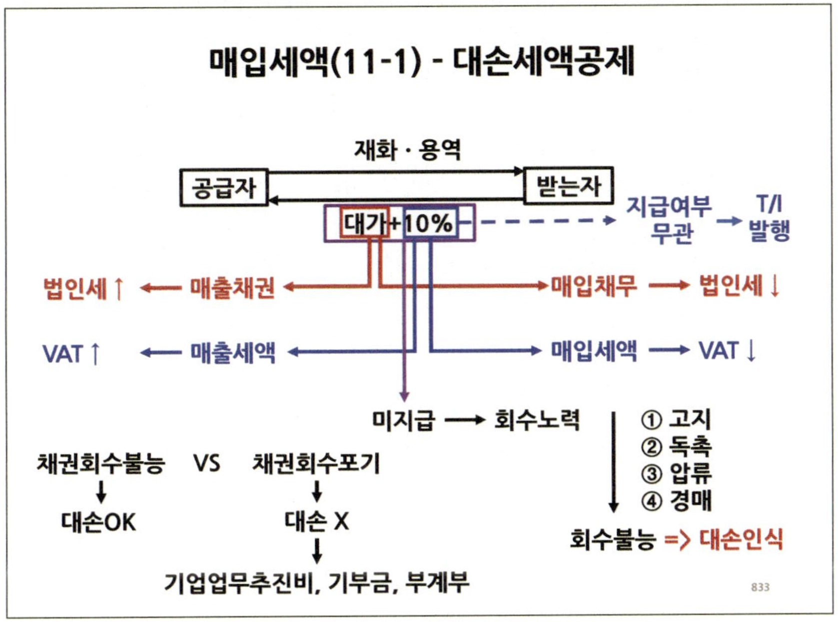
매입세액(11-1) - 대손세액공제
재화 · 용역
공급자
받는자
대가+10%
지급여부 무관
T/I 발행
법인세↑
매출채권
매입채무
법인세↓
VAT↑
매출세액
매입세액
VAT↓
미지급
회수노력
① 고지
② 독촉
③ 압류
④ 경매
회수불능 => 대손인식
채권회수불능
대손OK
VS
채권회수포기
대손 X
기업업무추진비, 기부금, 부계부
833

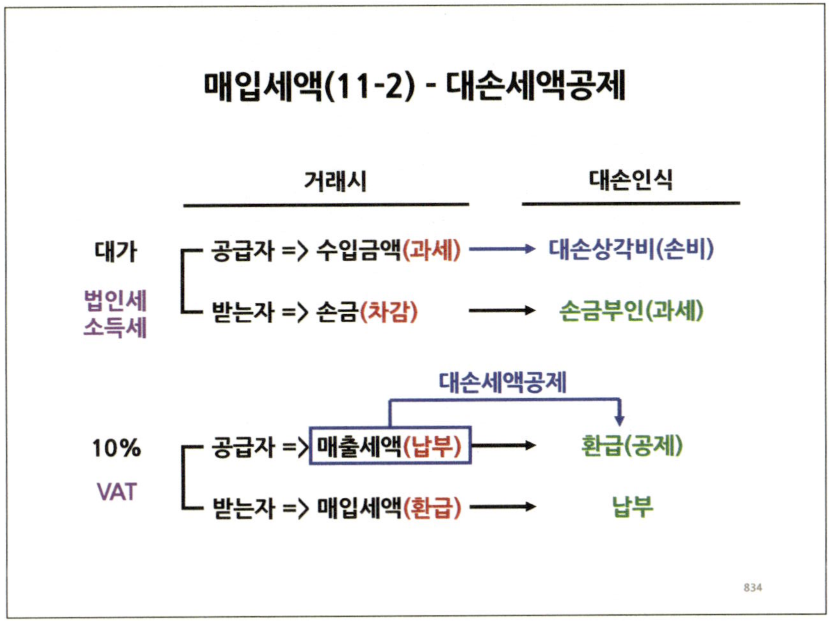
매입세액(11-2) - 대손세액공제
거래시
대손인식
대가
법인세
소득세
공급자 => 수입금액(과세)
대손상각비(손비)
받는자 => 손금(차감)
손금부인(과세)
대손세액공제
10%
VAT
공급자 => 매출세액(납부)
환급(공제)
받는자 => 매입세액(환급)
납부
834

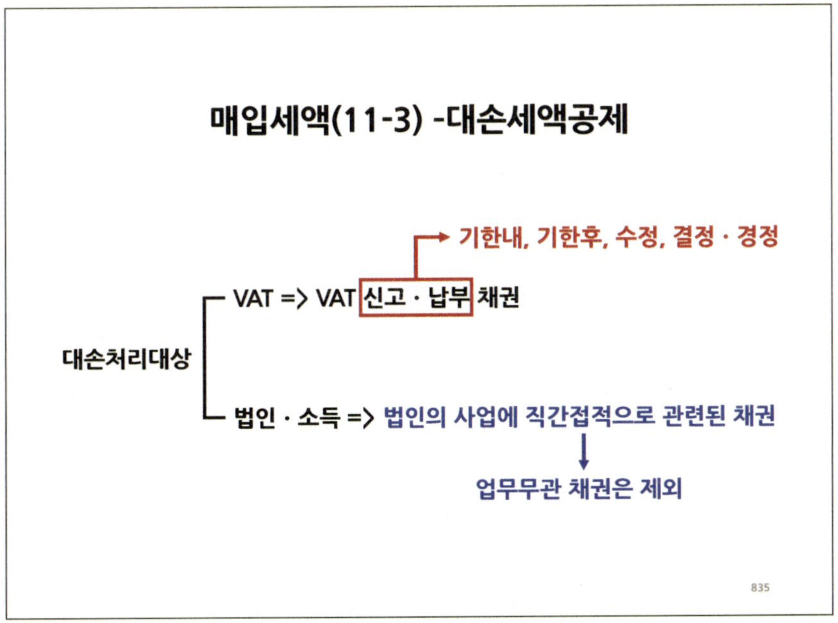
매입세액(11-3) -대손세액공제
기한내, 기한후, 수정, 결정 · 경정
대손처리대상
VAT => VAT 신고 · 납부 채권
법인 · 소득 => 법인의 사업에 직간접적으로 관련된 채권
업무무관 채권은 제외
835

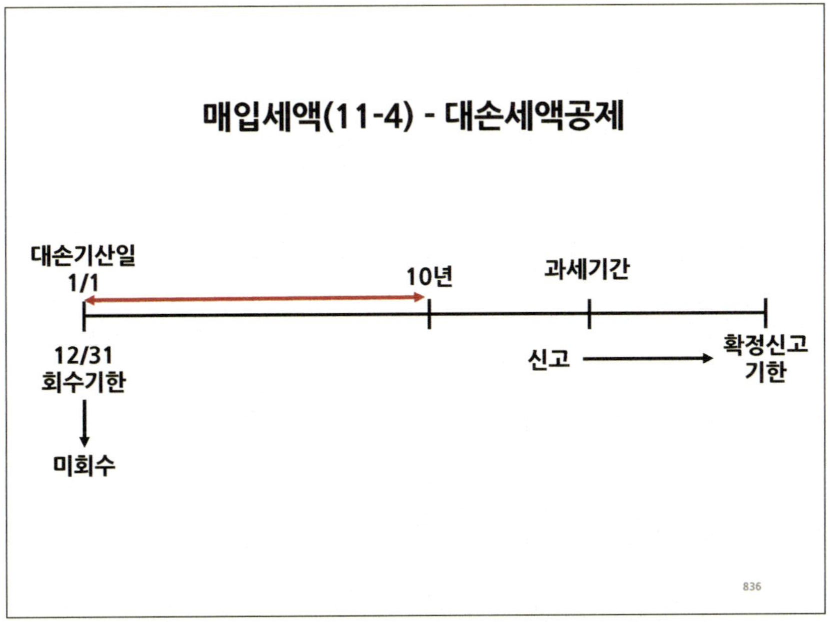
매입세액(11-4) - 대손세액공제
대손기산일
1/1
10년
과세기간
12/31
회수기한
미회수
신고
확정신고
기한
836

매입세액(11-5) - 대손세액공제

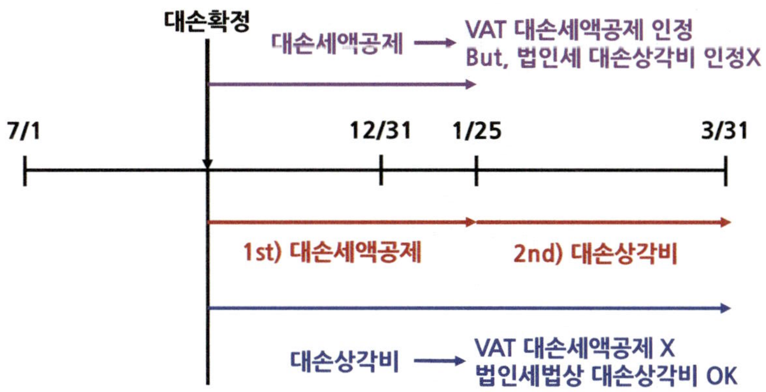

837

신고, 납부(1) - 개요

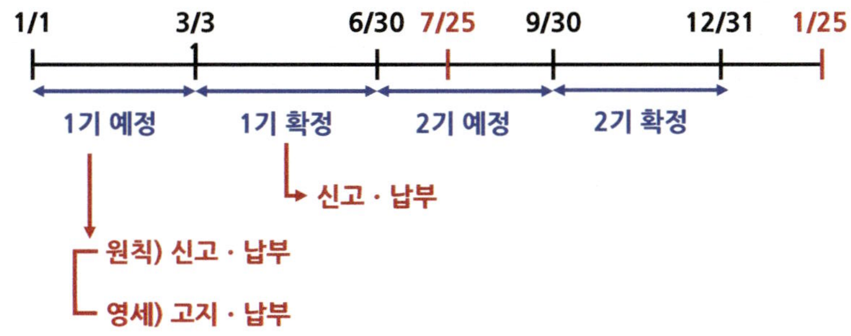

838

신고, 납부(2) - 예정신고

(원칙) 신고 => 1과세기간

- 예정신고(전반부 3月)
- 확정신고(후반부 3月)

직전 과세기간 매출패턴이 당해 과세기간에도 적용된다고 가정

예정고지

If) 직전과세기간 실적과 당해 과세기간 실적의 차이가 현저한 경우

=> 당해과세기간 3月 실적으로 예정고지에 대한 예정신고 특례

839

신고, 납부(3) - 조기환급 VS 예정신고

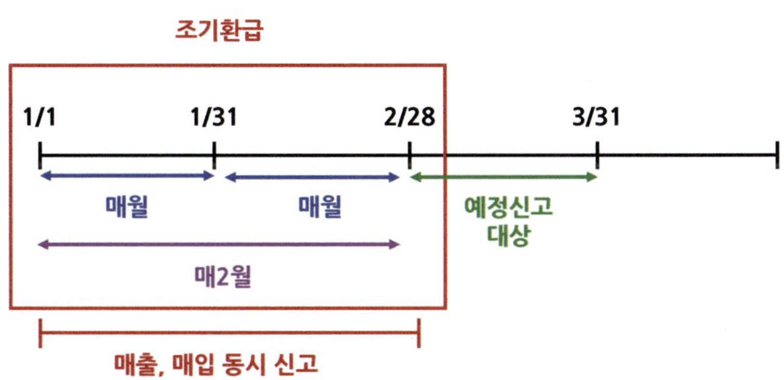

840

신고, 납부(4-1) - 세금계산서합계표

T/I 발행 → T/I 교부 → (신고시) T/I 합계표 작성

→ 세금계산서 기능을 대신하는 서식

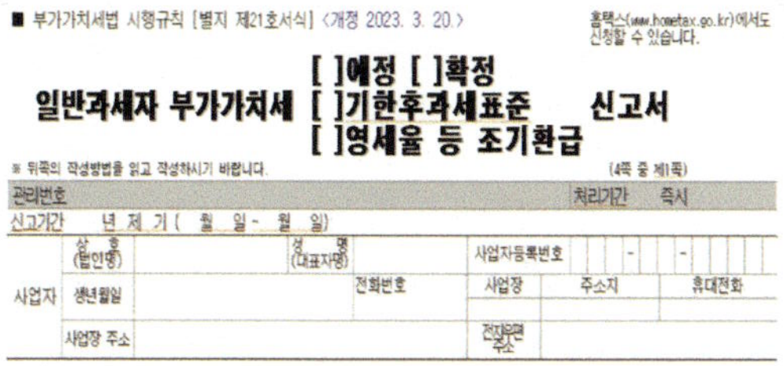

→ 신고자정보만 존재

매출액 → 매출처별세금계산서합계표 → 거래상대방의매입 확인

매입액 → 매입처별세금계산서합계표 → 거래상대방의매출 확인

841

신고, 납부(4-2) - 세금계산서합계표

상호대사 => T/I
- 전자 T/I => 발행일의 다음날까지 국세청에 전송
  - → 상호대사 완성(합계표 제출 X)
- 종이 T/I => 제출의무 X => 상호대사기능 구현
  - → 합계표 제출

842

결정 · 경정(1) - 개요

기간과세세목 (법,소,부) => 납세의무자가 신고서 제출 => 적법한 신고 인정 → 신고효력 확정

납세의무자의 1차 확정권

- 과소신고 => 적법한 신고 수정(경정)
- 신고 X => 적법한 신고 수정(결정)

=> 과세관청의 2차 결정 · 경정권

843

결정 · 경정(2-1) - 결정 · 경정방법

- 원칙) 납세자의 장부, 객관적 자료에 의하여 적용
  - => 과소신고
  - => 실지 결정 · 경정 => 납세의무자 장부 구비, 객관적 자료 有
- 예외) 납세자의 장부, 객관적 자료無 or 신고내용이 사실과 현저히 달라 결정 · 경정이 어려운 경우
  - => 추계결정 · 경정 → 공급가액과 공급받은 가액을 과세관청이 합리적인 방법으로 추정하여 과세
    - 공급가액 → 과세관청의 추계
    - 공급받은 가액 → 납세의무자가 제출하는 T/I 기준 공제 but, 천재지변 등의 경우 거래상대방의 확인 => 인정 가능

844

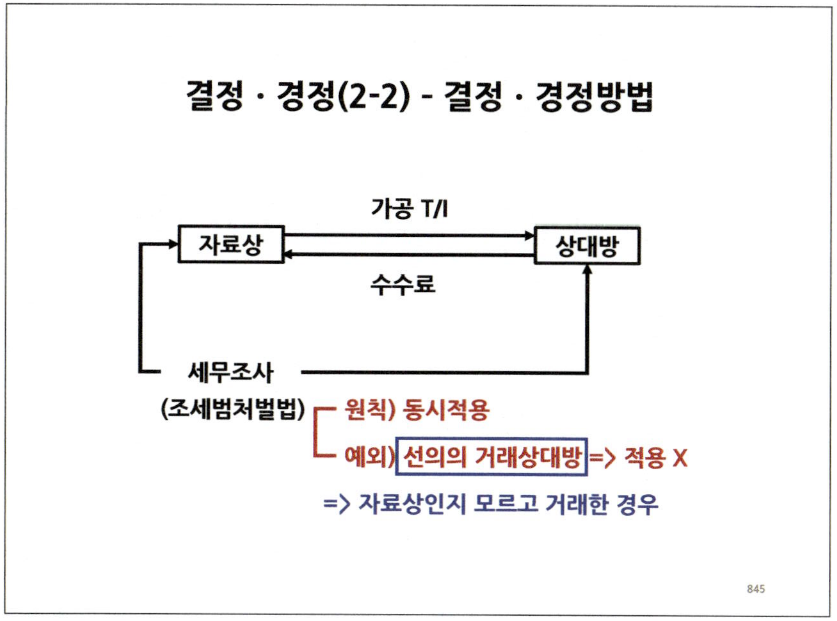
결정 · 경정(2-2) - 결정 · 경정방법
가공 T/I
자료상
상대방
수수료
세무조사
(조세범처벌법)
원칙) 동시적용
예외) 선의의 거래상대방 => 적용 X
=> 자료상인지 모르고 거래한 경우
845

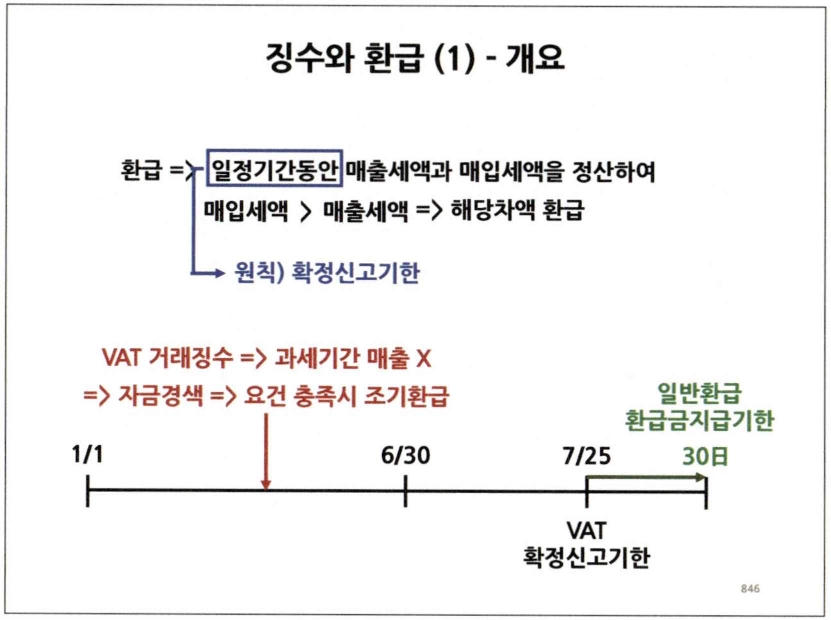
징수와 환급 (1) - 개요
환급 => 일정기간동안 매출세액과 매입세액을 정산하여
매입세액 > 매출세액 => 해당차액 환급
원칙) 확정신고기한
VAT 거래징수 => 과세기간 매출 X
=> 자금경색 => 요건 충족시 조기환급
일반환급
환급금지급기한
1/1
6/30
7/25
30日
VAT
확정신고기한
846

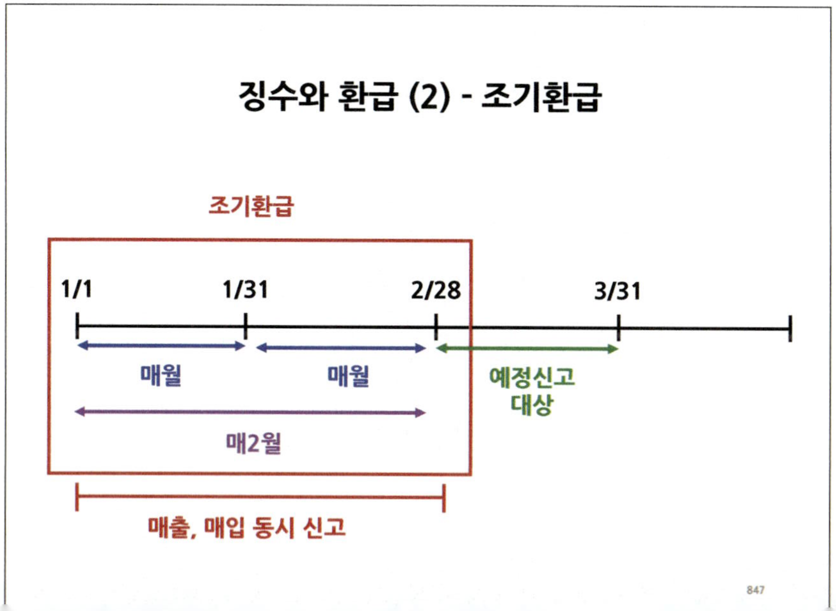
징수와 환급 (2) - 조기환급
조기환급
1/1
1/31
2/28
3/31
매월
매월
예정신고
대상
매2월
매출, 매입 동시 신고
847

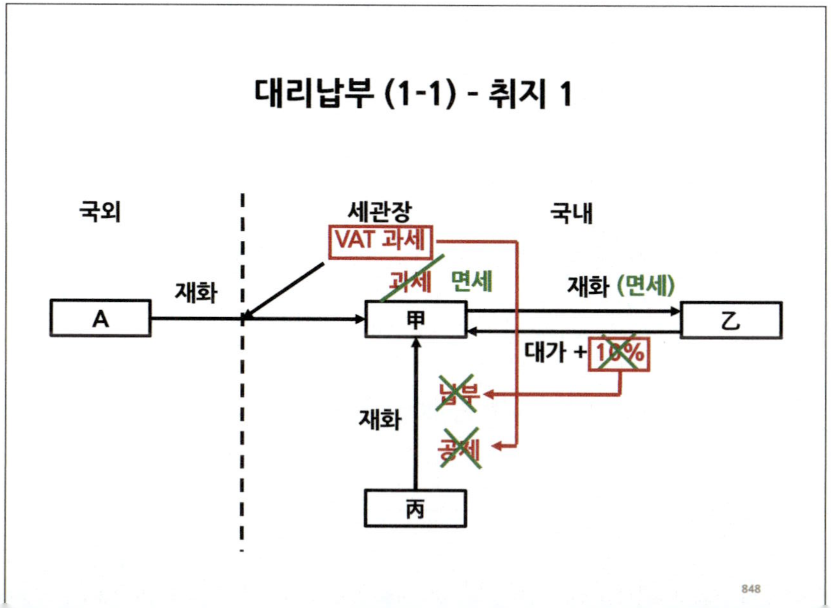
대리납부 (1-1) - 취지 1
국외
세관장
국내
VAT 과세
재화
과세 면세
재화 (면세)
A
甲
乙
대가 + 10%
납부
재화
공제
丙
848

대리납부 (1-2) - 취지 2

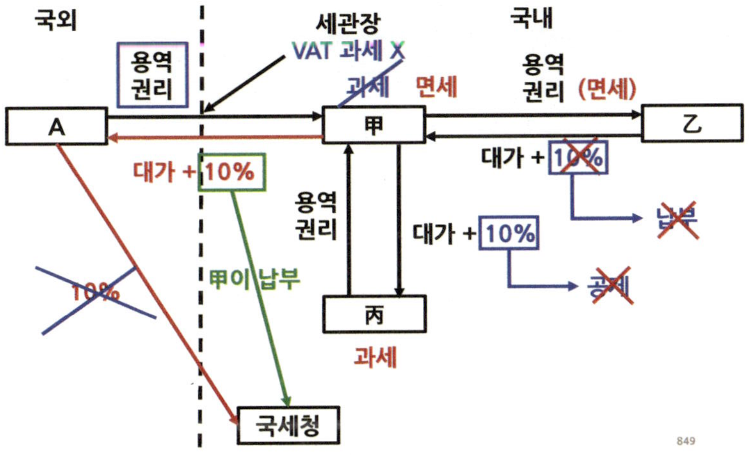

849

대리납부 (2) - 요건 및 납부의무자

Ⅰ. 요건

- 용역·권리 제공자 : 비거주자 · 외국법인
- 해당 용역 ·권리 : ① VAT 과세 + ② 국내에서 사용 · 소비
- 면세사업에 사용 소비

Ⅱ. 납부의무자

=> VAT 과세사업자를 제외한 모든 사업자

850

신탁 정리 및 납세의무 확장

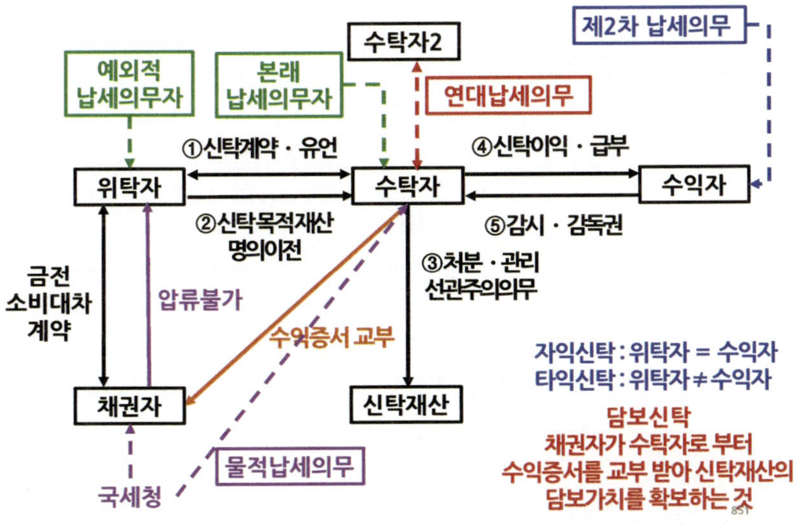

851

전자적 용역을 공급하는 국외 사업자의 부가가치세 납부 특례 (1) - 취지

국내 개발자와 해외 개발자간 과세형평 높이고자 전자적 용역에 대해 해외 오픈 마켓 사업자가 간편 사업자등록을 통해 VAT를 납부 할 수 있도록 신설

=> 미등록시 미등록가산세 부과

852

전자적 용역을 공급하는 국외 사업자의 부가가치세 납부 특례 (2) - 직접 공급

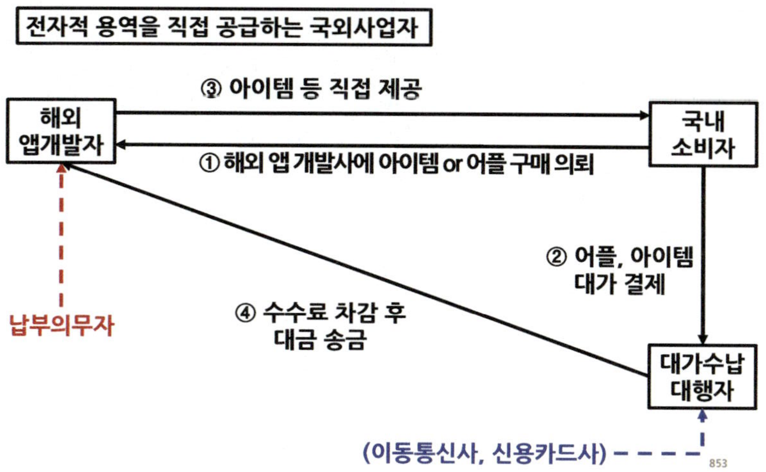

853

전자적 용역을 공급하는 국외 사업자의 부가가치세 납부 특례(3) - 제3자를 통한 공급

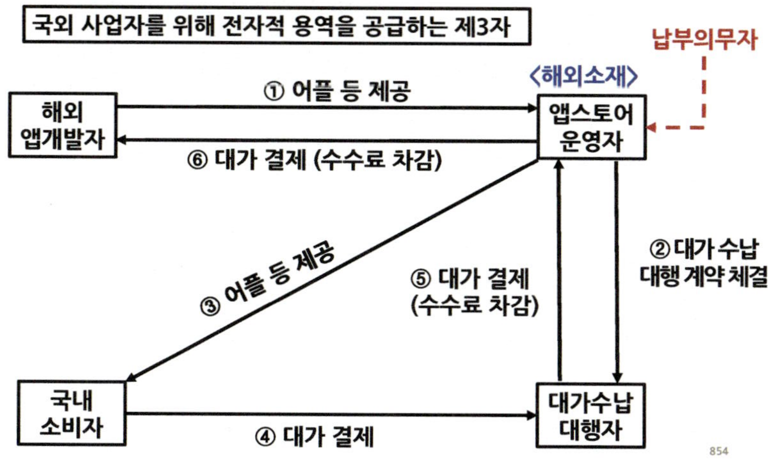

854

재화수입자의 납부유예

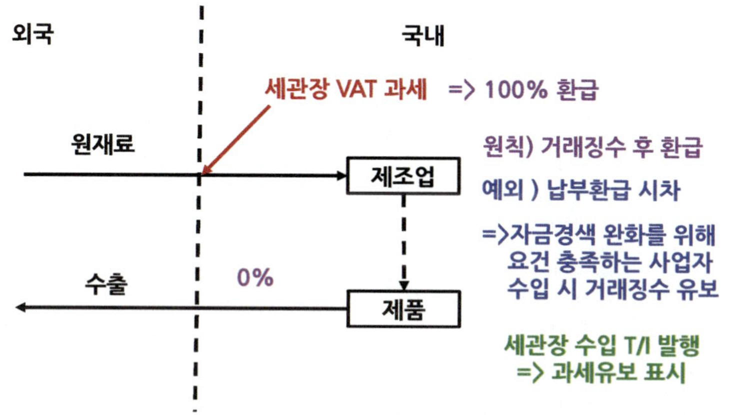

855

가산세(1) - 지연발급, 미발급

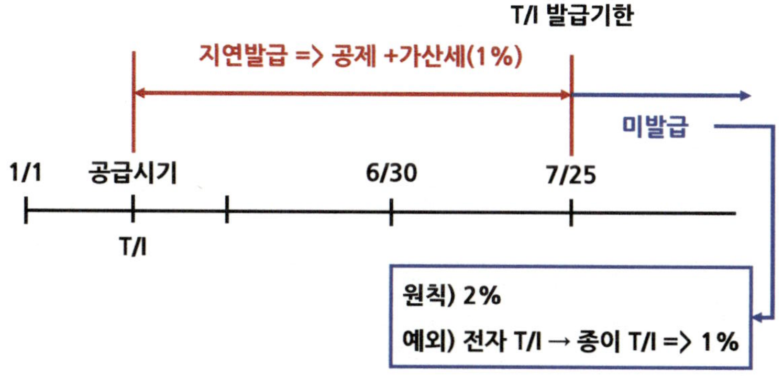

856

가산세(2) - 지연전송, 미전송

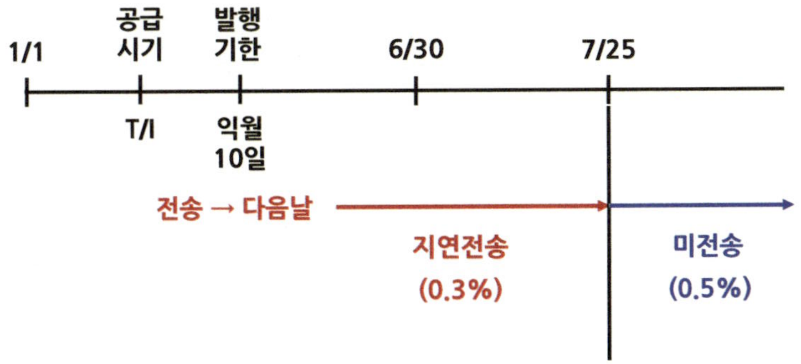

857

가산세(3) - 가공거래와 위장거래

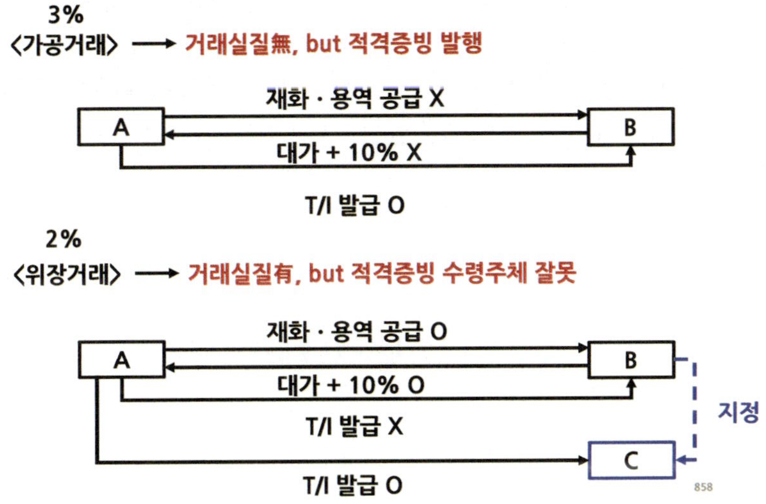

858

가산세(4) -과다기재

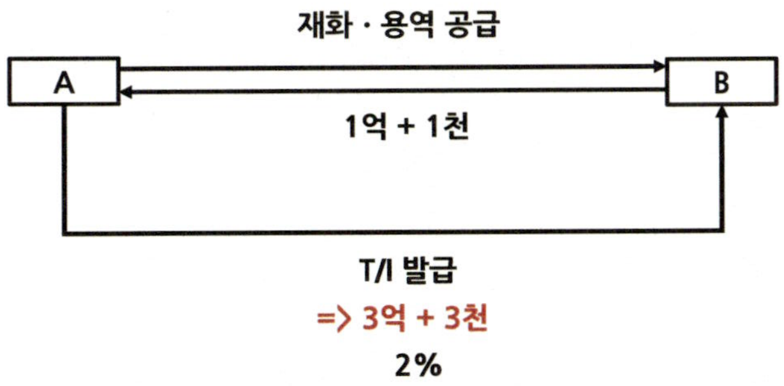

859

가산세(5) - 중복배제

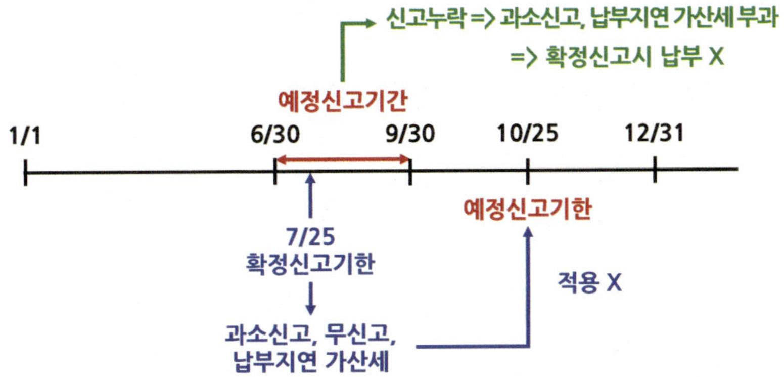

860

간이과세 (1) - 개요

<VAT 납세의무자>

- 일반과세자 => 간이과세 이외의 자
  - => (매출액 × 10% - 수령 T/I 매입세액 = 납부세액)
- 간이과세자 => 직전 1년간 공급대가 합계액 10,400만원 ↓
  - 세부담 완화 => 매출액 × 업종별 부가가치율 × 10% - 협력의무 세액공제
    - (업종별 부가가치율 → (1 - 경비율))
  - 납세협력의무 완화 => T/I 발행의무 면제(4천800만원 ↓)

861

간이과세(2) - 세금계산서발행의무

코로나 => 간이과세자 이외의 소규모 사업자의 세부담 경감

개정전

간이과세자 (직전연도 매출액 4,800 ↓)
- 세부담 경감 = 공급가액 × 업종별부가율 × 10% ①
- 납세협력의무감소 = T/I 발급의무 면제 ②

개정후 — 간이과세자 (직전연도 매출액 10,400 ↓)
- 0 ~ 4,800 ↓(기존 간이과세자)
  - => ①, ② 모두 적용
- 4,800 ~ 10,400 (신규간이과세자)
  - => ①만 적용, T/I 발행의무 유지

862

간이과세 (3) - 사업양수도

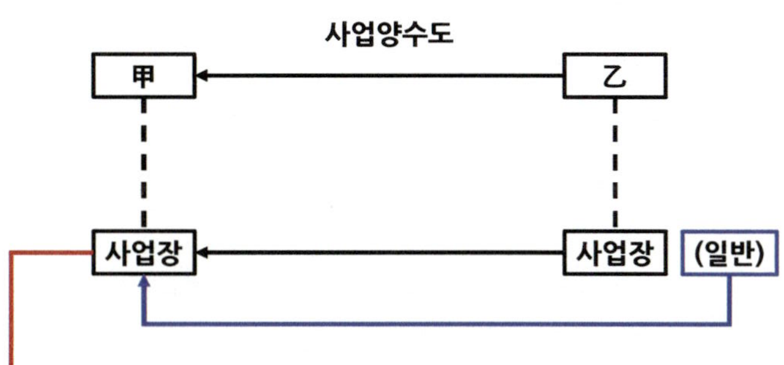

일반 → 간이 => 양수 후 기준금액 ↓

863

간이과세 (4) - 과세유형 변경

전환 사유	전환 시기
1. 공급 대가의 변동 - 신고	다음해 7/1 ~ 6/30
1. 공급 대가의 변동 - 결정 · 경정	다음 과세기간 부터
2. 배제 업종 신규 겸영	다음 과세기간 부터
3. 일반 과세 사업장 신설	다음 과세기간 부터
4. 기준 사업장 폐업 - 일반과세로 전환된 사업장	다음 연도 7/1 부터
5. 간이과세 포기 - 해당 사업장	다음 달 부터
5. 간이과세 포기 - 해당 사업장 외 타 사업장	다음 과세기간 부터
6. 기준사업장 공급 대가가 간이과세 기준금액에 미달	다음해 7/1 ~ 6/30

간이과세 적용X 타 사업장

864

간이과세 (5) - 기준사업장 및 공급대가 산정

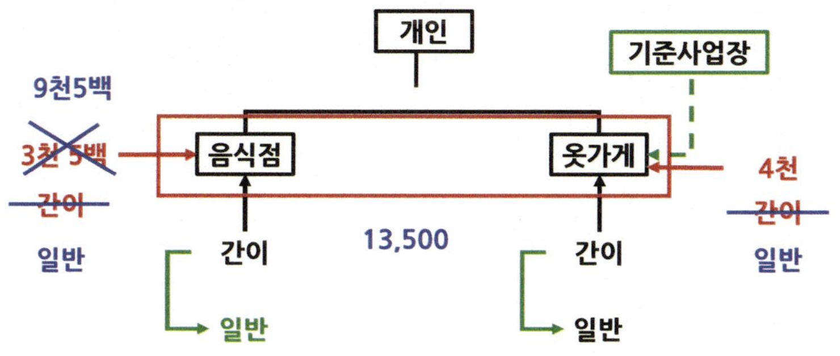

865

간이과세 (6) - 과세유형 전환통지

Dep 자산 有 → 선택
- 간이과세 → 매입세액추징, VAT ↓
- 간이과세포기 → 매입세액추징X, VAT ↑

재고납부세액 발생 ↑

1) 일반 → 간이 : 자동변경 (부동산 임대업 제외)
→ 세부담 ↓, 4,800만원 ↓ → T/I 발행의무 면제

2) 간이 → 일반 : 통지 받은 날이 속하는 과세기간의 다음 과세기간
→ 세부담 ↑, T/I 발행의무

=> 납세자의 예측가능성 보장 => 통지 후 적용

866

간이과세 (7-1) - 재고매입세액 · 재고납부세액

<재고매입세액>

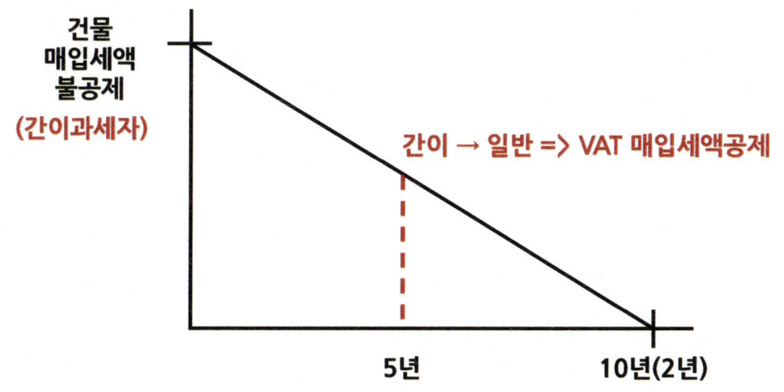

867

간이과세 (7-2) - 재고매입세액 · 재고납부세액

<재고납부세액>

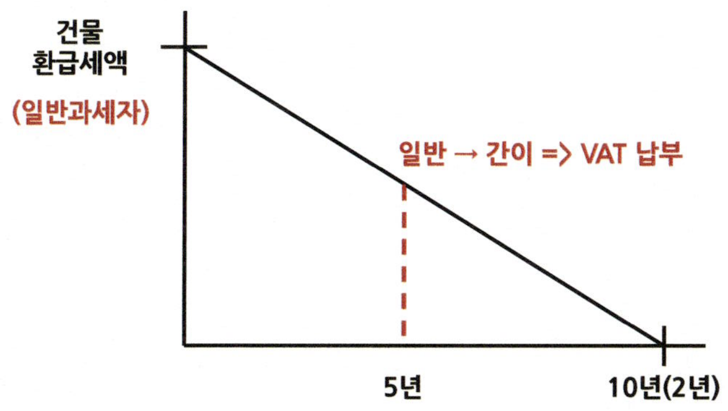

868

간이과세 (7-3) - 재고매입세액 · 재고납부세액

	일반과세자	간이과세자
취득 시	매입세액 공제	매입세액 부분 공제
↓ 과세유형 전환	간이과세자 → 잔여 가액에 대한 매입세액 불공제	일반과세자 → 잔여 가액에 대한 매입세액 공제

Dep = 대상 매입세액 × (1 - 5% or 25% × 경과된 과세기간 수) × $(1 - 0.5\% \times \frac{110}{10})$

간이 = 10% or 50%

재고품 = 대상 매입세액 × $(1 - 0.5\% \times \frac{110}{10})$

869

개별소비세법

개별소비세법

세무사 원용대

870

개별소비세 개관 (1-1) - 개요

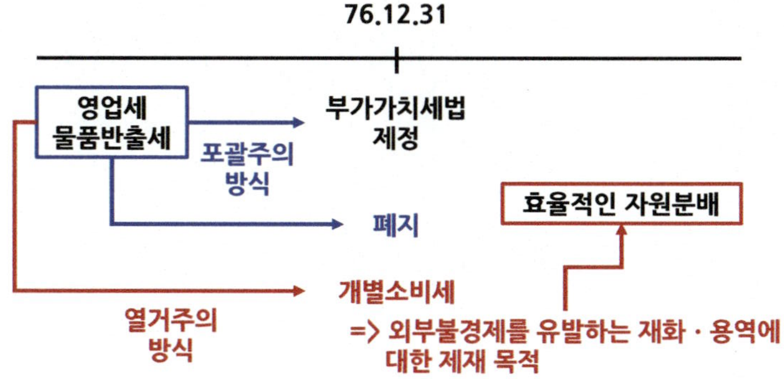

871

개별소비세 개관 (1-2) - 개요

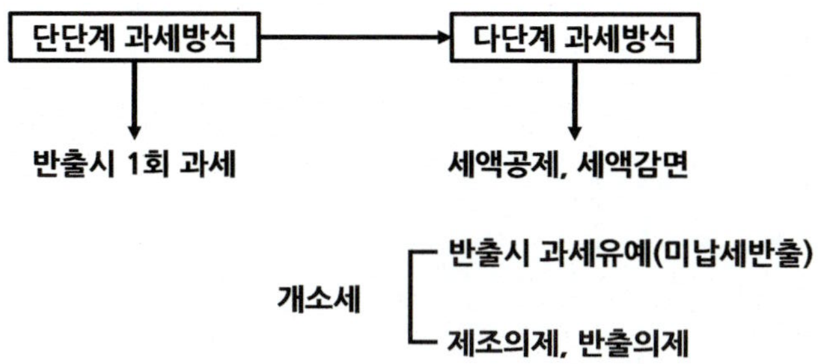

872

개별소비세 개관 (1-3) - 개요

Ⅰ. 소비세 - 소비지국 과세원칙

- 수출 : 면세, 세액공제 및 환급
- 수입 : 과세

Ⅱ. 성격 - 단단계 거래세 ↔ VAT: 다단계 과세 - 판매시 과세 / 사업장, 완성품X, 전단계 세액공제

반출시 1회 과세

=> 완제품에 대해서만 과세(원칙)

=> 반출 장소를 중심으로 과세 → 사업장 외의 장소 Ok ex) 하치장

873

개별소비세 개관 (2) - 부가가치세와의 비교

공통점	차이점
1. 간접 소비세	1. 과세대상 범위 부법 : 면세 제외 모든 재화 · 용역 공급 개소법 : 반출, 입장행위, 유흥음식행위, 영업행위
2. 물세	2. 세율 구조 부법 : 단일세율 개소법 : 차등 비례세율, 잠정세율, 탄력세율
3. 소비지국 과세원칙 (수출면세)	3. 과세표준 부법 : 공급가액, 종가세, 개소 · 부가세 포함 개소법 : 가격, 인원, 수량 등 세 미포함
	4. 과세방법 부법 : 다단계 과세방식, 전단계 세액공제법 개소법 :단단계 과세방식, 반출 시 1회 과세

개별소비세 개관 (3) - 탄력세율과 잠정세율

구분	탄력세율	잠정세율
목적	① 경제여건 변화에 신축적 대응 ② 국내산업 보호 ③ 국민경제 효율적 운용	① 기술개발 선도 ② 친환경
세율	기본세율 ± 30%	① 4년간 : 기본세율의 10% ② ① 이후 1년간 : 기본세율의 40% ③ ② 이후 1년간 : 기본세율의 70%
적용 순서	① 잠정세율 → ② 탄력세율 → ③ 기본세율	

875

과세대상 (1-1) - 과세대상의 판정

Ⅰ. 원칙 => 형태, 용도, 성질, 중요한 특성

Ⅱ. 개별 판단기준

- 동일 과세물품이 둘 이상에 해당 : ① 특성 → ② 주된 용도 → ③ 높은 세율
- 보석 · 귀금속 : ① 원가 구성비율 → ② 원재료 구성비율
- 불완전 · 미완성 : 주된 부분 갖추어 기능 O → 완제품 의제
- 분해 · 미조립 : 완제품 의제
- 과세, 비과세 물품 결합 : ① 특성 및 주된 용도 → ③ 원가 높은 것

Ⅲ. 과세장소 => 실질에 따라 판단 (실질과세)

876

과세표준(1-2) - 수탁가공과 위탁제조물품

제조 => 과세대상 물품을 제조 + 반출

- 원칙) 생산설비 有
- 예외) 제조의제 => 생산설비無 but, 본인의 계산과 책임으로 제품제조 · 반출 => 제조인정

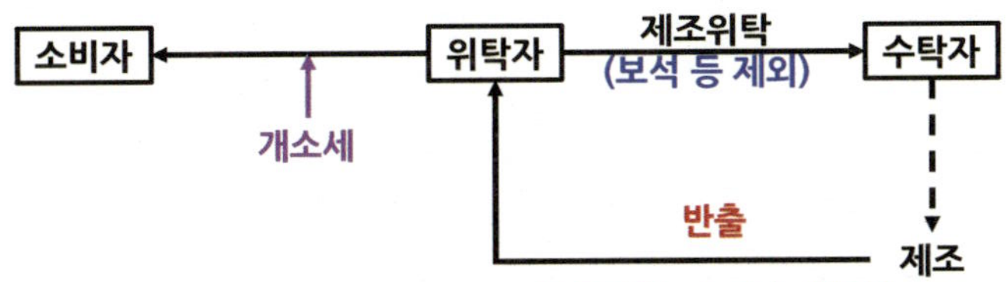

- 반출가격 => 개소세포함
- 납세의무자 => 수탁자

877

과세표준 (1-3) - 수탁가공과 위탁제조 물품

수탁가공 물품 => 위탁자가 실제로 반출하는 가격

(요건) 위탁자가 직접
- 기획
- 제조 (자기 명의)
- 반출 (자기 책임)

\+ 수탁자가 해당 세액 납부

위탁제조

- 1) 보석 · 귀금속
  - 제공받은 원재료만으로 가공 : 위탁공임
  - 제공받은 원재료 외의 원재료를 제공하여 가공 : 이외의 원재료 가격 + 위탁공임
- 2) 이외의 경우 : 수탁자가 제조 · 반출 하는 것으로 보아 과표 계산
  => 위탁자가 실제 판매하는 가격

878

과세표준 (2-1) - 유형별 과세표준

Ⅰ. 판매가격 또는 반출가격

1) 외상, 할부 매출
2) 저가 반출(원재료 자금 공급조건)
3) 반출 후 일부 환급
4) 무상 반출

=> 반출가격

5) 제조 폐지 후 물품 => 실제 반출가격
6) 무상 · 저가 · 판매 반출 (특수관계 장소) => 해당 물품의 판매가 -(기준판매비율 × 판매가격)

Ⅱ. 운송비

1) 운송비를 정액으로 책정 · 수령
2) 낙찰가에 운송비가 포함

=> 운송비를 포함한 가격에 해당하는 금액

879

과세표준(2-2) - 유형별 과세표준

Ⅲ. 공경매 파산절차로 환가되는 경우

=>환가 된 때의 가격

Ⅳ. 귀금속의 경우

=> 판매시 가격 or 반출 가격 중 기준가격을 초과하는 부분의 가격

880

과세표준 (2-3) - 용기대금과 포장비용

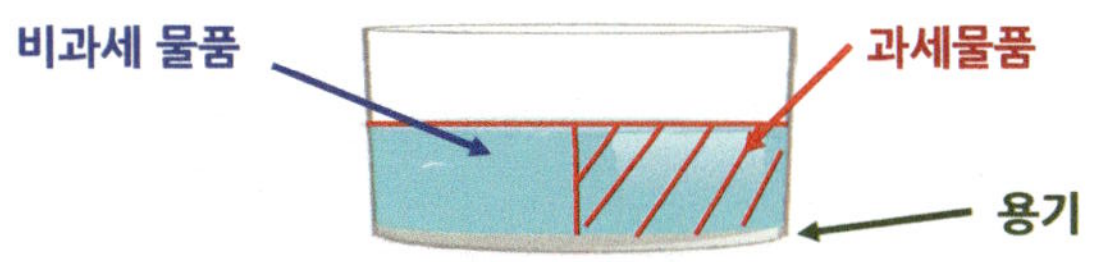

(원칙) 가격 구성비율 (물품 과세전 가격 기준)

(예외)
- 수입물품
  - ① 용기대금 or 포장비용 > 과세물품 가격
  - ② 수입 신고일~ 6개월 이내 수출자에게 반환
  - ③ 세관장 승인
- 이외의 경우 : 해당 제조장에 반환 + 관할서장 승인

→ 용기대금과 포장비용 과표에서 제외

881

과세표준 (2-4) - 봉사료

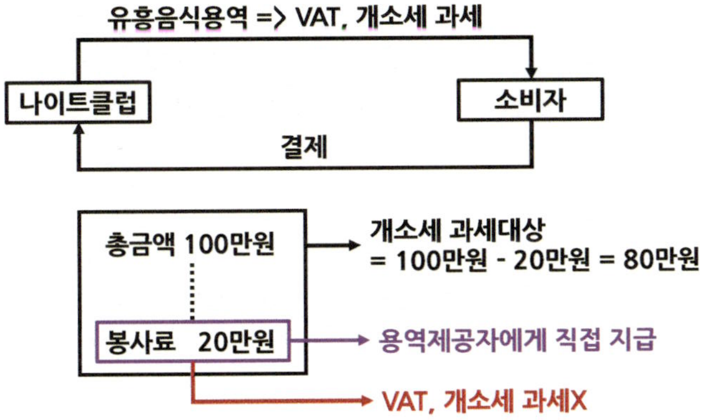

882

과세표준 (3) - 제조의제

제조의제 => 가치 증대 행위

1) 제조장 외의 장소에서

① 대통령령으로 정하는 물품(현재 無) - 충전, 재포장

② 과세물품 가치 Up - 장식, 조립, 첨가

③ 석유가스 - 프로판과 부탄 혼합 (혼합물이 부탄인 경우)

2) 중고품

재료 대체 or 보완 (물품가격의 50% 초과)

883

과세표준(4) - 반출의제

반출의제 ≒ 부법 공급의제

1) 자가소비 : 분기 다음달 25일 까지 신고 및 납부

2) 강제 환가(공경매 파산) : 사유 발생일로 부터 25일 이내 신고 및 납부

3) 폐업 ┌ (원칙) 사유 발생일로 부터 25일 이내 신고 및 납부
└ 재고량 > 매월 통상 반출량
=> 승인 후, 6개월 이내 반출 시 실제 반출시기에 과세 ok

4) 과세 영업장소 or 과세유흥장소 경영자 :
사업장 외의 장소에서 영업행위 or 유흥음식행위 하게 하는 때

884

미납세반출 (1) - 의의

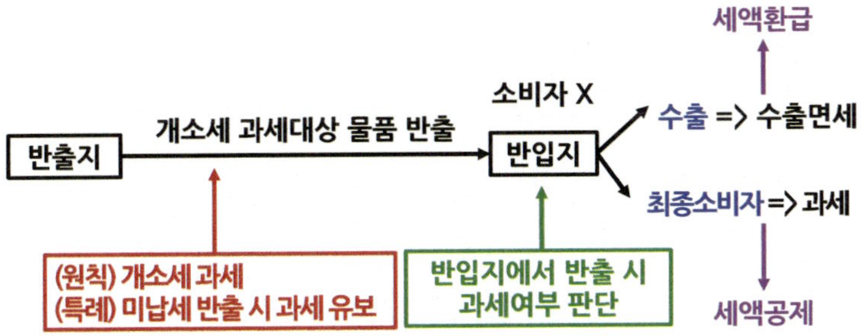

885

미납세 반출 (2) - 적용대상

- 수출할 물품
  - ① 수출물품의 타장소 반출
  - ② 수출 전단계에 해당하는 반출 →
    - L/C에 의한 반출 (to 수출업자, 제조 가공업자)
    - 제조 가공 목적 + 동일 제조장에서 타제품 원재료 투입
    - 제조 가공 목적 + 타제조장 반출
- 소비목적 아닌 반출
  - ① 박람회 출품
  - ② 수탁가공
  - ③ 규격검사
  - ④ 품질불량
  - ⑤ 개소세 보전 단속에 지장 X

886

미납세반출 (3) - 절차

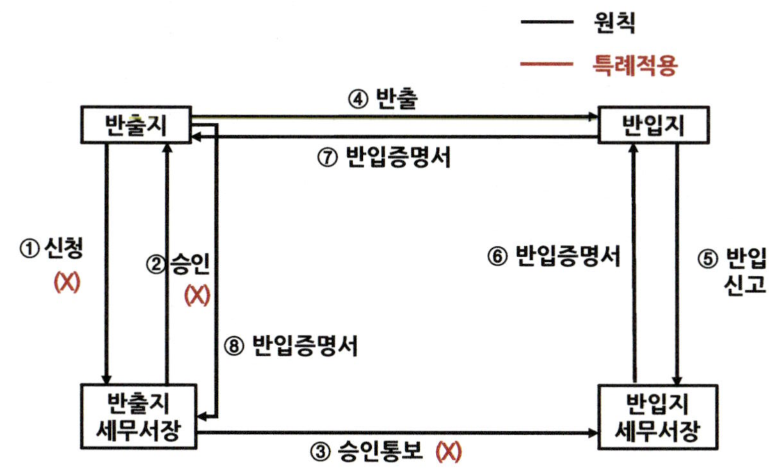

887

판매목적 타사업장 반출 시 VAT 비교

구분	개별소비세	VAT
과세여부	(원칙) 과세 (반출과세제도) (예외) 미납세반출 승인 시 과세유보	(원칙) 과세 (재화의 공급) (예외) 총괄납부 · 사업자 단위 => 과세X
과세표준	실제 반출가격	당해 재화 취득가액
납세절차	분기 다음달 25日 까지 (석유류는 반출月 다음달 말일 까지)	과세기간 종료일로 부터 25日 이내

888

면세 (1) - 개요

	절차	미납세 반출	수출 및 군납	외교관	판매장	조건부
신청	① 신청 및 승인	O	O	O	O	O
	② 반입신고	O	X	X	O	O
	③ 반입증명	O	X	X	O	O
	④ 용도증명	O	O	X	O	O
	⑤ 특례(사후승인)	O	O	X	O	O
사후 관리	① 반입증명	O	X	X	X	O
	② 용도증명	O	O	X	O	O
	③ 멸실승인	O	O	O	O	O
	④ 양도소지	X	5년(군납)	3년	O	X

889

면세 (2) - 사후승인 특례

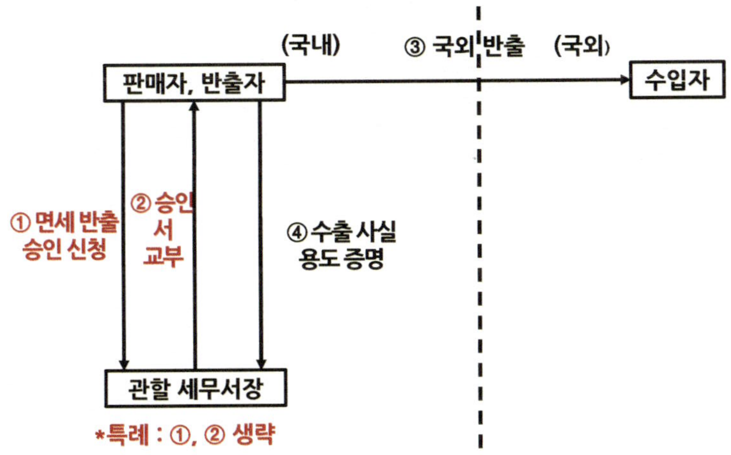

890

세액공제 · 환급 (1) - 개요

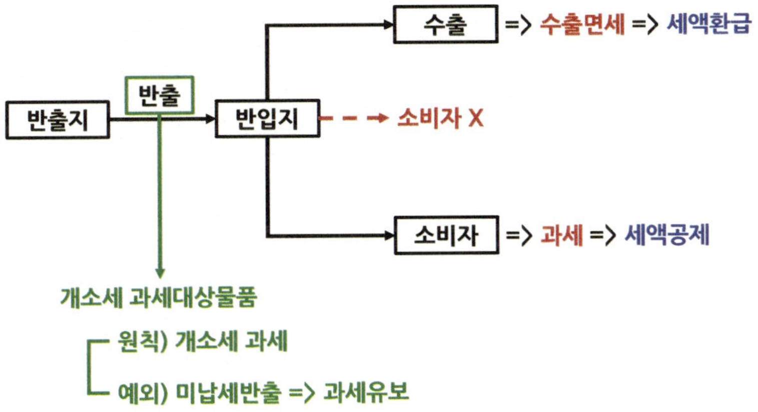

891

세액공제 · 환급 (2) - 세액공제 (이중과세 방지 목적)

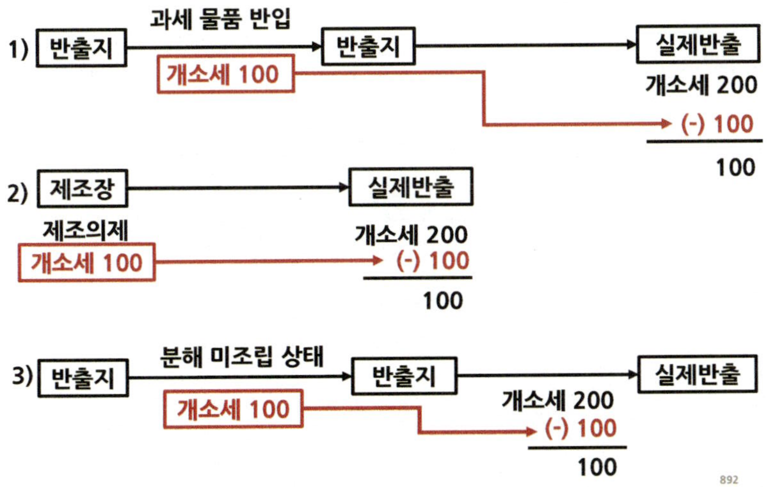

892

세액공제 · 환급 (3) - 절차

세액환급 (① 소비지국 과세원칙 ② 개소세 부담 제거)

- 1) 수출 및 군납 면세
- 2) 개소세 면제 물품
- 3) 법정 환급사유로 인해 같은 판매장, 제조장, 하치장에 환입 (신고 + 확인)

세액공제 및 환급 절차

- 신청 : 사유 발생일 ~ 6개월이 속하는 달의 말일 까지
- 결정 : 30일 이내
- 배제 - ① 미납세 반출 ② 외국인 전용 판매장 ③ 조건부 면세

893

세액공제 · 환급 (4) - 외교공관용 석유류에 대한 면세 특례 (사후 환급)

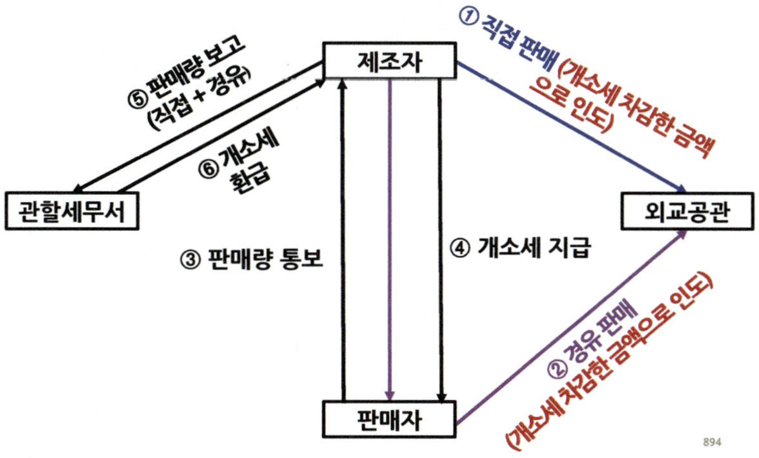

894

총괄납부 - VAT와의 비교

개소법	부가법
Ⅰ. 대상 ① 제조장 이외의 장소에서 프로판, 부탄 혼합 ② 미납세 반출 물품 용도 변경 ③ 판매목적 하치장 반출 ④ 가정용 부탄에 대한 개소세 환급특례	사업자가 둘 이상의 사업장을 가지고 있는 경우 cf) 하치장은 적용 대상에서 제외
Ⅱ. 신청 - 납부하고자 하는 기간 개시일 20일 전 →	적용받고자 하는 기간 개시 20일 전
Ⅲ. 승인 및 통지 - 신청일로 부터 20일 이내 →	적용 X
Ⅳ. 승인 철회 →	적용제외 존재 (총괄납부가 부적당한 경우 등)
Ⅴ. 포기 - 납부하고자 하는 기간 개시 20일 전 →	적용 받고자 하는 기간 개시 20일 전

895

지방세법

지방세법

세무사 원용대

896

지방세법 개관(1)

- 지방세기본법
- 지방세법
  - 취득세 => 3/6
    - 취득사실에 과세 => 등기등록여부 X
    - 실질과세원칙(유통세)
    - 양도소득세, 상속증여세와 연동
  - 등록세 => 1/6 → 등록행위과세(형식주의)
  - 재산세 => 2/6 → 재산의 보유사실에 대하여 과세(보유세)
    - 보유사실에 → 재산을 소유 + 향유하는 이익
- 지방세특례제한법

897

지방세법 총칙(1) - 과세시기

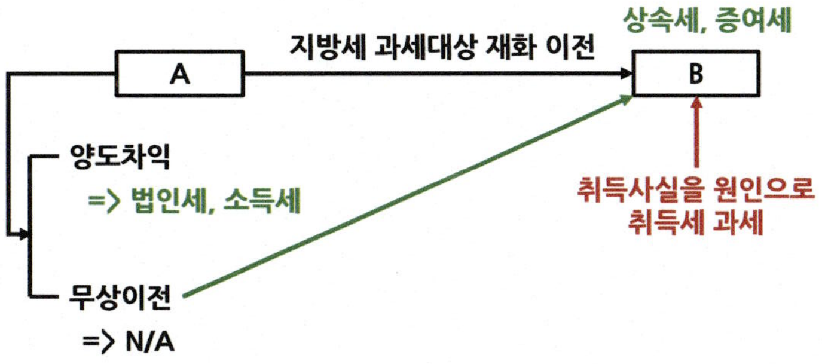

898

지방세 기본법 (1) - 총칙

Ⅰ. 의의

1) 전통적 : 지자체 재정수요 충당 + 조세법률주의 + 반대급부 X + 강제 징수

2) 최근 인식 : 납세의무 적극적 협조 강조 + 공공역무등 공공재 공급에 대한 대가

Ⅱ. 목적

[기본적 사항 부과 징수 사항 / 불복 절차 범칙 행위 처벌] 규정 =>
- ① 지방세에 관한 법률관계 명확화
- ② 공정과세 추구
- ③지자체주민의원활한납세의무이행

899

지방세 기본법 (2) - 총칙

Ⅲ. 납세의무 성립

- 취득세 : 취득하는 때
- 등록면허세 : 등기 · 등록 하는 때
- 재산세 : 과세 기준일

Ⅵ. 납세의무 확정

- 취득세 : 신고하는 때
- 등록면허세 : 신고하는 때
- 재산세 : 결정하는 때

900

취득세 (1) - 취득의 개념

- 원칙 - 원시취득, 승계취득, 유상취득, 무상취득
- 사실상 취득 - 등기 등록X → [배타적 지배력, 경제적 이익] => 취득자로 인정

But, 차량, 기계, 항공기, 주문 받아 건조하는 선박은 승계취득인 경우에만 적용

901

취득세(2) - 원시취득, 승계취득 유상취득, 무상취득

- 원시취득
  VS
- 승계취득

- 유상취득
  VS
- 무상취득

902

취득세 (3-1) - 과세대상

Ⅰ. 본래 의미의 과세대상

1) 부동산
- 토지 - 지적법 규정에 의한 토지
- 건축물
  - 건물 : ① 지붕 + 벽 + 기둥
    ② 용도 · 건축허가 유무 등기 여부 불문
  - 시설 : ① 토지에 정착 ② 지하 or 타 구조물에 설치
    ③ 열거된 시설물에 한정
  - 부수 시설물
    - ① 부합물 - 과세대상 건축물에 부속 or 부착
    - ② 종물 - 당해 건축물 자체의 경제적 효용 증가

903

취득세 (3-2) - 과세대상

2) 동산
- 차량
- 기계 - 건설 공사용 , 화물 하역용, 광업용
- 항공기 - 사람이 탑승 조종 + 항공에 사용
- 선박
- 입목 - 과수, 입목, 죽목

904

취득세 (3-3) - 과세대상

3) 각종권리
- 광업권
- 어업권, 양식업권
- 회원권
  - 골프 회원권
  - 승마 회원권
  - 콘도미니엄 회원권
  - 종합체육시설 이용권
  - 요트 회원권

905

취득세 (3-4) - 과세대상

Ⅱ. 의제하는 과세대상

1) 토지의 지목변경 - ① 토지 지목의 사실상 변경 ② 토지 가액의 증가

2) 개수 - ① 건축법상 대수선 ② 건축물의 부수 시설물 중 한 종류 이상 설치 or 수선

3) 선박, 차량, 건설기계 종류 변경

4) 과점주주 - 법인의 주식 또는 출자지분 취득 → 지방세 기본법상 과점주주 성립

906

취득세 (4-1) - 납세의무자(본래 납세의무자)

Ⅰ. 본래 납세의무자

- 과세대상 물건 취득자 : (사실상)취득, 승계취득(선박 등)
- 상속인

907

취득세 (4-2) - 납세의무자(상속재산분할)

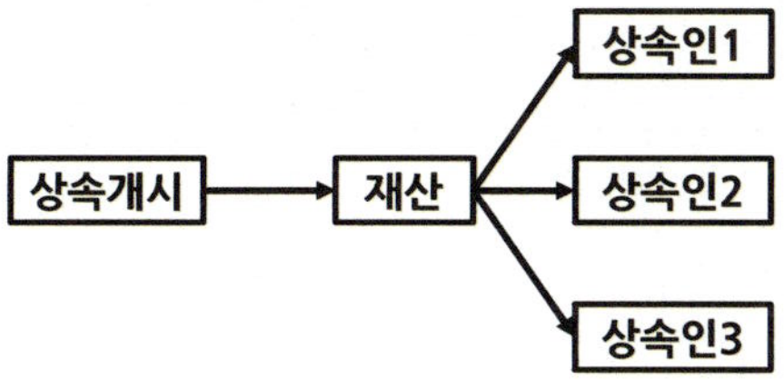

분할원칙
↓
1st) 유언, 유증
↓
2nd) 협의분할
↓
3rd) 법정분할

- 배우자 => 1.5
- 자녀 => 1

908

취득세(4-3) - 납세의무자(대위등기 납세의무자)

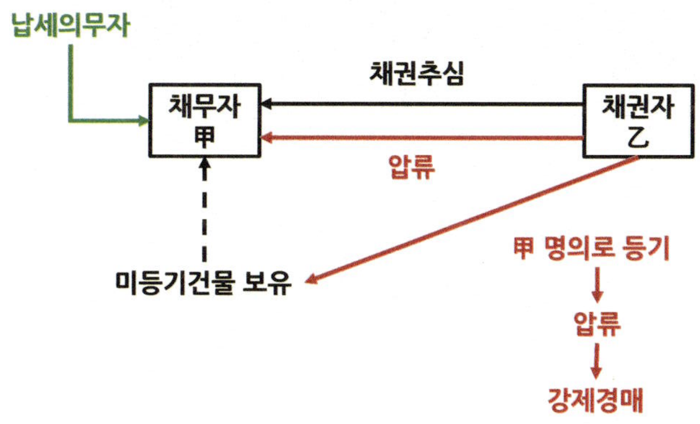

909

취득세 (4-4) - 납세의무자(의제 납세의무자)

Ⅱ. 의제 납세의무자-1

1) 주체구조부 소유자 - 건축물 부대설비를 주체구조부 취득자 외의 자가 가설

→ 납세의무자 : 주체구조부 소유자

2)종류 · 지목 변경자 - 변경을 통한 가액 증가

3) 외국 리스물건 수입자 - 납세의무자 : 수입하는 자

4) 주택조합원 - 주택조합 등이 해당 조합원용으로 취득하는 부동산

(조합원 귀속 부동산) → 납세의무자 : 조합원

5) 시설대여 사업자 - 건설기계 · 차량을 이용자 명의로 등록

→ 납세의무자 : 시설대여 사업자

910

취득세 (4-5) - 납세의무자(의제 납세의무자)

Ⅱ. 의제 납세의무자-2

6) 지입차주 => 지입 차주의 기계 · 차량을 장비대여 업체 · 운수업체 명의로 등록

=> 납세의무자 : 지입차주

7) 증여취득 의제 => (원칙) 배우자, 직계존비속의 부동산을 취득하는 경우 의제

(예외) 4가지

8) 유상취득 의제 => 부담부 증여 시 채무부담 상당액

9) 상속재산 재분할에 의한 증여취득 의제

911

취득세 (4-6) - 납세의무자(주체구조부 소유자)

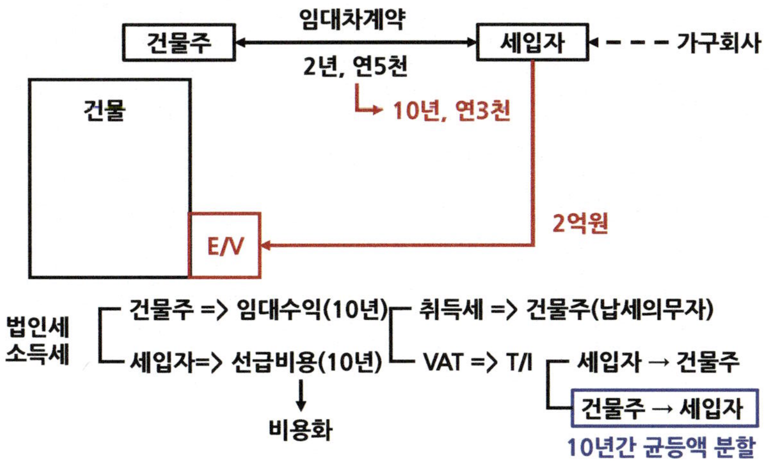

912

취득세(4-7) - 과세대상(지목변경)

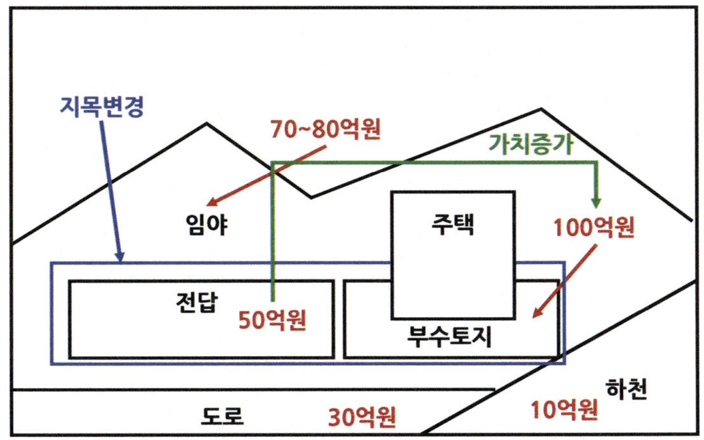

913

취득세 (4-8) - 납세의무자(상속재산 재분할)

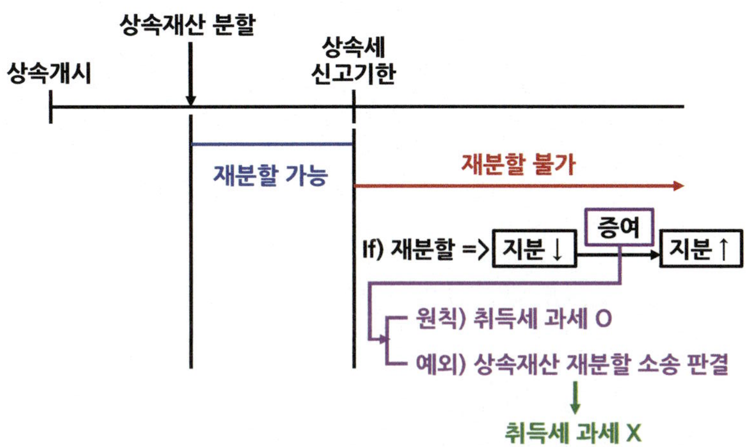

914

취득세 (4-9) - 납세의무자(과점주주)

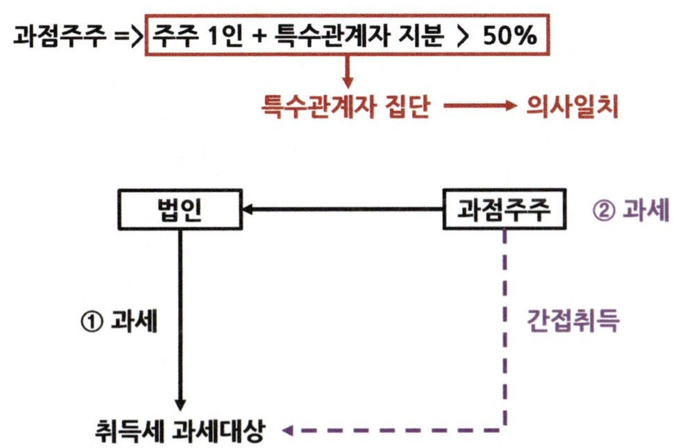

915

취득세 (4-10) - 납세의무자(과점주주)

1) 의의
- 과점주주의 지위가 당해 법인의 자산을 임의로 처분하거나 관리 · 운용 가능한 지위에 있음을 고려
- 실질과세 원칙에 충실
- 비공개 법인의 지분을 특정인이 독점하는 것을 방지하고 다수인의 기업 참여를 유도

2) 적용 요건
- 과점주주의범위-주주 or 유한책임사원1인+친족+특수관계인지분율 > 50%
- 비상장법인의 범위 - 상장등록법인을 제외한 법인
- 주식 취득을 원인으로 하는 과점주주 지분비율 증가
  - 특관자간 내부거래 : 과세 X (지분비율 변동X)
  - 특관자의 신규 주식 취득 : 과세 O (지분증가)

916

취득세 (4-11) - 납세의무자(과점주주)

3) 적용례
- ① 최초 과점주주 성립 - 과점주주 성립일 현재 해당 과점주주 지분비율 전체에 대해 취득세 과세
- ② 지분비율 증가로 인한 과점주주 성립 - 증가 비율에 대해 취득세 부과 (소급하여 최고비율보다 적은 경우 제외)
- ③ 재차 과점주주 성립 - 이전 과점주주 당시 지분율 보다 증가한 경우 증가분에 대해 과세

917

취득세 (4-12) - 납세의무자(과점주주)

법인 → 부동산 100억

최초 과점주주 → 설립 시 과점주주X

40% → 60% 과점주주(60%) 100억 × 60% = 60억(과표)

지분율 증가

40% → 60% → 80% 100억 × (80%-60%) = 20억(과표)

재차 과점주주

40% → 60% → 25% → 55% → 90% (환급X, 취득세 과표X)

100억 × (90% - 60%) = 30억(과표)

918

취득세(5-1) - 납세의무자(신탁재산의 이전)

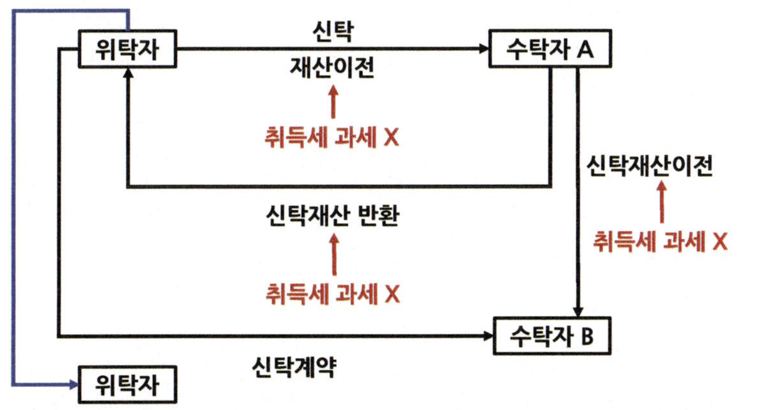

신탁재산이전 → 원칙) 취득세 과세 예외) 명의상 이전 → 취득세 과세 X

919

취득세 (5-2) - 신탁과 명의신탁

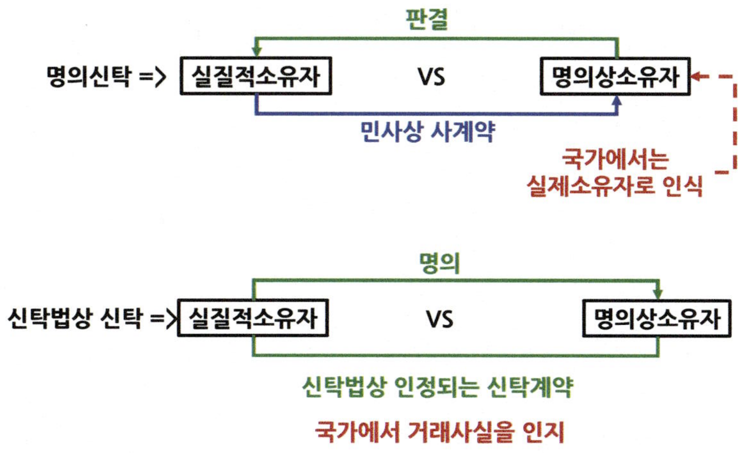

920

취득세 (5-3) - 명의신탁(2자간 명의신탁)

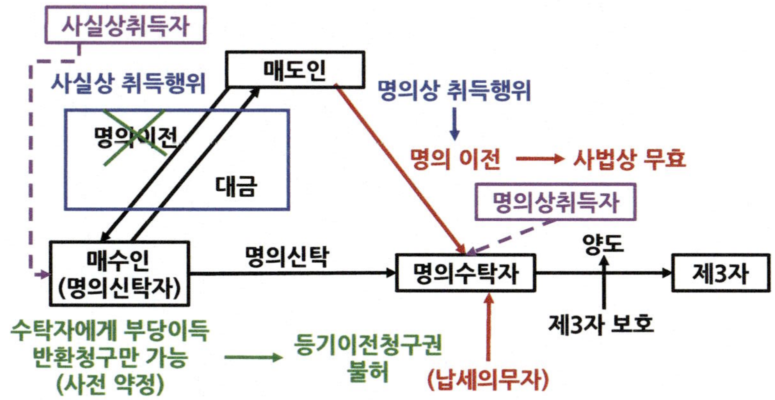

취득세는 재화의 이전 사실 자체에 담세력 인정 → 유통세적 성격

사실상 취득행위 자체를 과세객체로

921

취득세 (5-4) - 명의신탁(3자간 등기명의신탁)

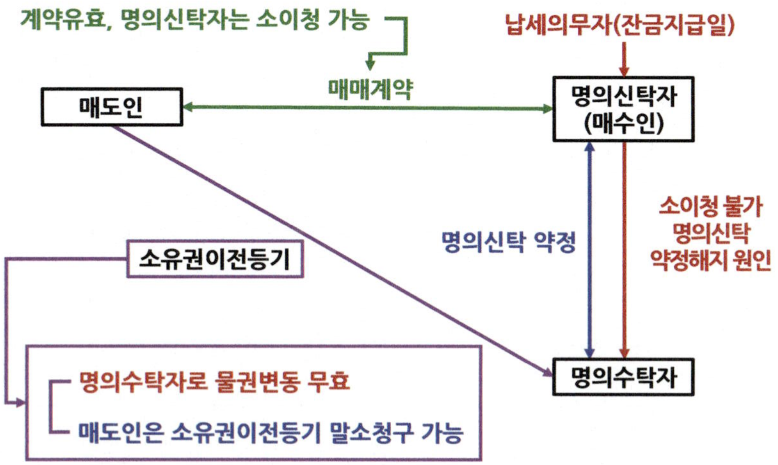

922

취득세 (5-5) - 명의신탁(계약명의신탁)

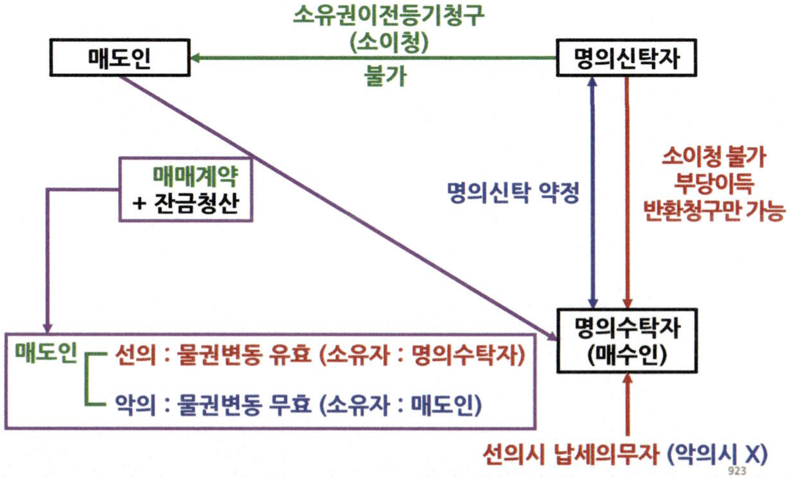

923

취득세 (6-1) - 과세표준

Ⅰ. 유상승계취득

① 원칙) => 사실상 취득가격 (연부금액은 매회 지급금액)

② 특례) 차량 또는 기계장치의 경우 => 신고가액 無 or 시가표준액보다 ↓ => 시가표준액

③ 부당행위계산부인) => 시가인정액

Ⅱ. 무상승계취득

① 원칙) => 시가인정액

② 예외) =>
- 상속 => 시가표준액
- 기준금액 이하 부동산 => 납세자 선택[시가표준액, 시가인정액]
- 위 외의 경우 => 시가인정액 => 산정이 어려운 경우 시가표준액

Ⅲ. 원시취득

① 원칙) => 사실상 취득가격

② 예외) 법인 아닌 자가 건축물 건축 => 사실상취득가격 알 수 X => 시가표준액

924

취득세 (6-2) - 과세표준(부담부증여)

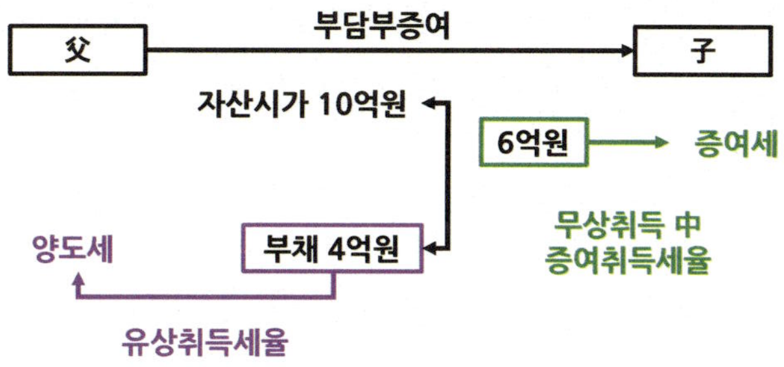

925

취득세 (6-3) - 과세표준(부당행위계산 부인)

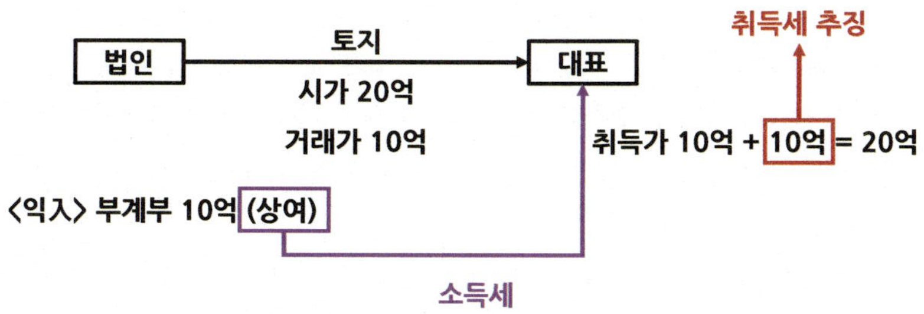

926

취득세 (6-4) - 과세표준

간주취득

1) 지목변경, 용도변경 => 사실상취득가격(변경으로 증가한 가액)

2) 과점주주 => 결산서 및 장부등에 따른 부동산 총가액 × 지분율

927

취득세 (7-1) - 세율

취득세 세율 구조

2010년 3월 31일 지방세법 전면 개정 시 기존 취득세와 등록세 중 과세대상이 중복되는 세원을 취득세로 통합 → 세율 체계는 취득세와 등록세 세율을 합한 세율로 조정
표준세율

- ① 종전에 취득세와 등록세가 과세 되던 경우
  = 취득세율 + 등록세율 → 표준세율
- ② 종전에 취득세만 과세된 경우
  = 종전 취득세율(2%) 유지
- ③ 종전에 등록세만 과세된 경우
  = 표준세율 - 종전취득세율(2%)

=> 종전 취득세율은 중과기준세율로 명칭 변경

928

취득세 (7-2) - 세율

예시

〈종전〉 3배 중과

	세율	취득세만 중과세	등록세만 중과세
취득세	2% (고정)	6%	2%
등록세	1% (변동)	1%	3%
	3%	7%	5%

〈개정〉

표준세율=2%+1%=3%

- 취득세만 중과세 = 3% + 2% × 2 = 7%
- 등록세만 중과세 = 3% × 3 - 2% × 2% = 5%

929

취득세 (7-3) - 세율

취득세 5배, 등록세 3배 → 표준세율 × 3 + 중과기준세율 × 2

취득세 3배, 등록세 5배 → 표준세율 × 5 - 중과기준세율 × 2

930

취득세 (8-1) - 취득세 중과세율

Ⅰ.과밀억제권역 안 취득 등 중과 => 본점용 부동산, 공장의 신증설에 대한 중과세

1) 세율 => (표준세율 + 중과기준세율(2%) × 2) ← 개정 전 취득세 3배 중과

2) 중과대상
- ① 본점, 주사무소용 사업용 부동산 => 취득 후 5년내 본점, 주사무소용 건축물의 신 · 증축
  - (포함) 부수토지 신탁등기 후 위탁자가 사용 위해 신 · 증축 건축물
  - (제외) 기숙사, 복지후생시설, 예비군 병기고 · 탄약고
- ② 공장용 건축물과 부속토지 => 취득 후 5년내 신 · 증설 하는 경우
- ③ 공장용 차량 및 기계장비 => 공장의 신 · 증설 후 5년내 취득

3) 취득의 주체 => 법인격有 법인 (주무관청의 허가 X)

931

취득세 (8-2) - 취득세 중과세율

Ⅰ. 과밀억제권역 안 취득 등 중과2 => 본점용 부동산, 공장의 신증설에 대한 중과세

4) 본점 · 주사무소의 의미 => 법인의 본점으로서 기능을 사실상 수행하는 장소
   ↑ 중추적인 법인의 의사결정이 행해지는 장소 (본점등기 여부 X)

5) 본점 · 주사무소용 부동산 => 사무용으로 사용하는 부동산 (영업장, 판매장 X)

6) 직접 사용 => 본점 사무용으로 직접 사용되는 부분만 중과세 (임대 X)

7) 신축 · 증축 => 원시취득의 경우에만 중과세 (승계취득 X)

8) 본점 사용기한 => 본점용 사무소로 취득 후 5년내에 사용에 공여하는 경우 중과세

932

취득세 (8-3) - 신탁재산의 위탁자 사용에 따른 취득세 과세 여부

1) 신 · 증축한 신탁재산 → 위탁자가 사용 → 위탁자 본점으로 사용시 중과세 O

2) 원시취득 (2.8%) —신탁→ 수탁자 (비과세) + 위탁자 본점으로 사용 (중과세 적용 O)

3) 토지 —신탁→ 수탁자 (비과세) + 수탁자명의 건물 신축 (2.8%) → 위탁자 본점으로 사용 (중과세 적용 O)

4) 건물신축 —신탁→ 수탁자 —신탁종료 후→ 위탁자 본점 사용 (중과세 적용 O)

933

취득세 (8-4) - 취득세 중과세율

Ⅱ. 대도시내 법인설립과 공장 신 · 증설에 따른 부동산 취득에 대한 중과세

1) 세율 - (표준세율×3 - 중과기준세율(2%)×2) => 개정 전 등록세 3배 중과

2) 중과대상
- ① 대도시내 [법인설립 or 지점, 분사무소 설치 / 본점, 주사무소, 지점, 분사무소 전입] 용 부동산

  ← 이전 | 지점 설치일 | 이후 →

이전	이후
지점 용도 직접 사용 위해 취득하는 부동산 등기 (사업용 부동산을 지점 설치일 이전에 취득하는 경우 임대용으로 전용한 경우 중과 제외)	지점 설치 후 5년내 취득한 일체의 부동산 등기 (지점 설치 이후 5년 이내에 취득하는 일체의 부동산 등기에 해당하는 경우 중과세 대상)

- ② 공장용 부동산 - 공장의 신설, 증설 목적

934

취득세 (8-5) - 취득세 중과세율

Ⅱ. 대도시내 법인설립과 공장 신 · 증설에 따른 부동산 취득에 대한 중과세

3) 적용제외
- 대도시내 법인 중과 제외 업종
- 사원 주거용 목적 부동산
- 법인 분할 · 합병
- 채권보전용 부동산

935

취득세 (8-6) - 취득세 중과세율

Ⅲ. 사치성 재산에 대한 중과세

1) 세율 - [표준세율 + 중과기준세율(2%) ×4] ← 개정 전 취득세 5배 중과세 적용

2) 중과대상

- ① 골프장 => 회원제 골프장용 부동산 中 구분 등록 대상 토지, 건축물, 입목
- ② 고급주택 => 주거용 토지 및 건물 면적&가액이 기준 초과 or 건축물에 $67m^2$ 이상 수영장 등 설치한 주거용 토지 및 건물.
  - => 다만, 취득일부터 60일(상속, 실종 6개월) 내 용도변경 위해 공사착공시 적용제외
- ③ 고급오락장 => 도박, 유흥주점업, 특수목욕장 그 밖 유사 건축물&부수토지
  - => 다만, 취득일부터 60일(상속, 실종 6개월) 내 용도변경 위해 공사착공시 적용제외
- ④ 고급선박 => 비업무 자가용 3억초과
  - => 다만, 실험 · 실습 제외

936

취득세 (8-7) - 중과세 취득사유 중복

Ⅰ. 대도시내 부동산 취득 + 사치성 재산 = 표준세율 ×3 + 중과기준세율(2%) ×2

Ⅱ. 과밀억제권역 안 취득 등 중과 + 대도시내 부동산 취득 = 표준세율 × 3

Ⅲ. 법인의 주택 취득 등 중과 + 사치성 재산 =
표준세율 + 중과기준세율(2%) ×4 + 중과기준세율(2%) ×4

937

취득세 (8-8) - 취득세 중과세율

Ⅵ. 법인의 주택 취득 등 중과-1

1) 취득 원인 및 세율 -유상취득

유상취득
- 법인의 주택 취득 : 표준세율 + 중과기준세율(2%) ×4
- 1세대 2주택으로써 조정대상지역내 주택 취득 :
  표준세율 + 중과기준세율(2%) ×2
- 1세대 3주택으로써 조정대상지역외 주택 취득 :
  표준세율 + 중과기준세율(2%) ×2
- 1세대 3주택으로써 조정대상지역내 주택 취득 :
  표준세율 + 중과기준세율(2%) ×4
- 1세대 4주택으로써 조정대상지역외 주택 취득 :
  표준세율 + 중과기준세율(2%) ×4

취득세 (8-9) - 취득세 중과세율

Ⅵ. 법인의 주택 취득 등 중과-2

1) 취득 원인 및 세율 - 무상취득

무상취득 => 조정대상 지역내 3억원 이상 4%를 표준세율로 하여 표준세율 + 중과기준세율(2%) × 4

적용제외
- ① 1세대 1주택 소유자로부터 해당 주택을 배우자 or 직계존비속이 상속 외의 무상취득을 원인으로 취득
- ② 법인의 합병 및 재산분할에 따른 세율의 특례 적용대상에 해당하는 경우
- ③ 법인세법에 따른 적격분할로 인하여 분할신설법인이 분할법인으로부터 취득하는 미분양 주택

939

취득세 (8-10) - 취득세 중과세율

VI. 법인의 주택 취득 등 중과-3

2) 적용 배제

=> 시가표준액 1억원이하 주택, 노인복지주택,
가정어린이집 운영 주택 등 15가지

940

취득세 (8-11) - 취득세 중과세율

VI. 법인의 주택 취득 등 중과-4

주택수 산정

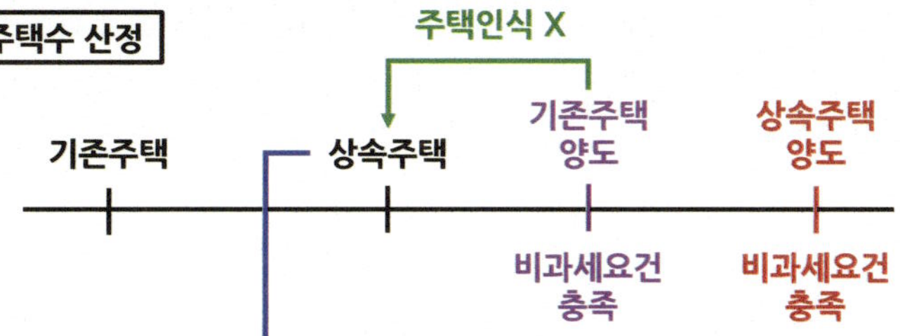

If) 2개인 경우 => 2 中 1개 주택만 인정

If) 상속인이 2인 이상인 경우 => 상속인 中 1인

941

취득세 (9-1) - 세율특례

Ⅰ. 형식적 취득 세율적용 특례 => 종전 취득세 과세X

- 일반적인 경우 = 표준세율 - 중과기준세율(2%)
- 대도시내 부동산 취득의 경우 = [표준세율 - 중과기준세율(2%)] × 3

(특례) 6억 이하 주택의 유상 취득은 해당 세율에 50% 적용해서 계산

① 환매등기 병행부동산매매기한내매도자가환매한경우매도자 · 매수자취득(2%)
② 상속으로 인한 1가구 1주택(0.8%), 지특법에 따라 감면 농지(0.3%) 취득
③ 적격합병으로 인한 취득 (1.5%)
④ 공유물 분할 or 지분이전으로 인한 취득 (0.3%)
⑤ 건축물 이전으로 인한 취득 (0.8%)
⑥ 민법상 재산분할 (1.5%) ← 사실혼 해소 포함
⑦ 원목 생산 위한 원목 취득 등 그 밖 형식적 취득

942

취득세 (9-2) - 세율특례(공유물 분할)

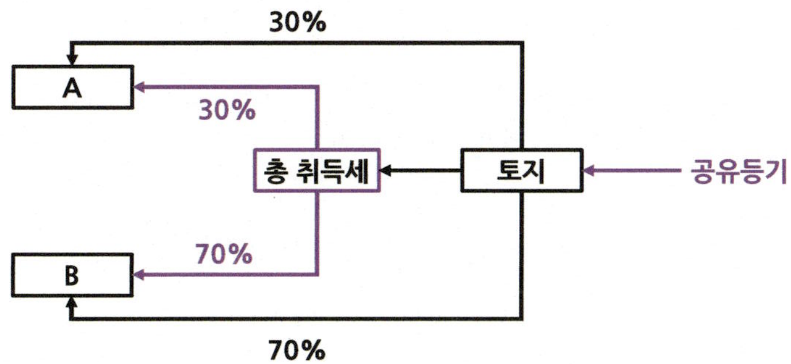

943

취득세 (9-3) - 세율특례

Ⅱ. 등기·등록이 불필요한 경우 세율적용 특례 => 종전 등록세 과세X

- 원칙 - 중과 기준세율(2%)
- 대도시내 부동산 취득 - 중과 기준세율(2%) × 3
- 사치성 재산 - 중과기준세율(2%) × 5

① 개수로 인한 취득 (원시취득 제외)
② 토지, 차량, 기계장치, 선박 가액 증가
③ 과점주주 취득
④ 외국인 소유 과세대상 (only 차, 기, 항, 선) 임차하여 수입 (연부취득만)
⑤ 시설대여업자가 취득하는 건설기계, 차량
⑥ 취득 대금 지급자가 업체 명의로 등록한 기계장치, 차량
⑦ 레저시설등 취득

944

취득세 (9-4) - 세율 적용 특례

Ⅰ. 취득 후 5년내 중과세 대상에 해당하는 경우

(원칙) = [표준세율 + 중과기준세율(2%) ×2] - 표준세율
(특례) = 취득한 날로부터 5년 이내에 대도시 내 부동산 취득 중과세 대상이 된 경우
= [표준세율 × 3 - 중과기준세율(2%) ×2] - 표준세율

Ⅱ. 사치성 재산의 가치 증가

정산세율 = 증가되는 건축물가액 × [표준세율 + 중과기준세율(2%) ×4]

Ⅲ. 공장의 신설 증설

사업용 과세 물건 소유자 ≠ 공장을 신설·증설한 자
=> 과세물건 소유자가 공장을 신설·증설 한 것으로 간주 과세

정산세율 = [표준세율 + 중과기준세율(2%) ×2] - 표준세율

945

취득세 (9-5) - 세율 적용 특례

Ⅳ. 사업용 과세물건의 취득자와 신·증설자가 상이한 경우

취득자가 신증설한 것으로 간주 과세

Ⅴ. 둘 이상의 세율이 동시에 적용되는 경우 => 표준세율 ×3

(원칙) 높은 세율 적용

(특례) ① 본점, 주사무소 사업용 부동산
② 공장 신증설용
③ 취득 후 5년이내 증설용 부동산 + 취득부 동산 중과세 대상

946

취득세 (10-1) - 취득시기

Ⅰ. 무상승계 취득 ➡ 계약일 (or 상속개시일, 유증개시일)

Ⅱ. 유상승계 취득

① 사실상 잔금지급일 알 수 있는 경우 => 사실상 잔금지급일
② '①'을 알 수 없는 경우 - 계약상 잔금지급일(명시X → 계약일 부터 60일 경과한 날)
③ 연부에 의한 취득 - 사실상 연부금 지급일

Ⅲ. 기타승계 취득

- ① 조립, 건조 등에 의한 취득 - 인도일 · 계약상 잔금 지급일 中 빠른 날
- ② 수입에 의한 취득
  - (원칙) 반입일, 수입 신고필증 교부일
  - (수입자≠실수요자) 인도일, 계약상잔금지급일 中 빠른 날
  - (외국에서 직접 사용) 등기일 · 등록일

947

취득세 (10-2) -계약해제

1) 계약의 무효 · 취소 (반사회적 행위[협박, 강박], 통정허위 의사표시 행위[사기], 불법행위)

=> 당연 무효 (취득 X)

2) 계약의 해제 (이행지체, 정기행위, 이행불능)

- 취득일 부터 60日 이내 (무상취득의 경우 취득일의 말일로 부터 3月이내)
  - 등기 · 등록 전 : 화해조서, 공정증서, 인낙증서 등으로 입증된 경우 취득 X (취득세의 유통세적 성격)
  - 등기 · 등록 후 : 무조건 취득 인정(거래 완료 후)
- 취득일 부터 60日(3月) 후 - 취득으로 본다.

3) 합의에 의한 계약해제 - 취득효력에 영향X

4) 계약시 합의해제 약정규정이 명시된 경우 - 소급하여 계약이 없었던 것으로 봄

948

취득세 (10-3) - 취득시기(시효취득)

최초점유	20년
양도소득세법상 취득시기	소유권인정 취득등기 → 취득세법상 취득시기

949

취득세 (10-4) - 취득시기

Ⅳ. 원시취득

- 건축물 건축 - Fast [사용승인서 교부일, 임시사용 승인일, 사실상 사용일]
- 주택건설사업 ~ 조합원 미귀속 토지 - 사용 검사일, 소유권 이전 고시일 다음 날
- 매립, 간척 - Fast [공사준공 인가일, 사용 승인일, 허가일]

Ⅴ. 간주취득

- 종류 변경- Fast [사실상 변경일, 공부상 변경일]
- 지목 변경- Fast [사실상 변경일, 공부상 변경일]

950

취득세 (11) - 신고 및 납부

Ⅰ. 일반

(원칙) 취득일 부터 60日 이내

(예외) [상속개시일, 실종선고일] 의 말일부터 6개월 이내 (외국에 주소를 둔 경우 9개월)

Ⅱ. 정상 취득 후 중과세 대상

중과세 대상일 부터 60日 이내

Ⅲ. 비과세, 감면 후 사후추징 대상

사유 발생일 부터 60日 이내

951

등록면허세 (1) - 과세표준

Ⅰ. 원칙

Max [등록 당시 가액, 시가표준액]

Ⅱ. 취득당시 가액

① 광업권 · 어업권 양식업권 취득에 따른 등록
② 외국인 소유 취득세 과세대상물건 연부취득 등록
③ 취득세 부과제척기간이 경과한 물건의 등록
④ 면세점(50만원)에 해당하는 물건의 등록

Ⅲ. 채권 금액

채권의 목적이 된 가액 or 처분 제한의 목적이 된 금액

952

등록면허세 (2) - 신고 및 납부

1) 원칙 - 등록 전까지

2) 특례
- 등록 후 중과세 대상
- 비과세, 과세 면제 후 추징 대상

  ⇒ (위 두 경우) => 사유 발생일로 부터 60일 이내
- 무신고 후 납부 → 등록 전까지 납부하는 경우 정상 납부로 간주

953

등록면허세(3) - 특별징수(≒ 원천징수)

Ⅰ. 징수의무자

1)특허권, 실용신안권, 디자인권, 상표권 : 특허청장이 특별 징수 => 관할 지자체장에게 다음달 말일까지 납부

2)저작권법에 따른 등록 : 해당 등록 기관장이 특별 징수 => 의무 불이행시 불성실 가산세 적용 X

Ⅱ. 환급

특별징수자가 직접 환급 가능 (지방세 환급 가산금은 적용배제)

954

재산세 (1-1) - 과세대상의 구분 (토지)

원칙) 종합합산 과세대상 ⟶ 기준점) 지자체별 합산과세

- 별도합산=> 종합합산과세대상 토지 中 사업관련 사용 => 세부담↓ => 지자체별 합산과세
- 분리과세=> 종합합산, 별도합산토지 中 특정토지 => 중과세 OR 세부담↓ => 합산과세 X, 개별분리과세
- 비과세 · 감면

955

재산세 (1-2) - 과세대상의 구분 (토지)

Ⅰ. 분리과세 대상 => 고율, 저율과세 => 단일세율

1) 0.07% 분리과세 대상(저율)

① 전, 답, 과수원 → 실제 영농에 사용
② 목장용지 → 도시지역 밖 or 도시지역 내 개발제한구역 녹지지역 + 면적 제한
③ 임야 → 산림보호 육성 위한 임야, 종중소유 임야

2) 0.2% 분리과세 대상(저율)

①공장용지→읍, 면 산업 · 공업단지 공장용 건축물의 부속토지로서 기준면적 내 토지
②기반시설, 개발사업용 토지로서 사치성재산으로 사용되는 것 제외한 일정 토지

3) 4% 분리과세 대상(고율)

① 골프장용 토지 : 회원제 구분등록 대상 토지
② 고급 오락장 : 도박, 유흥주점, 특수 목욕장 토지

956

재산세 (1-3) - 과세대상의 구분 (토지)

Ⅱ. 별도합산 과세대상 => 소유자별, 시군별 합산 => 누진세율

과세기준일 현재 소유 토지 中 일정 건축물의 부속토지가 기준면적 이내인 것
다만, 비과세 면제 경감세율 적용되는 것 제외

① 차고용, 보세창고용, 연구검사용등 공지상태 or 필요시설 설치하여 업무 · 경제활동에 활용되는 토지
② 과세기준일 현재 건축물 주택이 사실상 철거 멸실된 날 부터 6개월 지나지 않은 부속 토지

Ⅲ. 종합합산 과세대상 => 소유자별, 시군별 합산 => 누진세율

분리과세, 별도 합산 과세, 비과세, 면제, 경감세율 적용 토지 제외

957

재산세 (2-1) - 납세의무자

Ⅰ. 원칙적 납세의무자

- 단독 소유 - 과세기준일 현재 재산을 사실상 소유하고 있는 자
- 공유재산 - 지분권자

(주택) 건물 소유자 ≠ 토지소유자 →

$$\text{주택 산출세액} \times \frac{\text{건축물 시가표준액(or 토지시가표준액)}}{\text{건축물 시가표준액 + 토지시가표준액}}$$

958

재산세 (2-2) - 납세의무자

Ⅱ. 예외적 납세의무자

① 소유권 변동 → 무신고 : 공부상 소유자
② 상속등기 미이행 → 무신고(사실상 소유자) : 1st) 상속지분 多자 → 2nd) 연장자
③ 사실상 종중재산 but, 개인명의 등재 : 공부상 소유자
④ 국가등과 연부로 매매계약 체결 + 사용 전 무상 수령 : 매수 계약자
⑤ 수탁자 명의로 등기 · 등록된 신탁재산 : 수탁자 (수탁자는 납세관리인 의제)
⑥ 시행 사업에 따른, 환지 계획에서 체비지, 보류지로 결정된 부분 : 사업 시행자

Ⅲ. 소유권 귀속이 불분명한 경우 => 사용자

959

재산세 (3) - 신고, 납부

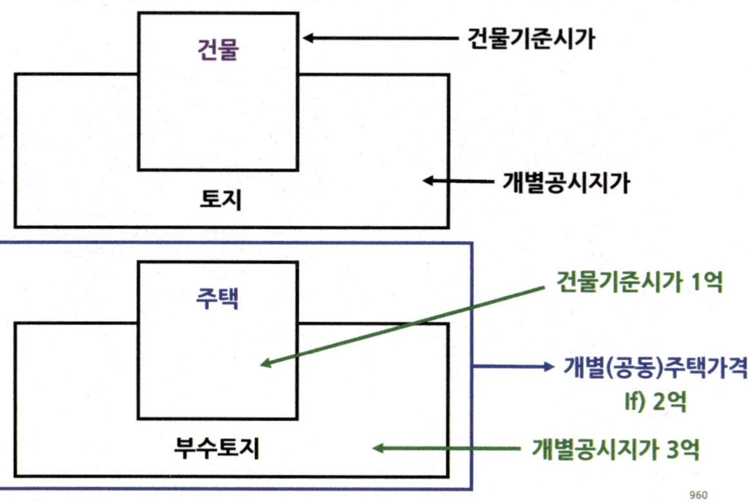

960

조세특례제한법

조세특례제한법

세무사 원용대

961

조세특례제한법(1-1) - 총칙

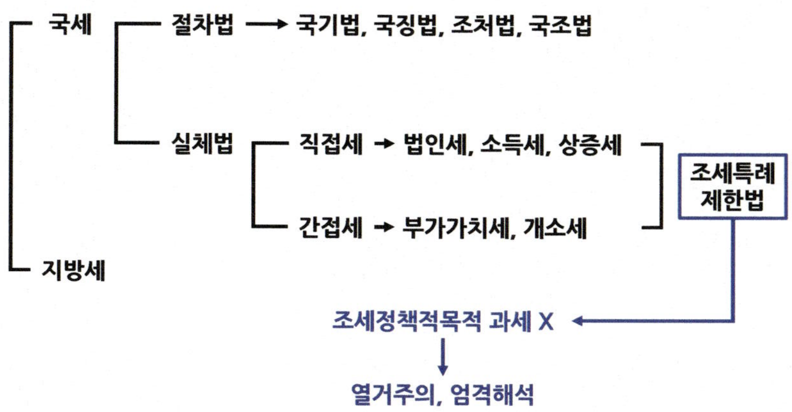

962

조세특례제한법(1-2) - 총칙(이월과세)

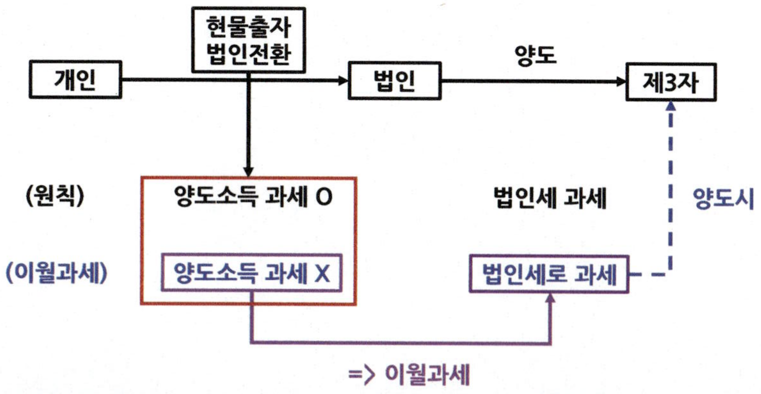

963

조세특례제한법(1-3) - 총칙(이월과세)

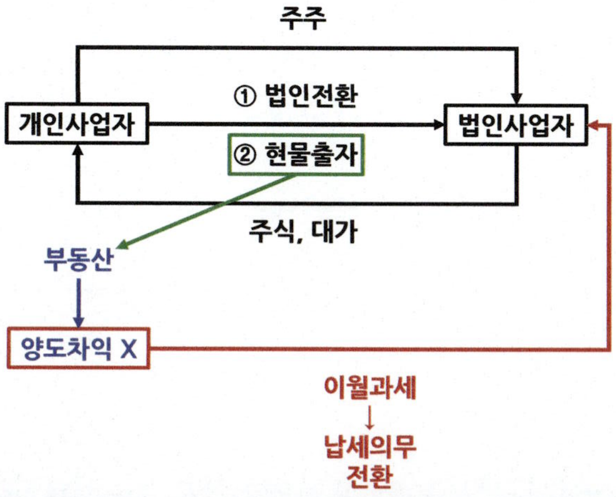

964

조세특례제한법(1-4) - 총칙(과세이연)

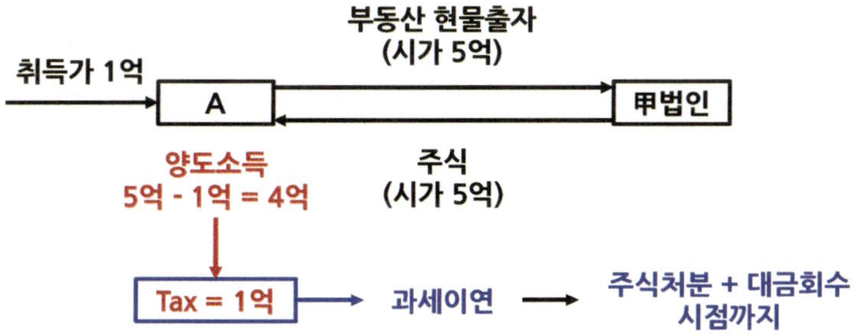

965

조세특례제한법(1-5) - 총칙(이월과세와 과세이연)

이월과세 vs 과세이연

구분	이월과세	과세이연
납세의무자	개인 → 법인	변경 X
과세대상 자산	변경 X	대체 취득 자산 양도 시 과세

966

조세특례제한법(2) - 조세특례구조

조세특례 구조

1) 세액공제 : 내국인이 투자를 하는 경우
2) 세액감면 : 내국인이 소득이 발생한 경우
3) 과세이연 : 현물출자, 사업전환 무역조정기업, 대토보상, 주식 교환 등
4) 이월과세 : 중소기업 간 통합, 법인전환, 농업회사법인 · 영농조합법인
5) N년 거치 후 N년 균등 분할 익금산입 : 공장 or 본사 이전, 채무면제 이익
6) 손금산입(압축기장, 일시상각) 후 익금산입

967

중소기업에 대한 조세특례 (1) - 개요

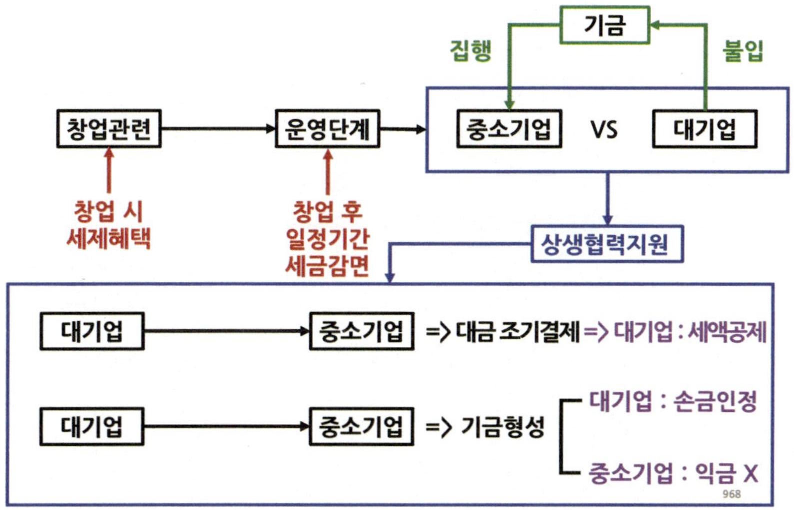

968

중소기업에 대한 조세특례 (2-1) - 중소기업의 범위

Ⅰ. 중소기업의 범위

1) 규모기준 : 매출액이 업종별 중소기업 기준 규모 이내

2) 업종기준 : 소비성 서비스업을 주된 사업 X

3) 실질적 독립성기준 : 소유와 경영의 실적 독립성이 요건을 모두 충족

969

중소기업에 대한 조세특례 (2-2) - 중소기업 판정

Ⅱ. 중소기업 판정

1) 규모 기준 초과 : 최초 사유 발생 속하는 과세연도 + 그 다음 3개 연도 중소기업으로

=> 경과 후에는 과세기간별 판단

사유 발생 연도 부터 중소기업X
- 중소기업 외의 기업과 합병하는 경우
- 중소기업 유예기간 중인 기업과 합병하는 경우
- 실질적 독립성 요건을 갖추지 못한 경우
- 창업일이 속하는 과세연도 종료 부터 2년내 기준 초과

2) 법령개정
- 범위 확대 : 사유 발생 과세연도 부터 중소기업
- 범위 축소 : 사유 발생 과세연도 + 그 다음 3개연도 까지 중소기업

970

중소기업에 대한 조세특례 (2-3) - 중견기업의 범위

Ⅰ. 중견기업의 범위

1) 중소기업에 해당하지 않을 것

2) 소비성 서비스업 및 금융보험업을 주된 사업으로 영위하지 않을 것

3) 실질적 독립성 요건을 갖출 것

4) 직전 3개 과세연도 매출액이 3천억 미만일 것 (연구인력 개발의 경우 5천억)

971

중소기업에 대한 조세특례 (3-1) - 창업 중소기업에 대한 세액감면

Ⅰ. 창업의 범위

제조업 등 열거 업종 경영 이때 창업이란 원시적 창업을 의미 다음의 경우 창업X

1) 합병, 분할, 현물출자, 사업양수를 통한 종전사업 승계 or 종전 사업용 자산 인수 · 매입 하여 동종 사업 영위 다만, 일정한 경우 창업으로 봄

2) 법인전환

3) 폐업 후 같은 종류의 사업을 영위

4) 사업의 확장, 업종추가 등 최초개시로 보기 어려운 경우 (창업자금 증여세 과세특례는 확장도 창업으로 봄)

972

중소기업에 대한 조세특례(3-2) - 창업 중소기업에 대한 세액감면

Ⅱ. 감면 내용

1) 기본 감면

원칙) 과밀억제권역 외 창업=> 5년간 50% 감면

예외) 청년창업중소기업의 경우 =>
- 과밀억제권역 내 창업 => 5년 50%
- 과밀억제권역 외 창업 => 5년 100%

특례) =>
- 신성장서비스업 => 3년 75% + 2년 50%
- 생계형창업중소기업 =>
  - 과밀억제권역 내 창업 => 5년 50%
  - 과밀억제권역 외 창업 => 5년 100%

5년간 매출액 8천만 이하

2) 추가감면

100% 감면 받는 경우 제외 감면기간 中 해당 상시근로자수가 직전 대비 큰 경우 추가 감면하며, 기본+추가 합계 100% 한도

3) 감면배제

중소기업 판정 中 규모기준 초과 유예 적용 배제 사유에 해당하는 경우 감면 배제

중소기업에 대한 조세특례 (4-1) - 상생결제 지급금액에 대한 세액공제

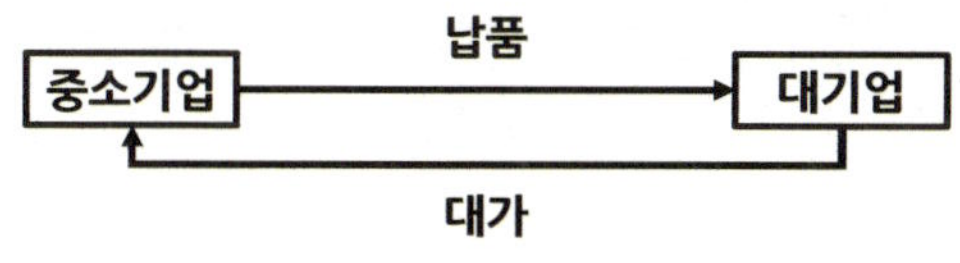

1st) 현금

2nd) 어음발행
- 약속어음
- 환어음

974

중소기업에 대한 조세특례 (4-2) - 상생결제 지급금액에 대한 세액공제

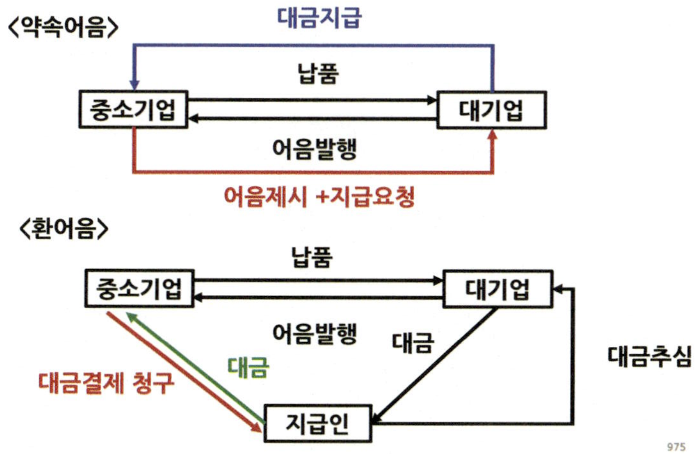

975

중소기업에 대한 조세특례 (4-3) - 상생결제 지급금액에 대한 세액공제

Ⅰ. 취지

① 중소기업 자금난 해소 ② 중소기업간 상생협력 유도

Ⅱ. 상생결제 제도

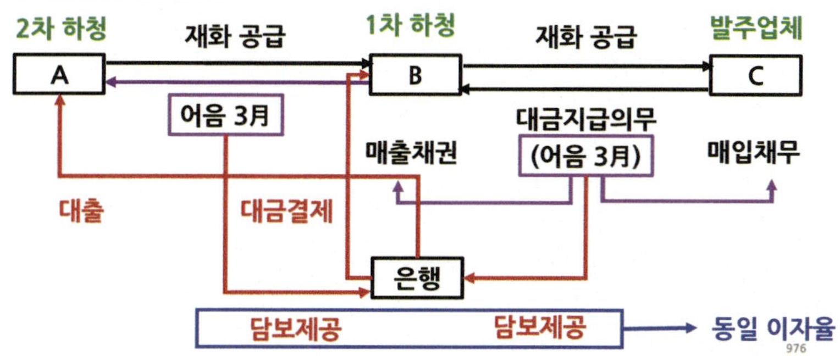

976

중소기업에 대한 조세특례 (5-1) - 상생협력을 위한 기금 출연 등에 대한 세액공제

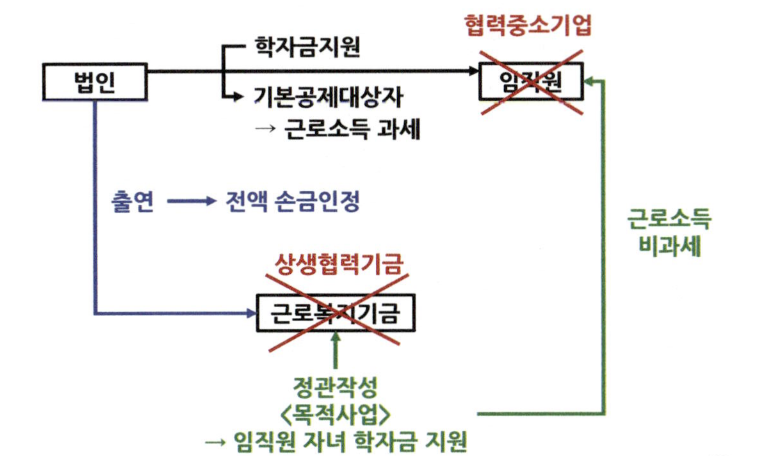

977

중소기업에 대한 조세특례 (5-2) - 상생협력을 위한 기금 출연 등에 대한 세액공제

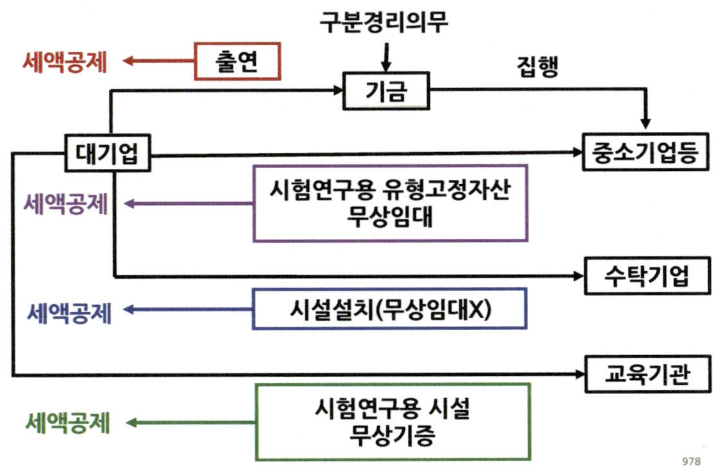

978

연구 및 인력개발에 대한 조세특례 (1) - 기술이전 및 기술취득 등에 대한 과세특례

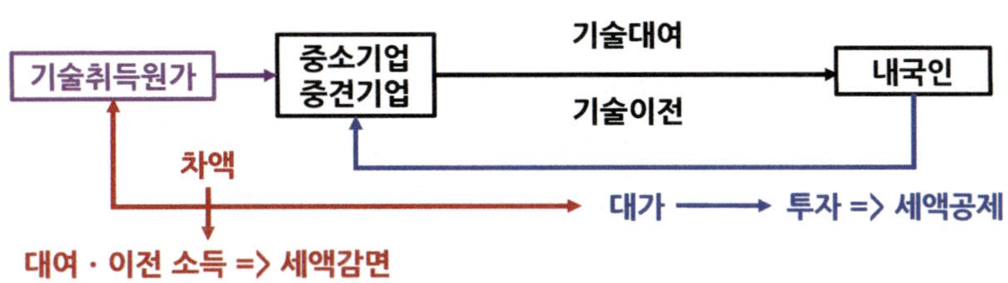

(요건)
- ① 중소기업, 중견기업일 것
- ② 특허권, 실용신안권, 내국인이 자체 연구, 개발한 것
- ③ 특수관계인에게 대여 or 이전 X

979

연구 및 인력개발에 대한 조세특례 (2) - 기술 혁신형 합병에 대한 세액공제

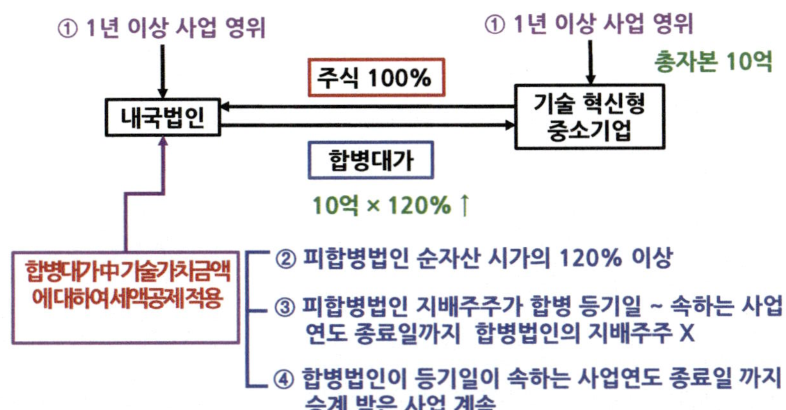

980

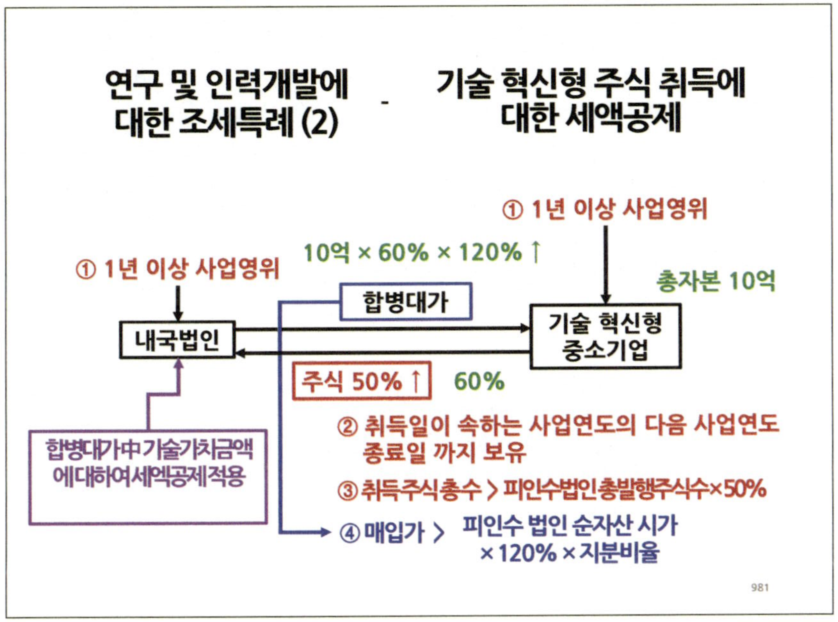
연구 및 인력개발에 대한 조세특례 (2) - 기술 혁신형 주식 취득에 대한 세액공제
① 1년 이상 사업영위
10억 × 60% × 120% ↑
① 1년 이상 사업영위
총자본 10억
합병대가
내국법인
기술 혁신형 중소기업
주식 50% ↑
60%
② 취득일이 속하는 사업연도의 다음 사업연도 종료일 까지 보유
합병대가中기술가치금액에대하여세액공제적용
③ 취득주식총수 > 피인수법인총발행주식수×50%
④ 매입가 > 피인수 법인 순자산 시가 × 120% × 지분비율
981

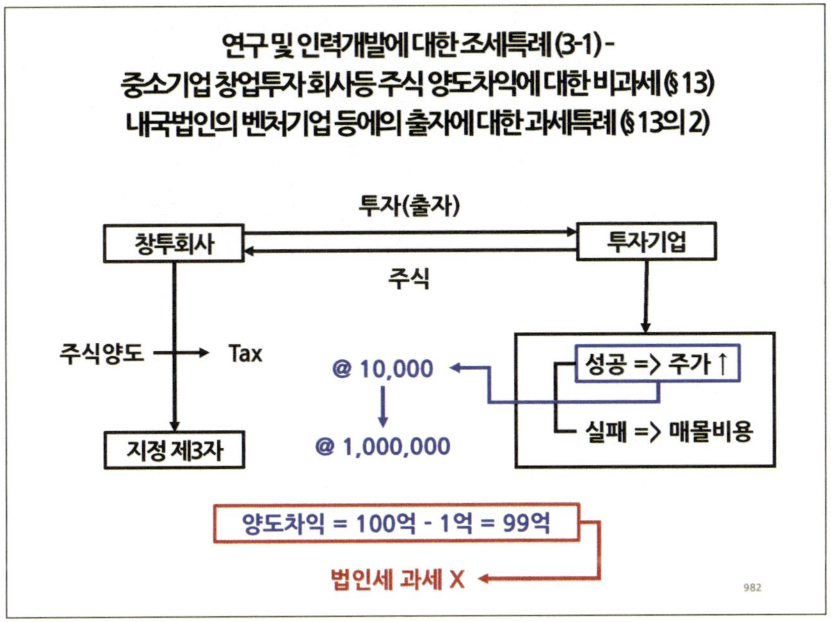
연구 및 인력개발에 대한 조세특례 (3-1) -
중소기업 창업투자 회사등 주식 양도차익에 대한 비과세 (§13)
내국법인의 벤처기업 등에의 출자에 대한 과세특례 (§13의 2)
투자(출자)
창투회사
투자기업
주식
주식양도
Tax
@ 10,000
성공 => 주가 ↑
실패 => 매몰비용
@ 1,000,000
지정 제3자
양도차익 = 100억 - 1억 = 99억
법인세 과세 X
982

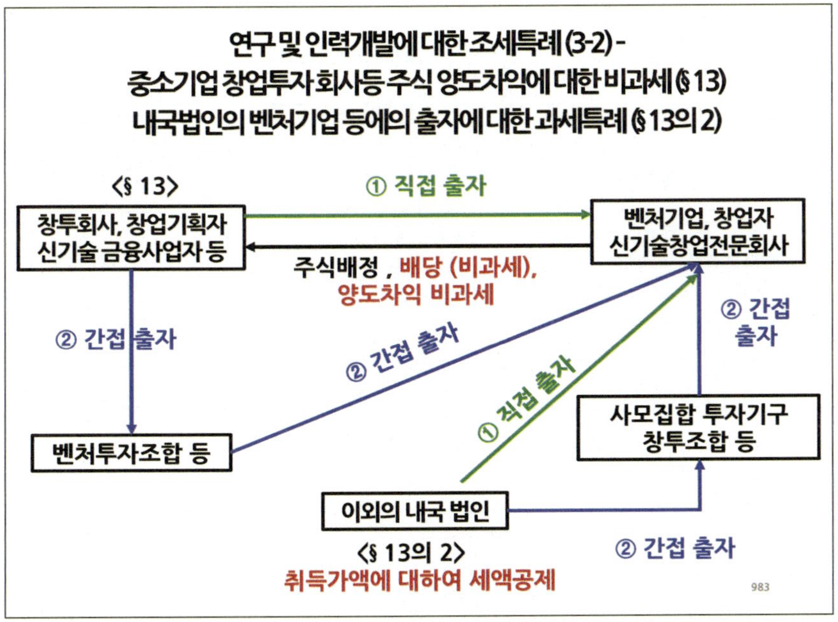
연구 및 인력개발에 대한 조세특례 (3-2) -
중소기업 창업투자 회사등 주식 양도차익에 대한 비과세 (§13)
내국법인의 벤처기업 등에의 출자에 대한 과세특례 (§13의 2)
<§ 13>
① 직접 출자
창투회사, 창업기획자 신기술 금융사업자 등
벤처기업, 창업자 신기술창업전문회사
주식배정 , 배당 (비과세), 양도차익 비과세
② 간접 출자
② 간접 출자
② 간접 출자
① 직접 출자
벤처투자조합 등
사모집합 투자기구 창투조합 등
이외의 내국 법인
<§ 13의 2>
취득가액에 대하여 세액공제
② 간접 출자
983

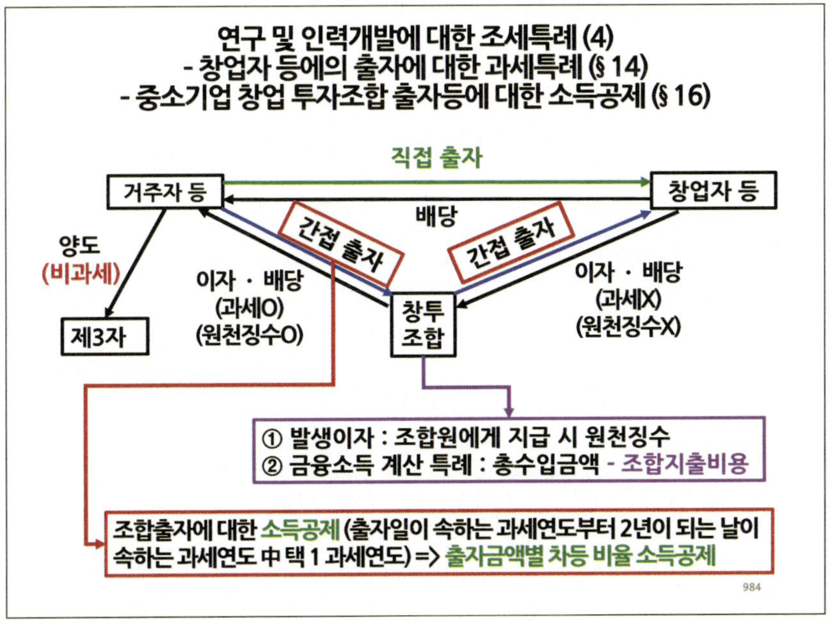
연구 및 인력개발에 대한 조세특례 (4)
- 창업자 등에의 출자에 대한 과세특례 (§ 14)
- 중소기업 창업 투자조합 출자등에 대한 소득공제 (§ 16)
직접 출자
거주자 등
창업자 등
배당
간접 출자
간접 출자
양도 (비과세)
이자 · 배당 (과세O) (원천징수O)
이자 · 배당 (과세X) (원천징수X)
제3자
창투 조합
① 발생이자 : 조합원에게 지급 시 원천징수
② 금융소득 계산 특례 : 총수입금액 - 조합지출비용
조합출자에 대한 소득공제 (출자일이 속하는 과세연도부터 2년이 되는 날이 속하는 과세연도 中 택 1 과세연도) => 출자금액별 차등 비율 소득공제
984

연구 및 인력개발에 대한 조세특례 (5)
- 중소기업 창업투자 회사등 주식 양도차익에 대한 비과세 (§ 13)
- 창업자 등에의 출자에 대한 과세특례 (§ 14)

구분	중소기업 창업투자 회사등 주식 양도차익에 대한 비과세	창업자 등에의 출자에 대한 과세특례
적용 대상	법인 출자자	개인 출자자
양도 차익	법인세 - 비과세	양도소득 - 과세소득 제외
배당 소득	법인세 - 비과세	과세
조합 경우	조합을 통한 출자 인정	좌동

985

연구 및 인력개발에 대한 조세특례 (6-1)
- 내국법인의 소재 · 부품 · 장비 전문기업에의 출자 · 인수에 대한 과세특례 (§13의 3)

Ⅰ. 중소 · 중견기업에의 공동 투자

A 법인, B 법인 → 공동투자 → 소부장 관련 중소 · 중견 기업

주식 등 취득 → 출자가액에 대하여 세액공제

① 투자대상기업 소부장 R&D등을 통하여 투자기업 제품 생산에 도움을 받기 위한 목적일 것

② 투자대상기업이 유상증자 하는 경우로서 증자대금을 납입하는 방법으로 취득할 것

③ 투자기업간 & 투자기업과 투자 대상 기업 간 특수관계 X

986

연구 및 인력개발에 대한 조세특례 (6-2)
- 내국법인의 소재 · 부품 · 장비 전문기업에의 출자 · 인수에 대한 과세특례(§13의 3)

Ⅱ. 외국법인에의 출자 · 인수

내국법인 → 주식취득 or 사업인수 → 인수대상 외국법인

주식취득

① 내국법인과 외국법인 각각 1년 이상 사업 영위

② 지분율 50%(실질적 지배경우 30%) 이상 직 · 간접 취득하여 종료일까지 보유

③ 외국법인 주주등이 종료일까지 내국법인의 지배주주 X

④ 종전 영위 사업 계속

사업인수

① 내국법인과 외국법인 각각 1년 이상 사업 영위

② 외국법인 주주등이 양도일 부터 종료일까지 내국법인 지배주주 X

③ 종전 영위 사업 계속

세액공제액 = Min[인수(출자)가액, 5천억]×규모별비율

987

연구 및 인력개발에 대한 조세특례 (7-1) - 벤처기업 주식매수선택권

자사주 → 취득가 → 주주, 임직원 → 자사주 → 법인 → 대가 → 주주, 임직원

취득가 < 대가 = 양도차익

법인 목적
- 수익거래 → 주식양도세
- 자본거래 → 의제배당

법인 → 자기주식 (의결권 X, 배당 X) → 우호주주

§16의2 → 비과세
§16의3 → 분납
§16의4 → 양도소득과세

입사 — 의무 근무기간 — S/O 행사기간

연봉 + S/O

1주당 인수가액확정(@10,000)

S/O 행사
- 주식지급
- 현금지급

→ 근로소득

- 임직원 → S/O
- 우리사주조합 → 과세특례

988

연구 및 인력개발에 대한 조세특례 (7-2)
- 주식매수선택권 행사이익 과세특례 (§16의 2, 16의3, 16의4)

기업 => S/O 지급준비

입사 　 5년 　 행사기간 　 1년

연봉계약 　 행사

+) S/O 　 @100,000 × 10,000주 = 10억

5년 근무 후
1년간 행사기간 　 -) 1억

1만주 => 행사기간 中 주당 @10,000 행사 　 9억

원칙) 근로소득 과세 (벤처기업 2억 초과)

예외) ┌ 5년간 분할납부(벤처기업) 　 별도주식계좌 有
　　　└ 행사시 근로소득 X => 주식 양도시 양도소득 과세

989

연구 및 인력개발에 대한 조세특례 (8)
- 산업재산권 현물출자 이익에 대한 과세특례 (§ 16의 5)

① 산업 재산권 / 주식

거주자 → 벤처기업

② 대가 / 주식

제3자

(원칙) 기타소득 신고 · 납부의무(거주자)

(예외) 과세이연 허용 => 주식처분시(②)

=> 요건 ┌ 전용계좌 개설
　　　　└ 자료 제출

벤처기업 => 관할 서장 : 교부일 다음달 10일 까지

금융투자업자 => 관할 서장 : 분기 종료일 다음달 말일 까지

990

연구 및 인력개발에 대한 조세특례 (9)
- 성과공유 중소기업의 경영성과급에 대한 세액공제 등 (§ 19)

중소기업 　 중소벤처기업

중소기업기본법

↓

중소기업 인정

중소벤처기업부장관 인증

인증 　 성과공유중소기업

991

연구 및 인력개발에 대한 조세특례 (9)
- 성과공유 중소기업의 경영성과급에 대한 세액공제 등 (§ 19)

임금에 투자
=> 경영성과급에 대하여 세액공제

소득 발생
=> 세액감면적용

성과공유 중소기업 — 경영성과급 지급 → 근로자

(요건) 상시근로자수 감소 X

992

고용 지원을 위한 조세특례 (1-1) - 개관

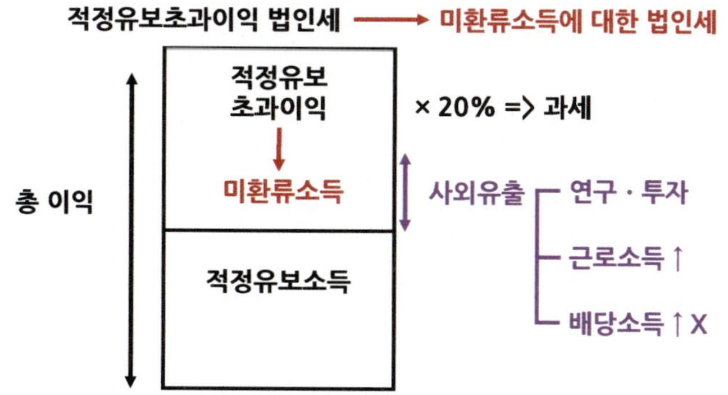

993

고용 지원을 위한 조세특례 (1-2) - 개관

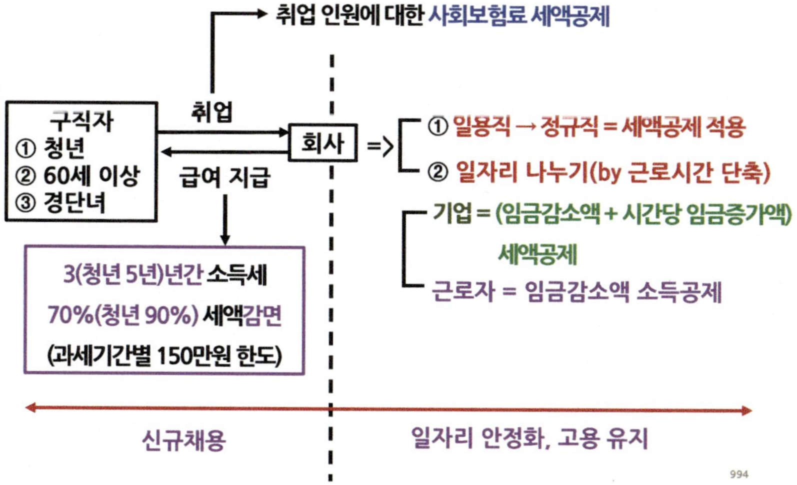

994

고용 지원을 위한 조세특례 (2) 중소기업 청년근로자 및 핵심인력 성과보상기금 수령액에 대한 소득세 감면 등

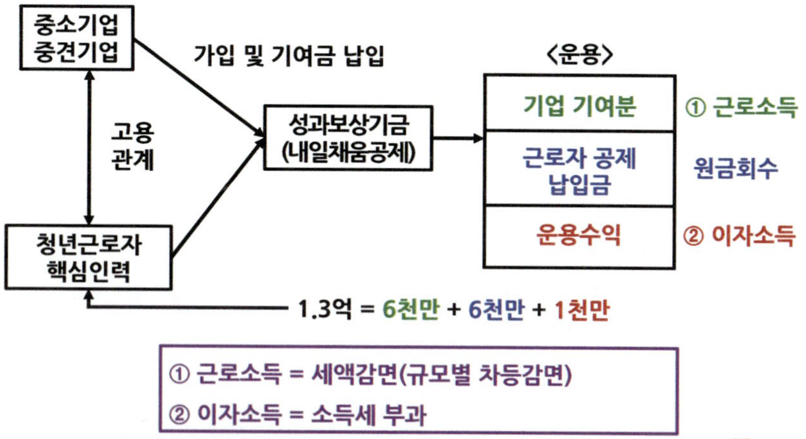

995

고용 지원을 위한 조세특례 (3) - 통합고용세액공제

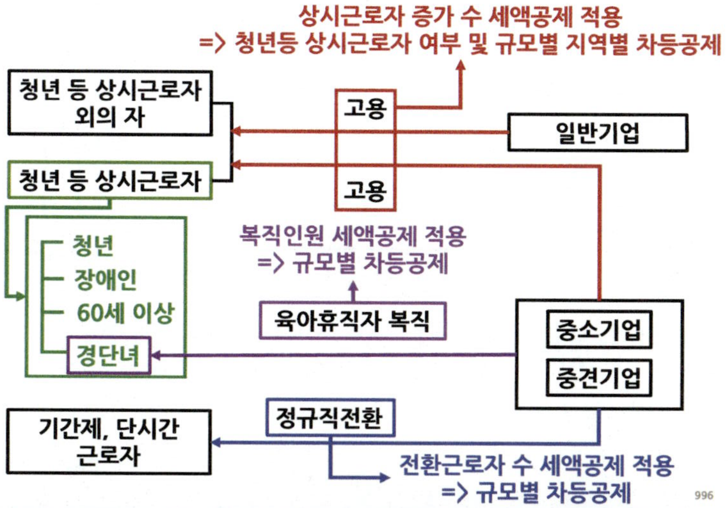

996

기업구조조정을 위한 조세특례 (1-1)
창업자금에 대한 증여세 과세특례

Ⅰ. 개요

증여자 (60세 이상 부모) → 창업자금 증여 → 수증자 (18세 이상 거주자)

- 양도세 과세대상자산은 특례대상에서 제외
- 증여세 과세특례 적용

한도 이내

신규고용↑ → 한도↑

적용요건
- ① 수증일 부터 2년내 창업
- ② 수증일 부터 4년내 모두 목적에 사용
- ③ 과세특례 적용신청

가업승계 => 가업영위기간별 차등 한도 적용

997

기업구조조정을 위한 조세특례 (1-2)
창업자금에 대한 증여세 과세특례

Ⅱ. 과세특례

증여시점 ——— 10년 초과 => 합산 ——— 상속개시

상속재산
본래 + 간주 +추정

과세가액	XXX	가업 영위기간별 한도 有 → 사전증여재산가액(합산대상)
(-) 공제액	5억	가업승계 => 10억
과세표준	XXX	
(×)세율	10%	가업승계 => 10%, 20%
산출세액	XXX	→ 증여세액공제

→ 신고세액공제 배제

998

기업구조조정을 위한 조세특례 (2-1)
가업승계에 대한 증여세 과세특례

Ⅰ. 개요

증여자 (60세 이상 부모) — 주식 또는 출자지분 증여 → 수증자 (18세 이상 거주자)

과세가액
가업 영위기간별 한도 적용

가업 승계 요건
- ① 18세 이상 거주자가 60세 이상 부모로 부터 가업승계 목적으로 주식 등 수증
- ② 수증자 또는 그 배우자가 증여세 과표 신고기한까지 종사, 수증일 부터 5년내 대표 취임

사후 관리
- ① 가업을 승계하지 않은 경우
- ② 수증일 부터 7년 이내 정당 사유 X 가업 종사X or 1년 이상 휴폐업
- ③ 수증자가 증여받은 주식을 처분하는 등 지분의 감소

999

기업구조조정을 위한 조세특례 (2-2)
가업승계에 대한 증여세 과세특례

Ⅱ. 과세특례

부모의 가업 영위기간별 한도에서 10억원 공제 후 10%(20%) 세율 적용

Ⅲ. 증여후 상장 과세특례

이익의 증여 (① 주식출자지분, ② 합병, ③ 기타이익)

=> 증여세 과세가액과 이익의 증여 합산 100억까지 과세특례 적용 가능

1000

기업구조조정을 위한 조세특례 (3)
주식의 포괄적 교환 · 이전에 대한 과세특례

Ⅰ. 취지

- ① 기업의 경쟁력 제고 + 자발적 구조조정 지원
- ② 적격합병에 대한 과세특례와 형평 고려

Ⅱ. 요건

1) 사업목적 : 1년 이상 계속하여 사업 영위
2) 지분의 연속성 : 교환대가 中 주식 가액이 80% 이상
3) 사업 계속성 : 교환 · 이전일이 속하는 사업연도 종료일까지 사업 유지

1001

기업구조조정을 위한 조세특례 (4)
주식의 포괄적 교환 · 이전에 대한 과세특례

Ⅲ. 내용

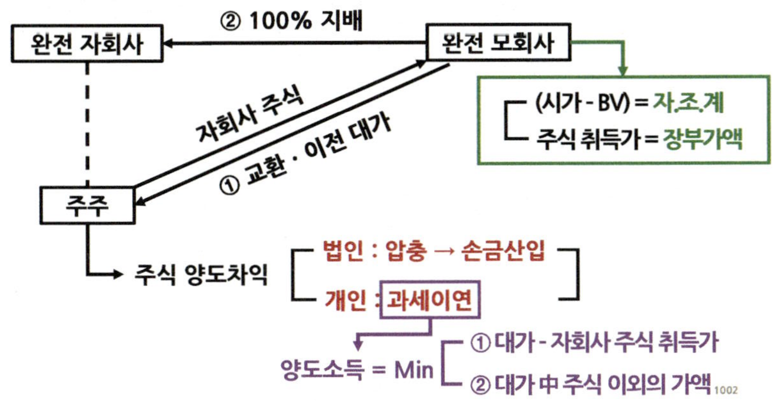

1002

기업구조조정을 위한 조세특례 (5-1)
주식의 현물출자 등에 의한 지주회사의 설립 등에 대한 과세특례

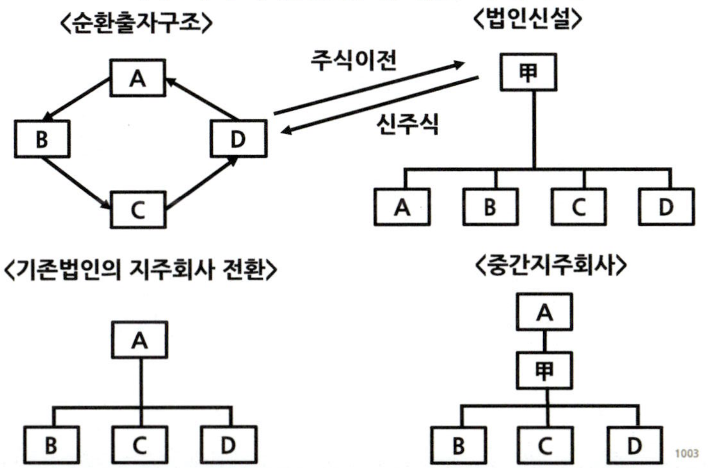

1003

기업구조조정을 위한 조세특례 (5-2)
주식의 현물출자 등에 의한 지주회사의 설립 등에 대한 과세특례

Ⅰ. 지주회사 설립

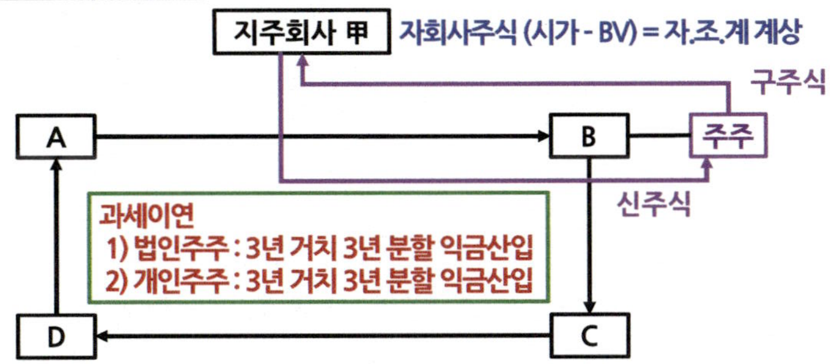

1004

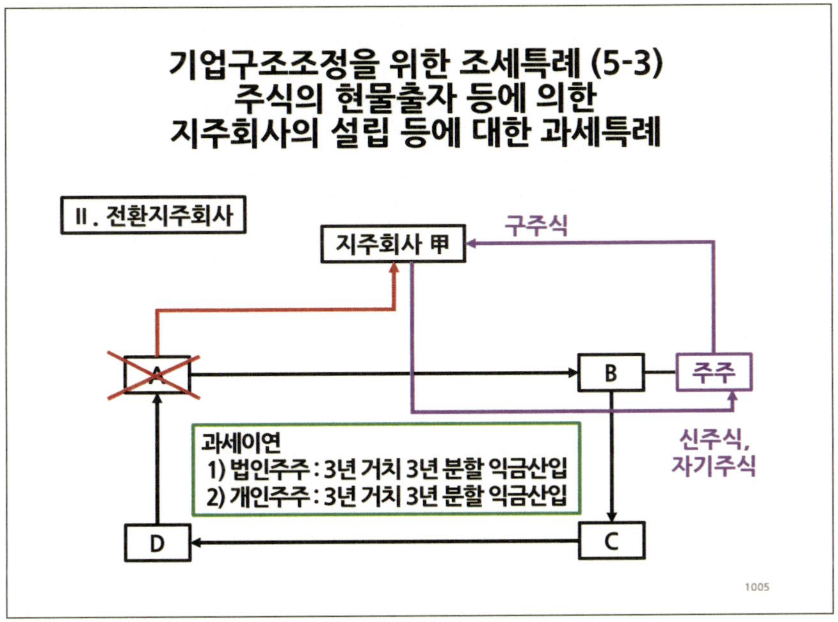
기업구조조정을 위한 조세특례 (5-3)
주식의 현물출자 등에 의한
지주회사의 설립 등에 대한 과세특례
Ⅱ. 전환지주회사
지주회사 甲
구주식
A
B
주주
신주식,
자기주식
과세이연
1) 법인주주 : 3년 거치 3년 분할 익금산입
2) 개인주주 : 3년 거치 3년 분할 익금산입
D
C
1005

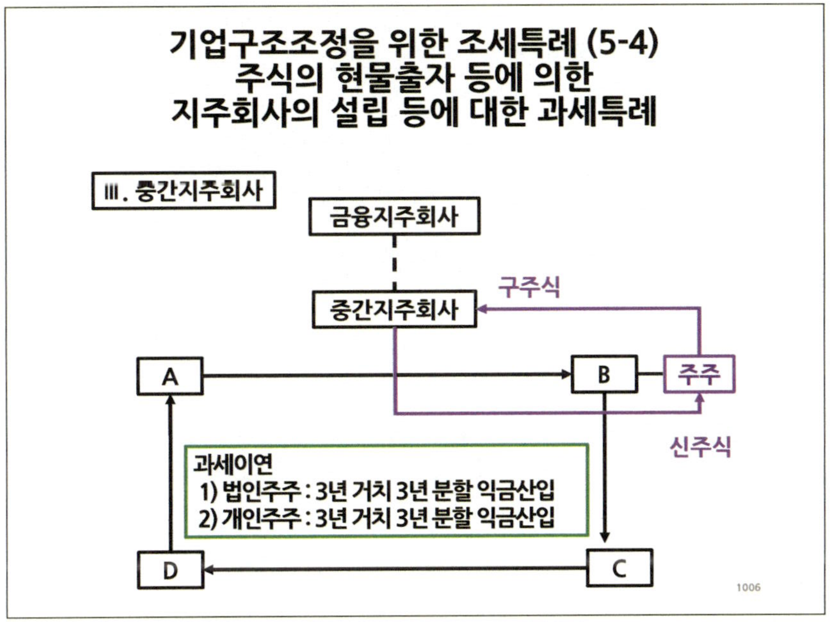
기업구조조정을 위한 조세특례 (5-4)
주식의 현물출자 등에 의한
지주회사의 설립 등에 대한 과세특례
Ⅲ. 중간지주회사
금융지주회사
중간지주회사
구주식
A
B
주주
신주식
과세이연
1) 법인주주 : 3년 거치 3년 분할 익금산입
2) 개인주주 : 3년 거치 3년 분할 익금산입
D
C
1006

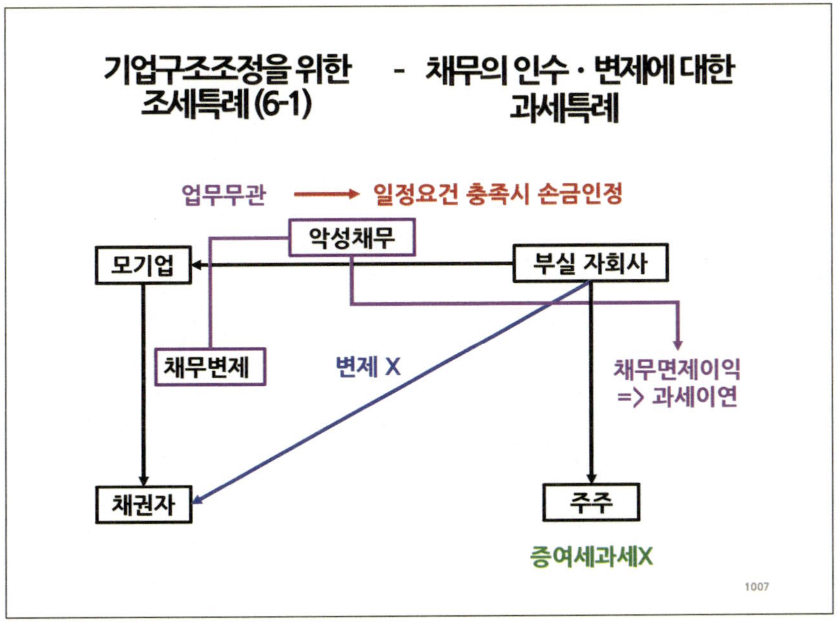
기업구조조정을 위한 조세특례 (6-1) - 채무의 인수 · 변제에 대한 과세특례
업무무관
일정요건 충족시 손금인정
악성채무
모기업
부실 자회사
채무변제
변제 X
채무면제이익
=> 과세이연
채권자
주주
증여세과세X
1007

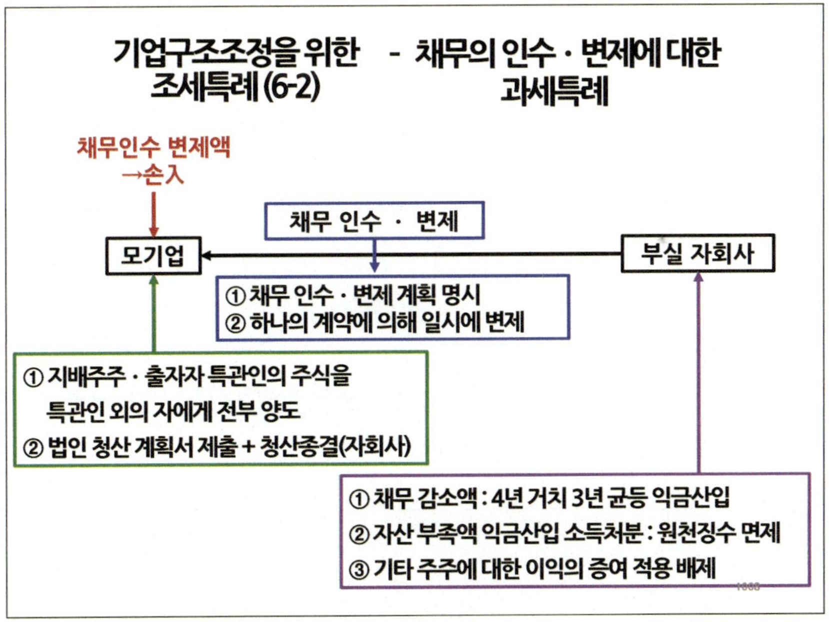
기업구조조정을 위한 조세특례 (6-2) - 채무의 인수 · 변제에 대한 과세특례
채무인수 변제액
→손入
채무 인수 · 변제
모기업
부실 자회사
① 채무 인수 · 변제 계획 명시
② 하나의 계약에 의해 일시에 변제
① 지배주주 · 출자자 특관인의 주식을
특관인 외의 자에게 전부 양도
② 법인 청산 계획서 제출 + 청산종결(자회사)
① 채무 감소액 : 4년 거치 3년 균등 익금산입
② 자산 부족액 익금산입 소득처분 : 원천징수 면제
③ 기타 주주에 대한 이익의 증여 적용 배제

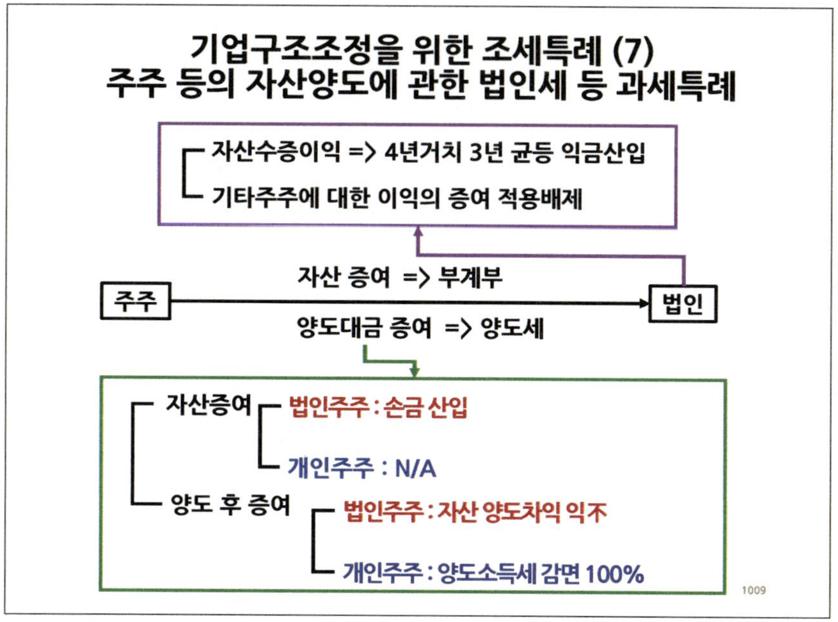
기업구조조정을 위한 조세특례 (7)
주주 등의 자산양도에 관한 법인세 등 과세특례
자산수증이익 => 4년거치 3년 균등 익금산입
기타주주에 대한 이익의 증여 적용배제
주주
자산 증여 => 부계부
법인
양도대금 증여 => 양도세
자산증여
법인주주 : 손금 산입
개인주주 : N/A
양도 후 증여
법인주주 : 자산 양도차익 익不
개인주주 : 양도소득세 감면 100%
1009

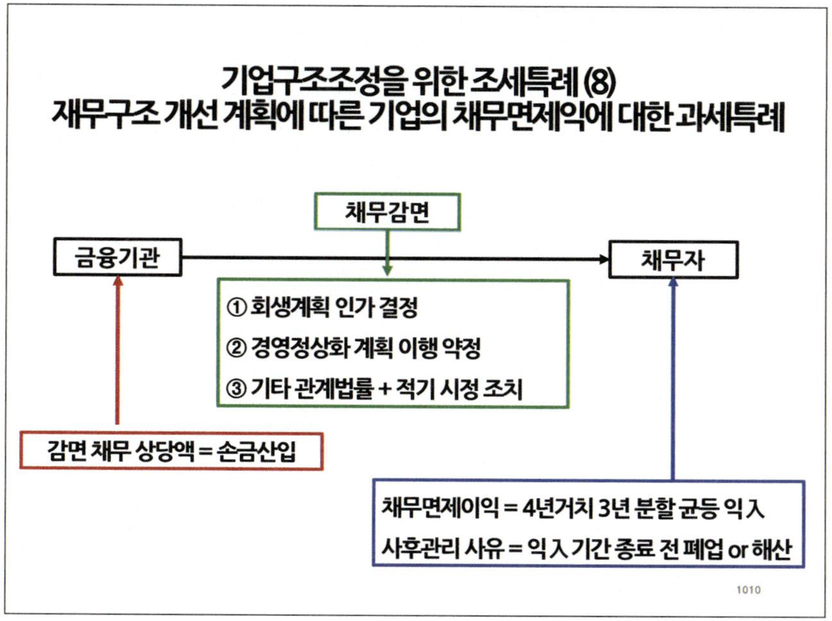
기업구조조정을 위한 조세특례 (8)
재무구조 개선 계획에 따른 기업의 채무면제익에 대한 과세특례
채무감면
금융기관
채무자
① 회생계획 인가 결정
② 경영정상화 계획 이행 약정
③ 기타 관계법률 + 적기 시정 조치
감면 채무 상당액 = 손금산입
채무면제이익 = 4년거치 3년 분할 균등 익入
사후관리 사유 = 익入 기간 종료 전 폐업 or 해산
1010

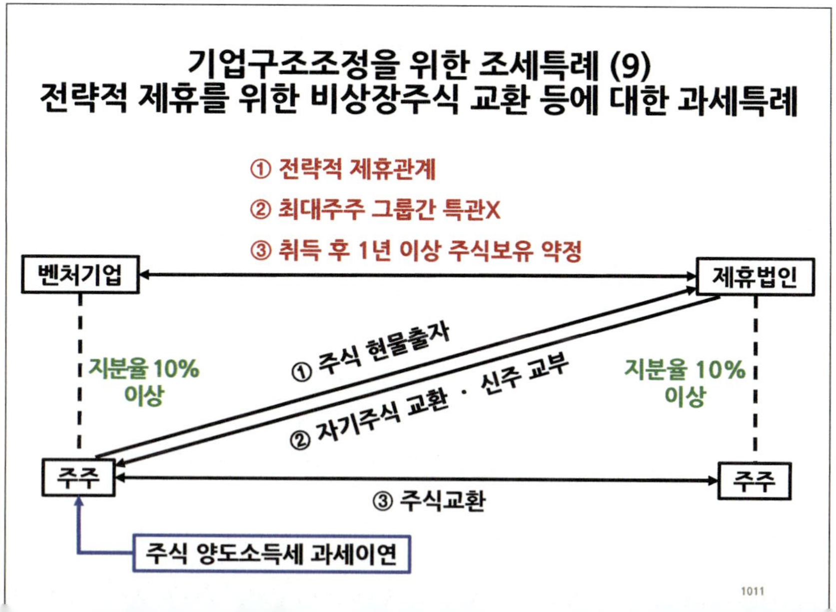
기업구조조정을 위한 조세특례 (9)
전략적 제휴를 위한 비상장주식 교환 등에 대한 과세특례
① 전략적 제휴관계
② 최대주주 그룹간 특관X
③ 취득 후 1년 이상 주식보유 약정
벤처기업
제휴법인
지분율 10% 이상
① 주식 현물출자
② 자기주식 교환 · 신주 교부
지분율 10% 이상
주주
③ 주식교환
주주
주식 양도소득세 과세이연
1011

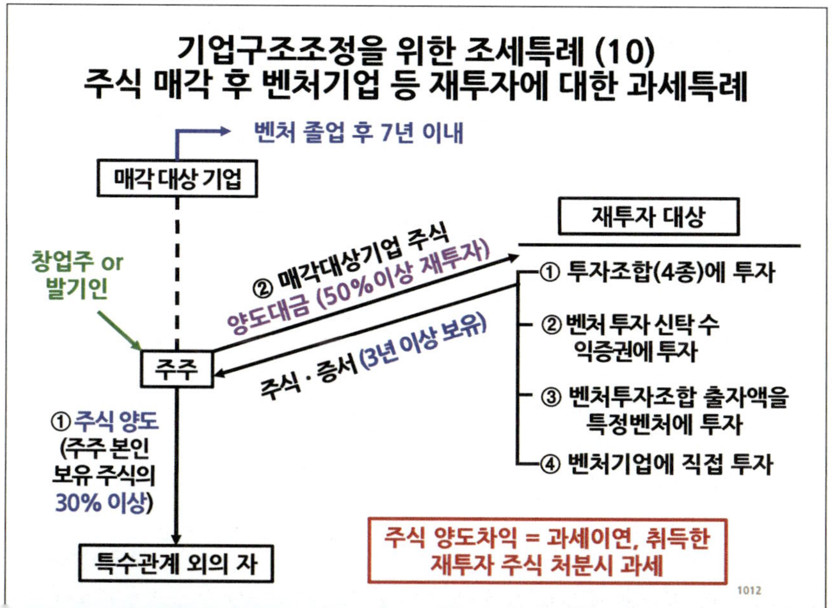
기업구조조정을 위한 조세특례 (10)
주식 매각 후 벤처기업 등 재투자에 대한 과세특례
벤처 졸업 후 7년 이내
매각 대상 기업
재투자 대상
창업주 or 발기인
② 매각대상기업 주식
양도대금 (50%이상 재투자)
① 투자조합(4종)에 투자
② 벤처 투자 신탁 수익증권에 투자
③ 벤처투자조합 출자액을 특정벤처에 투자
④ 벤처기업에 직접 투자
주주
주식 · 증서 (3년 이상 보유)
① 주식 양도 (주주 본인 보유 주식의 30% 이상)
특수관계 외의 자
주식 양도차익 = 과세이연, 취득한 재투자 주식 처분시 과세
1012

지역간 균형발전을 위한 조세특례 (1-1) - 개요

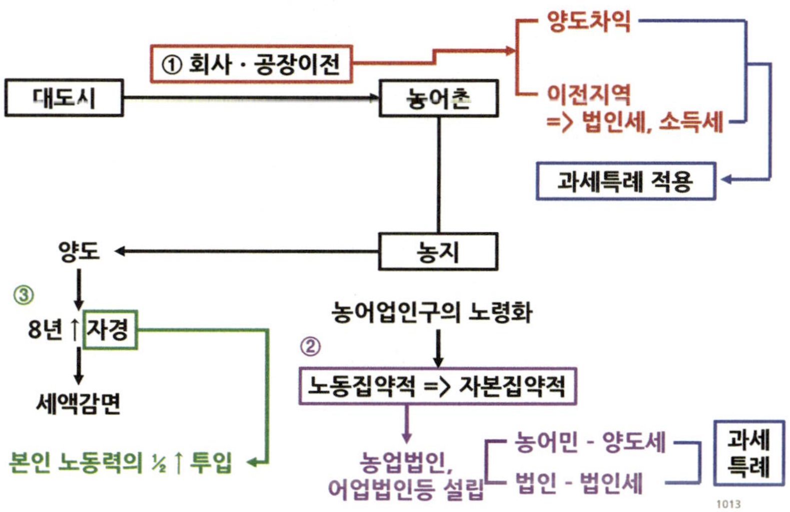

1013

지역간 균형발전을 위한 조세특례 (1-2) - 개요

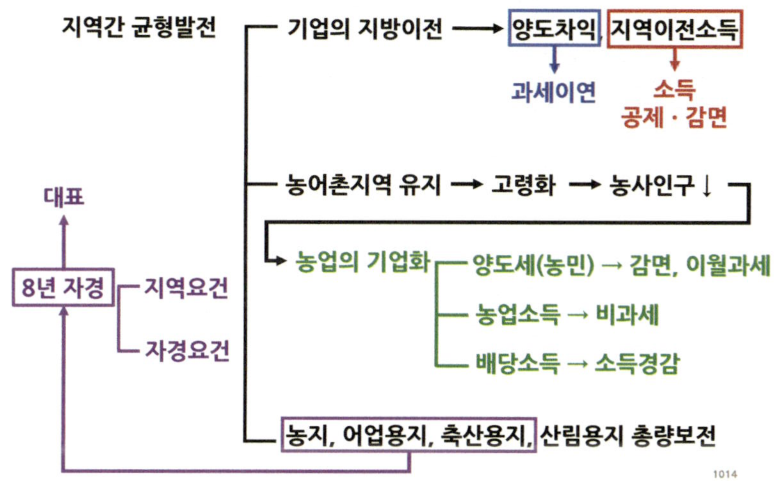

1014

지역간 균형발전을 위한 조세특례 (2-1)
공장의 대도시 밖 이전에 대한 법인세 과세특례 및 법인 본사의 수도권 과밀억제권역 밖으로 이전 하는 데 따른 양도차익에 대한 법인세 과세특례

구분	공장의 대도시 밖 이전	법인 본사의 수도권 과·억 밖으로 이전
대상법인	대도시 내 공장에서 사업영위 법인	과밀억제권역 내에서 본사를 둔 법인
이전요건	대도시 → 대도시 외 ┌ 선 이전 후 2년내 양도 └ 선 양도 후 1년 (신축 3년)내 이전	과밀억제권역 → 과밀억제권역 외 ┌ 선 이전 후 2년내 양도 └ 선 양도 후 3년내 이전
업종요건	동일 업종 유지	동일 업종 유지
과세이연	과세이연 금액 = (양도차익 - 이월 결손금) × 이전비율 → 익不 후 5년 거치 5년 균등 분할 익금산입	

1015

지역간 균형발전을 위한 조세특례(2-2)
수도권 밖으로 공장을 이전하는 기업에 대한 세액감면 등
수도권 밖으로 본사를 이전하는 법인에 대한 세액감면 등

구분	수도권 밖 공장 이전 기업	수도권 밖 본사 이전 법인
대상법인	수도권 과·억 내 3년(중소기업2년) 이상 공장을 둔 법인	수도권 과·억 내 3년 이상 본사를 둔 법인
이전요건	┌ 선 이전 후 2년내 양도 · 폐쇄 └ 선 양도 · 폐쇄 후 2년(신축 3년) 내 사업개시	┌ 선 이전 후 2년내 양도 · 용도전환 └ 선 양도 · 용도전환 후 2년 (신축 3년)내 사업개시
업종요건	동일 업종 유지	동일 업종 유지
특례내용	① 지역별 7~12년 감면 ② 공장 양도차익 5년 거치 5년 균등 익入 ③ 5년간 이전 전 공장용지 재산세 분리과세	① 지역별 7~12년 감면 ② 공장 양도차익 5년 거치 5년 균등 익入

1016

농어촌 지원을 통한 조세특례 (1) 영농조합법인 등에 대한 법인세의 면제 등

- 조합원 ⇄ 영농조합 (배당 / 현물출자)
- 현물출자
  - 농지 · 초지 - 양도세 100% 감면
  - 이외의 부동산 - 이월과세
- 농작물 재배업, 축산업, 임업
- 영농조합
  - ① 곡물 및 기타 식량작물 재배업에 대한 법인세 - 면제
  - ② 이외의 소득에 대한 법인세 → 일정 금액 및 비율을 한도로 면제
- 배당소득
  - 면제 대상 배당소득
    - 식량작물 재배업 소득에서 발생한 배당소득 (전액 면제)
    - 법인세가 면제되는 소득에서 발생한 배당소득 (전액 면제)
    - 이외의 소득 - 과세연도 별 1,200만원 한도로 면제
  - 면제 대상 외 배당소득 - 저율 분리과세(5%) ← 완납적 원천징수 + 지방세 부과 X

1017

농어촌 지원을 통한 조세특례 (2) 농업회사 법인에 대한 법인세의 면제 등

- 농업인 ⇄ 농업회사 법인 (배당 / 현물출자)
- 배당
  - 식량작물 재배업 소득분 : 소득세 전액면제
  - 기타작물 재배업 소득분 + 부대 사업 소득분 : 종소과표에 합산 배제
- 현물출자
  - 농지 · 초지 - 양도세 100% 감면
  - 해당 업종 직접 사용 부동산 - 이월과세
- 농업회사 법인
  - ① 식량작물 재배업 + 기타작물 재배 소득中 인정액 = 면제
  - ② 부대사업소득 = 5년간 감면

1018

농어촌 지원을 통한 조세특례 (3-1) 자경농지에 대한 양도소득세의 감면

구 분	내용
적용 대상자	농지 소재지에서 8년 이상 경작한 양도일 현재 거주자 - 농지 소재 시 · 군 · 구 주거 직접 경작 - 인접한 시 · 군 · 구 주거 직접 경작 - 농지 소재 직선거리 30km 이내 주거 직접 경작
자경농지의 범위	① 소유 농지에서 농작물 or 다년생식물 재배에 상시 종사 ② 소유 농지에서 ½ 이상을 자기 노동력을 이용하여 경작
경작기간	농지소재지에서 8년(보조금 지급대상 농업법인 등에 양도 경우 3년) 이상 경작한 양도일 현재 거주자 단 총급여액 + 사업소득 합계 3,700 이상인 기간 또는 소법에 따른 복식부기기준금액 이상인 기간 제외
특례내용	양도세 100% 감면

1019

농어촌 지원을 통한 조세특례 (3-2) 자경농지에 대한 양도소득세의 감면

지역요건

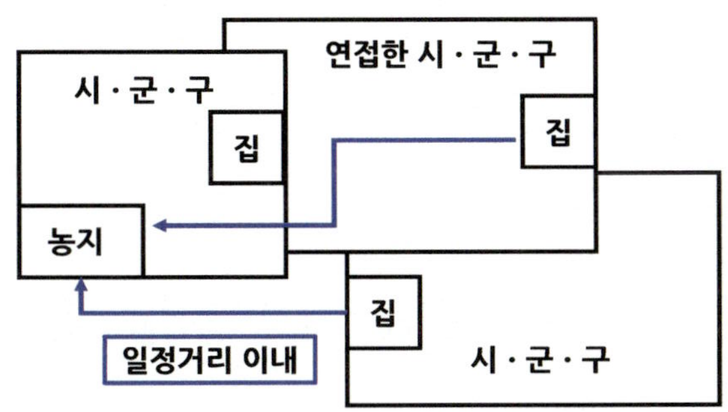

1020

농어촌 지원을 통한 조세특례 (3-3)
자경농지에 대한 양도소득세의 감면

자경요건

자경농지에 대한 양도소득세 감면

전체노동력의 ½↑ 투입 => 타소득 有 경우 일정금액↓

\+

8년이상 자경입증

\+

지역요건

=> 8년 이상

1021

농어촌 지원을 통한 조세특례 (3-4)
자경농지에 대한 양도소득세의 감면

자경기간

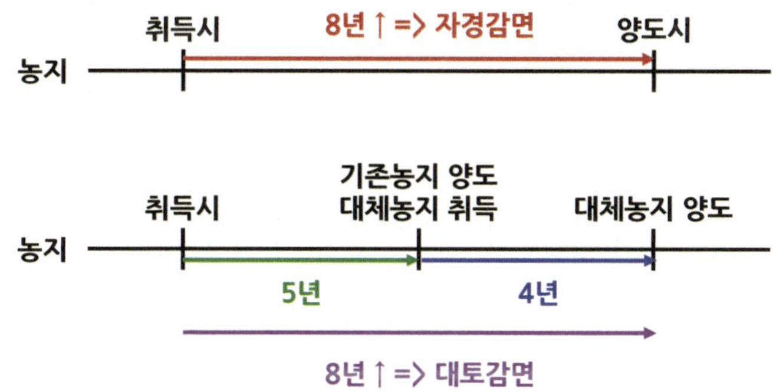

1022

소기업 · 소상공인 공제부금에 대한 소득공제

Ⅰ. 취지

소기업 · 소상공인 생활 안정 및 사업재기 기회부여

Ⅱ. 특례

- 공제부금에 대한 소득공제(사업소득 공제) = Min[① 납입액 ② 한도]
- 공제금 수령시 과세방법
  - ① 정상 수령시 - 퇴직소득으로 과세
  - ② 중도해지시 - 기타소득으로 과세
  - ③ 5년이내 중도해지시 - 기타소득 과세 + 해지가산세

1023

우리사주 조합원 등에 대한 과세특례 (1)

Ⅰ. 출연 단계

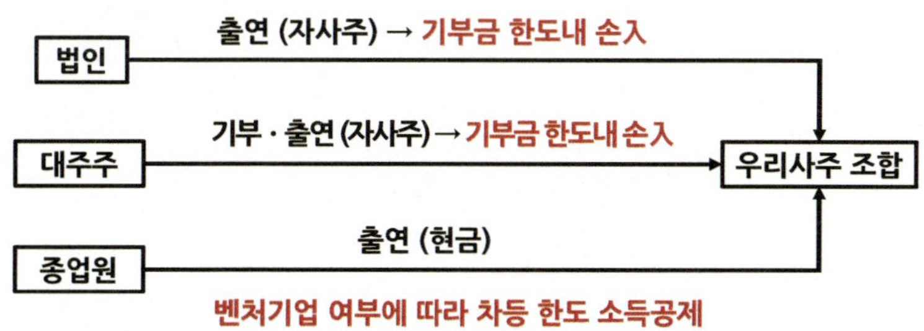

1024

우리사주 조합원 등에 대한 과세특례 (2)

Ⅱ. 배정단계

종업원 ← 우리사주 배정 ← 우리사주 조합

- 종업원 출연분 (자력 취득분)
  - 소득공제분 - 비과세
  - 소득공제 한도초과 분 - 종합과세(근로소득)
    → 과세금액 = 취득시가 × 70% - 취득가액
- 법인 출연분 (무상 취득분)
  - Max [직전연도 총급여액 × 20%, 500만원] = 비과세 금액
  - 비과세 금액 초과분 = 종합과세(근로소득)

1025

우리사주 조합원 등에 대한 과세특례 (3)

Ⅲ. 운용단계

종업원 ← 우리사주 배정 ← 우리사주 조합 → 운용수익 (비과세)

종업원 배당분 = 1년 이상 보유시 비과세 (액면가 1,800만원 한도)

1026

우리사주 조합원 등에 대한 과세특례 (4)

Ⅳ. 인출단계

회사 → S/O 부여 (주특결의 등) → 종업원

종업원 → 현금출연 → 우리사주 조합 → 주식 예치 → 증권 예탁원

우리사주 조합 → 주식부여 → 종업원

- 자력취득분
- 무상취득분(과세이연)

의무예치기간

- 자력 취득분 : 1년
- 무상 취득분 : 3년 ~ 8년

주식인출 (인출사유 : S/O행사, 퇴사 등) => 정산과세 = Min [매입가, 시가]

→ 인출금 => 규모별, 보유기간별 비과세 적용

1027

우리사주 조합원 등에 대한 과세특례 (5)

Ⅴ. 양도단계

종업원 → 우리사주 양도 → 우리사주조합

우리사주 양도소득 비과세

- 퇴직 원인으로 인출하여 양도, 양도차익이 3천만 초과 X
- 우리사주 취득 후 1년 이상 보유
- 증권예탁원에 1년 이상 예탁
- 액면가액 합계 1,800만원 이하

1028

근로장려세제 (1) - 구조

구분	빈곤층	차상위 계층	일반주민
2중 사회 안전망	기초생활 보장제도 노인 · 장애인 · 소년 소녀 가장 등 근로능력 취약계층에 대한 생계보장 목적 → 최저 생계비 미만 가구의 생계유지 부족소득을 보충적으로 지원		일정소득이 있는 주민을 노령, 질병 등 사회적 위험으로부터 보호 목적 → 사회보험 원리에 따라 본인이 보험료 일정 부담
↓	↓	↓	↓
3중 사회 안전망	상동	근로장려세제	상동

1029

근로장려세제 (2) - 내용

Ⅰ. 개요

- 의의 => 차상위 계층 근로자에게 보조금 지급 + 세금환급 방식
- 기대효과
  - 근로빈곤층 지원에 적합한 사회안전망
  - 저소득 근로자의 빈곤완화와 경제적 자립지원

1030

근로장려세제 (3) - 내용

Ⅱ. 신청자격

- 부양가족 요건 => 과세기간 종료일 현재
  - 배우자 or 부양자녀有 or 70세 이상
  - ① 거주자의 자녀 ② 18세 미만(장애인 제외)
  - ③ 연간 소득금액 100만원 이하
  - ④ 주민등록상 동거가족 ⑤ 현실적 생계 같이 하는 경우
- 연간 총 소득(종합소득) 요건
  - 단독가구 - 2,200
  - 홑벌이 가구 - 3,200
  - 맞벌이 가구 - 3,800
  - 미만
- 무주택 요건 => 가구원이 무주택 or 1세대 1주택 (보유기간은 적용 제외)
- 재산가액 요건 => 재산 합계액이 2.4억원 미만

1031

근로장려세제 (4) - 내용

Ⅲ. 신청배제

- ① 해당 과세기간 중 국적 보유하지 않은 자
- ② 타 거주자 부양 자녀

Ⅵ. 신청, 결정

- 신청 => 종소세 확정 신고기간에 신청
  - 배우자 대리신청 가능
  - 세대내 2人 이상 동시 신청 → 상호합의 → 근로장려금多 → 부양자녀 多
- 결정 => 종소세 확정신고기한 경과후 3月 이내 결정
  - Cf) 기한후 신고시 - 결정 장려금의 90% 금액으로 결정

1032

근로장려세제 (5) - 내용

Ⅵ. 환급, 환급제한

- 환급 => 국기법상 충당과 환급규정 준용
  - Cf) 국세 체납 존재시
    - 소득세 · 법인세 · 상증세 · 종부세
    - => 환급대상 장려금의 30% 한도로 충당
    - 이외의 경우 => 한도 없이 전액 충당
- 환급의 제한 (사실과 다르게 신청)
  - 고의, 중대한 과실 - 확인일이 속하는 해부터 2년간
  - 사기 기타 부정행위 - 확인일이 속하는 해부터 5년간

1033

동업기업에 대한 조세특례 (1-1) - 개요

1. 과세방식

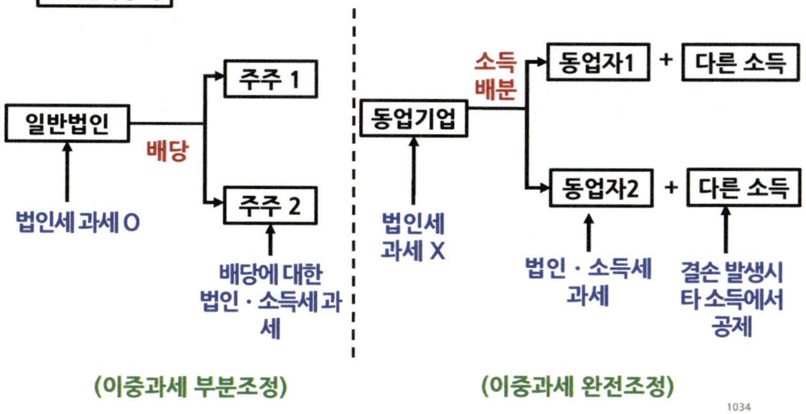

1034

동업기업에 대한 조세특례 (1-2) - 개요

2. 기대효과

1) 형식적 측면(실체론) → 동업기업을 과세소득 및 신고 실체로 취급

- 납세자 측면 : 납세편의 제고
- 과세관청 측면 : 조세행정 효율성 제고

2) 실질적 측면(도관론) → 실체로 보아 계산된 동업기업을 과세소득 에 대한 납세의무가 없는 도관으로 취급 → 과세소득을 동업자에게 배분하여 과세

- 납세자 측면 : 이중과세의 완전조정으로 세부담 경감
- 조세가 중립적이 되어 개인과 법인간 자유로운 사업 형태 선택 가능
- 결손 발생시 타 소득과 통산 → 사업의 전체적인 성과에 부합하는 과세 가능

1035

동업기업에 대한 조세특례 (2) - 적용대상

Ⅱ. 적용대상

1)민법에 따른 조합
2)상법에 따른 합명회사, 합자회사, 합자조합, 익명회사
3)인적용역 제공하는 법무법인, 세무법인, 관세법인 등
4)외국회사, 비거주자로 보는 법인 아닌 단체

Cf) 중복 적용

1. 수직적 중복 적용 (허용X)

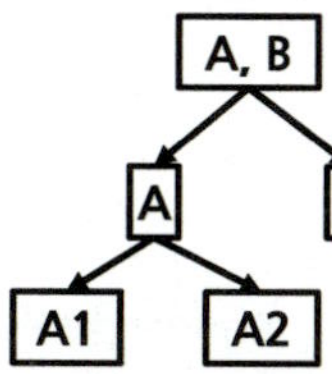

2. 수평적 중복 적용 (허용O)

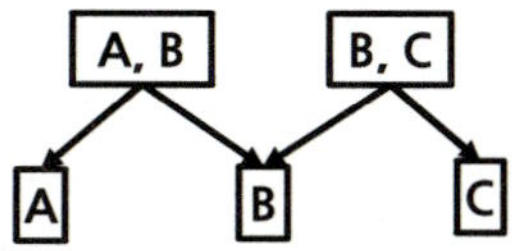

1036

동업기업에 대한 조세특례 (3) - 납세의무

Ⅲ. 납세의무

1) 동업기업 - 법인세, 소득세 과세X
2) 동업자 - 배분받은 동업기업 소득에 대하여 법인세, 소득세 납세의무
3) 동업기업 전환 법인

- 준청산 소득에 대한 납세의무 : 해산에 의한 청산소득에 준하여 계산
  → (준청산일 현재 잔여재산가액 - 자기자본 총액)
- 준청산 소득 신고 · 납부
  - 과세특례 적용받는 최초 사업연도 직전 사업연도 종료일 이후 3月 되는 날까지
  - 신고기한으로부터 3년간 균등액 이상 납부

1037

동업기업에 대한 조세특례 (4) - 적용 및 포기 신청

Ⅳ. 적용 및 포기

1)적용신청 - 최초 과세연도 개시일 이전 + 동업자 전원 동의서

2)포기신청 - 최초 과세연도 개시일 이전 + 동업자 전원 동의서

3)적용포기 배제 - 최초 적용사업연도 + 다음 4년간 적용 포기 배제

1038

동업기업에 대한 조세특례 (5) - 소득금액 계산 및 배분

Ⅴ. 소득금액 계산 및 배분

1) 손익 분배비율 - 1st) 약정 손익분배비율 → 2nd) 출자지분 비율 if) 직전 과세연도 손익분배비율

1st) 약정 손익분배비율	2nd) 출자지분 비율	if) 직전 과세연도 손익분배비율
사적자치 보장	조세회피 방지	조세회피 우려有 인정 (출자전환, 적자전환)

2) 결손금 배분 특례

- 배분한도 - 해당 동업자 지분가액
- 이월 배분 - 지분가액 초과 결손금 → 이후 10년간 각 과세연도에 이월하여 배분
- 수동적 동업자 - 결손금 배분X → 소득금액 배분시 15년간 미배분 결손금을 배분 대상 결손금에서 공제 후 배분
  → 동업기업경영에참여X 출자만하는자

3) 관련세액 배분

① 세액공제 감면액 ② 원천징수 세액 ③ 가산세 ④ 토지등 양도 소득에 대한 법인세

(원칙) 손익분배비율에 따라 동업자에게 배분

(예외) 내국법인 및 외국법인 동업자에게만 배분

1039

투자 · 상생협력 촉진을 위한 과세특례

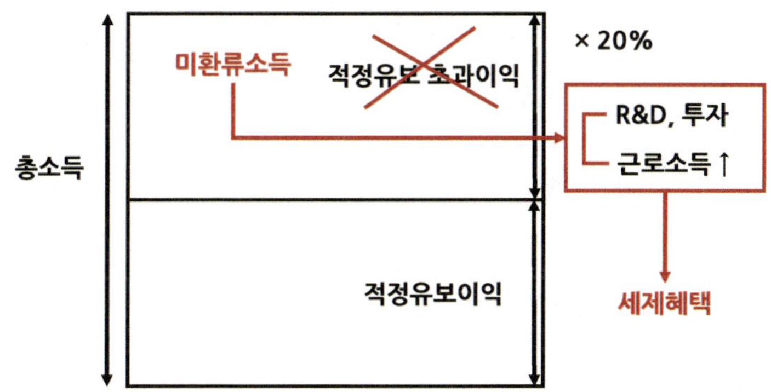

1040

정비사업 조합에 대한 과세특례

〈소득세법〉 2003. 6.30 〈법인세법〉

재건축 조합(전환전 정비사업 조합) → 정비사업조합 (법인)

\+ 조합원

=> 공동사업장

전환 ↓ 문제점
- 이월결손금 승계 X
- 법적 안정성 · 예측가능성 저해
- 조합원 세부담 증가

공동사업장 + 공동사업자로 보아 소득세법 적용 → 특례
- 비영리 내국법인으로 간주 (고목사준 적용X)
- 조합원에게 공급하는 토지, 건축물 VAT 과세 X
- 제2차 납세의무

1041

간접국세 특례 (1) - 농업용 기자재에 대한 VAT 환급 특례

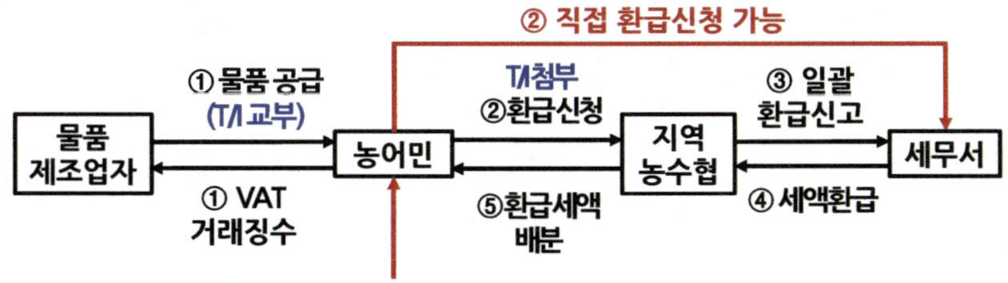

〈추징 사유〉 본세 + 이자 가산

1)용도 전용 · 무자격자 소지

2)가공 · 위장 거래에 의한 환급

3)무자격자에 의한 환급

1042

간접국세 특례 (2-1) - 농업 · 임업 · 어업용 및 연안여객선박용 석유류에 대한 부가가치세 등의 감면 등

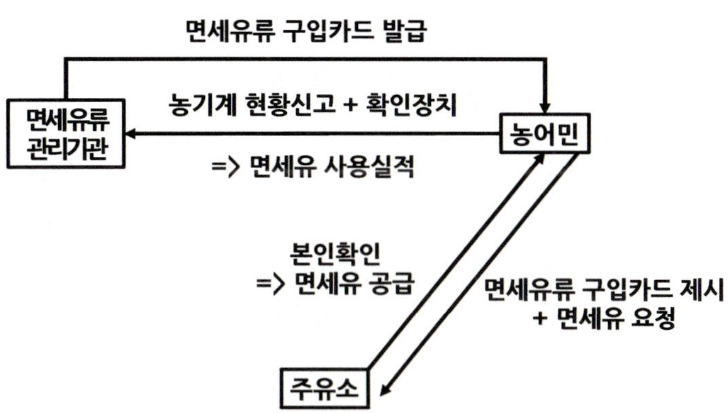

1043

간접국세 특례 (2-2) - 농업 · 임업 · 어업용 및 연안여객선박용 석유류에 대한 부가가치세 등의 감면 등

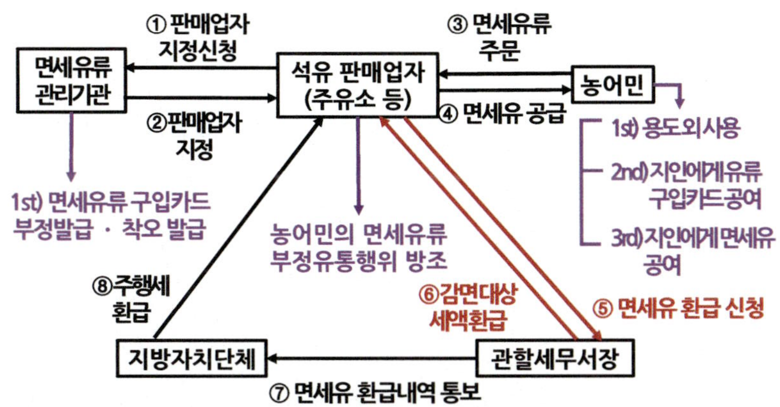

1044

간접국세 특례 (3) - 금 관련 제품에 대한 부가가치세 매입자 납부 특례

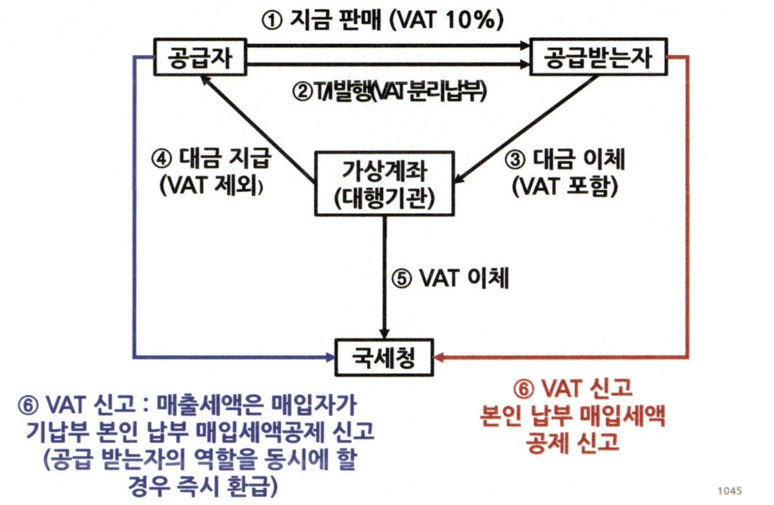

1045

간접국세 특례 (4) - 스크랩등에 대한 부가가치세 매입자 납부특례

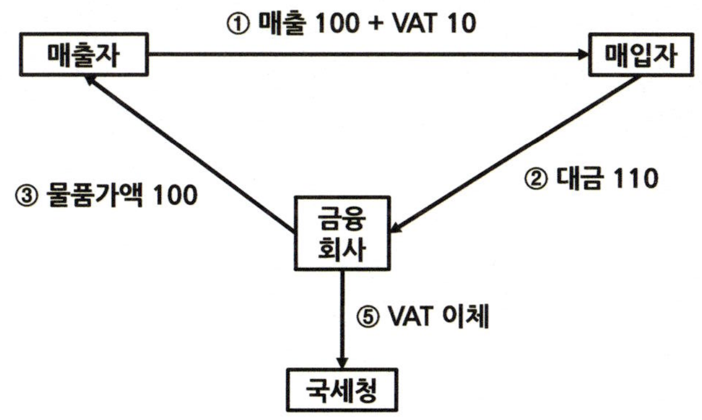

1046

저자소개

원 용 대

▶ 학력 및 약력

성균관대학교 경영학부 졸업

고려대학교 법무대학원 조세법학 전공(법학석사)

前) 교보생명 Specialist Financial Adviser

ING생명 상속설계 강의

Dr.Tax 세무회계컨설팅 대표세무사

세무법인 위더스 논현지점 대표세무사

성균관대학교 산학협력단 자문세무사

한국기술진흥원주최 : 세법강의

소상공인진흥원 자영업 컨설턴트

스마트경영아카데미 세법학강사

現) 세무사

에듀윌경영아카데미 세법강사

상공회의소 세법강사

이나우스아카데미 세법강사

한국세무사회 세무연수원 교수

세무법인 해안 대표세무사

▶ 주요저서

세법개론(도서출판 미래가치)

포인트 세법(도서출판 미래가치)

객관식 세법(도서출판 미래가치)

원세법학(도서출판 미래가치)

원포인트 세법학(도서출판 미래가치)

응용논제 120선(도서출판 미래가치)

2024 부가가치세 실무(비앤엠북스)

최신 양도소득세 실무(주식회사 좋은책)

최신 업종별 세무실무(조세통람)

세법 고급이론 강의노트

2024년 08월 12일 초판 인쇄
2024년 08월 19일 초판 1쇄 발행

편저자 : 원용대
발행인 : 정광식
발행처 : **비앤엠북스**
서울시 금천구 가산디지털1로 70, B1-103(호서대벤처타워)
등　　록 2004. 12. 29. / 제313-2004-00298호
전　　화 02-2627-5710~13, 팩스 02-2627-5720
홈페이지 www.대학교재.net
이 메 일 bnmbook@daum.net

정가 27,000원　ISBN 978-89-6821-211-6